# 中国创业投资行业发展报告2017

中国投资协会股权和创业投资专业委员会

主　编　沈志群

副主编　胡芳日

企业管理出版社
ENTERPRISE MANAGEMENT PUBLISHING HOUSE

**图书在版编目（CIP）数据**

中国创业投资行业发展报告. 2017 / 中国投资协会股权和创业投资专业委员会编著. -- 北京 : 企业管理出版社, 2018.8

ISBN 978-7-5164-1634-1

Ⅰ. ①中… Ⅱ. ①中… Ⅲ. ①创业投资—研究报告—中国—2017 Ⅳ. ①F832.48

中国版本图书馆CIP数据核字（2017）第299652号

---

**书　　名：** 中国创业投资行业发展报告2017
**作　　者：** 中国投资协会股权和创业投资专业委员会
**责任编辑：** 聂无逸
**书　　号：** ISBN 978-7-5164-1634-1
**出版发行：** 企业管理出版社
**地　　址：** 北京市海淀区紫竹院南路17号　　**邮编：** 100048
**网　　址：** http：//www.emph.cn
**电　　话：** 发行部（010）68701816　编辑部（010）68701891
**电子信箱：** niewuyi88@sina.com
**印　　刷：** 北京虎彩文化传播有限公司
**经　　销：** 新华书店
**规　　格：** 889mm × 1194mm　1/16　20.25印张　391千字
**版　　次：** 2018年8月第1版　2018年8月第1次印刷
**定　　价：** 180.00元

---

# 中国创业投资行业发展报告2017顾问委员会

## 主任委员

陈洪宛　国家发展和改革委员会财政金融司司长

沈志群　中国投资协会股权和创业投资专业委员会会长

## 副主任委员

徐晓波　国家发展和改革委员会财政金融司巡视员

胡芳日　中国投资协会股权和创业投资专业委员会专职副会长

## 委员

### （一）来自部委委员名单

翟　炜　全国人大财经委法案室副巡视员

张昌彩　国务院研究室信息研究司副司长

顾大伟　国家发展和改革委员会外资司司长

王　东　国家发展和改革委员会外资司副司长

邓天佐　科技部科研条件与财务司副司长

沈竹林　国家发展和改革委员会高技术产业司副司长

杨　岳　国家民政部人事司副司长

王建凡　国家财政部税政司司长

唐文弘　国家商务部外资司司长

曾晓安　国家财政部经建司司长

沈文京　国家科技部资管司技术创新引导处及科技金融处处长

田　源　国家发展和改革委员会财金司副巡视员

徐　忠　中国人民银行研究局局长

区利民　国家财政部行政政法司副司长

刘宝柱　国家税务总局所得税司副司长

任　宇　国家税务总局所得税司调研员

鲍　绛　全国社保基金理事会股权资产部副主任

谢　庚　全国中小企业股份转让系统公司总经理

段继宁　中国银监会银行三部主任

郭　松　国家外汇管理局资本项目管理司司长

李文红　中国银监会创新监管部副主任

王建军　中国证监会市场监管部主任

周石平　国家工商总局企业局局长

刘健钧　中国证监会私募基金部副主任

王　磊　国家工商总局企业局副局长

刘合斌　国家税务总局政策法规司副司长

丛　林　中国保监会法规部副主任

李　勇　国家民政部民间组织管理局副局长

廖媛媛　中国银监会政策研究司副司长

曾于瑾　中国保监会资金运用监管部主任

许科敏　国家工信部中小企业局副局长

何周重　国家工信部中小企业局创新处干部

**（二）来自省级创业投资企业备案管理部门委员名单**

栗志纲　北京市金融工作局副局长
余惊雷　天津市发展改革委副主任
赵春华　河北省发展改革委副主任
胡景善　山西省发展改革委副主任
张　钢　内蒙古自治区发展改革委副主任
何　睿　辽宁省发展改革委副主任
刘日昊　吉林省发展改革委副主任
王伟东　黑龙江省发展改革委副巡视员
曹吉珍　上海市发展改革委副主任
王汉春　江苏省发展改革委副主任
周华富　浙江省发展改革委副主任
胡再生　安徽省发展改革委副主任
付朝阳　福建省金融办主任
王前虎　江西省发展改革委副主任
潘好亮　山东省发展改革委副主任
刘文生　河南省发展改革委
王玉祥　湖北省发展改革委副主任
蒋天海　湖南省发展改革委副主任
吕成蹊　广东省发展改革委副主任
颜人才　海南省发展改革委副主任
欧阳林　重庆市发展改革委副主任
刘津峰　四川省发展改革委副主任
张美钧　贵州省发展改革委副主任、省委全面深化改革领导小组办公室专职副主任
丁兴忠　云南省发展改革委副主任
徐景浙　西藏自治区发展改革委党组成员副主任
唐从军　陕西省发展改革委巡视员
肖福林　甘肃省发展改革委副主任
杨　扬　青海省发展改革委副主任
王君兰　宁夏发展改革委副主任
李　韧　新疆维吾尔自治区发展改革委副主任
徐智东　哈尔滨市发展改革委副主任
宋长者　长春市发展改革委副主任
王政宇　沈阳市发展改革委副主任
肖生滨　大连市发展改革委副主任
金　岩　济南市发展改革委总经济师
张旭东　青岛市发展改革委副主任
马巧生　南京市发展改革委副主任
娄仲良　杭州市发展改革委副主任
张永伟　宁波市发展改革委副主任
姚志萍　厦门市金融办党组成员、总经济师
胡祯雄　武汉市发展改革委副主任
冯劲夫　成都市发展改革委副主任
赵寅科　西安市发展改革委副主任

**（三）来自高校科研院所委员名单**

贾　康　财政部财政科学研究所原所长
宋　立　国家发展和改革委宏观院经济研究所副所长
谢志华　北京工商大学副校长兼创业投资研究中心主任
高　建　清华大学中国创业研究中心主任
刘曼红　中国人民大学风险投资研究中心主任
张　维　天津大学管理与经济学部主任
张陆洋　复旦大学中国风险投资研究中心主任

**（四）来自地方创业投资协会委员名单**

王松奇　北京市创业投资协会会长
方风雷　北京股权投资基金协会会长
李中和　江苏省创业投资协会会长
王守仁　深圳市创业投资同业公会常务副会长
徐渊哲　中国企业投资协会秘书长

**（五）来自中国创投委副会长单位委员名单（按姓氏笔画排列）**

马　伟　光大汇益伟业投资管理（北京）有限公司董事总经理
邓　锋　北极光创投创始人兼董事总经理
邓　伟　亿阳集团股份有限公司创始人、董事长
王　飚　鲁信创业投资集团股份有限公司党委书记、董事长、总经理
王　仑　浙江钱塘江金研资产管理有限公司总裁、创始合伙人
王能光　君联资本管理股份有限公司董事总经理、首席财务官
王晓滨　高能天汇创业投资有限公司董事长
王永华　深圳市天图投资管理股份有限公司董事长
王　涌　浙江如山汇金资本管理有限公司董事长
王　韵　西藏联创永源股权投资有限公司合伙人
艾　迪　北京联创永宣投资管理股份有限公司董事长
白　雪　中国工商银行股份有限公司北京市分行公司金融业务部副总经理
关　键　北京市京都律师事务所高级合伙人
刘澄伟　苏州元禾控股股份有限公司总裁
刘　梅　上海浦东发展银行股份有限公司总行投资银行及大客户部副总经理
刘迎接　交银国际（上海）股权投资管理有限公司总经理
刘　昼　深圳市达晨创业投资有限公司董事长
牟坤林　安徽徽商产业投资基金管理有限公司董事长
伍伸俊　金沙江创业投资创始人及董事总经理
朱雪樱　深圳前海壹资本有限公司董事长
陈　杭　中国文化产业投资基金管理有限公司总裁
陈　凯　安永华明会计师事务所（特殊普通合伙）大中华区金融服务部主管合伙人
陈　玮　深圳市东方富海投资管理股份有限公司董事长、创始合伙人
陈越孟　浙商创投股份有限公司董事长
李广新　德丰杰龙脉(上海)股权投资管理有限公司管理合伙人
李　红　中信资本控股有限公司董事总经理
李劲松　黑龙江辰能哈工大高科技风险投资有限公司总经理
李文茂　哈尔滨创新投资有限公司董事长兼总经理
李永良　中伯伦（北京）咨询有限公司管理合伙人
沈南鹏　红杉资本中国基金全球执行合伙人
汪　涛　广东省粤科金融集团有限公司总经理
吴发福　国投通汇股权投资基金管理（北京）有限公司董事长

吴海佳　中国农业产业发展基有限公司金董事长

肖水龙　深圳市创东方投资有限公司董事长

张保国　上海通江投资集团有限公司董事长

张　伟　江苏高科技投资集团有限公司董事长、党委书记

林怡仲　普华永道中天会计师事务所（特殊普通合伙）北京分所普华永道中国内地及香港市场主管合伙人

单祥双　中科招商投资管理集团股份有限公司董事长兼总裁

郑　立　杭州立元创业投资股份有限公司董事长

郑伟鹤　深圳市同创伟业创业投资有限公司董事长、创始合伙人

周海洋　北京朴雅同德投资管理有限公司董事长

周锦昌　德勤中国创投及私幕全国项目领导合伙人

胡章宏　建银国际（控股）有限公司董事长兼总裁

姜明明　盛世投资创始合伙人、董事长兼首席执行官

高　峰　明石投资管理有限公司创始合伙人、投决委主任

倪建达　上海钜派投资集团有限公司联席董事长兼首席执行官

倪泽望　深圳市创新投资集团有限公司董事长

唐　葵　方源知本股权投资管理（上海）有限公司总裁

唐　宁　喆颢资产管理（上海）有限公司执行董事

徐　惠　青岛市市级创业投资引导基金管理中心　主任

徐毛毛　北京银行小企业事业部总经理

殷　哲　诺亚控股有限公司诺亚财富联合创始人

符绩勋　纪源投资咨询（上海）有限公司管理合伙人

康青山　昆吾九鼎投资管理有限公司合伙人

傅　淼　星河互联集团有限公司总裁办

鲍　钺　硅谷天堂资产管理集团股份有限公司总裁

熊晓鸽　IDG资本投资顾问(北京)有限公司创始合伙人

潘　勇　中国国投高新产业投资有限公司董事长

# 中国创业投资行业发展报告2017编委会

# 序 言

习近平总书记指出，创新是引领发展的第一动力，是建设现代化经济体系的战略支撑。为加快建设创新型国家，党的十九大报告进一步明确了创新在引领经济社会发展中的重要地位，标志着创新驱动作为国家战略，在新时代中国发展的征程中，必将发挥越来越显著的战略支撑作用。创业投资作为新经济条件下科技和资本高度融合的新型投融资方式，作为促进创业创新的重要资本引擎作用日益彰显，成为有效实施创新驱动发展战略、加快建设创新型国家的重要市场力量。为深入贯彻落实党的十九大精神，发挥好创业投资对创业创新的支撑作用，国家发展改革委和各有关部门深入调研，广泛听取创投行业意见，切实推进《国务院关于促进创业投资持续健康发展的若干意见》（国发 [2016]53 号，以下简称国发 53 号文）文件各项政策的有效落实，不断推进优化创投行业发展的投资环境、市场环境、信用环境和监管环境。截至 2016 年末，全国备案创业投资企业数量达到 1672 家，总资产 5292.66 亿元，所投资企业工业与服务业增加值为 12212.81 亿元，所投资企业当年提供新增就业岗位 207.79 万个，取得了良好的经济社会效益。

国家发展改革委推动印发《国务院办公厅关于建设第二批大众创业万众创新示范基地的实施意见》，双创示范基地总数达到 120 家，同时，自 2015 年以来每年举办全国双创周活动，在主展区设立双创示范基地专区，同步开展了成果转化、项目路演等活动，有效促进了创业资本和创业项目的对接。进一步落实“放管服”改革精神，创新管理方式，将政府出资产业投资基金设立前审批改为设立后登记备案，建立了政府出资产业投资基金信用信息登记系统，加强政府出资产业投资基金行业事中事后管理和行业信用体系建设，促进发挥基金支持创业创新、服务产业转型优化升级和供给侧结构性改革的积极作用。

财政部、国家税务总局出台了《关于创业投资企业和天使投资个人有关税收试点政策的通知》。银监会和科技部、人民银行联合印发了《关于支持银行业金融机构加大创新力度开展科创企业投贷联动试点的指导意见》，积极开展投贷联动试点，同时鼓励银行探索开展外部投贷联动业务，弥补科创企业金融服务中的信息不对称、风险收益不匹配等问题。工信部利用中小企业公共服务平台、创客中国平台、国家小型微型企业创业创新示范基地的项目资源优势，积极打通创业资本和项目之间的通道。证监会出台了《关于开展创新创业公司债券试点的指导意见》，允许公司制创业投资基金和创业投资企业募集债券资金专项投资于创新创业公司。此外，国发 53 号文印发后，辽宁、天津、河北、河南、安徽、黑龙江、云南、广东、内蒙古等地方结合本地区实际情况，出台了贯彻落实国发53号文的具体实施意见，积极引导创业投资企业助力实体经济发展，促进经济结构调整和产业转型升级，调动了社会资本参与创业投资的积极性。

2017年，我国经济发展进入转型升级新时期，创业投资作为实现技术、资本、人才、管理等创新要素与创业企业有效结合的投融资方式和推动大众创业、万众创新的重要资本力量，不仅拓宽了创业企业投融资渠道、促进了经济结构调整和产业转型升级，激发了创业创新和就业增长，增强了经济发展新动能，也提高了直接融资比重、带动了民间投资服务实体经济。

在编撰《中国创业投资行业发展报告》过程中，中国投资协会股权和创业投资专业委员会以及编写小组各位专家付出了辛勤的劳动，国务院各有关部门、各省级创业投资企业备案管理部门和社会各界给予了大力支持，企业管理出版社也为报告的出版发行提供了极大帮助，在此我们表示由衷的感谢！并诚恳希望各有关方面给予创投行业一如既往的支持，相信我们共同努力、齐心协力，一定可以为我国创业投资持续健康发展作出新的更大贡献！

国家发展和改革委员会财政金融司

2017年12月

# 目 录

# 前　言
## ——中国创业投资发展回顾与展望

党的十八大以来，创新驱动发展战略上升为国家战略，国务院先后印发了《国家创新驱动发展战略纲要》等一系列政策措施，大力推动创业创新，为创业投资提供了大量优秀的投资标的，而创业投资为推动“双创”事业也做出了重要贡献，创业、创新、创投三个要素叠加，不断推动我国科技进步和繁荣富强。在全国“大众创业、万众创新”战略推动下，我国经济激发新活力、新动力，一批新产业、新业态开始出现，涌现出一大批优秀的创业企业，2016 年创投活跃度继续增加。基于全国备案创业投资企业年检数据分析，2016 年度我国创投行业发展呈现以下特征：

**1. 创业投资行业继续保持增长态势。**

截至 2016 年末，全国备案创业投资企业 1672 家，增长 1.52%，增长速度相比上年下降 1.93 个百分点。2015 年，有 17 家备案创业投资企业，因基金存续期满、业务转型、投资运作不符合十部委办法规定等原因而退出备案；2016 年有 34 家退出备案。

与备案创业投资企业数量持续增长相对应，我国备案创业投资企业的资产规模也迅速增加。截至 2016 年末，我国备案创业投资企业资产总规模达 5292.66 亿元（不含承诺资本额），增长 10.18%，增速比上年下降 13.88 个百分点。

**2. 在组织形式方面，有限合伙型比例继续保持小幅提高，公司型的绝对数量和金额仍保持增长。**

从创业投资企业数量看，2016 年度，公司型创业投资企业备案数量增加 46 家；合伙型创业投资企业备案数量增加 32 家。截至 2016 年末，备案公司型创业投资企业达 1124 家，占 77.25%，占比同比下降 0.98 个百分点；有限合伙型创业投资机构近三年来呈现明显增加的趋势，至 2016 年底，采取有限合伙型的备案创业投资企业达 312 家，占比为 21.44%，占比同比提高 1.12 个百分点。

从创业投资企业资产看，2006 ~ 2016 年，包括有限责任公司型和股份有限公司型在内的公司型备案创业投资企业的资产总规模占全部备案创业投资企业资产总规模的比例占绝大多数。截至2016年末，公司型创业投资企业占87.30%，占比同比减少1.07个百分点；有限合伙型创业投资企业占11.10%，占比同比提高1.08个百分点。2016年公司型创业投资企业所管理资产金额较2015年略有下降。2016年度，公司型创业投资企业所管理资产的金额较2015年减少466.06亿元；合伙型创业投资企业所管理资产的金额较2015年减少12.40亿元。

备案合伙型创业投资企业数量远低于公司型创业投资企业，是因为原有关于创业投资企业的税收优惠政策主要针对公司型创业投资企业，没有将合伙型创业投资企业纳入税收优惠范围，使得大部分合伙型创业投资企业缺乏备案积极性；虽然2015年11月国家税务总局发布《关于有限合伙制创业投资企业法人合伙人企业所得税有关问题的公告》，将税收优惠政策扩展到所有合伙型创业投资企业，但是大部分企业还未能完全了解该项政策，没能及时到主管部门备案。

**3. 在管理模式方面，委托管理和自聘团队管理占比连续5年变化不大，表明国内创投管理模式选择趋于成熟。**

从创业投资企业数量看，截至2016年末，采取自聘管理团队管理模式的备案创业投资企业占比为60.82%，比实施备案管理制度初期的2006年下降了32个百分点；另一方面，采取委托管理模式的创业投资企业的比例在2016年略有下降，截至2016年末，委托其他创业投资企业管理的备案创业投资企业占比为4.54%，委托创业投资管理顾问企业管理的备案创业投资企业占比为34.64%，两者合计已经达到39.18%。

从创业投资企业的资产规模看，截至2016年末，自聘管理团队管理的备案创业投资企业的总资产一直占全部创业投资企业资产总规模的绝对比重，从2006至2013年度的比例呈明显下降趋势，仅2014、2015年度的占比开始回升，2016年再度下降；委托其他创业投资企业或创业投资管理顾问企业管理的创业投资企业的资产总规模虽然仍只占较小比例，从2007至2012年度呈现出快速上升的势头，但2013年开始至2016年占比呈波段性的起落。其中，自聘管理团队管理的创业投资企业的资产总规模的占比从2006年末的95.16%下降为2016年末的72.96%；委托其他创业投资企业或创业投资管理顾问企业管理的创业投资企业的资产总规模占比则从2006年末的4.84%上升为2016年末的27.04%。

**4. 在资本来源方面，民营资本占比略有回落。**

从实到资本来源看，截至2016年末，财政预算出资占比上升到16.08%，占比同比提高0.24个百分点；国有机构占比上升到40.53%，占比同比增加0.74个百分点。非国有机构占比略降到29.38%，占比同比下降0.47个百分点；个人出资占比下降到13.00%，占比同比下降 0.42 个百分点；外资占比为 1.01%，占比同比下降 0.09 个百分点。民营资本三项合计占比 43.39%，占比同比下降 0.98 个百分点。

从承诺资本来源看，截至 2016 年末，财政预算出资占比上升到 14.28%，占比同比提高 0.14 个百分点；国有机构占比上升到 40.43%，占比同比增长 1.81 个百分点；非国有机构占比下降到 29.85%，占比同比下降 1.25 个百分点；个人出资占比下降到 14.21%，占比同比下降 0.66 个百分点；外资占比为 1.23%，占比同比略降 0.04 个百分点。民营资本三项合计占比 45.29%，占比同比下降 1.95 个百分点。

对比承诺资本来源结构和实到资本来源结构，我们发现：2016 年，非国有机构、个人和外资等民营资本在承诺资本来源总额中的占比上升幅度，高出其在实到资本来源总额中的占比上升幅度 0.97 个百分点。由于承诺资本体现创业投资企业未来可运用的资本实力，因此，可以预期：民营资本在我国未来创业投资资本来源中还将延续上升态势。

**5. 当年新增投资规模略有下降，整体投资规模仍继续呈现快速增长势头。**

从投资案例数量看，2016 年度新增投资案例 2010 个，同比减少 509 个；年末投资案例余额 14845 个，同比增长 7.80%；历年累计投资案例增加到 20840 个。

与投资案例增长相类似，2016 年度新增投资金额 337.48 亿元，同比减少 48.24 亿元；年末投资余额 2344.95 亿元，同比增长 9.34%；历年累计投资金额增加到 3066.05 亿元。

**6. 创投企业投资活跃度继续提升。**

2006 ~ 2016 年间，单个创业投资企业平均投资案例一直保持在 3–4 个之间，2016 年达到 4.71 个。

2006 ~ 2016 年间，单个创业投资企业平均投资金额一直保持在 5000 万元左右，2016 年快速提升到 7903.51 万元，说明 2016 年来我国创业投资企业在资本规模不断扩大的同时，单个企业的融资规模也在提高。

**7. 金融服务产业、网络产业成为 2016 年投资的新热点。**

从对不同行业的投资案例分布看，2006 ~ 2013 年，创业投资企业对金融服务产业、传统制造业产业和新材料工业产业等行业的投资案例数量较高 ,2014 ~ 2016 年，对网络产业、金融服务业的投资较多。2016 年投资案例居前三位的行业分别是：网络产业、金融服务产业和软件产业。

从对不同行业的投资金额看，2006 ~ 2013 年，创业投资企业对传统制造业产业、金融服务产业和新材料工业等行业的投资金额较多，2014 ~ 2015 年对医药保健行业投资较多，2016 年对金融服务、网络产业等行业的投资金额较多。2016 年投资金额居前三位的行业分别是：金融服务产业、网络产业、消费产品和服务产业。

**8. 投资阶段早期涨幅明显，4–7 年的长期投资仍是主流。**

从不同投资阶段的案例分布看，2016 年度，创业投资企业投资于种子期、起步期、扩张期、成熟期和重建期的占比分别为：27.41%、41.34%、26.92%、3.63%、0.70%。从年度变化看，对种子期的投资同比上升 3.63 个百分点，对其他各阶段的投资占比均有所下降。

从不同投资阶段的金额分布看，2016 年度，创业投资企业投资于种子期、起步期、扩张期、成熟期和重建期的占比分别为：11.22%、42.39%、35.07%、6.16% 和 5.16%。从年度变化看，对起步期的投资占比增长 5.82 个百分点，对扩张期和成熟期的投资占比均有所下降，投资占比分别下降 9.49 和 1.07 个百分点。

从不同持股时间投资案例看，对 2016 年度股本退出项目按持股不足 1 年、持股 1 ~ 2 年、持股 2 ~ 4 年、持股 4 ~ 7 年、持股 7 年以上等 5 个类别进行分析，投资占比分别为：10.79%、15.38%、24.04%、37.29% 和 12.50%。持股不足 1 年的投资占比同比增加 1.19 个百分点；持股 4 ~ 7 年的投资占比上升了 2.04 个百分点。

从不同持股时间投资金额看，对 2016 年度股本退出项目按持股不足 1 年、持股 1 ~ 2 年、持股 2 ~ 4 年、持股 4 ~ 7 年、持股 7 年以上等 5 个类别进行分析，投资占比分别为：10.61%、11.99%、21.03%、45.48% 和 10.89%。虽然持股不足 1 年的投资占比上升了 3.04 个百分点，但 4 ~ 7 年的投资占比上升了 6.48 个百分点，仍跃居第一位。

**9. 股本退出案例和金额继续呈"双增"的良好局面。**

从实现股本退出案例看，2016 年实现股本退出案例数为 936 个，比上年增加 51 个。截至 2016 年末，创业投资企业累计实现股本退出案例 5995 个。

从实现股本退出金额看，2016 年实现股本退出金额达 137.22 亿元，比上年多退出 18.64 亿元。截至 2016 年末，创业投资企业累计实现股本退出的金额达 721.10 亿元。

股本退出继续呈现出案例和金额"双增"的良好局面，一方面得益于 2006 年 3 月 1 日施行《创业投资企业管理暂行办法》以来，我国创投企业得到持续健康发展，培育了不少优质企业；另一方面得益于多层次资本市场建设的不断完善，为创投企业实现股本退出创造了多元通道。

**10. 经济社会贡献显著，经济社会贡献率较去年回涨。**

2016 年，创业投资企业所投资企业就业人员 207.79 万人，比 2015 年增加 9.12 万人，涨幅 4.59%；研发投入合计为 750.07 亿元，比上年减少 8.65 亿元，降低 1.14%；销售额合计为 25282.91 亿元，比 2015 年增加 6125.56 亿元，增长 31.97%；工业与服务业增加值为 12212.81 亿元，比上年增加 4692.06 亿元，增长 62.39%；缴纳税金 958.58 亿元，比 2015

年增加 116.95 亿元，增长 13.90%。

从相关指标看，我国创业投资企业通过支持企业的创业活动，在增加就业岗位、提高企业研发能力、促进创新产品产业化、支撑 GDP 增长和促进税收增长等多方面做出了重要贡献。创业投资企业培育了一大批企业，很多企业壮大为新兴产业的龙头试点企业，代表先进产业的发展方向。

创业投资行业的发展壮大，已成为促进科技创新成果转化的重要资本力量，进一步发挥了创新作为引领发展第一动力的作用，对于推进供给侧结构性改革、加快发展新经济培育新动能和拉动民间投资服务实体经济、保持经济平稳增长、促进经济结构转型升级具有重要意义。

但是，我国创业投资业发展也存在许多问题。一些创业投资企业热衷于“赚快钱”，为所投企业提供增值服务的意识比较淡薄，投后管理能力欠缺。少数创业投资企业的投资运作不够规范，假借“创业投资”名义变相从事贷款和担保活动，或涉及从事证券投资。备案管理以来，备案管理部门共对 203 家创业投资企业和管理企业取消备案资格（其中，有部分是因为创业投资企业到期清算注销备案），对若干有望通过整改实现规范运作的创业投资企业，在暂时保留备案的同时，向其提出限期整改要求。

同时，我国创业投资行业立法工作相对其他行业滞后，也是造成目前许多问题甚至乱象的重要原因。2016 年，国务院正式颁布了《关于促进创业投资持续健康发展的若干意见》，被称为是我国创业投资发展史上的里程碑，是推动新时代创业投资发展的顶层设计和纲领性文件。这一重要文件涉及到创业投资全方位全过程的方方面面。一年多来，参加文件起草和承担落实责任的国家十七个部委陆续出台了一些具体政策和实施办法。但是政策落实的广度和深度，政策实施的效果和效应还不尽人意，与广大创投机构的期望还有很大的差距，一个有利的良好的促进行业发展的政策环境还没完全形成，没有落到实处。

对照“创投 53 号文”提出的二十二个方面近六十项发展政策和改革措施，还有许多需要细化、亟待落实：不仅要加快完善与创业投资相关的《公司法》《合伙企业法》《税法》《合同法》等一系列法律和相关管理制度，特别是已经暂行了十多年的国务院十部委联合发布的《创业投资企业管理暂行办法》，应该进行全面的修订和完善。创业投资行业不仅包括通过募集资金设立的创投基金管理主体，还包括以自有资金从事创业投资的企业主体和个人创投主体。因此，总结我国创投发展的实践经验，借鉴国际经验，按照“创投国十条”文件精神，制定一部包括机构创投（创投企业和创投管理企业）、个人创投（天使投资人）在内的、由国务院颁发的《创业投资管理条例》势在必行，在这个基础上进一步创造条件制定我国的《创业投资促进法》。

我们坚信，我国的创业投资、股权投资行业在党的十九大精神指引下，在一个良好的生态环境下，在广大投资机构共同努力下，一定能够为实施创新驱动的发展战略、发展新经济、培育新功能作出新贡献！

# 第一篇　中国创业投资行业概况

# 第1章　创业投资机构数量与资产规模增长状况

## 1.1　2006～2016 年度创业投资企业数量增长状况

根据国家发展改革委等十部委于 2005 年 11 月颁布、自 2006 年 3 月起施行的《创业投资企业管理暂行办法》，国家对创业投资企业实行备案管理，依法完成备案的创业投资企业，投资运作符合有关规定的可享受政策扶持。自 2006 年国家发展改革委和各省级备案管理部门启动创业投资企业备案管理工作以来，绝大多数创业投资企业积极向备案管理部门申请备案。截至 2016 年末，全国备案创业投资企业共计 1453 家（见表 1–1 和图 1–1）。

表1–1　2006～2016年度创业投资企业备案数量增长状况（家，%）

| 年度 | 年度新增 | 年度退出 | 年度总数 | 较上年度增长 |
|---|---|---|---|---|
| 2006 | 112 | 0 | 112 | — |
| 2007 | 87 | 0 | 199 | 77.68 |
| 2008 | 140 | 2 | 337 | 69.35 |
| 2009 | 136 | 2 | 471 | 39.76 |
| 2010 | 206 | 17 | 660 | 40.13 |
| 2011 | 253 | 4 | 909 | 37.73 |
| 2012 | 226 | 41 | 1094 | 20.35 |
| 2013 | 178 | 35 | 1237 | 13.07 |
| 2014 | 106 | 39 | 1304 | 5.42 |
| 2015 | 89 | 17 | 1376 | 5.52 |
| 2016 | 111 | 34 | 1453 | 5.60 |

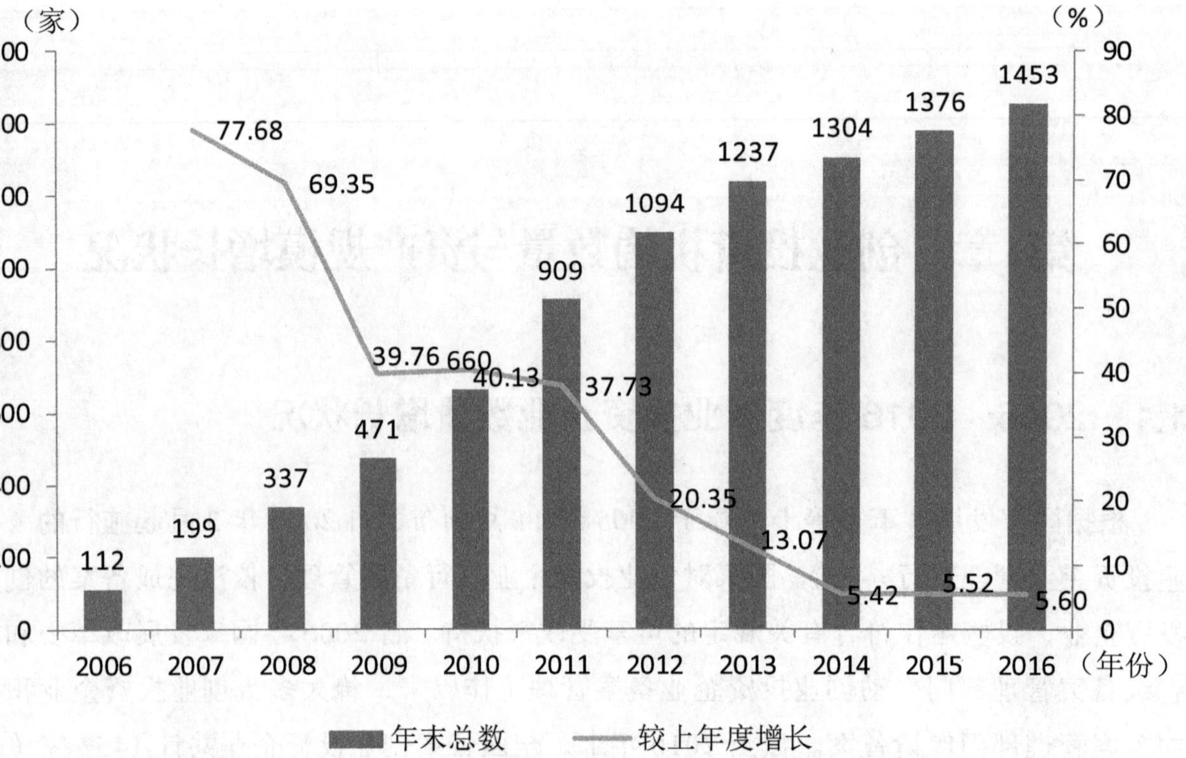


**图1-1　2006～2016年度创业投资企业备案数量增长状况**

从备案创业投资企业投资运作状况看，总体上都比较稳健，仅有少数创业投资企业退出备案。2006 年以来，因存续期满、业务转型、变更注册地点、注册资金不到位及投资运作不符合十部委办法等原因而注销备案，退出备案管理系统的创业投资企业累计 191 家，其中 2012 年退出的创业投资企业达 41 家，2014 年退出的创业投资企业达 39 家，2015 年退出的创业投资企业较少，只有 17 家；2016 年退出数量再次增加，达到 34 家。

鉴于创业投资企业从设立到备案具有时滞，仅按备案年度统计不能反映各备案创业投资企业实际设立年份，我们还按设立年度口径，对备案创业投资企业的数量增长状况进行了分析。从表 1–2 和图 1–2 可以看出，2005 年 11 月《创业投资企业管理暂行办法》的发布，对于促进创业投资企业发展起到了明显的促进作用，2006 年当年（即办法施行的第一年）全国新设立的备案创业投资企业即达 52 家。2007 年 2 月财政部、国家税务总局联合发布《关于促进创业投资企业发展有关税收政策的通知》后，新设立创业投资企业数量有较快增长，2007、2008 年全国新设立的备案创业投资企业分别达 143 家、149 家。尽管 2008 年下半年爆发的国际金融危机对全球创业投资发展带来了负面影响，但 2009 年我国新设立的备案创业投资企业仍达 172 家。2009 年 10 月创业板的开通，极大地刺激了创业投资活动，2010 年全年新设立的目前仍备案在册的创业投资机构 291 家。进入 2013 年，受我国资本市场行情不景气和中国证监会暂停 IPO 影响，当年新增创业投资企业仅有 104 家。2013 年 6 月，中央编办印发《关于私募股权基金管理职责分工的通知》，对私募股权基金管理职责重新分工：证监会负责私募股权基金的监督管理，实行适度监管，保护投资者权益；发展改革委负责组织拟订促进私募股权基金发展的政策措施，会同有关部门研究制定政府对私募股权基金出资的标准和规范。部分创业投资企业以为只需到证监会进行监管备案，不再需要到发展改革委进行发展备案和年检，导致2014、2015年、2016年新增创业投资企业数量持续下降，2016年新增创业投资企业仅25家。截至2016年末，全国备案创业投资企业数量增加到1672家（含2016年末以前设立，在2016年末至本报告出版前备案的创业投资企业）（见表1–2和图1–2）。

**表1–2　2006～2016年度按设立年度统计的备案创业投资企业数量增长（家，%）**

| 年度 | 年度新增 | 年度总数 | 较上年度增长 |
|---|---|---|---|
| 2006 | 52 | 261 | — |
| 2007 | 143 | 404 | 38.83 |
| 2008 | 149 | 553 | 26.26 |
| 2009 | 172 | 725 | 23.93 |
| 2010 | 291 | 1016 | 33.86 |
| 2011 | 222 | 1238 | 19.04 |
| 2012 | 158 | 1396 | 11.24 |
| 2013 | 104 | 1500 | 7.14 |
| 2014 | 92 | 1592 | 6.06 |
| 2015 | 55 | 1647 | 3.45 |
| 2016 | 25 | 1672 | 1.52 |

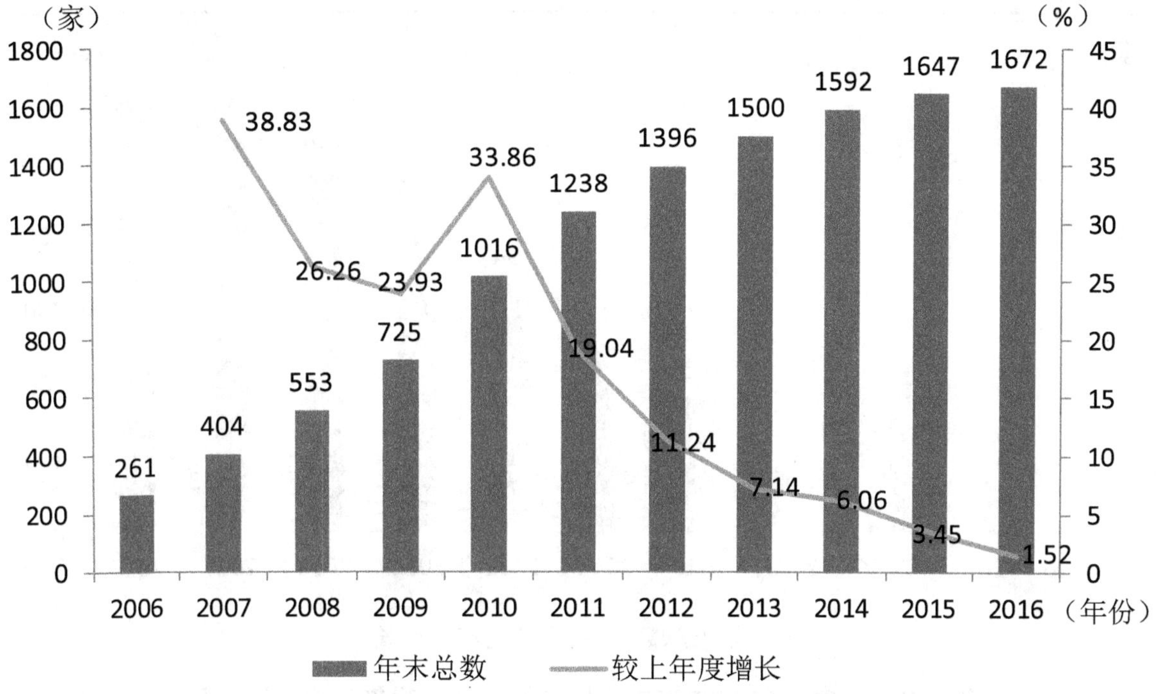


**图1–2　2006～2016年度按设立年度统计的备案创业投资企业数量增长**

## 1.2 2006～2016 年度备案创业投资管理企业数量增长状况

按照《创业投资企业管理暂行办法》，创业投资企业实行委托管理的，其受托管理机构（包括专业创业投资管理顾问企业、受托管理其他创业投资企业资产的创业投资企业）需要附带备案。从附带备案的创业投资管理企业的状况来看，自 2007 年以来，各年度新备案创业投资管理企业的数量稳步增长，但 2011 年以来增长速度开始放缓。截至 2016 底，附带备案的创业投资管理企业共计 342 家，较上年增长 9.62%（见表 1-3 和图 1-3）。

**表1-3 2006～2016年度创业投资管理企业附带备案数量增长（家，%）**

| 年度 | 年度新增 | 年度退出 | 年度总数 | 较上年度增长 |
|---|---|---|---|---|
| 2006 | 2 | 0 | 2 | — |
| 2007 | 10 | 0 | 12 | 500.00 |
| 2008 | 14 | 0 | 26 | 116.67 |
| 2009 | 17 | 0 | 43 | 65.38 |
| 2010 | 64 | 2 | 105 | 144.19 |
| 2011 | 42 | 0 | 147 | 40.00 |
| 2012 | 49 | 2 | 194 | 31.97 |
| 2013 | 59 | 7 | 246 | 26.80 |
| 2014 | 37 | 3 | 280 | 13.82 |
| 2015 | 35 | 3 | 312 | 11.43 |
| 2016 | 37 | 7 | 342 | 9.62 |

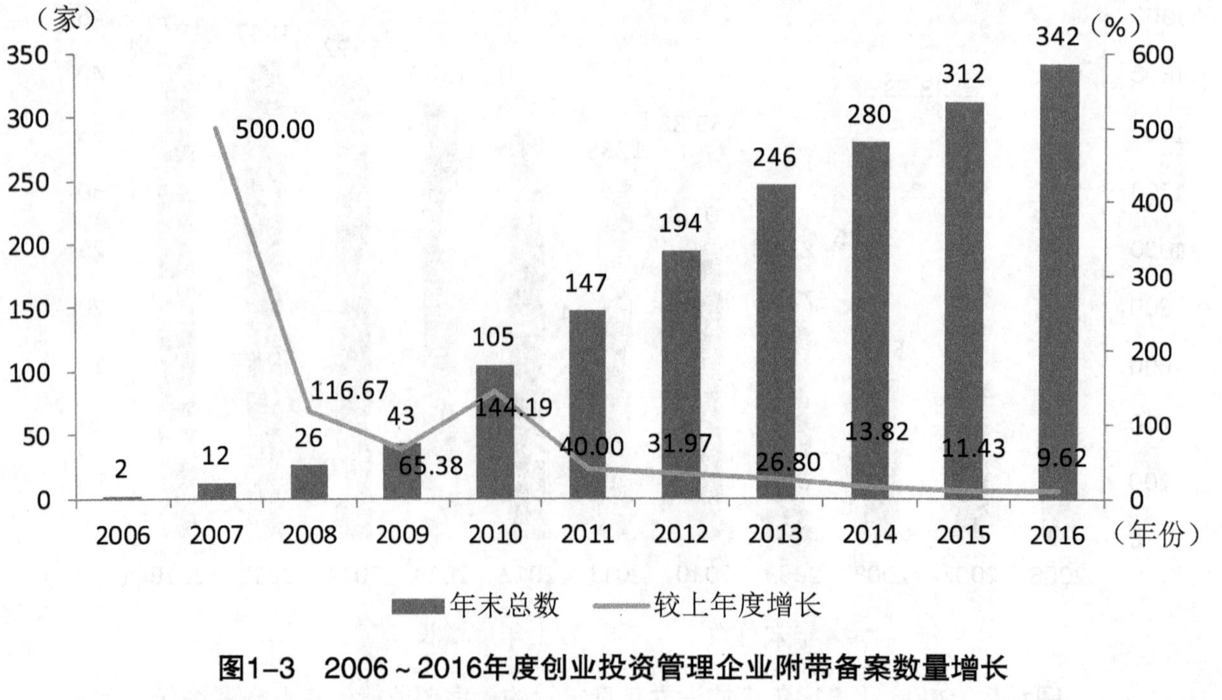


**图1-3 2006～2016年度创业投资管理企业附带备案数量增长**

按实际设立年度口径，截至 2016 年末，创业投资管理企业共计 384 家，较上年增长 1.59%（见表 1-4 和图 1-4）。

**表1-4　2006～2016年度按设立年度统计的备案创业投资管理企业数量增长（家，%）**

| 年度 | 年度新增 | 年度总数 | 较上年度增长 |
|---|---|---|---|
| 2006 | 10 | 43 | — |
| 2007 | 27 | 70 | 55.56 |
| 2008 | 33 | 103 | 37.33 |
| 2009 | 35 | 138 | 28.97 |
| 2010 | 59 | 196 | 38.03 |
| 2011 | 66 | 262 | 30.35 |
| 2012 | 41 | 303 | 14.34 |
| 2013 | 30 | 333 | 9.90 |
| 2014 | 28 | 361 | 8.41 |
| 2015 | 17 | 378 | 4.71 |
| 2016 | 6 | 384 | 1.59 |

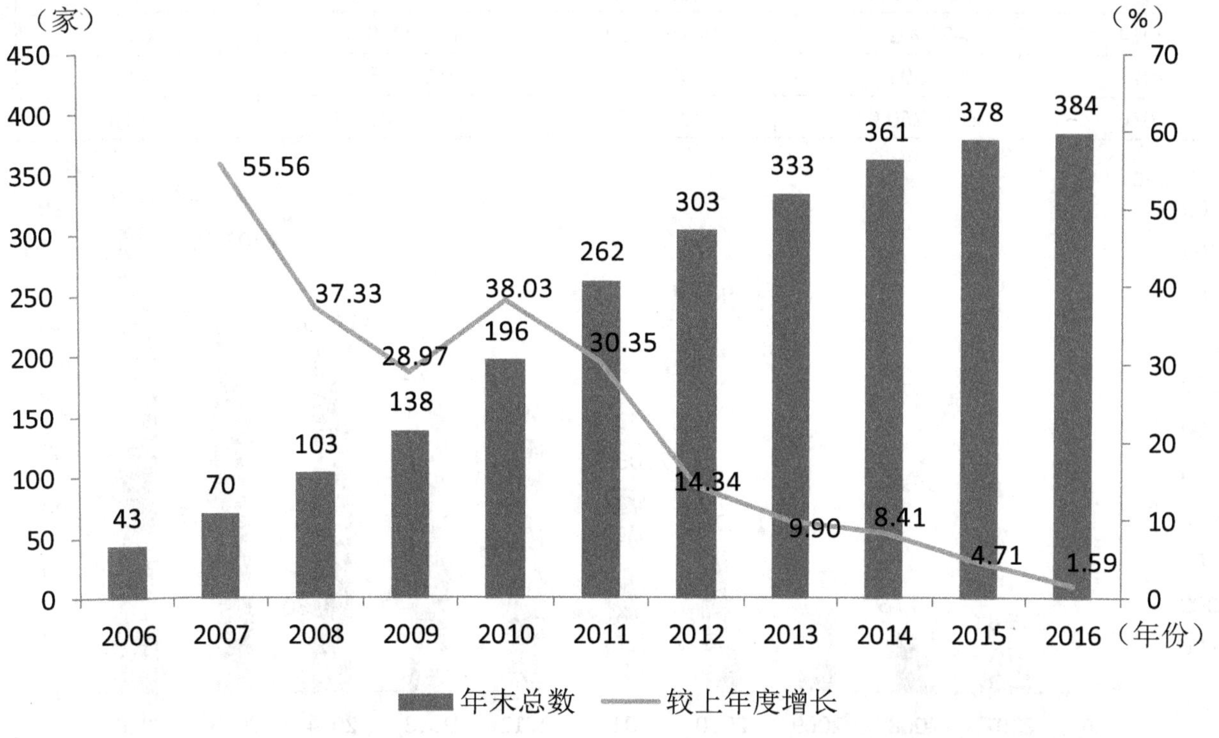


**图1-4　2006～2016年度按设立年度统计的备案创业投资管理企业数量增长**

## 1.3 2006~2016 年度备案创业投资企业资产规模增长状况

根据《创业投资企业管理暂行办法》，创业投资企业以及创业投资管理顾问企业可以代理非创业投资机构或个人的创业投资业务。但鉴于非创业投资机构或个人的创业投资资本属于非组织化的创业投资资本，创业投资企业的资产才可能以组织化的创业投资形式进行运作，本报告仅分析创业投资企业的资产规模。与创业投资企业数量持续增长相对应，2006~2016 年，我国创业投资企业的资产规模也迅速增加。截至 2016 年末，我国备案创业投资企业资产总规模达 5292.66 亿元（不含承诺资本额），同比增长 10.18%（见表 1–5 和图 1–5）。

表1–5 2006~2016年度备案创业投资企业总资产增长（万元，%）

| 年度 | 年度新增 | 年末减少 | 年末总数 | 较上年度增长 |
|---|---|---|---|---|
| 2006 | 2974876.85 | 0 | 2974876.85 | — |
| 2007 | 2093248.94 | 0 | 5068125.79 | 70.36 |
| 2008 | 1816328.88 | 2000.00 | 6882454.67 | 35.80 |
| 2009 | 2869840.59 | 24154.01 | 9728141.25 | 41.35 |
| 2010 | 6511562.96 | 168754.91 | 16070949.30 | 65.20 |
| 2011 | 6994620.63 | 28905.83 | 23036664.10 | 43.34 |
| 2012 | 5933559.16 | 478451.11 | 28491772.15 | 23.68 |
| 2013 | 5035845.06 | 376321.93 | 33151295.28 | 16.35 |
| 2014 | 6472902.91 | 904997.59 | 38719200.60 | 16.80 |
| 2015 | 9815392.74 | 499987.80 | 48034605.54 | 24.06 |
| 2016 | 5305760.04 | 413757.08 | 52926608.50 | 10.18 |

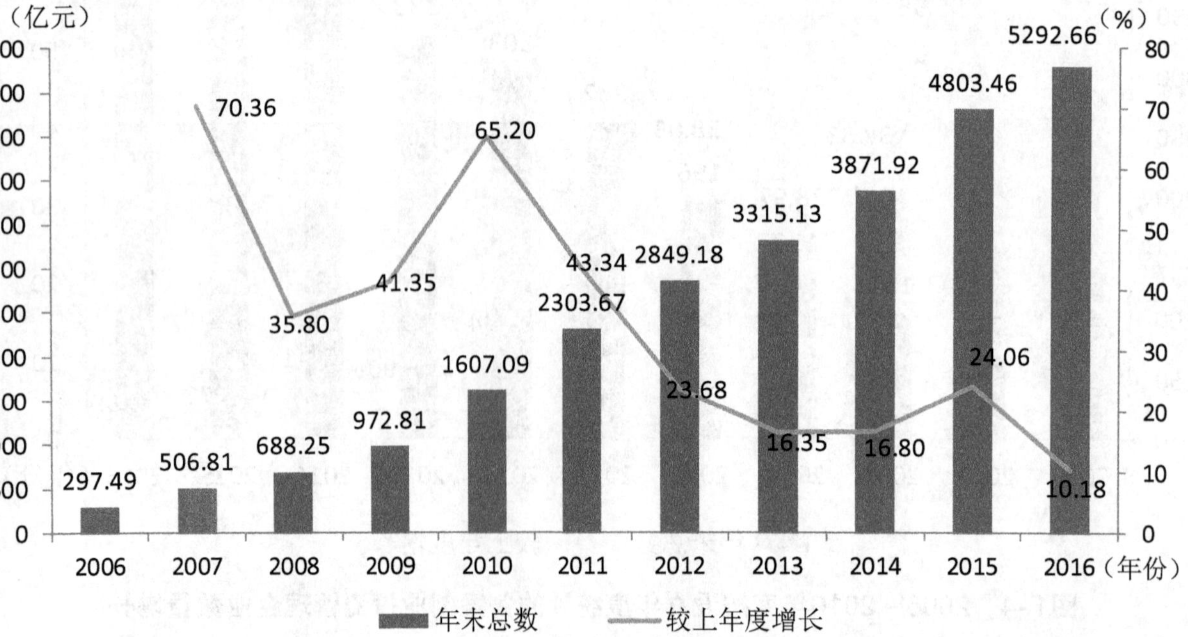


图1–5 2006~2016年度备案创业投资企业总资产增长

# 第2章　不同类型创业投资企业数量分布状况

## 2.1　2006～2016 年度按中外资性质分类的数量分布

从备案创业投资企业的中外资性质来看，自 2006 年《创业投资企业管理暂行办法》实施以来，中资创业投资企业的数量一直占绝对多数，占比一直高居 97% 左右的水平；外商投资创业投资企业（包括中外合资创业投资企业、外商独资创业投资企业）的数量虽然也呈逐年增加势头，但截至 2016 年末，数量仅为 33 家，占比仅为 2.27%（见表 2-1 和图 2-1）。

表2-1　2006～2016年度按中外资性质分类的备案创业投资企业数量分布（家，%）

| 年度 | 中资 | | 中外合资 | | 外商独资 | |
|---|---|---|---|---|---|---|
| | 年末数 | 所占比率 | 年末数 | 所占比率 | 年末数 | 所占比率 |
| 2006 | 109 | 97.32 | 3 | 2.68 | 0 | 0 |
| 2007 | 195 | 97.99 | 4 | 2.01 | 0 | 0 |
| 2008 | 325 | 96.44 | 11 | 3.26 | 1 | 0.30 |
| 2009 | 455 | 96.61 | 15 | 3.18 | 1 | 0.21 |
| 2010 | 638 | 96.67 | 20 | 3.03 | 2 | 0.30 |
| 2011 | 879 | 96.70 | 28 | 3.08 | 2 | 0.22 |
| 2012 | 1065 | 97.26 | 29 | 2.65 | 1 | 0.09 |
| 2013 | 1210 | 97.66 | 28 | 2.26 | 1 | 0.08 |
| 2014 | 1277 | 97.78 | 28 | 2.14 | 1 | 0.08 |
| 2015 | 1347 | 97.75 | 30 | 2.18 | 1 | 0.07 |
| 2016 | 1422 | 97.73 | 32 | 2.20 | 1 | 0.07 |

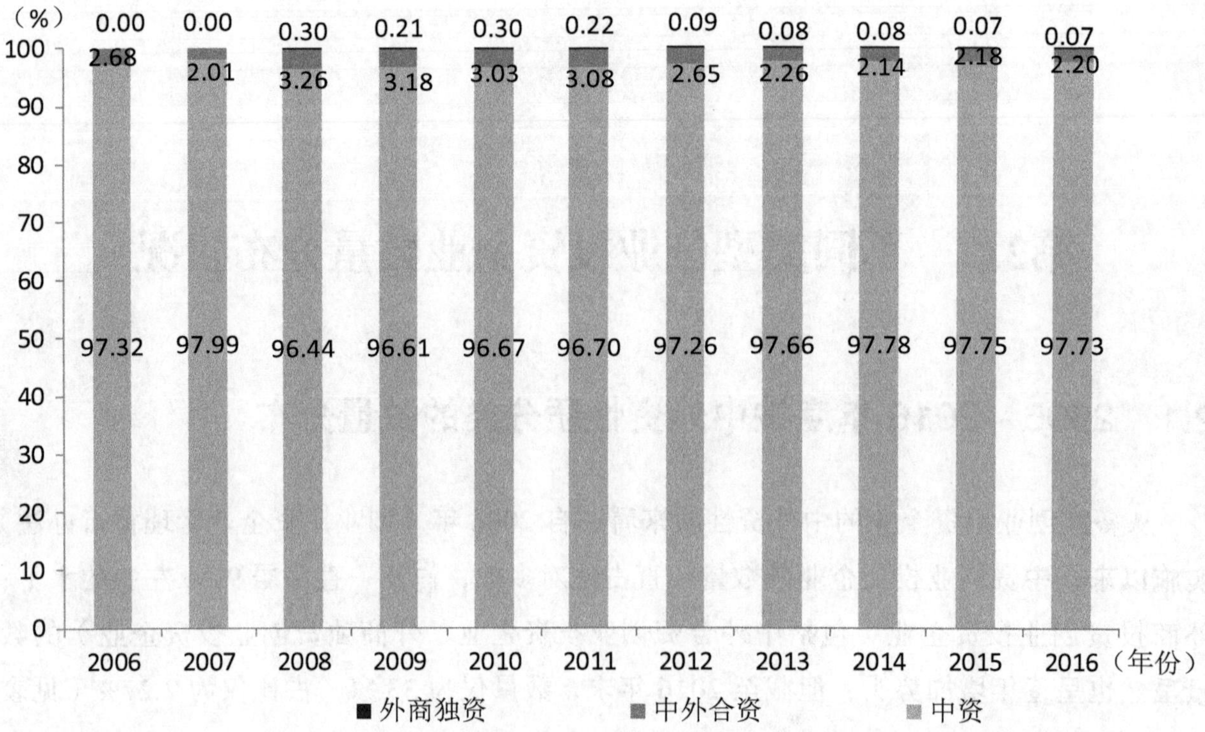


**图2-1　2006～2016年度按中外资性质分类的备案创业投资企业数量分布**

## 2.2　2006～2016 年度按组织形式分类的数量分布

按照我国相关法律规定，在我国设立的创业投资企业可以采取有限责任公司、股份有限公司及有限合伙企业的组织形式。从目前备案创业投资企业的组织形式看，公司型创业投资企业一直占据绝对比重。值得关注的是，近三年来，有限合伙型创业投资机构呈现明显增加的趋势，至 2016 年底，采取有限合伙型的备案创业投资企业达 312 家，占比为 21.44%。此外，还有少数创业投资企业采取了其他组织形式（主要是一些地方政府设立的事业法人组织形式的创业投资企业，这些创业投资企业在治理结构上也类似于公司法人），占比呈逐年下降趋势（见表 2-2 和图 2-2）。

**表2-2　2006～2016年度按组织形式分类的备案创业投资企业数量分布（家，%）**

| 年度 | 有限责任公司 | | 股份有限公司 | | 有限合伙 | | 其他 | |
|---|---|---|---|---|---|---|---|---|
| | 年末数 | 所占比率 | 年末数 | 所占比率 | 年末数 | 所占比率 | 年末数 | 所占比率 |
| 2006 | 100 | 89.28 | 9 | 8.04 | 0 | 0 | 3 | 2.68 |
| 2007 | 180 | 90.45 | 13 | 6.53 | 0 | 0 | 6 | 3.02 |
| 2008 | 302 | 89.61 | 21 | 6.23 | 4 | 1.19 | 10 | 2.97 |
| 2009 | 428 | 90.86 | 25 | 5.31 | 7 | 1.49 | 11 | 2.34 |

续表

| 年度 | 有限责任公司 | | 股份有限公司 | | 有限合伙 | | 其他 | |
|---|---|---|---|---|---|---|---|---|
| | 年末数 | 所占比率 | 年末数 | 所占比率 | 年末数 | 所占比率 | 年末数 | 所占比率 |
| 2010 | 592 | 89.70 | 28 | 4.24 | 27 | 4.09 | 13 | 1.97 |
| 2011 | 792 | 87.13 | 29 | 3.19 | 73 | 8.03 | 15 | 1.65 |
| 2012 | 910 | 83.11 | 33 | 3.01 | 136 | 12.42 | 16 | 1.46 |
| 2013 | 992 | 80.07 | 33 | 2.66 | 196 | 15.82 | 18 | 1.45 |
| 2014 | 1010 | 77.33 | 33 | 2.53 | 243 | 18.61 | 20 | 1.53 |
| 2015 | 1044 | 75.76 | 34 | 2.47 | 280 | 20.32 | 20 | 1.45 |
| 2016 | 1092 | 75.05 | 32 | 2.20 | 312 | 21.44 | 19 | 1.31 |

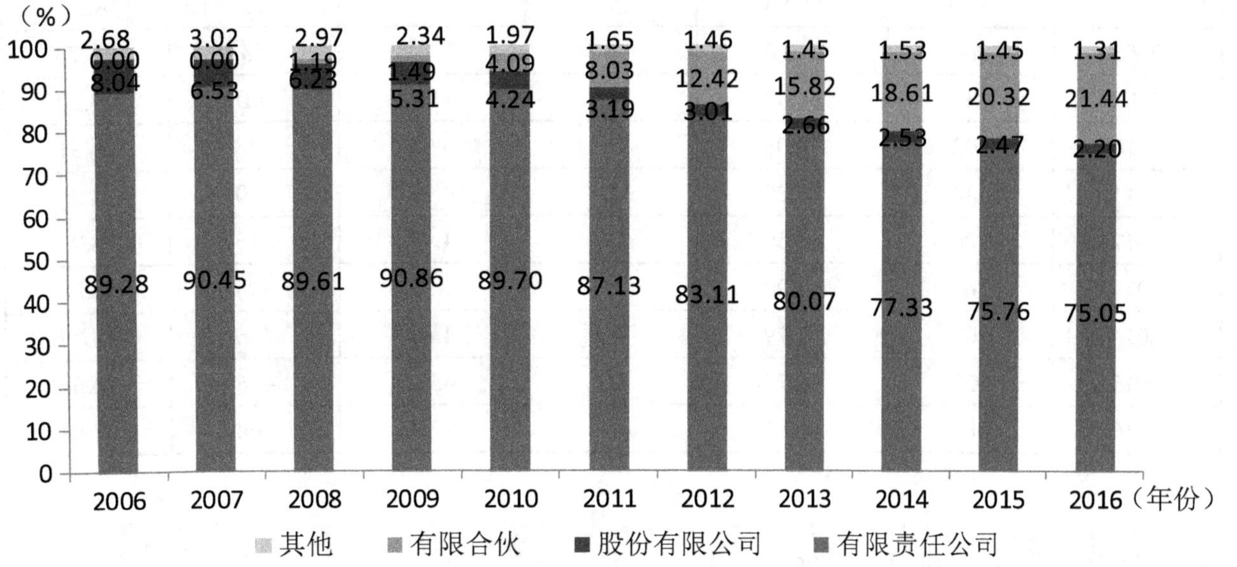


**图2-2　2006～2016年度按组织形式分类的备案创业投资企业数量分布**

## 2.3　2006～2016年度按管理模式分类的数量分布

创业投资企业的管理模式包括自我管理和委托管理两类。通常而言，在创业投资发展初期，由于缺乏可以信赖的专业管理机构，创业投资企业往往采取自聘管理团队方式实行自我管理；当创业投资发展到一定阶段，市场上已经涌现出专业管理机构后，新组建的创业投资企业就往往不再自聘管理团队，而是从节约管理成本、享受专业管理服务角度出发，将所组建的创业投资企业资产委托给其他已经取得既有业绩的创业投资企业，特别是已经取得既有业绩的专业创业投资管理机构管理。

从我国近几年的创业投资企业管理模式数据来看，可以看出一些积极的发展变化趋势：一方面，尽管自聘管理团队仍然是我国备案创业投资企业最主要的管理模式，但其比例呈现出逐年下降趋势，仅在2016年有小幅回升，截至2016年末，采取自聘管理团队管理模式的备案创业投资企业占比为60.82%，比实施备案管理制度初期的2006年下降了32个百分点；另一方面，采取委托管理模式的创业投资企业的比例在2016年略有下降，截至2016年末，委托其他创业投资企业管理的备案创业投资企业占比为4.54%，委托创业投资管理顾问企业管理的备案创业投资企业占比为34.64%，两者合计已经达到39.18%（见表2-3和图2-3）。

**表2-3 2006～2016年度按管理模式分类的备案创业投资企业数量分布（家，%）**

| 年度 | 自聘管理团队 | | 委托其他创投企业 | | 委托管理顾问企业 | |
|---|---|---|---|---|---|---|
| | 年末数 | 所占比率 | 年末数 | 所占比率 | 年末数 | 所占比率 |
| 2006 | 104 | 92.86 | 0 | 0 | 8 | 7.14 |
| 2007 | 181 | 90.95 | 1 | 0.51 | 17 | 8.54 |
| 2008 | 280 | 83.08 | 4 | 1.19 | 53 | 15.73 |
| 2009 | 384 | 81.53 | 6 | 1.27 | 81 | 17.20 |
| 2010 | 502 | 76.06 | 20 | 3.03 | 138 | 20.91 |
| 2011 | 644 | 70.85 | 45 | 4.95 | 220 | 24.20 |
| 2012 | 726 | 66.30 | 54 | 4.93 | 315 | 28.77 |
| 2013 | 783 | 63.20 | 61 | 4.92 | 395 | 31.88 |
| 2014 | 807 | 61.79 | 63 | 4.83 | 436 | 33.38 |
| 2015 | 837 | 60.74 | 65 | 4.72 | 476 | 34.54 |
| 2016 | 885 | 60.82 | 66 | 4.54 | 504 | 34.64 |

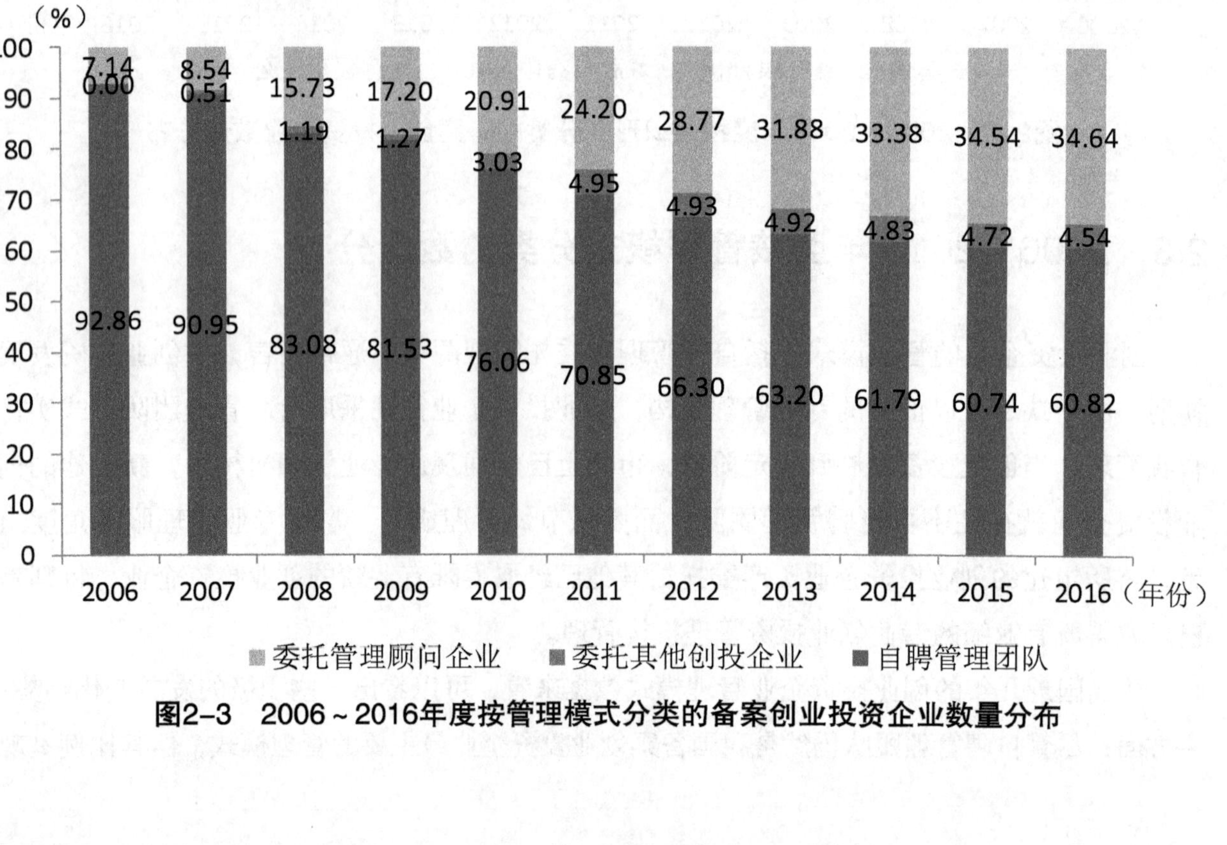


**图2-3 2006～2016年度按管理模式分类的备案创业投资企业数量分布**

# 第3章　不同类型创业投资企业资产分布状况

## 3.1　2006～2016 年度按中外资性质分类的资产分布

备案创业投资企业按中外资性质分类的资产结构分布，呈现出与第 2 章所分析的数量结构相类似的特点：中资创业投资企业的资产规模一直占绝对数额，占比一直高居 98% 左右的水平；外商投资创业投资企业（包括中外合资创业投资企业、外商独资创业投资企业）的规模总体上呈下降势头，截至 2016 年末，规模仅为 48.99 亿元，占比仅为 1.46%（见表 3-1 和图 3-1）。

表3-1　2006～2016年度按中外资性质分类的备案创业投资企业资产分布（万元，%）

| 年度 | 中资 | | 中外合资 | | 外商独资 | |
|---|---|---|---|---|---|---|
| | 年末金额 | 占比% | 年末金额 | 占比% | 年末金额 | 占比% |
| 2006 | 2930281.46 | 98.59 | 41921.39 | 1.41 | 0 | 0 |
| 2007 | 5014267.40 | 99.05 | 48184.39 | 0.95 | 0 | 0 |
| 2008 | 6597627.38 | 95.98 | 207121.29 | 3.01 | 69032.00 | 1.01 |
| 2009 | 9229038.57 | 95.62 | 353289.12 | 3.66 | 69032.00 | 0.72 |
| 2010 | 14715498.34 | 96.33 | 492152.93 | 3.22 | 68732.00 | 0.45 |
| 2011 | 21178414.64 | 96.34 | 703712.09 | 3.20 | 101968.39 | 0.46 |
| 2012 | 25661847.48 | 96.50 | 748074.78 | 2.81 | 183063.25 | 0.69 |
| 2013 | 28220576.71 | 97.17 | 753891.03 | 2.60 | 67054.00 | 0.23 |
| 2014 | 31511419.39 | 98.02 | 575106.92 | 1.79 | 61818.00 | 0.19 |
| 2015 | 37822398.74 | 98.26 | 656954.42 | 1.71 | 10205.83 | 0.03 |
| 2016 | 33134117.09 | 98.54 | 476732.11 | 1.42 | 13130.21 | 0.04 |

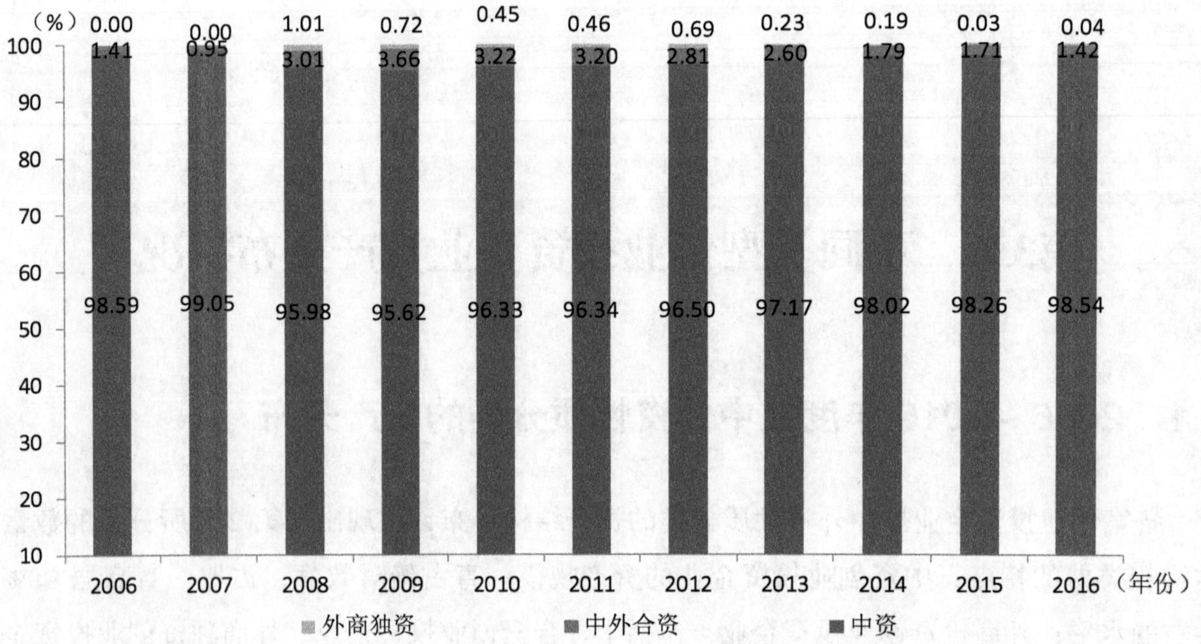


**图3-1　2006～2016年度按中外资性质分类的备案创业投资企业资产分布**

## 3.2　2006～2016年度按组织形式分类的资产分布

从按组织形式分类的资产分布看，2006～2016年，包括有限责任公司型和股份有限公司型创业投资企业的资产总规模占全部创业投资企业资产总规模的比例均占绝大多数。另一方面，有限合伙型创业投资企业资产总规模占比在近年呈快速上升势头，截至2016年末，总规模占比已从2008年末的不到1%上升到11.10%（见表3-2和图3-2）。

**表3-2　2006～2016年度按组织形式分类的备案创业投资企业资产分布（万元，%）**

| 年度 | 有限责任公司 | | 股份有限公司 | | 有限合伙 | | 其它 | |
|---|---|---|---|---|---|---|---|---|
| | 年末金额 | 占比 | 年末金额 | 占比 | 年末金额 | 占比 | 年末金额 | 占比 |
| 2006 | 2577452.71 | 86.72 | 342091.54 | 11.51 | 0 | 0 | 52658.60 | 1.77 |
| 2007 | 4394544.97 | 86.81 | 394939.22 | 7.80 | 0 | 0 | 272967.60 | 5.39 |
| 2008 | 5918152.11 | 86.10 | 559619.03 | 8.14 | 35875.03 | 0.52 | 360134.50 | 5.24 |
| 2009 | 8392994.90 | 86.96 | 734854.23 | 7.61 | 82960.08 | 0.87 | 440550.48 | 4.56 |
| 2010 | 12963692.43 | 84.86 | 1500063.92 | 9.82 | 372189.16 | 2.44 | 440437.76 | 2.88 |
| 2011 | 18587366.93 | 84.55 | 1646928.10 | 7.49 | 1208899.95 | 5.50 | 540900.14 | 2.46 |
| 2012 | 22115745.81 | 83.17 | 1271479.60 | 4.78 | 2471219.91 | 9.29 | 734540.19 | 2.76 |

续表

| 年度 | 有限责任公司 | | 股份有限公司 | | 有限合伙 | | 其它 | |
|---|---|---|---|---|---|---|---|---|
| | 年末金额 | 占比 | 年末金额 | 占比 | 年末金额 | 占比 | 年末金额 | 占比 |
| 2013 | 23703226.01 | 81.62 | 1408116.04 | 4.85 | 3024528.21 | 10.41 | 905651.48 | 3.12 |
| 2014 | 27269952.43 | 84.83 | 1068616.46 | 3.32 | 3230887.13 | 10.05 | 578888.29 | 1.80 |
| 2015 | 30349787.77 | 78.85 | 3662923.35 | 9.52 | 3857738.85 | 10.02 | 619109.02 | 1.61 |
| 2016 | 27298021.88 | 81.19 | 2054082.42 | 6.11 | 3733728.24 | 11.10 | 538146.87 | 1.60 |

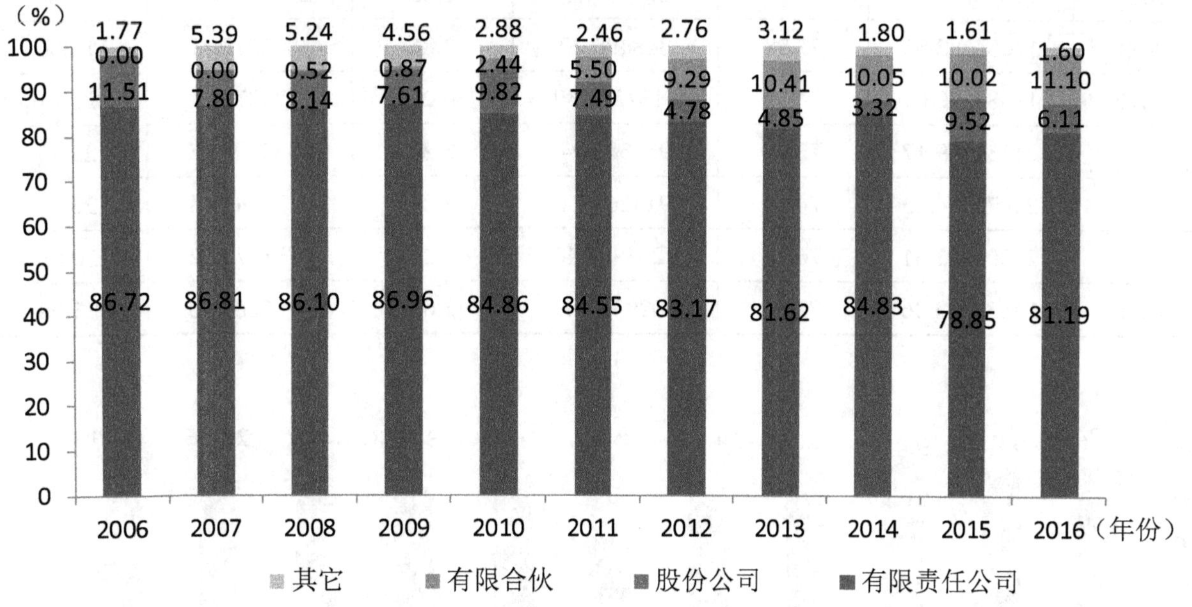


**图3-2　2006～2016年度按组织形式分类的备案创业投资企业资产分布**

## 3.3　2006～2016 年度按管理模式分类的资产分布

从按管理模式分类的资产分布角度看，自聘管理团队管理的创业投资企业的总资产一直占全部创业投资企业资产总规模的绝对比重，从 2006 至 2013 年度的比例呈明显下降趋势，仅 2014、2015 年度的占比开始回升，2016 年再度下降；委托其他创业投资企业或创业投资管理顾问企业管理的创业投资企业的资产总规模虽然仍只占较小比例，从 2007 至 2012 年度呈现出快速上升的势头，但 2013 年开始至 2016 年占比呈波段性的起落。其中，自聘管理团队管理的创业投资企业的资产总规模的占比从 2006 年末的 95.16% 下降为 2016 年末的 72.96%；委托其他创业投资企业和创业投资管理顾问企业管理的创业投资企业的资产总规模占比则从 2006 年末的 4.84% 上升为 2016 年末的 27.04%（见表 3–3 和图 3–3）。

表3-3　2006～2016年度按管理模式分类的备案创业投资企业资产分布（万元，%）

| 年度 | 自聘管理团队 | | 委托其他创投企业 | | 委托管理顾问企业 | |
|---|---|---|---|---|---|---|
| | 年末金额 | 占比% | 年末金额 | 占比% | 年末金额 | 占比% |
| 2006 | 2828221.75 | 95.16 | 0 | 0 | 143981.10 | 4.84 |
| 2007 | 4777733.19 | 94.37 | 20000.00 | 0.40 | 264718.60 | 5.23 |
| 2008 | 6194882.74 | 90.12 | 27879.00 | 0.41 | 651018.93 | 9.47 |
| 2009 | 8443861.86 | 87.21 | 88816.78 | 0.92 | 1149675.81 | 11.87 |
| 2010 | 12816763.67 | 83.90 | 279161.73 | 1.83 | 2180457.87 | 14.27 |
| 2011 | 17054382.55 | 77.58 | 848495.20 | 3.86 | 4081217.37 | 18.56 |
| 2012 | 19684390.01 | 74.02 | 1134223.39 | 4.27 | 5774372.11 | 21.71 |
| 2013 | 21134939.17 | 72.77 | 951387.94 | 3.28 | 6955194.63 | 23.95 |
| 2014 | 24074534.23 | 74.89 | 914265.74 | 2.84 | 7159544.34 | 22.27 |
| 2015 | 29303453.51 | 76.13 | 1234927.46 | 3.21 | 7951178.02 | 20.66 |
| 2016 | 24531539.86 | 72.96 | 1029330.89 | 3.06 | 8063108.66 | 23.98 |

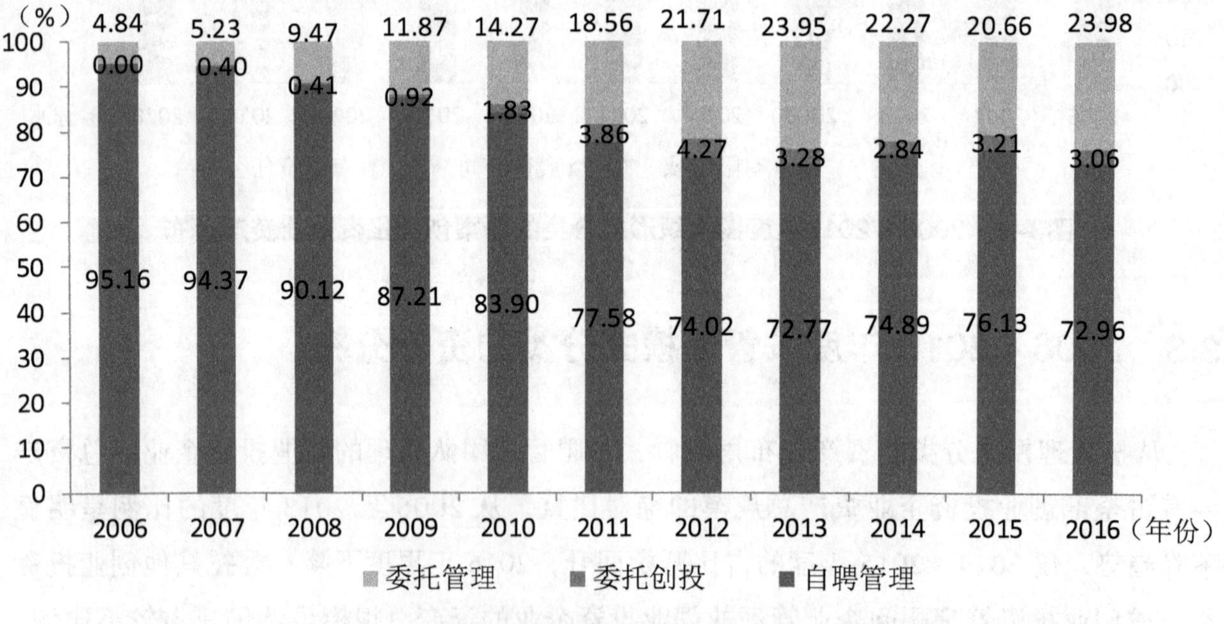


图3-3　2006～2016年度按管理模式分类的备案创业投资企业资产分布

# 第4章　不同类型创业投资企业平均资产规模分布状况

## 4.1　2006～2016年度按中外资性质分类的平均资产规模比较

平均资产规模是反映和衡量创业投资市场发展的重要指标之一。从表4-1和图4-1可以看出，2013年前，外商独资创业投资企业的平均资产规模明显超过中资和中外合资创业投资企业；但2014年后，中资创业投资企业的平均资产规模增长显著，远远超过外资创业投资企业的平均资产规模。

从趋势看，自2009年以来，中资创业投资企业和中外合资创业投资企业的平均资产规模逐年上升，这可能是由于随着我国创业投资环境的不断改善及国内创业投资专业管理水平的提升，募资能力得到了提升；而外商独资创业投资机构的平均资产规模则呈现出逐年下降的势头。至2016年末，中资创业投资企业和中外合资创业投资企业的平均资产规模均呈下降趋势，而外商独资创业投资机构的平均资产规模略有回升。

表4-1　2006～2016年度按中外资性质分类的备案创业投资企业平均资产规模（万元，%）

| 年度 | 中资 | | 中外合资 | | 外商独资 | |
|---|---|---|---|---|---|---|
| | 平均规模 | 增长率 | 平均规模 | 增长率 | 平均规模 | 增长率 |
| 2006 | 27132.24 | — | 13973.80 | — | 0 | — |
| 2007 | 26252.71 | −3.24 | 12046.10 | −13.80 | 0 | — |
| 2008 | 20553.36 | −21.71 | 17260.11 | 43.28 | 69032.00 | — |
| 2009 | 20486.80 | −0.32 | 22080.57 | 27.93 | 69032.00 | 0 |
| 2010 | 24444.35 | 19.32 | 22370.59 | 1.31 | 68732.00 | −0.43 |
| 2011 | 26032.98 | 6.50 | 27065.85 | 20.99 | 33989.46 | −50.55 |
| 2012 | 25775.89 | −0.99 | 27706.47 | 2.37 | 45765.81 | 34.65 |
| 2013 | 26987.58 | 4.70 | 26924.68 | −2.82 | 33527.00 | −26.74 |

续表

| 年度 | 中资 | | 中外合资 | | 外商独资 | |
|---|---|---|---|---|---|---|
| | 平均规模 | 增长率 | 平均规模 | 增长率 | 平均规模 | 增长率 |
| 2014 | 31520.81 | 16.80 | 23962.79 | −11.00 | 30909.00 | −7.81 |
| 2015 | 39370.20 | 24.90 | 27373.10 | 14.23 | 10205.83 | −66.98 |
| 2016 | 37935.34 | −3.64 | 25091.16 | −8.34 | 13130.21 | 28.65 |

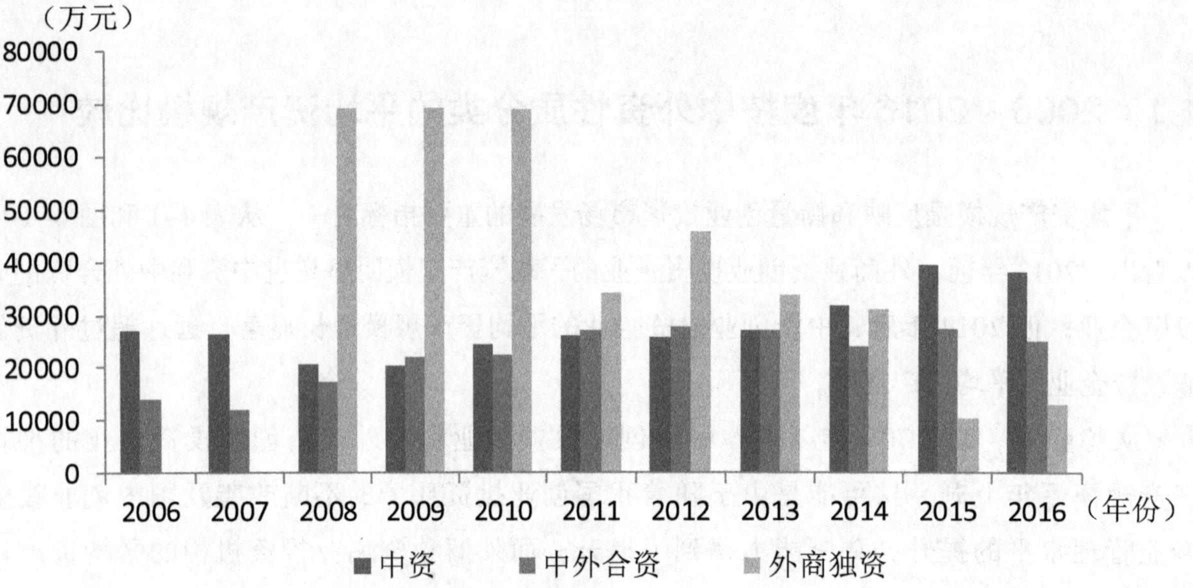


图4-1 2006～2016年度按中外资性质分类的备案创业投资企业平均资产规模

## 4.2 2006～2016 年度按组织形式分类的平均资产规模比较

不同组织形式的创业投资企业，其平均资产规模也有较大差别。在 2006～2016 年间，都呈现出相同的规律：股份有限公司型创业投资企业的平均资产规模显著高于有限责任公司型创业投资企业，有限责任公司型创业投资企业的平均资产规模又显著高于有限合伙型创业投资企业。这和与我国法律体系类似的欧洲大陆法系国家（如德国、法国）的情形比较类似。值得关注的是，2008 至 2012 年，有限合伙制创业投资企业的平均资产规模呈现出稳步增加的趋势，其后的 2013 年度和 2014 年度有所下降，但 2015 年起又迅速增加，至 2016 年末，有限合伙制创业投资企业平均资产规模增加至 21523.38 万元；而有限责任公司型创业投资企业和股份有限公司制创业投资企业的平均资产规模双双回落。（见表 4–2 和图 4–2）。

表4-2　2006～2016年度按组织形式分类的备案创业投资企业平均资产规模（万元，%）

| 年度 | 有限责任公司 | | 股份有限公司 | | 有限合伙 | | 其它 | |
|---|---|---|---|---|---|---|---|---|
| | 平均规模 | 增长率 | 平均规模 | 增长率 | 平均规模 | 增长率 | 平均规模 | 增长率 |
| 2006 | 26034.88 | — | 38010.17 | — | 0 | — | 17552.87 | — |
| 2007 | 24969.01 | −4.09 | 32911.60 | −13.41 | 0 | — | 38995.37 | 122.16 |
| 2008 | 19793.15 | −20.73 | 27980.95 | −14.98 | 8968.76 | — | 32739.50 | −16.04 |
| 2009 | 19728.31 | −0.33 | 30618.93 | 9.43 | 11851.44 | 32.14 | 40050.04 | 22.33 |
| 2010 | 23190.86 | 17.55 | 53573.71 | 74.97 | 14314.97 | 20.79 | 36703.15 | −8.36 |
| 2011 | 25532.10 | 10.10 | 58690.29 | 9.55 | 16885.91 | 17.96 | 36060.01 | −1.75 |
| 2012 | 26170.16 | 2.50 | 41015.47 | −30.12 | 18483.74 | 9.46 | 43208.25 | 19.82 |
| 2013 | 27914.95 | 6.67 | 46937.20 | 14.44 | 17196.60 | −6.96 | 43126.26 | −0.19 |
| 2014 | 34470.22 | 23.48 | 38164.87 | −18.69 | 17180.60 | −0.09 | 30467.80 | −29.35 |
| 2015 | 40780.39 | 18.31 | 118158.82 | 209.60 | 19895.87 | 15.80 | 36418.18 | 19.53 |
| 2016 | 40193.88 | −1.44 | 79003.17 | −33.14 | 21523.38 | 8.18 | 35876.46 | −1.49 |

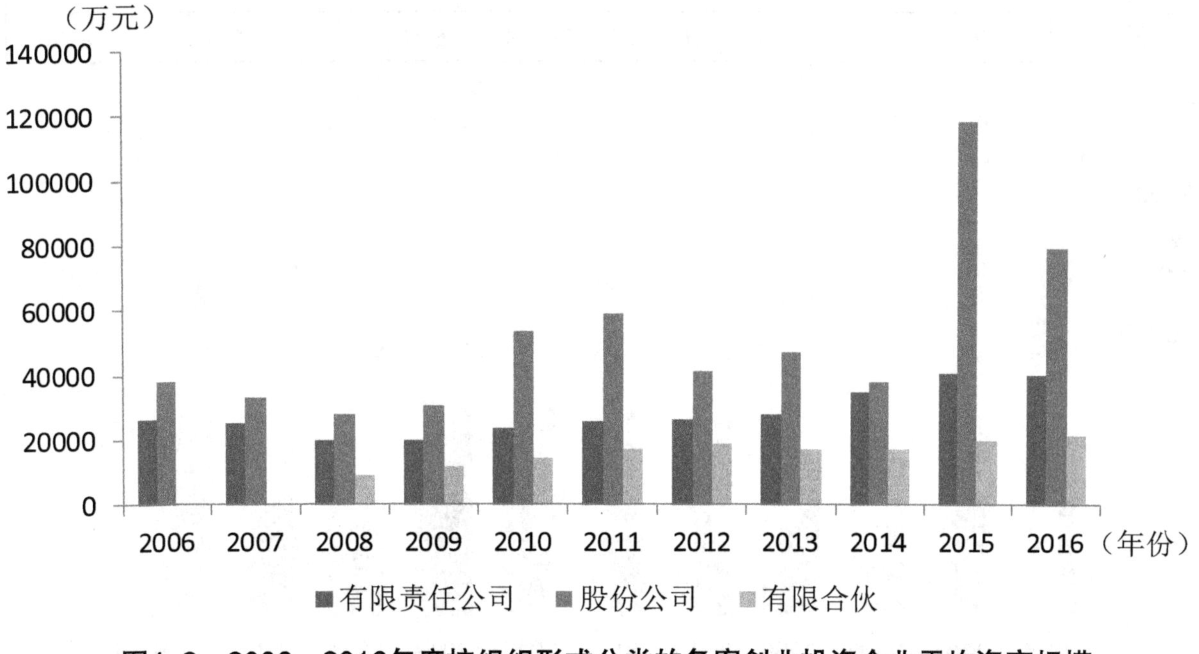


图4-2　2006～2016年度按组织形式分类的备案创业投资企业平均资产规模

## 4.3　2006～2016 年度按管理模式分类的平均资产规模比较

从按管理模式分类的平均资产规模比较看，自聘管理团队进行管理的创业投资企业的平均资产规模显著高于委托其他创业投资企业或创业投资管理顾问企业管理的创业投资企业；委托其他创业投资企业管理的创业投资企业的平均资产规模与委托创业投资管理顾问企业管理的创业投资企业的平均资产规模的差距不大。（见表4-3和图4-3）。

表4-3 2006～2016年度按管理模式分类的备案创业投资企业平均资产规模（万元，%）

| 年度 | 自聘管理团队 | | 委托其他创投企业 | | 委托管理顾问企业 | |
|---|---|---|---|---|---|---|
| | 平均规模 | 增长率 | 平均规模 | 增长率 | 平均规模 | 增长率 |
| 2006 | 27458.46 | — | 0 | — | 17997.64 | — |
| 2007 | 27146.21 | −1.14 | 20000.00 | — | 14706.59 | −18.29 |
| 2008 | 22445.23 | −17.32 | 6969.75 | −65.15 | 12055.91 | −18.02 |
| 2009 | 22220.69 | −1.00 | 12688.11 | 82.05 | 14020.44 | 16.30 |
| 2010 | 27444.89 | 23.51 | 14692.72 | 15.80 | 15686.75 | 11.88 |
| 2011 | 29347.30 | 6.93 | 18053.09 | 22.87 | 19024.38 | 21.28 |
| 2012 | 29511.83 | 0.56 | 19898.66 | 10.22 | 19071.29 | 0.25 |
| 2013 | 31829.73 | 7.85 | 17235.58 | −13.38 | 19494.58 | 2.22 |
| 2014 | 39018.69 | 22.59 | 17174.60 | −0.35 | 20116.71 | 3.19 |
| 2015 | 51051.31 | 30.84 | 24034.35 | 39.94 | 22037.06 | 9.55 |
| 2016 | 47449.79 | −7.05 | 25573.79 | 6.41 | 23967.04 | 8.76 |

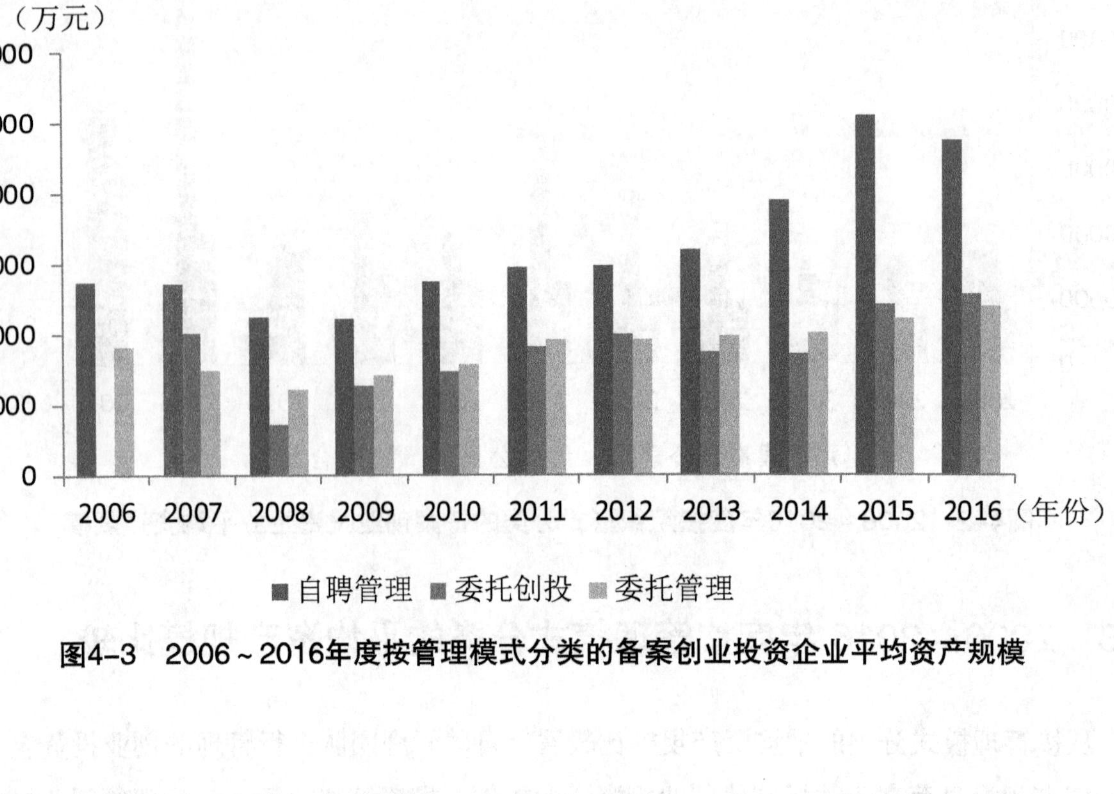


图4-3 2006～2016年度按管理模式分类的备案创业投资企业平均资产规模

# 第5章 创业投资机构从业人员数量增长及结构分布状况

## 5.1 2006～2016年度创业投资机构从业人员数量增长状况

2006～2016 年，备案创业投资机构从业人员数量从 1771 人增加至 11264 人，但其增长幅度呈现逐年下降趋势。特别是从 2014 年起，备案创业投资机构从业人员呈现负增长，其中 2014 年减少 1140 人，2015 年减少 56 人，2016 年减少 1928 人（见表 5-1 和图 5-1）。

表5-1 2006～2016年度备案创业投资机构从业人员数量增长

| 年度 | 年末人数 | 较上年增加数 | 较上年增长（%） |
| --- | --- | --- | --- |
| 2006 | 1771 | — | — |
| 2007 | 3231 | 1520 | 88.84 |
| 2008 | 5053 | 1822 | 56.39 |
| 2009 | 6924 | 1871 | 37.03 |
| 2010 | 9245 | 2321 | 33.52 |
| 2011 | 12089 | 2844 | 30.76 |
| 2012 | 14103 | 2014 | 16.66 |
| 2013 | 14388 | 285 | 2.02 |
| 2014 | 13248 | −1140 | −7.92 |
| 2015 | 13192 | −56 | −0.42 |
| 2016 | 11264 | −1928 | −14.61 |

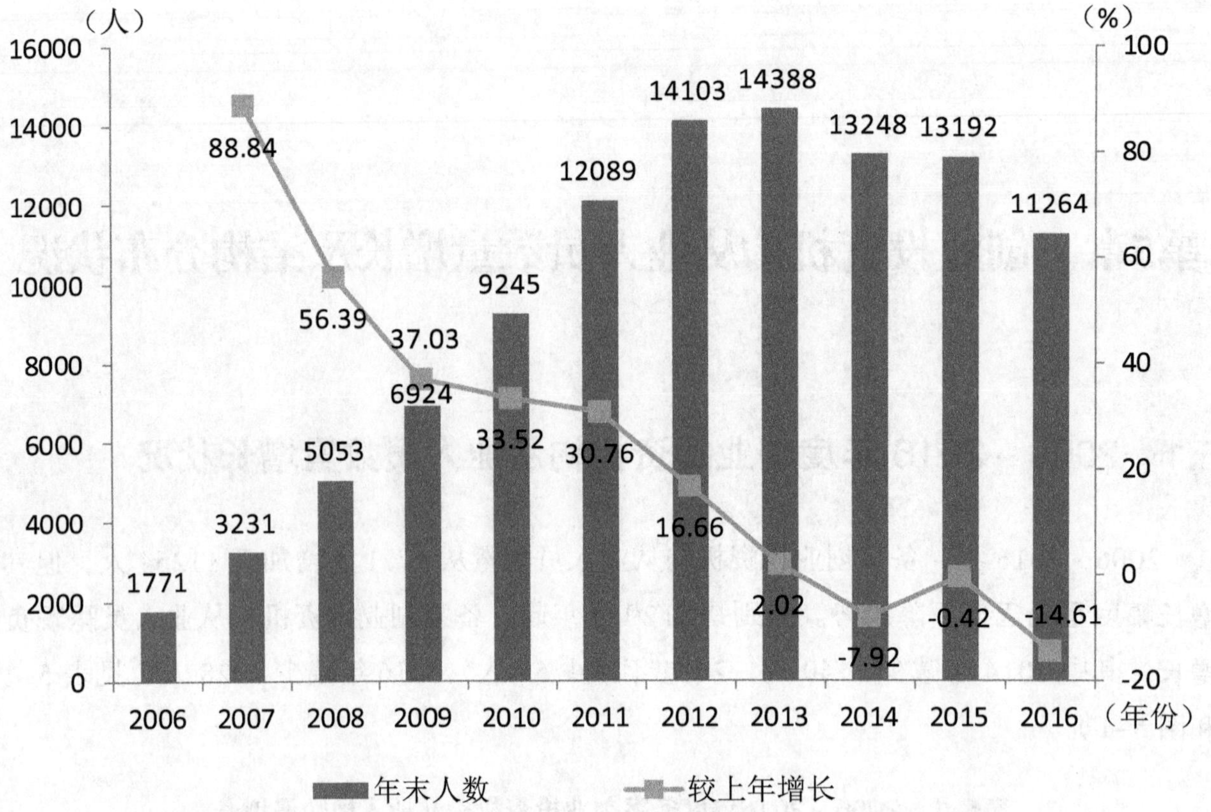


图5-1 2006～2016年度备案创业投资机构从业人员数量增长

## 5.2 2006～2016 年度创业投资机构从业人员学历分布状况

2006～2016 年，创业投资机构从业人员的学历均主要以本科占比最高，平均 45.11%，硕士次之，平均达 32.17%，二者合计平均每年占比在 77.28% 以上。本科以下学历占比呈下降趋势（见表 5–2 和图 5–2）。

表5–2 2006～2016年度备案创业投资机构从业人员学历结构（人，%）

| 年度 | 博士 | | 硕士 | | 本科 | | 本科以下 | |
|---|---|---|---|---|---|---|---|---|
| | 人数 | 占比 | 人数 | 占比 | 人数 | 占比 | 人数 | 占比 |
| 2006 | 70 | 4.13 | 521 | 30.74 | 706 | 41.65 | 398 | 23.48 |
| 2007 | 115 | 3.70 | 847 | 27.26 | 1422 | 45.77 | 723 | 23.27 |
| 2008 | 186 | 3.91 | 1394 | 29.33 | 2141 | 45.05 | 1032 | 21.71 |
| 2009 | 253 | 3.90 | 1918 | 29.56 | 2943 | 45.36 | 1374 | 21.18 |
| 2010 | 357 | 4.33 | 2493 | 30.22 | 3766 | 45.65 | 1633 | 19.80 |
| 2011 | 496 | 4.61 | 3307 | 30.71 | 4976 | 46.22 | 1988 | 18.46 |

续表

| 年度 | 博士 | | 硕士 | | 本科 | | 本科以下 | |
|---|---|---|---|---|---|---|---|---|
| | 人数 | 占比 | 人数 | 占比 | 人数 | 占比 | 人数 | 占比 |
| 2012 | 573 | 4.62 | 3987 | 32.18 | 5617 | 45.33 | 2214 | 17.87 |
| 2013 | 644 | 5.22 | 4198 | 33.99 | 5569 | 45.10 | 1937 | 15.69 |
| 2014 | 584 | 5.21 | 4020 | 35.87 | 5030 | 44.88 | 1573 | 14.04 |
| 2015 | 544 | 4.94 | 4135 | 37.52 | 4934 | 44.76 | 1409 | 12.78 |
| 2016 | 444 | 4.81 | 3368 | 36.49 | 4288 | 46.46 | 1130 | 12.24 |

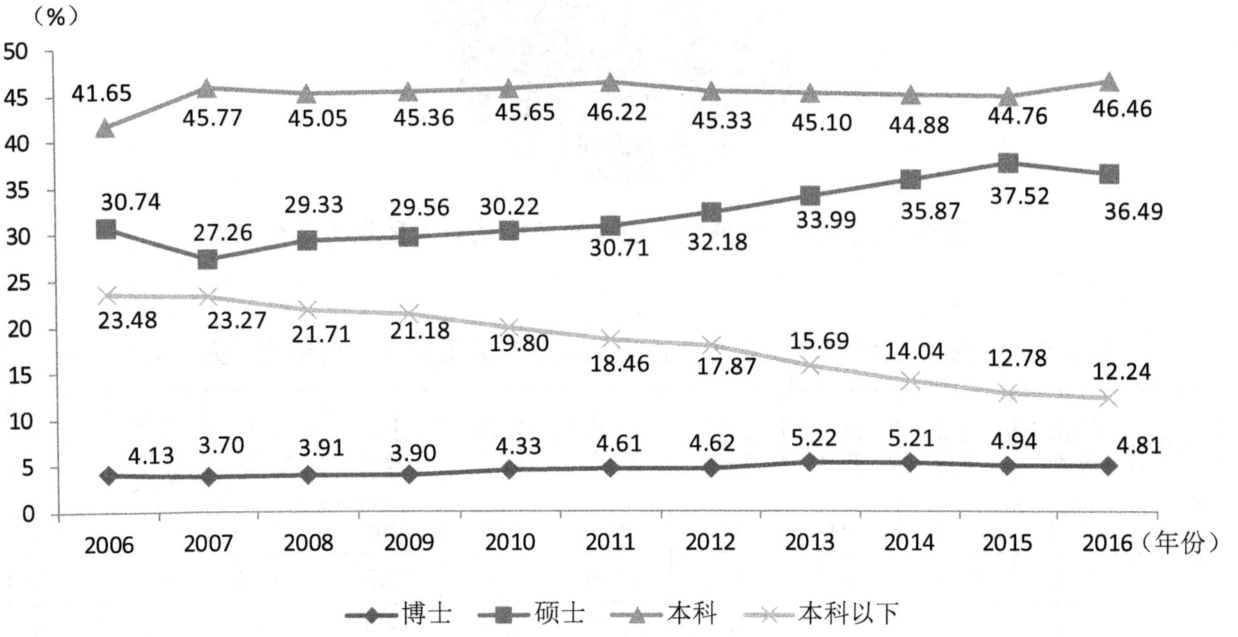


**图5-2　2006～2016年度备案创业投资机构从业人员学历结构**

2016 年，备案创业投资机构本科学历从业人员占比为 46.46%，硕士学历从业人员占比为 36.49%，本科以下学历从业人员占比为 12.24%，具有博士学历的从业人员占比为 4.81%（见图 5-3）。

## 5.3　2006～2016 年度创业投资机构从业人员从业背景分布状况

2006～2016 年，备案创业投资机构从业人员的从业背景主要集中在创业投资、企业管理和投资咨询三个领域，三者合计占比均在 80% 以上。各年度从业人员在其进入当时所在创业投资机构前平均拥有 1.47、1.39、1.33、1.34、1.34、1.31、1.32、1.32、1.31、1.30、

1.33 个不同领域的从业背景。这主要是因为创业投资涉及创业和投资各方面知识技能，复合型人才更适合从事创业投资工作（见表 5-3）。从 2009 年起，各种从业背景的创业投资机构从业人员的占比趋于稳定（见图 5-4）。

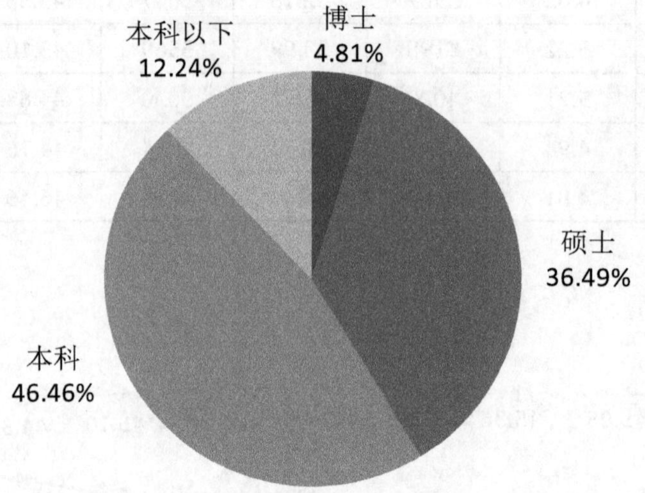


图5-3 2016年度备案创业投资机构从业人员学历结构

表5-3 2006～2016年度备案创业投资机构从业人员从业背景结构（人，%）

| 年度 | 指标类别 | 创业投资 | 企业管理 | 投资咨询 | 技术研发 | 市场营销 | 上市辅导 | 政府机关 | 直接学校毕业 | 合计 |
|---|---|---|---|---|---|---|---|---|---|---|
| 2006 | 人数 | 754 | 560 | 313 | 221 | 149 | 205 | 187 | 110 | 2499 |
| | 占比 | 44.48 | 33.04 | 18.47 | 13.04 | 8.79 | 12.09 | 11.03 | 6.49 | 147.43 |
| 2007 | 人数 | 1219 | 1009 | 600 | 420 | 297 | 344 | 289 | 140 | 4318 |
| | 占比 | 39.23 | 32.48 | 19.31 | 13.52 | 9.56 | 11.07 | 9.30 | 4.51 | 138.98 |
| 2008 | 人数 | 1749 | 1477 | 912 | 522 | 430 | 552 | 411 | 247 | 6300 |
| | 占比 | 36.80 | 31.08 | 19.19 | 10.98 | 9.05 | 11.61 | 8.65 | 5.20 | 132.56 |
| 2009 | 人数 | 2337 | 2028 | 1219 | 707 | 725 | 764 | 572 | 358 | 8710 |
| | 占比 | 36.02 | 31.26 | 18.79 | 10.90 | 11.17 | 11.78 | 8.82 | 5.52 | 134.26 |
| 2010 | 人数 | 2898 | 2484 | 1618 | 844 | 993 | 1047 | 726 | 442 | 11052 |
| | 占比 | 35.13 | 30.11 | 19.61 | 10.23 | 12.04 | 12.69 | 8.80 | 5.36 | 133.97 |
| 2011 | 人数 | 3809 | 3176 | 2041 | 1011 | 1240 | 1319 | 914 | 557 | 14067 |
| | 占比 | 35.38 | 29.50 | 18.96 | 9.39 | 11.52 | 12.25 | 8.49 | 5.17 | 130.66 |
| 2012 | 人数 | 4627 | 3658 | 2339 | 1122 | 1374 | 1555 | 1020 | 645 | 16340 |
| | 占比 | 37.34 | 29.52 | 18.88 | 9.05 | 11.09 | 12.55 | 8.23 | 5.21 | 131.87 |

续表

| 年度 | 指标类别 | 创业投资 | 企业管理 | 投资咨询 | 技术研发 | 市场营销 | 上市辅导 | 政府机关 | 直接学校毕业 | 合计 |
|---|---|---|---|---|---|---|---|---|---|---|
| 2013 | 人数 | 4727 | 3625 | 2305 | 1108 | 1311 | 1528 | 1040 | 628 | 16272 |
| | 占比 | 38.28 | 29.36 | 18.67 | 8.97 | 10.62 | 12.37 | 8.42 | 5.09 | 131.78 |
| 2014 | 人数 | 4327 | 3324 | 2082 | 999 | 1041 | 1385 | 946 | 629 | 14733 |
| | 占比 | 38.61 | 29.66 | 18.58 | 8.91 | 9.29 | 12.36 | 8.44 | 5.61 | 131.46 |
| 2015 | 人数 | 4311 | 3218 | 2047 | 969 | 960 | 1278 | 873 | 634 | 14290 |
| | 占比 | 39.11 | 29.20 | 18.57 | 8.79 | 8.71 | 11.59 | 7.92 | 5.75 | 129.64 |
| 2016 | 人数 | 3716 | 2793 | 1757 | 794 | 830 | 1086 | 749 | 548 | 12273 |
| | 占比 | 40.26 | 30.26 | 19.04 | 8.60 | 8.99 | 11.77 | 8.11 | 5.94 | 132.97 |

注："从业背景"特指来所在创投机构前就具有的从业背景，一个从业人员可能有多种从业背景。

2016 年，备案创业投资机构从业人员从业背景为创业投资、企业管理、投资咨询、技术研发、市场营销、上市辅导、政府机关及直接从学校毕业的人员所占比例分别为 40.26%、30.26%、19.04%、8.60%、8.99%、11.77%、8.11% 和 5.94%。（见图 5–5）。

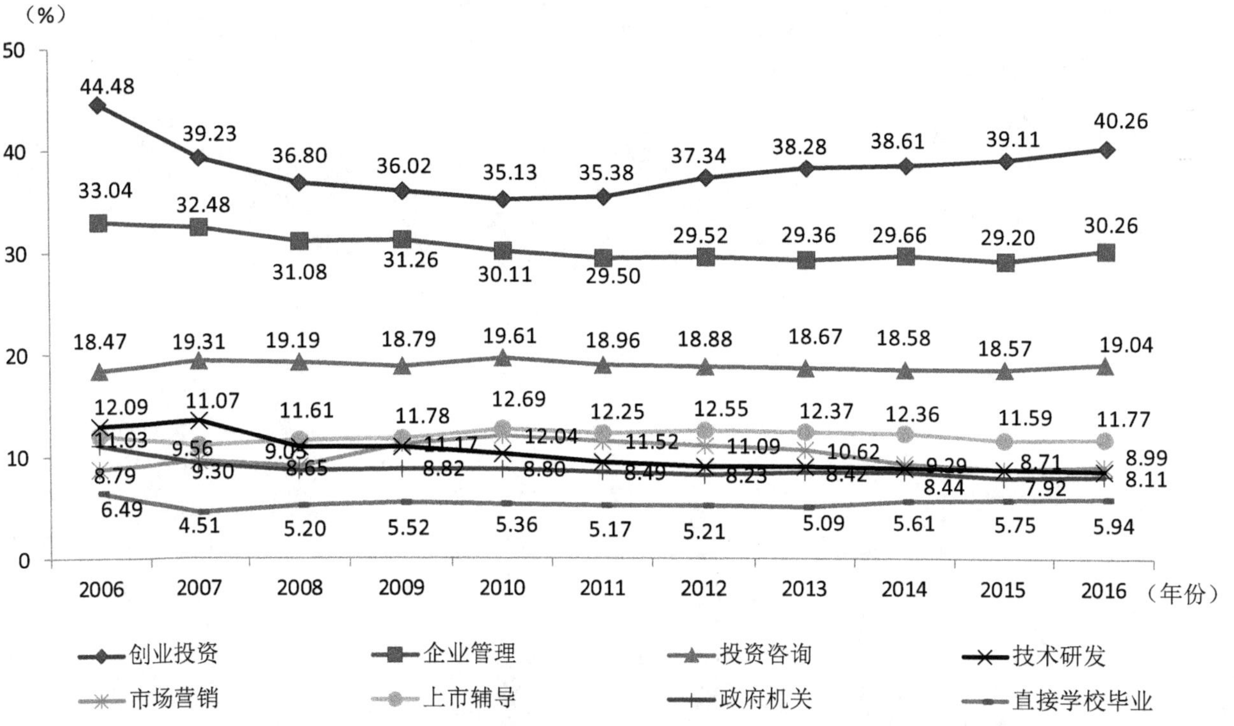


**图5–4　2006～2016年度备案创业投资机构从业人员从业背景结构**

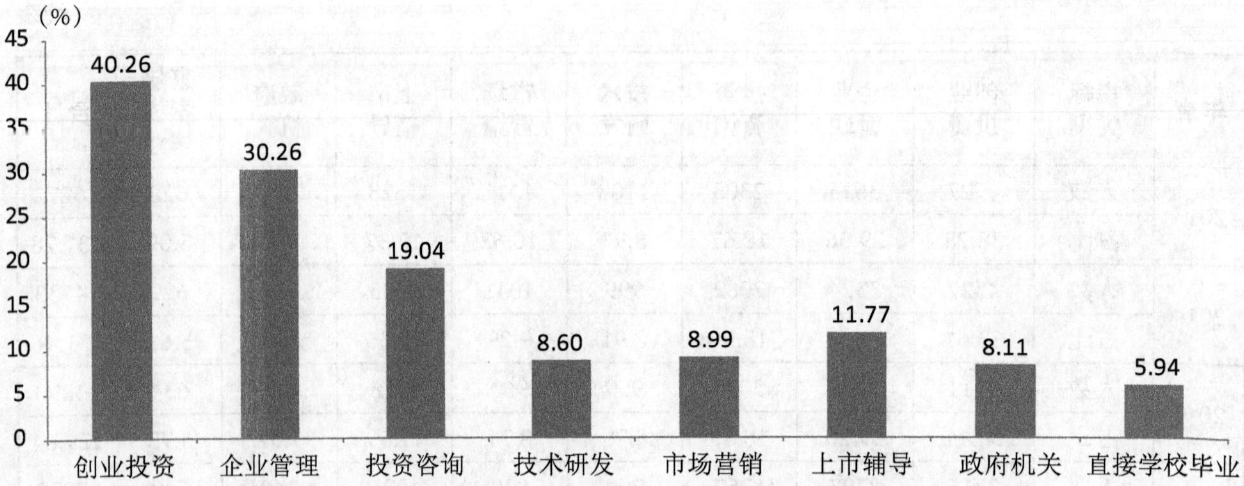


**图5-5　2016年度备案创业投资机构从业人员从业背景结构**

# 第二篇　备案创业投资企业资本资产、投资行为与股本退出分析

# 第6章　创业投资企业资本资产分析

## 6.1　2006～2016 年度创业投资企业资本增长状况

2006 年 3 月 1 日起颁布实施的《创业投资企业管理暂行办法》第九条第三项规定，创业投资企业的资本可以采取承诺制。这样，创业投资企业的资本就有了“实到资本”和“承诺资本”两个概念。“实到资本”体现创业投资企业现实可运用的资本实力，“承诺资本”体现创业投资企业未来可运用的资本实力。

2006～2016 年度，创业投资企业的实到资本总额和承诺资本总额均呈持续增长态势，但这种增长趋势近两年有所减缓。

截至 2016 年末，创业投资企业实到资本总额达到 2045.02 亿元，当年增长率为 7.60%；创业投资企业承诺资本总额达到 2589.32 亿元，当年增长率为 9.22%（见表 6–1 和图 6–1）。

表6–1　2006～2016年度资本总额及其增长状况（万元，%）

| 年度 | 实到资本总额 | 较上年变化率 | 承诺资本总额 | 较上年变化率 |
|---|---|---|---|---|
| 2006 | 1829555.24 | — | 1925296.90 | — |
| 2007 | 2990943.62 | 63.48 | 3324625.82 | 72.68 |
| 2008 | 4409531.36 | 47.43 | 5219304.72 | 56.99 |
| 2009 | 5993166.49 | 35.91 | 7618472.17 | 45.97 |
| 2010 | 9414761.14 | 57.09 | 10207214.37 | 33.98 |
| 2011 | 13293858.69 | 41.20 | 14289604.57 | 40.00 |
| 2012 | 16969998.11 | 27.65 | 18516649.52 | 29.58 |
| 2013 | 19830448.43 | 16.86 | 21666112.57 | 17.01 |
| 2014 | 21129810.06 | 6.55 | 22618809.45 | 4.40 |
| 2015 | 22352070.21 | 5.78 | 23706728.64 | 4.81 |
| 2016 | 24050229.91 | 7.60 | 25893184.54 | 9.22 |

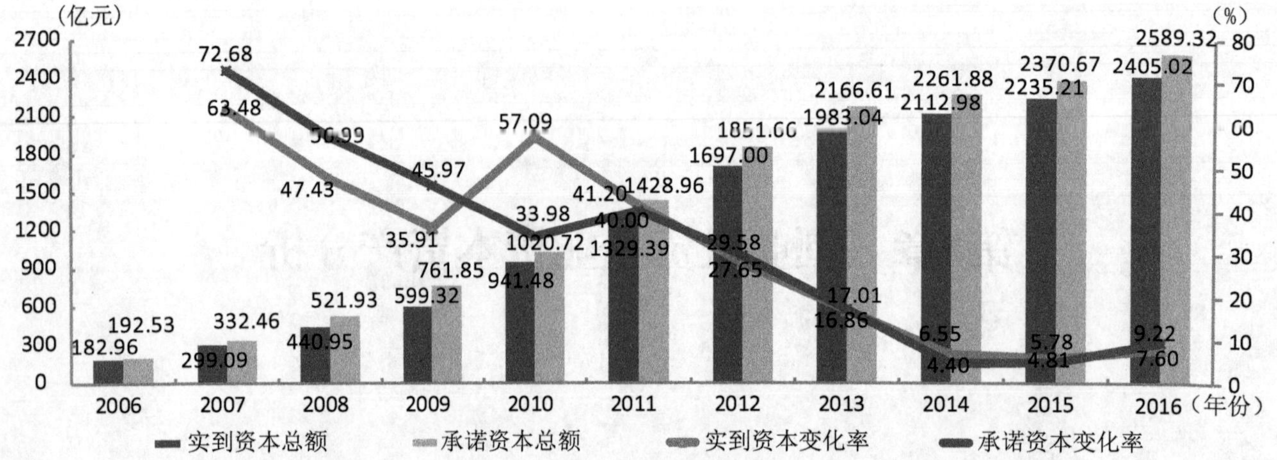


图6-1 2006～2016年度实到资本总额、承诺资本总额及增长率

## 6.2 2006～2016年度创业投资企业资本来源结构

### 6.2.1 按投资人属性分类的资本来源结构

为体现创业投资资本来源中的国有、非国有和外资等构成，本报告从投资人属性角度，将创业投资企业的资本来源分为：财政预算出资、国有机构、非国有机构、个人和外资。

#### 1. 按投资人属性分类的实到资本来源结构

从实到资本来源看，财政预算出资占比从2006年的33.00%下降到2016年的16.08%；国有机构占比从2006年的48.80%下降到2016年的40.53%；非国有机构占比从2006年的12.74%上升到2016年的29.38%；个人出资占比从2006年的4.27%上升到2016年的13.00%；外资占比从2006年的1.19%下降到2016年的1.01%。从占比变化趋势看，自2011年以来，不同投资人属性的实到资本来源结构基本保持稳定（见表6-2和图6-2）。

表6-2 2006～2016年度按投资人属性分类的实到资本来源结构（万元，%）

| 年度 | 指标类别 | 财政预算 | 国有机构 | 非国有机构 | 个人 | 外资 |
|---|---|---|---|---|---|---|
| 2006 | 金额 | 603752.30 | 892896.85 | 233160.26 | 78129.00 | 21616.83 |
| | 占比 | 33.00 | 48.80 | 12.74 | 4.27 | 1.19 |
| 2007 | 金额 | 870256.78 | 1478897.35 | 459682.16 | 155287.50 | 26819.83 |
| | 占比 | 29.10 | 49.44 | 15.37 | 5.19 | 0.90 |

续表

| 年度 | 指标类别 | 财政预算 | 国有机构 | 非国有机构 | 个人 | 外资 |
|---|---|---|---|---|---|---|
| 2008 | 金额 | 1051763.78 | 2001264.75 | 834609.66 | 394262.25 | 127630.92 |
| | 占比 | 23.86 | 45.38 | 18.93 | 8.94 | 2.89 |
| 2009 | 金额 | 1321667.70 | 2798005.41 | 1111658.28 | 623097.31 | 138737.79 |
| | 占比 | 22.05 | 46.69 | 18.55 | 10.40 | 2.31 |
| 2010 | 金额 | 1683489.70 | 4085030.65 | 2396140.80 | 1008116.93 | 241983.06 |
| | 占比 | 17.88 | 43.39 | 25.45 | 10.71 | 2.57 |
| 2011 | 金额 | 2120352.89 | 5424440.72 | 3751843.22 | 1693594.64 | 303627.22 |
| | 占比 | 15.96 | 40.80 | 28.22 | 12.74 | 2.28 |
| 2012 | 金额 | 2597706.60 | 6940049.28 | 4751157.44 | 2396478.70 | 284606.09 |
| | 占比 | 15.31 | 40.89 | 28.00 | 14.12 | 1.68 |
| 2013 | 金额 | 3079188.25 | 7995941.35 | 5770957.07 | 2714379.49 | 269982.27 |
| | 占比 | 15.53 | 40.32 | 29.10 | 13.69 | 1.36 |
| 2014 | 金额 | 3217720.72 | 8673021.12 | 6127500.41 | 2844836.70 | 266731.11 |
| | 占比 | 15.23 | 41.05 | 29.00 | 13.46 | 1.26 |
| 2015 | 金额 | 3540963.77 | 8892200.40 | 6672691.03 | 3000246.17 | 245968.84 |
| | 占比 | 15.84 | 39.79 | 29.85 | 13.42 | 1.10 |
| 2016 | 金额 | 3866956.85 | 9748391.75 | 7066889.44 | 3126121.24 | 241870.63 |
| | 占比 | 16.08 | 40.53 | 29.38 | 13.00 | 1.01 |

注："外资"包括来自境外机构、境外个人和境内外资机构的资金。

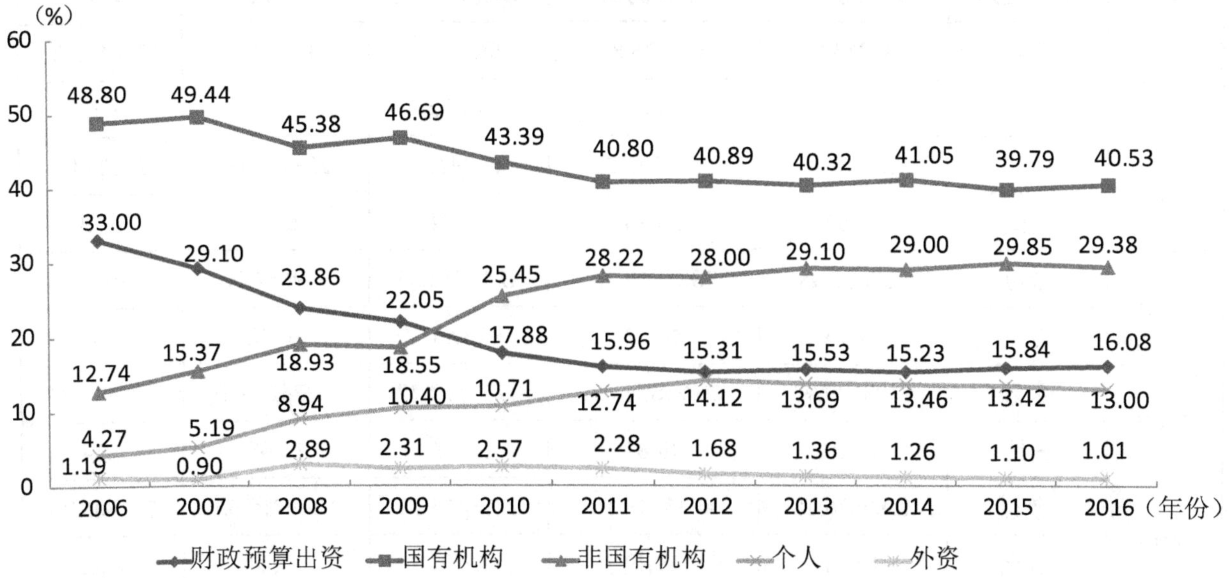


**图6-2　2006～2016年度不同属性投资人在实到资本总额中占比关系比较**

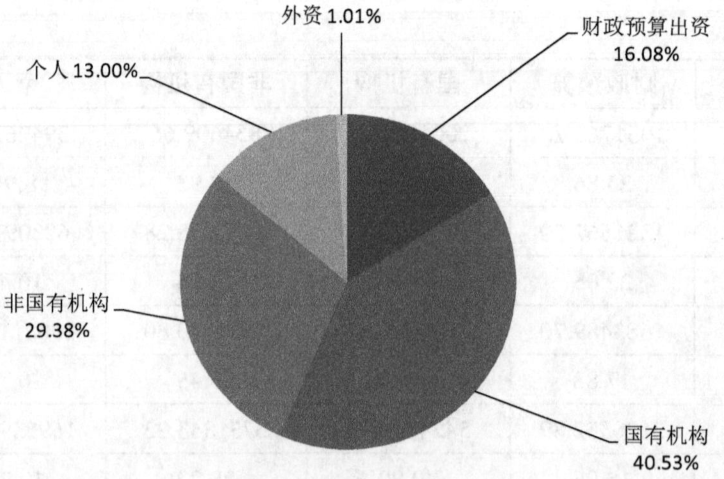


图6-3 2016年度不同属性投资人在实到资本总额中占比关系

## 2. 按投资人属性分类的承诺资本来源结构

从承诺资本来源看，财政预算出资占比从 2006 年的 33.31% 下降到 2016 年的 14.28%，国有机构占比从 2006 年的 46.08% 下降到 2016 年的 40.43%；非国有机构占比从 2006 年的 13.30% 上升到 2016 年的 29.85%；个人出资占比从 2006 年的 6.19% 上升到 2016 年的 14.21 %，2016 年占比下降；外资占比从 2006 年的 1.12% 上升到 2010 年有 2.62%，其后逐年下降，2016 年下降为 1.23%（见表 6-3 和图 6-4）。

表6-3 2006～2016年度按投资人属性分类的承诺资本来源结构（万元，%）

| 年度 | 指标类别 | 财政预算 | 国有机构 | 非国有机构 | 个人 | 外资 |
|---|---|---|---|---|---|---|
| 2006 | 金额 | 641313.96 | 887226.85 | 256010.26 | 119129.00 | 21616.83 |
| | 占比 | 33.31 | 46.08 | 13.30 | 6.19 | 1.12 |
| 2007 | 金额 | 725340.48 | 1690723.35 | 656241.16 | 228194.00 | 24126.83 |
| | 占比 | 21.82 | 50.85 | 19.74 | 6.86 | 0.73 |
| 2008 | 金额 | 935847.48 | 2326048.35 | 1247732.66 | 559684.50 | 149991.73 |
| | 占比 | 17.93 | 44.57 | 23.91 | 10.72 | 2.87 |
| 2009 | 金额 | 1308579.93 | 3495874.35 | 1733102.72 | 887425.44 | 193489.73 |
| | 占比 | 17.18 | 45.88 | 22.75 | 11.65 | 2.54 |
| 2010 | 金额 | 1289876.18 | 4643746.18 | 2756475.75 | 1249710.53 | 267405.73 |
| | 占比 | 12.64 | 45.49 | 27.01 | 12.24 | 2.62 |

续表

| 年度 | 指标类别 | 财政预算 | 国有机构 | 非国有机构 | 个人 | 外资 |
|---|---|---|---|---|---|---|
| 2011 | 金额 | 1676388.02 | 6078286.81 | 4190290.58 | 1987347.04 | 357292.12 |
| | 占比 | 11.73 | 42.54 | 29.32 | 13.91 | 2.50 |
| 2012 | 金额 | 2416262.32 | 7516194.65 | 5457688.94 | 2761236.05 | 365267.56 |
| | 占比 | 13.06 | 40.59 | 29.47 | 14.91 | 1.97 |
| 2013 | 金额 | 3055232.34 | 8696918.72 | 6421055.74 | 3150078.41 | 342827.36 |
| | 占比 | 14.10 | 40.14 | 29.64 | 14.54 | 1.58 |
| 2014 | 金额 | 3130189.86 | 9043987.62 | 6730565.96 | 3378118.00 | 335948.01 |
| | 占比 | 13.84 | 39.98 | 29.76 | 14.93 | 1.49 |
| 2015 | 金额 | 3354387.83 | 9154708.69 | 7371959.45 | 3525001.08 | 300671.59 |
| | 占比 | 14.14 | 38.62 | 31.10 | 14.87 | 1.27 |
| 2016 | 金额 | 3697794.17 | 10469865.96 | 7728663.93 | 3677427.44 | 319433.04 |
| | 占比 | 14.28 | 40.43 | 29.85 | 14.21 | 1.23 |

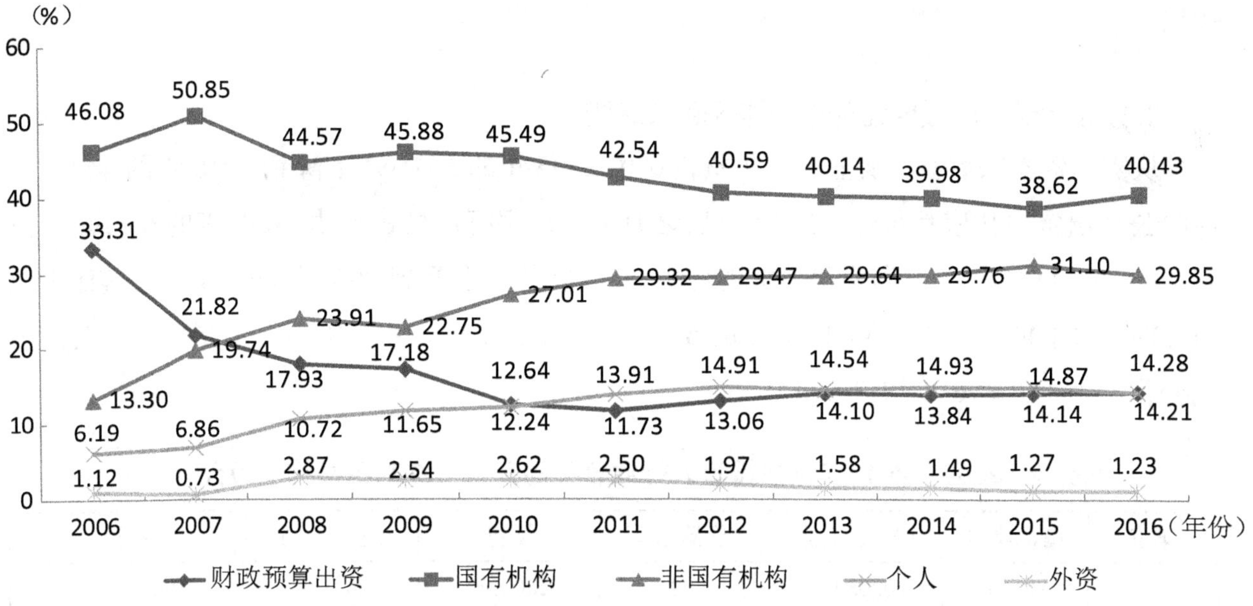


**图6-4　2006～2016年度不同属性投资人在承诺资本总额中占比关系比较**

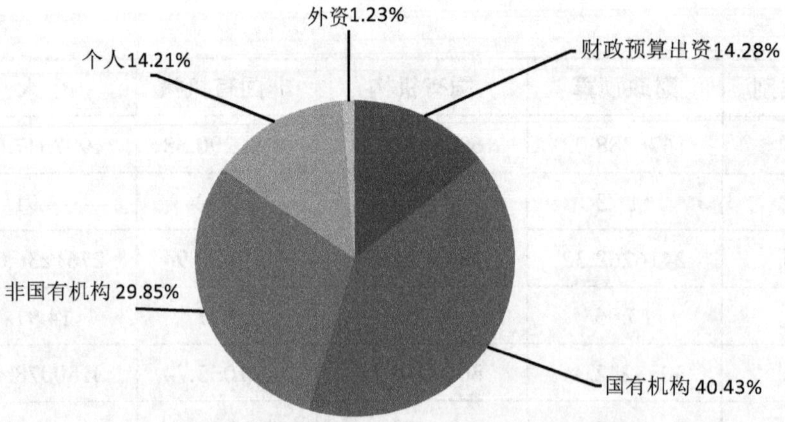


图6–5 2016年度不同属性投资人在承诺资本总额中占比关系

### 6.2.2 按投资人行业分类的资本来源结构

为了体现境内不同行业机构投资者投资创业投资企业的情况，以便为完善境内机构投资者投资创业投资企业的政策提供依据，本报告按照行业类别将投资人分为实业企业、保险公司、银行、证券公司和其他，主要考察机构投资者在创业投资企业资本来源中所起的作用。

#### 1. 按投资人行业分类的实到资本来源结构

从实到资本来源看，实业企业出资占比由 2006 年的 59.08% 下降到 2016 年的 44.82%；保险公司出资占比依然很低，2014 年后略有下降；银行出资占比由 2006 年的 0.11% 上升到 2016 年的 0.37%；证券公司出资占比由 2006 年的 0 上升到 2016 年的 2.08%；其他占比由 2006 年的 40.81% 上升到 2016 年的 52.71%；总体来看，2012 年后，不同行业投资人占比变化不大（见表 6–4 和图 6–6）。

表6–4 2006 ~ 2016年度按投资人行业分类的实到资本来源结构（万元，%）

| 年度 | 指标类别 | 实业企业 | 保险公司 | 银行 | 证券公司 | 其他 |
|---|---|---|---|---|---|---|
| 2006 | 金额 | 1080849.05 | 0 | 2000.00 | 0 | 746706.19 |
| | 占比 | 59.08 | 0 | 0.11 | 0 | 40.81 |
| 2007 | 金额 | 1506054.05 | 0 | 0 | 2000.00 | 1482889.57 |
| | 占比 | 50.35 | 0 | 0 | 0.07 | 49.58 |
| 2008 | 金额 | 2206230.30 | 0 | 15108.00 | 11498.00 | 2176695.06 |
| | 占比 | 50.04 | 0 | 0.34 | 0.26 | 49.36 |

续表

| 年度 | 指标类别 | 实业企业 | 保险公司 | 银行 | 证券公司 | 其他 |
|---|---|---|---|---|---|---|
| 2009 | 金额 | 3000896.48 | 0 | 88258.00 | 111498.00 | 2792514.01 |
| | 占比 | 50.08 | 0 | 1.47 | 1.86 | 46.59 |
| 2010 | 金额 | 4701232.96 | 1600.00 | 40108.00 | 111738.00 | 4560082.18 |
| | 占比 | 49.92 | 0.02 | 0.43 | 1.19 | 48.44 |
| 2011 | 金额 | 6434776.52 | 0 | 65108.00 | 232138.00 | 6561836.17 |
| | 占比 | 48.40 | 0 | 0.49 | 1.75 | 49.36 |
| 2012 | 金额 | 7748256.15 | 7115.00 | 74608.00 | 302898.00 | 8837120.96 |
| | 占比 | 45.67 | 0.04 | 0.44 | 1.78 | 52.07 |
| 2013 | 金额 | 8894045.74 | 8865.00 | 90108.00 | 367898.00 | 10469531.69 |
| | 占比 | 44.85 | 0.04 | 0.45 | 1.86 | 52.80 |
| 2014 | 金额 | 9868888.71 | 6200.00 | 90107.85 | 408297.90 | 10756315.60 |
| | 占比 | 46.71 | 0.03 | 0.43 | 1.92 | 50.91 |
| 2015 | 金额 | 10194394.39 | 5934.23 | 90108.00 | 413899.67 | 11647733.92 |
| | 占比 | 45.61 | 0.03 | 0.40 | 1.85 | 52.11 |
| 2016 | 金额 | 10780104.50 | 5000.00 | 90108.00 | 499664.67 | 12675352.74 |
| | 占比 | 44.82 | 0.02 | 0.37 | 2.08 | 52.71 |

注："其他"项下包括政府财政出资、个人和外资等，下同。

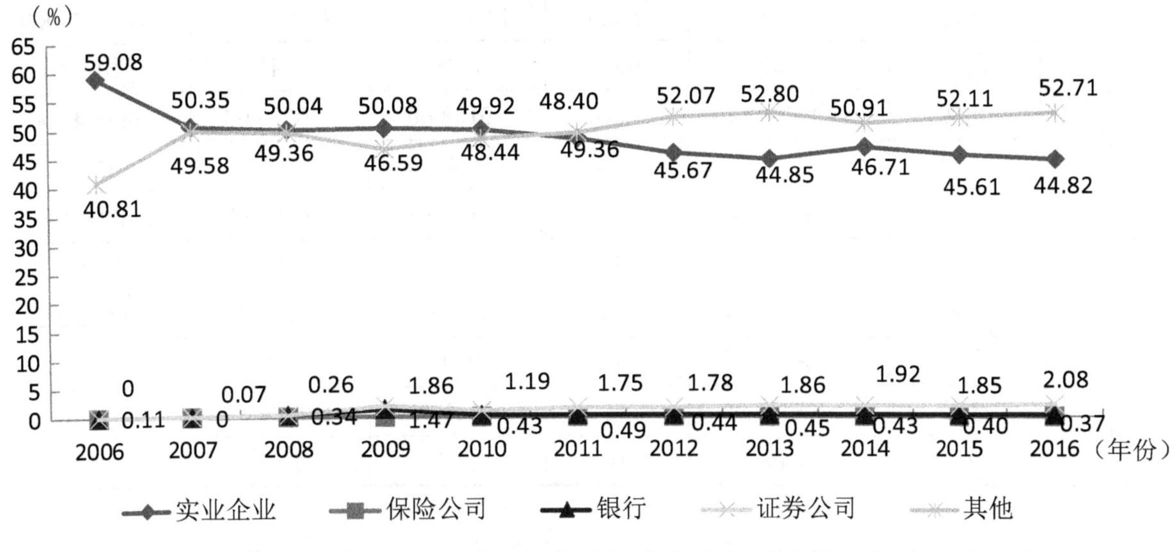


图6-6　2006～2016年度不同行业类别投资人在实到资本总额中占比关系比较

## 2. 按投资人行业分类的承诺资本来源结构

从承诺资本来源看，实业企业出资占比由2006年的56.34%下降到2016年的44.06%；保险公司出资占比一直维持在0左右；银行出资占比由2006年的0.10%上升到2016年的0.35%；证券公司出资占比由2006年的0上升到2016年的1.55%；其他占比由2006年的43.56%上升到2016年的54.04%（见表6-5和图6-7）。

表6-5 2006～2016年度按投资人行业分类的承诺资本来源结构（万元，%）

| 年度 | 指标类别 | 实业企业 | 保险公司 | 银行 | 证券公司 | 其他 |
|---|---|---|---|---|---|---|
| 2006 | 金额 | 1084629.05 | 0 | 2000.00 | 0 | 838667.85 |
| | 占比 | 56.34 | 0 | 0.10 | 0 | 43.56 |
| 2007 | 金额 | 1717495.55 | 0 | 0 | 2000.00 | 1605130.27 |
| | 占比 | 51.66 | 0 | 0 | 0.06 | 48.28 |
| 2008 | 金额 | 2679185.05 | 0 | 15108.00 | 11498.00 | 2513513.67 |
| | 占比 | 51.33 | 0 | 0.29 | 0.22 | 48.16 |
| 2009 | 金额 | 3817488.11 | 0 | 221408.00 | 111498.00 | 3468078.06 |
| | 占比 | 50.11 | 0 | 2.91 | 1.46 | 45.52 |
| 2010 | 金额 | 5352605.98 | 0 | 90108.00 | 111738.00 | 4652762.39 |
| | 占比 | 52.45 | 0 | 0.88 | 1.09 | 45.58 |
| 2011 | 金额 | 7150190.26 | 0 | 90108.00 | 242538.00 | 6806768.31 |
| | 占比 | 50.04 | 0 | 0.63 | 1.70 | 47.63 |
| 2012 | 金额 | 8642764.63 | 1200.00 | 139608.00 | 275298.00 | 9457778.89 |
| | 占比 | 46.67 | 0.01 | 0.75 | 1.49 | 51.08 |
| 2013 | 金额 | 9807626.14 | 1200.00 | 90108.00 | 340298.00 | 11426880.43 |
| | 占比 | 45.26 | 0.01 | 0.42 | 1.57 | 52.74 |
| 2014 | 金额 | 10560304.63 | 1200.00 | 90107.85 | 340297.90 | 11626899.07 |
| | 占比 | 46.69 | 0.01 | 0.40 | 1.50 | 51.40 |
| 2015 | 金额 | 10821870.81 | 1200.00 | 90108.00 | 349274.67 | 12444275.16 |
| | 占比 | 45.65 | 0.01 | 0.38 | 1.47 | 52.49 |
| 2016 | 金额 | 11408710.95 | 0 | 90108.00 | 402624.67 | 13991740.92 |
| | 占比 | 44.06 | 0 | 0.35 | 1.55 | 54.04 |

总体而言，我国创业投资资本的来源结构相对比较稳定，绝大部分资金仍主要来源于实业企业、财政预算和个人出资，金融机构出资所占比例很小。

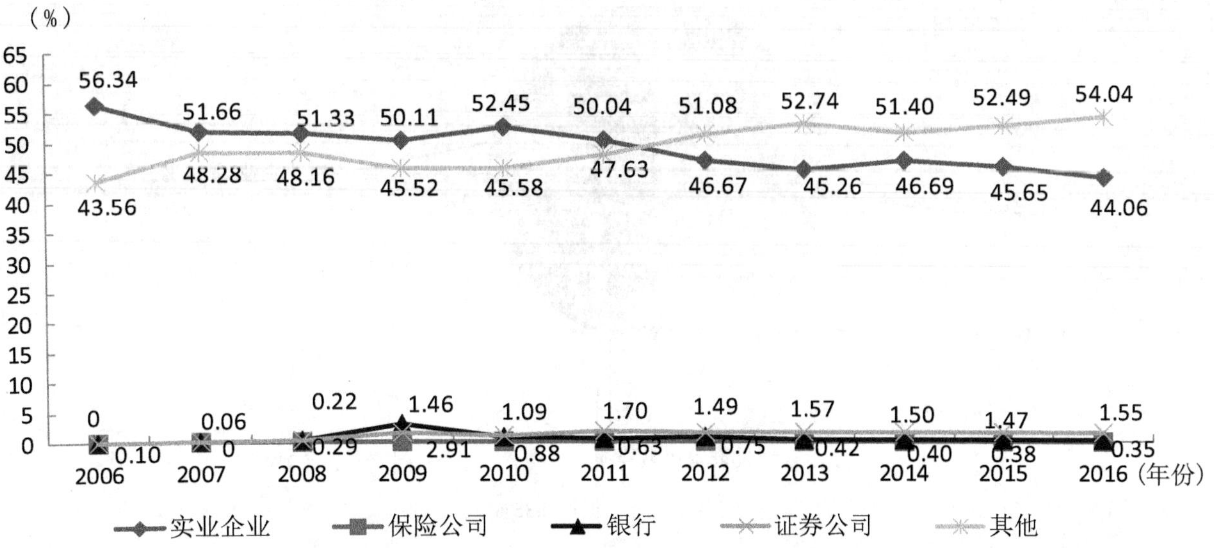


**图6–7　2006～2016年度不同行业类别投资人在承诺资本总额中占比关系比较**

在英美等发达国家，随着创业投资业的日趋成熟，保险公司、商业银行、证券公司等金融机构已逐步成为最重要的创业投资资本来源。但是，从我国 2015 年末的时点数据看，无论是实到资本来源总额，还是承诺资本来源总额，由于金融机构出资占创业投资资本来源总额的比例非常小，导致实业企业和主要由财政预算资金与个人构成的其他出资占据绝对比重，2016 年末，二者合计分别占 97.53% 和 98.10%（见图 6–8 和图 6–9）。虽然我国已经逐步放开各类金融机构参与创业投资，但各类金融机构参与创业投资的积极性，特别是各类金融机构作为机构投资人参股创业投资企业的积极性并不高，未来仍需积极引导和鼓励各类金融机构以适当方式参与创业投资。

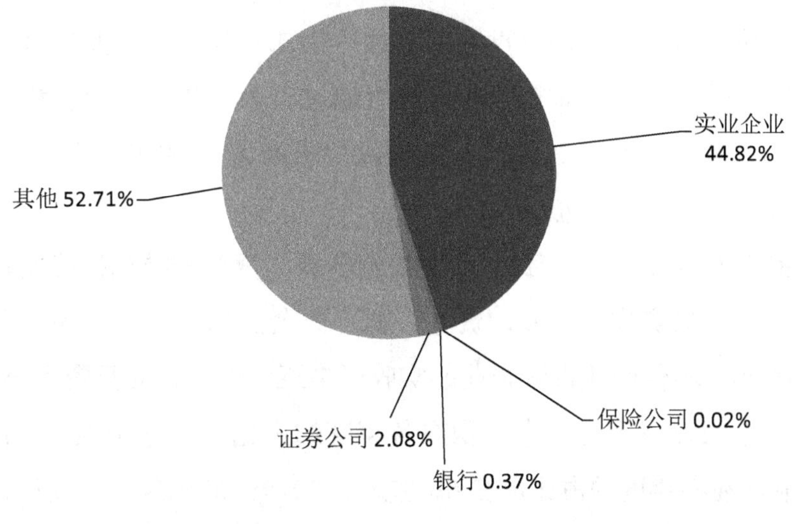


**图6–8　2016年度不同行业类别投资人在实到资本总额中占比关系**

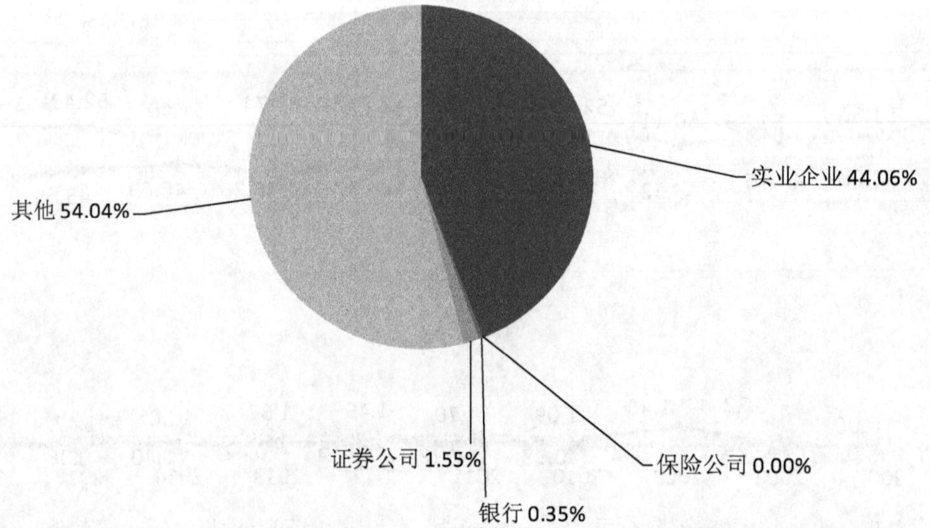


**图6-9 2016年度不同行业类别投资人在承诺资本总额中占比关系**

## 6.3 2006～2016 年度创业投资企业资产来源和资产运用分析

### 6.3.1 资产来源结构

在英美法系国家有限合伙型占主流的创业投资基金运行模式中，创业投资基金通常只能以投资者所出的资本金用做投资，而且在项目退出后本金和收益均需返还投资者。但鉴于我国目前的创业投资基金运行模式不同于英美法系国家，而更接近欧洲大陆法系国家和我国台湾地区的公司型占主流的创业投资基金运行模式（公司型创业投资企业在运作过程中，除以投资者所出的资本金用做投资外，还可通过资本公积、盈余公积、未分配利润等途径增加投资资本，并进一步通过债权融资提高投资能力），我们对以创业投资企业自身名义持有的全部自有资产的来源进行考察分析。

从表 6-6 和图 6-10 可以看出，我国创业投资企业的资产来源结构确实呈现出多元化特点。在所有者权益中，除实收资本外，资本公积、盈余公积、未分配利润也均做出了一定贡献。2006～2016 年，不仅创业投资企业的实收资本逐年增长，而且资本公积、盈余公积、未分配利润也快速增长。特别是资本公积在各年度的占比均高达 10% 左右，2016 年达到 13.97%，未分配利润在各年度的占比也在 6% 左右，2015、2016 年占比增加，分别成为创业投资企业所有者权益的第二、第三大来源。2016 年银行贷款总额相比前两年有所下降，在资产来源中的占比呈逐年下降的趋势，由 2006 年的 10.38% 下降至 2016 年的 2.82%。

表6-6 2006～2016年度资产来源结构（万元，%）

| 年度 | 指标 | 所在者权益 | | | | 负债 | | 其他 |
|---|---|---|---|---|---|---|---|---|
| | | 实收资本 | 资本公积 | 盈余公积 | 未分配利润 | 银行贷款 | 债券融资 | |
| 2006 | 金额 | 1787086.41 | 294015.45 | 36086.49 | 105047.94 | 307720.85 | 0.00 | 434162.22 |
| | 占比 | 60.29 | 9.92 | 1.22 | 3.54 | 10.38 | 0 | 14.65 |
| 2007 | 金额 | 2956169.11 | 500433.20 | 65650.44 | 298245.19 | 439652.85 | 0.00 | 818556.63 |
| | 占比 | 58.21 | 9.85 | 1.29 | 5.87 | 8.66 | 0 | 16.12 |
| 2008 | 金额 | 4355314.19 | 510373.94 | 104239.22 | 431393.18 | 483635.05 | 0.00 | 978539.68 |
| | 占比 | 63.44 | 7.44 | 1.52 | 6.29 | 7.05 | 0 | 14.26 |
| 2009 | 金额 | 6062126.87 | 959036.27 | 135614.29 | 521436.26 | 516573.13 | 50009.00 | 1447539.91 |
| | 占比 | 62.55 | 9.89 | 1.40 | 5.38 | 5.33 | 0.52 | 14.93 |
| 2010 | 金额 | 9137553.52 | 2214003.04 | 202683.34 | 906323.60 | 1071250.03 | 50000.00 | 2385465.38 |
| | 占比 | 57.22 | 13.87 | 1.27 | 5.68 | 6.71 | 0.31 | 14.94 |
| 2011 | 金额 | 13282661.69 | 2635535.24 | 294619.22 | 1298337.38 | 1145718.66 | 110522.00 | 4019572.97 |
| | 占比 | 58.28 | 11.57 | 1.29 | 5.70 | 5.03 | 0.49 | 17.64 |
| 2012 | 金额 | 16967091.11 | 3048847.86 | 353864.53 | 1599313.33 | 1009791.93 | 144234.19 | 4667201.56 |
| | 占比 | 61.05 | 10.97 | 1.27 | 5.75 | 3.63 | 0.52 | 16.81 |
| 2013 | 金额 | 19828741.42 | 3299299.95 | 483745.44 | 1998780.97 | 1312288.92 | 99439.53 | 5063659.90 |
| | 占比 | 61.80 | 10.28 | 1.51 | 6.23 | 4.09 | 0.31 | 15.78 |
| 2014 | 金额 | 21129803.05 | 4306693.10 | 584952.65 | 2505892.57 | 1047267.43 | 265421.19 | 6894491.31 |
| | 占比 | 57.53 | 11.72 | 1.59 | 6.82 | 2.85 | 0.72 | 18.77 |
| 2015 | 金额 | 22352063.22 | 7099181.32 | 1325345.57 | 3650440.59 | 1285652.09 | 497448.92 | 9336837.58 |
| | 占比 | 49.07 | 15.59 | 2.91 | 8.01 | 2.82 | 1.09 | 20.51 |
| 2016 | 金额 | 24050222.90 | 6984197.07 | 1469171.61 | 4633348.31 | 1408755.98 | 554872.26 | 10908914.65 |
| | 占比 | 48.09 | 13.97 | 2.94 | 9.26 | 2.82 | 1.11 | 21.81 |

注：各项目均为年末金额。

从2016年末创业投资企业总资产来源构成看，实收资本占48.09 %；资本公积占13.97 %；盈余公积占2.94 %；未分配利润占9.26 %；银行贷款占2.82 %；债券融资占1.11 %；其他占21.81 %（见图6–11）。

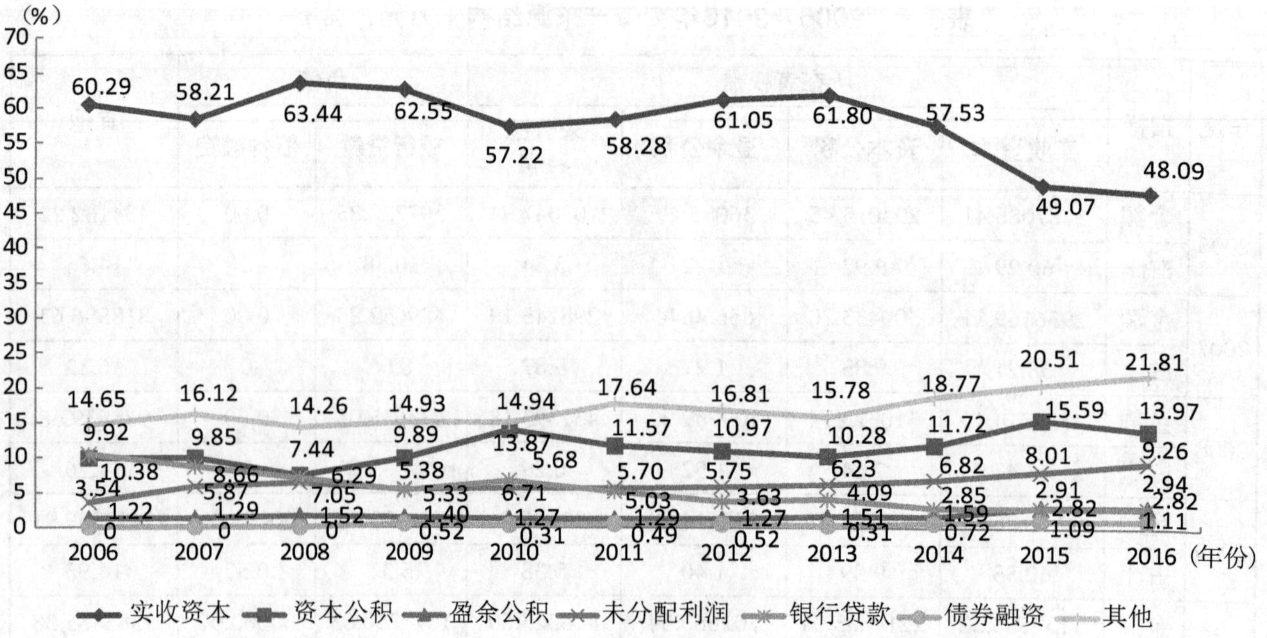


图6-10 2006~2016年度不同资产来源占比增长趋势

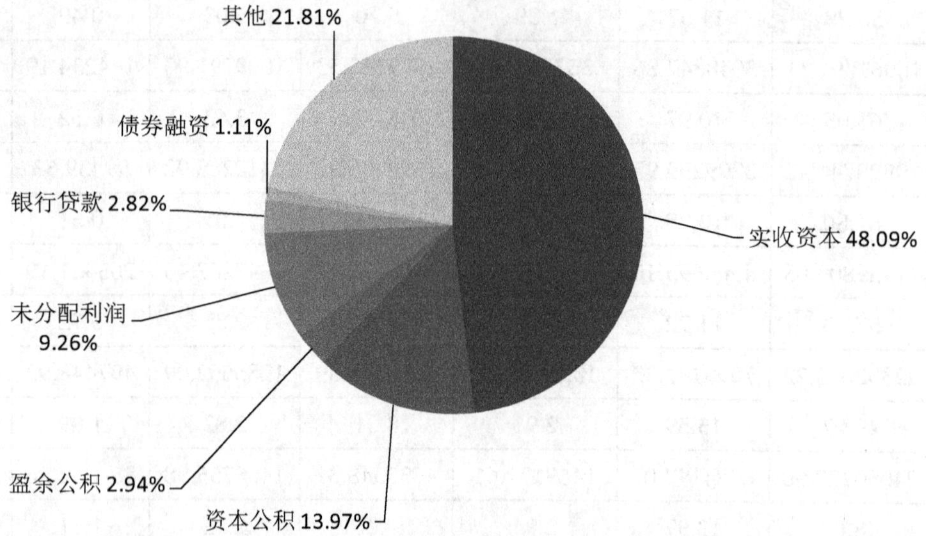


图6-11 2016年度资产来源结构

## 6.3.2 资产运用结构

从表 6-7 和图 6-12、图 6-13 可以看出：2006~2016 年，在创业投资企业的全部自有资产中，直接用于从事创业投资的比例一直居于 46% 以上。尽管数据显示投资其他创业投资企业的金额占比较小，但根据抽样调查，各年度占比高达 25% 左右的“其他资产”也主要运用到投资于其他创业投资企业，三项合计，创业投资企业直接或间接从事创业投资的资产运用占比已超过 70%。货币资金占比保持在 15% 左右，说明创业投资企业闲置资金多以银行存款形式存在。固定收益类投资近几年占比呈下降趋势，到 2016 年仅占 2.29%。自用固定资产占比始终较小，且占比呈下降趋势，到 2016 年仅占 0.90%。

表6-7 2006～2016年度资产运用结构（万元，%）

| 年度 | 指标 | 创业投资 | 投资其他创投企业 | 固定收益类投资 | 货币资金 | 自用固定资产 | 其他资产 |
|---|---|---|---|---|---|---|---|
| 2006 | 金额 | 1676565.83 | 0 | 99069.68 | 349579.18 | 75062.89 | 752841.78 |
| | 占比 | 56.77 | 0 | 3.35 | 11.84 | 2.54 | 25.50 |
| 2007 | 金额 | 2700667.21 | 20000.00 | 475025.27 | 668108.45 | 115520.52 | 1081165.09 |
| | 占比 | 53.37 | 0.40 | 9.39 | 13.20 | 2.28 | 21.36 |
| 2008 | 金额 | 3507393.56 | 22016.00 | 475061.36 | 1185934.32 | 109693.83 | 1534208.50 |
| | 占比 | 51.32 | 0.32 | 6.95 | 17.35 | 1.61 | 22.45 |
| 2009 | 金额 | 5140616.39 | 28643.75 | 678917.97 | 1768153.25 | 153670.76 | 1883727.16 |
| | 占比 | 53.25 | 0.30 | 7.03 | 18.32 | 1.59 | 19.51 |
| 2010 | 金额 | 7495373.27 | 800479.70 | 736329.97 | 2691235.07 | 206089.61 | 3906399.83 |
| | 占比 | 47.33 | 5.06 | 4.65 | 16.99 | 1.30 | 24.67 |
| 2011 | 金额 | 10466718.84 | 1450601.65 | 849008.75 | 3716074.74 | 257678.43 | 5911185.52 |
| | 占比 | 46.21 | 6.39 | 3.75 | 16.41 | 1.14 | 26.10 |
| 2012 | 金额 | 12796737.46 | 2328950.51 | 776638.69 | 4971720.12 | 285970.75 | 6622477.63 |
| | 占比 | 46.05 | 8.38 | 2.80 | 17.90 | 1.03 | 23.84 |
| 2013 | 金额 | 15546819.59 | 2774822.79 | 1207561.72 | 5116922.13 | 315732.35 | 7115486.20 |
| | 占比 | 48.48 | 8.65 | 3.76 | 15.95 | 0.98 | 22.18 |
| 2014 | 金额 | 17113843.35 | 2460011.74 | 1128178.62 | 5797887.97 | 338072.41 | 9888018.27 |
| | 占比 | 46.60 | 6.70 | 3.07 | 15.79 | 0.92 | 26.92 |
| 2015 | 金额 | 22069494.98 | 3473065.45 | 1250648.86 | 7409735.79 | 379826.49 | 10955688.78 |
| | 占比 | 48.46 | 7.63 | 2.75 | 16.27 | 0.83 | 24.06 |
| 2016 | 金额 | 23507623.06 | 4210670.89 | 1146607.70 | 8200846.39 | 449002.24 | 12486223.55 |
| | 占比 | 47.01 | 8.42 | 2.29 | 16.41 | 0.90 | 24.97 |

注：各项目均为年末

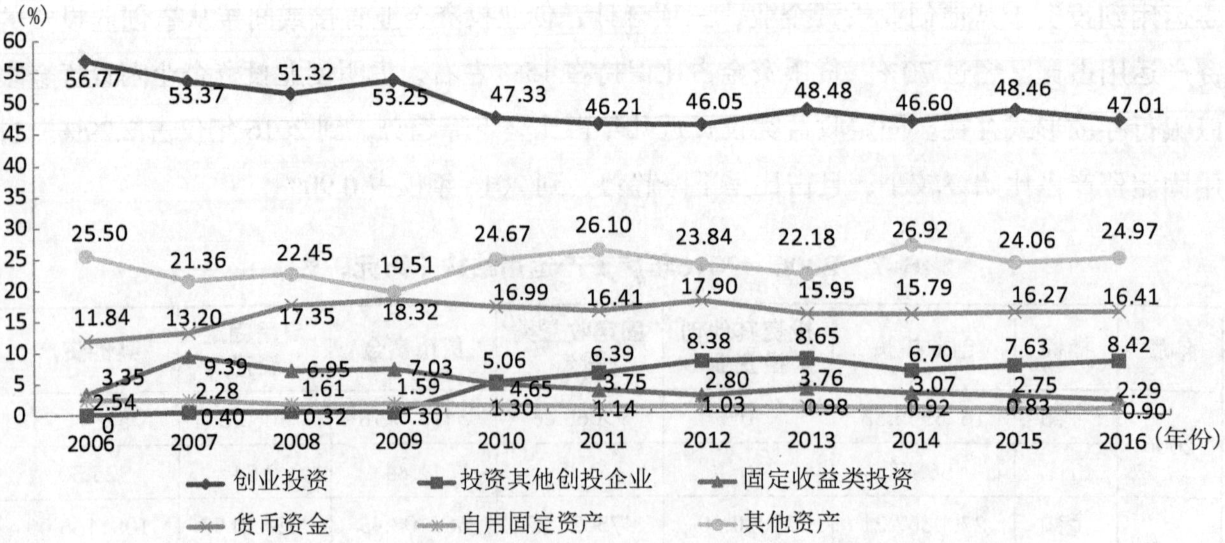


**图6-12　2006～2016年度资金运用各项目在资产结构中占比关系比较**

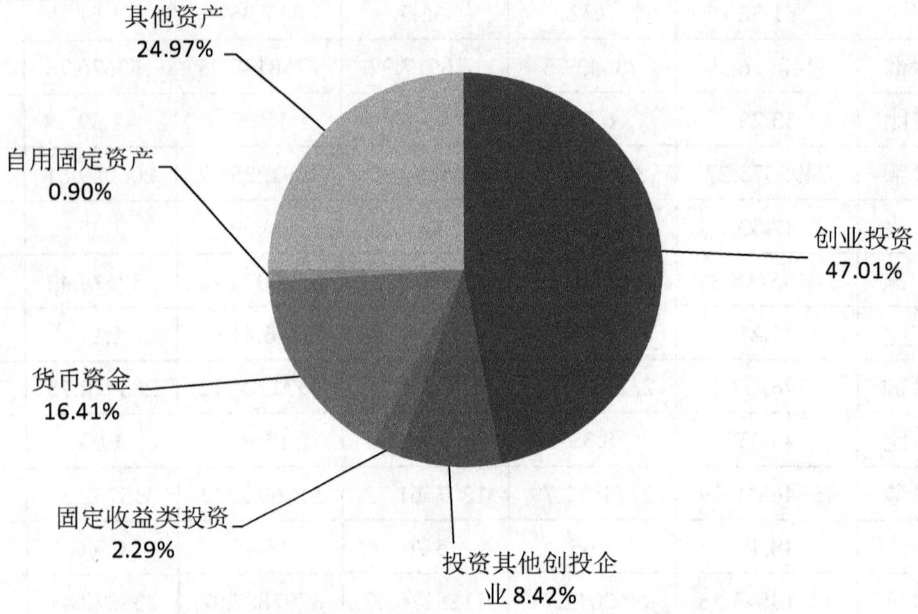


**图6-13　2016年度资金运用各项目在资产结构中占比关系**

# 第7章　创业投资企业投资行为分析

## 7.1　2006～2016 年度投资案例和金额增长状况及单个创业投资企业、单个投资案例的投资强度

### 7.1.1　投资案例增长状况

2006～2016 年度，创业投资企业投资案例数量总体保持增加态势。年度新增投资案例由 2006 年的 467 个增加到 2016 年的 2010 个；当年累计投资案例由 2006 年的 2171 个增加到 2016 年的 14845 个；历年累计投资案例由 2006 年的 2555 个增加到 2016 年的 20840 个（见表 7–1 和图 7–1）。

表7–1　2006～2016年创业投资企业当年与累计投资案例数（个）

| 年度 | 上年末投资案例余额 | 当年新增投资案例 | 当年实现退出案例 | 当年投资案例余额 | 历年累计投资案例 |
|---|---|---|---|---|---|
| 2006 | 1809 | 467 | 105 | 2171 | 2555 |
| 2007 | 2171 | 743 | 183 | 2731 | 3298 |
| 2008 | 2731 | 944 | 227 | 3448 | 4242 |
| 2009 | 3448 | 1393 | 397 | 4444 | 5635 |
| 2010 | 4444 | 2143 | 453 | 6134 | 7778 |
| 2011 | 6134 | 2568 | 553 | 8149 | 10346 |
| 2012 | 8149 | 2002 | 562 | 9589 | 12348 |
| 2013 | 9589 | 1913 | 717 | 10785 | 14261 |
| 2014 | 10785 | 2050 | 698 | 12137 | 16311 |
| 2015 | 12137 | 2519 | 885 | 13771 | 18830 |
| 2016 | 13771 | 2010 | 936 | 14845 | 20840 |

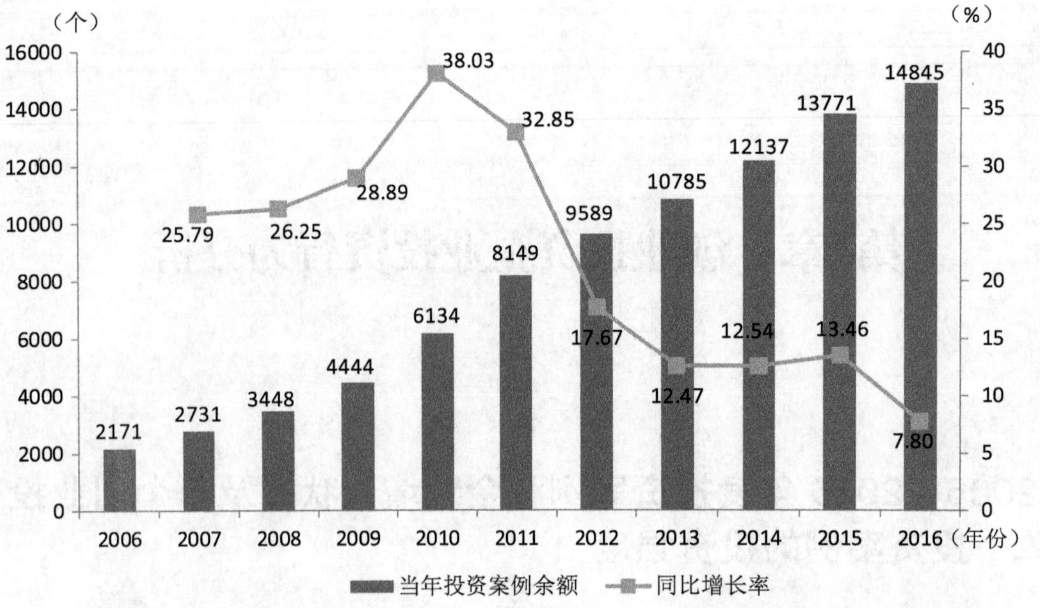


图7-1　2006～2016年创业投资企业当年投资余额及同比增长率

### 7.1.2　投资金额增长状况

与投资案例增长相类似，2006～2016 年度，创业投资企业投资金额也总体保持增加态势。年度新增投资金额由 2006 年的 37.67 亿元增加到 2016 年的 337.48 亿元；年末投资余额由 2006 年的 207.01 亿元增加到 2016 年的 2344.95 亿元；历年累计投资金额由 2006 年的 233.21 亿元增加到 2016 年的 3066.05 亿元（见表 7-2 和图 7-2）。

表7-2　2006～2016年创业投资企业当年与累计投资金额（万元）

| 年度 | 上年投资余额 | 当年新增投资 | 当年实现退出 | 年末投资余额 | 历年累计投资 |
|---|---|---|---|---|---|
| 2006 | 1770459.43 | 376744.23 | 77129.05 | 2070074.61 | 2332145.28 |
| 2007 | 2070074.61 | 1004199.37 | 166043.82 | 2908230.16 | 3336344.65 |
| 2008 | 2908230.16 | 1131966.29 | 174529.73 | 3865666.72 | 4468310.94 |
| 2009 | 3865666.72 | 2224702.80 | 302288.67 | 5788080.85 | 6693013.74 |
| 2010 | 5788080.85 | 3543991.18 | 414350.56 | 8917721.47 | 10237004.92 |
| 2011 | 8917721.47 | 4598046.23 | 675164.77 | 12840602.93 | 14835051.15 |
| 2012 | 12840602.93 | 3117848.73 | 696180.97 | 15262270.69 | 17952899.88 |
| 2013 | 15262270.69 | 2716597.16 | 883224.15 | 17095643.70 | 20669497.04 |
| 2014 | 17095643.70 | 2758965.43 | 1079255.17 | 18775353.96 | 23428462.47 |
| 2015 | 18775353.96 | 3857243.37 | 1185756.38 | 21446840.95 | 27285705.84 |
| 2016 | 21446840.95 | 3374798.65 | 1372179.51 | 23449460.09 | 30660504.49 |

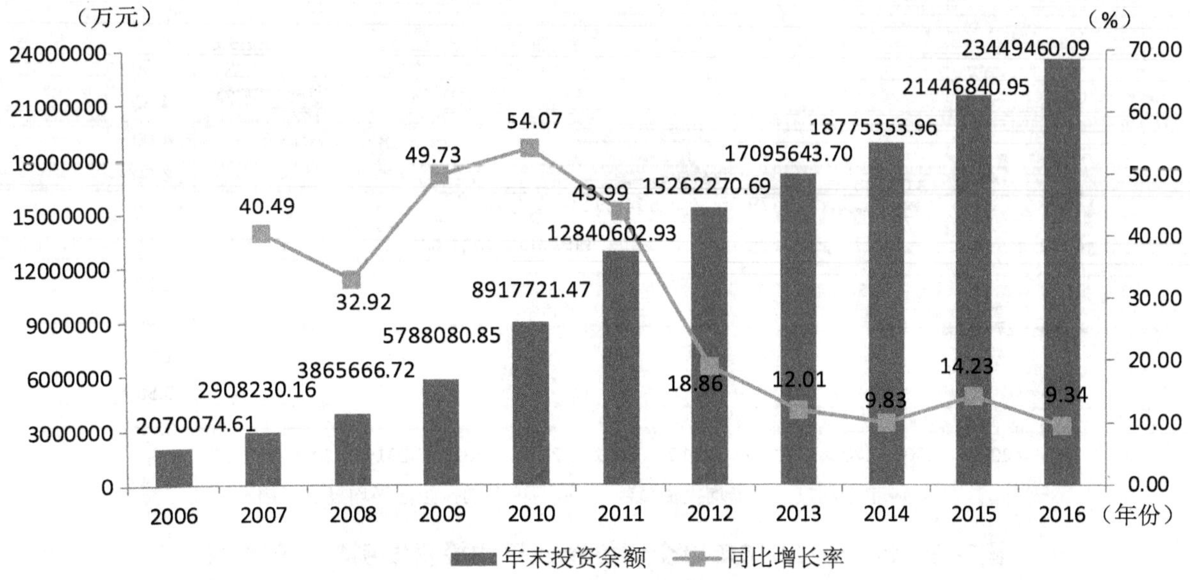


图7-2 2006～2016年创业投资企业当年投资余额与同比增长率

### 7.1.3 单个创业投资企业年度平均投资案例和金额

2006～2016 年，单个创业投资企业年度平均投资案例均保持在 3 个左右，仅在 2008 年和 2012 年出现回落，2013 年开始呈现逐年增长态势，2016 年平均投资案例达到 4.71 个，平均投资金额达到 7903.51 万元，说明 2016 年我国创业投资企业的投资行为表现活跃（见表 7-3 和图 7-3）。

表7-3 2006～2016年单个创投企业平均投资案例与金额（个，万元）

| 年度 | 单个创投平均投资案例数 | 单个创投平均投资金额 |
|---|---|---|
| 2006 | 3.43 | 2770.18 |
| 2007 | 3.03 | 4098.77 |
| 2008 | 2.96 | 3548.48 |
| 2009 | 3.43 | 5479.56 |
| 2010 | 3.53 | 5838.54 |
| 2011 | 3.32 | 5948.31 |
| 2012 | 2.89 | 4499.06 |
| 2013 | 3.12 | 4431.64 |
| 2014 | 3.58 | 4814.95 |
| 2015 | 4.58 | 7013.17 |
| 2016 | 4.71 | 7903.51 |

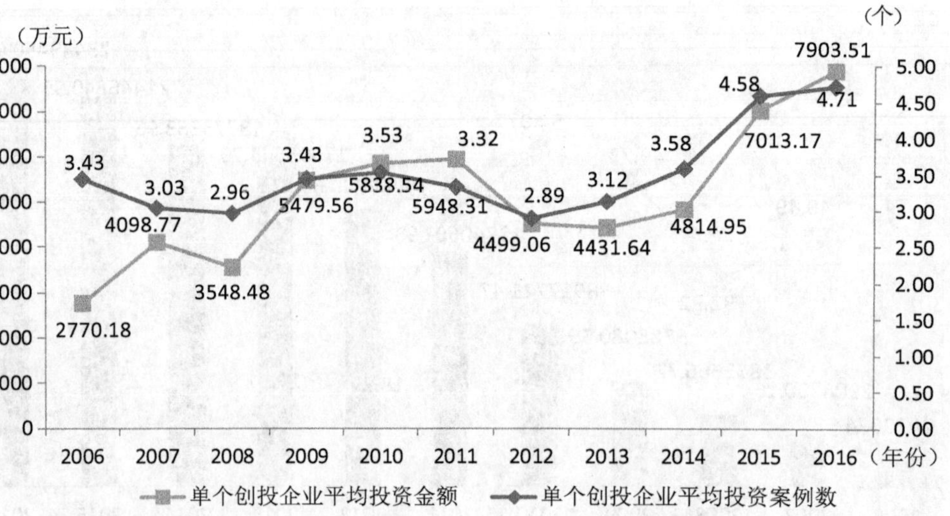


**图7–3　2006～2016年单个创投企业平均投资案例与金额增长**

### 7.1.4　单个投资案例的平均投资金额

从表 7–4 和图 7–4 可以看出，创业投资企业的单个投资案例的平均投资金额呈总体上升趋势，但 2011 年后数值略有下降。单个投资案例的平均投资金额从 2006 年的 806.73 万元增加到 2011 年的 1790.52 万元后，2012 年开始下降，2014 年下降到 1345.84 万元，2016 年再次回升到 1679.00 万元（见表 7–4）。

**表7–4　2006～2016年度单个投资案例的平均投资金额（万元）**

| 年度 | 2006 | 2007 | 2008 | 2009 | 2010 | 2011 | 2012 | 2013 | 2014 | 2015 | 2016 |
|---|---|---|---|---|---|---|---|---|---|---|---|
| 单个案例平均投资金额 | 806.73 | 1351.55 | 1199.12 | 1597.06 | 1653.75 | 1790.52 | 1557.37 | 1420.07 | 1345.84 | 1531.26 | 1679.00 |

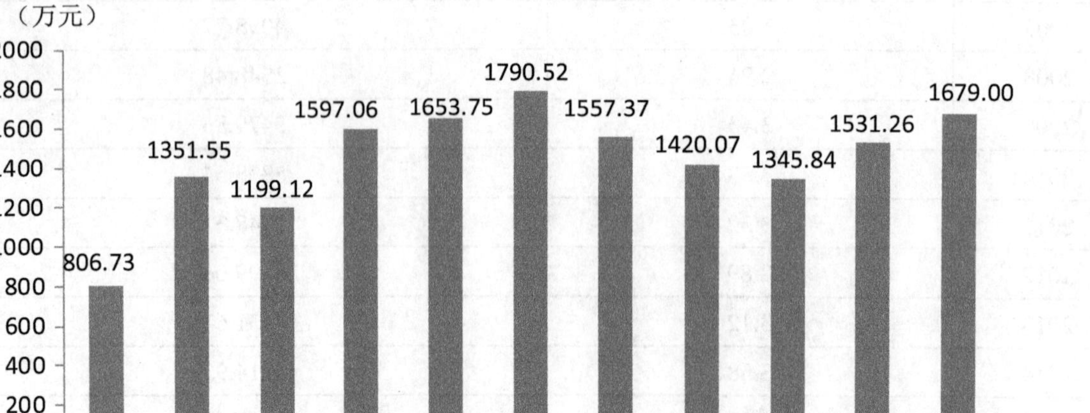


**图7–4　2006～2016年度单个投资案例的平均投资金额**

### 7.1.5　不同投资金额的案例分布

为避免个别大额投资项目对单个案例平均投资金额数据的扰动，按 100 万元以下、100 万元 ~ 300 万元、300 万元 ~ 1000 万元、1000 万元 ~ 3000 万元、3000 万元 ~ 10000 万元、10000 万元以上等 6 个区段，对不同投资金额的投资案例分布进行了分析（见表 7–5 和图 7–5）。

从表 7–5 和图 7–5 可以看出，创业投资企业的投资案例主要分布在投资金额 300 万元 ~ 1000 万元和 1000 万元 ~ 3000 万元这两个区间，说明我国的创业投资企业单个案例的投资金额比较适中。特别是投资金额在 100 万元以下和 100 万元 ~ 300 万元之间的投资案例也占有相当比例，而且近两年的占比提升较快，说明我国的创业投资企业越来越重视投资中小项目。与此同时，投资金额在 3000 万元 ~ 10000 万元，甚至超过 10000 万元的案例，在各个年度也均占有一定比例，说明创业投资企业不排除投资于一些大型项目。正是对少量大型项目的投资，拉高了各年度单个案例的平均投资金额。

**表7–5　2006 ~ 2016年度不同投资金额的投资案例分布（万元，%）**

| 年度 | 指标 | 100 万元以下 | 100 万元 – 300 万元 | 300 万元 – 1000 万元 | 1000 万元 – 3000 万元 | 3000 万元 – 10000 万元 | 10000 万元以上 |
|---|---|---|---|---|---|---|---|
| 2006 | 案例数 | 118 | 90 | 134 | 98 | 26 | 1 |
| | 占比 | 25.27 | 19.27 | 28.69 | 20.99 | 5.57 | 0.21 |
| 2007 | 案例数 | 66 | 134 | 221 | 221 | 94 | 7 |
| | 占比 | 8.88 | 18.03 | 29.76 | 29.74 | 12.65 | 0.94 |
| 2008 | 案例数 | 122 | 197 | 265 | 283 | 62 | 15 |
| | 占比 | 12.92 | 20.87 | 28.07 | 29.98 | 6.57 | 1.59 |
| 2009 | 案例数 | 209 | 245 | 376 | 399 | 133 | 31 |
| | 占比 | 15.00 | 17.59 | 26.99 | 28.64 | 9.55 | 2.23 |
| 2010 | 案例数 | 239 | 258 | 584 | 752 | 261 | 49 |
| | 占比 | 11.15 | 12.04 | 27.25 | 35.09 | 12.18 | 2.29 |
| 2011 | 案例数 | 212 | 266 | 717 | 972 | 354 | 47 |
| | 占比 | 8.25 | 10.36 | 27.92 | 37.85 | 13.79 | 1.83 |
| 2012 | 案例数 | 172 | 265 | 530 | 740 | 273 | 22 |
| | 占比 | 8.59 | 13.24 | 26.47 | 36.96 | 13.64 | 1.10 |
| 2013 | 案例数 | 231 | 320 | 562 | 566 | 203 | 31 |
| | 占比 | 12.08 | 16.72 | 29.38 | 29.59 | 10.61 | 1.62 |
| 2014 | 案例数 | 345 | 289 | 616 | 586 | 180 | 34 |
| | 占比 | 16.82 | 14.10 | 30.05 | 28.59 | 8.78 | 1.66 |

续表

| 年度 | 指标 | 100 万元以下 | 100 万元 – 300 万元 | 300 万元 – 1000 万元 | 1000 万元 – 3000 万元 | 3000 万元 – 10000 万元 | 10000 万元以上 |
|---|---|---|---|---|---|---|---|
| 2015 | 案例数 | 410 | 408 | 773 | 653 | 226 | 49 |
| | 占比 | 16.28 | 16.19 | 30.69 | 25.92 | 8.97 | 1.95 |
| 2016 | 案例数 | 375 | 299 | 598 | 514 | 167 | 57 |
| | 占比 | 18.65 | 14.88 | 29.75 | 25.57 | 8.31 | 2.84 |

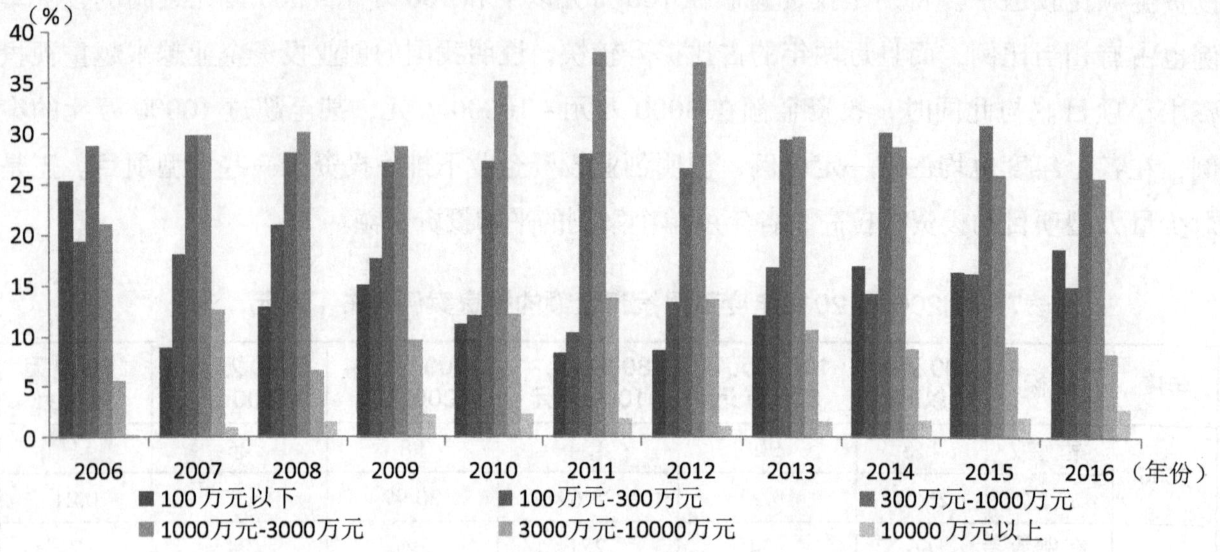


图7-5 2006 ~ 2016 年度不同投资金额的投资案例占比分布

## 7.2 2006 ~ 2016 年度不同投资轮次的分布状况

### 7.2.1 不同投资轮次的案例分布

从不同投资轮次的案例分布看，2006 ~ 2016 年，从事第一轮投资的案例一直占投资案例总数的绝对比例，但占比逐年下降。2016 年，第一轮投资案例占 79.80%。第二轮、第三轮投资案例占比之和虽然呈增长趋势，但一直只占较小比例（见表 7–6 和图 7–6）。

**表7–6 2006~2016年度不同投资轮次的案例分布（个，%）**

| 年度 | 第一轮投资 | | 第二轮投资 | | 三轮以后投资 | |
|---|---|---|---|---|---|---|
| | 案例数 | 占比 | 案例数 | 占比 | 案例数 | 占比 |
| 2006 | 424 | 90.79 | 35 | 7.49 | 8 | 1.72 |
| 2007 | 673 | 90.58 | 55 | 7.40 | 15 | 2.02 |
| 2008 | 832 | 88.14 | 100 | 10.59 | 12 | 1.27 |
| 2009 | 1222 | 87.72 | 126 | 9.05 | 45 | 3.23 |
| 2010 | 1837 | 85.72 | 222 | 10.36 | 84 | 3.92 |
| 2011 | 2173 | 84.62 | 300 | 11.68 | 95 | 3.70 |
| 2012 | 1614 | 80.62 | 294 | 14.68 | 94 | 4.70 |
| 2013 | 1529 | 79.93 | 278 | 14.53 | 106 | 5.54 |
| 2014 | 1647 | 80.34 | 290 | 14.15 | 113 | 5.51 |
| 2015 | 2045 | 81.18 | 338 | 13.42 | 136 | 5.40 |
| 2016 | 1604 | 79.80 | 298 | 14.83 | 108 | 5.37 |

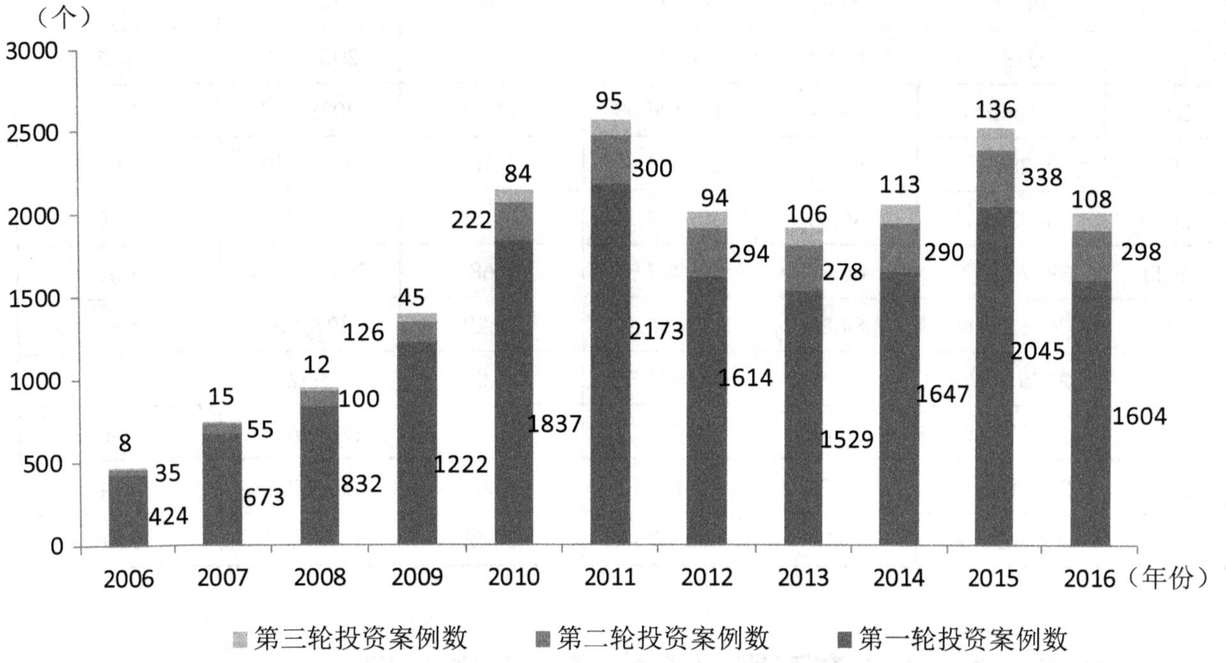


**图7–6 2006~2016年不同投资轮次的案例数**

### 7.2.2 不同投资轮次的金额分布

从不同投资轮次的金额分布看，2006 ~ 2016 年，从事第一轮投资的金额也一直占投资总金额的绝对比例，但占比总体逐年下降。2006 ~ 2016 年，第一轮投资的金额占比分别为 90.42%、89.94%、84.92%、85.98%、86.04%、86.71%、84.23%、80.10%、79.05%、75.72%、70.57%（见表 7-7 和图 7-7）。

从企业融资的实际来看，在企业发展的不同阶段融资需求是不同的，企业一般都需要经过多轮融资才能逐步发展成熟。分阶段融资对于企业和投资者而言，都是一种较好的选择。投资者通过多轮投资不仅可以有效避免资金的浪费，同时也有利于防范创业项目的道德风险。

表7-7　2006 ~ 2016年度不同投资轮次的金额分布（万元，%）

| 年度 | 第一轮投资 | | 第二轮投资 | | 三轮以后投资 | |
|---|---|---|---|---|---|---|
| | 金额 | 占比 | 金额 | 占比 | 金额 | 占比 |
| 2006 | 340636.19 | 90.42 | 33418.83 | 8.87 | 2689.21 | 0.71 |
| 2007 | 903196.14 | 89.94 | 80686.34 | 8.03 | 20316.89 | 2.03 |
| 2008 | 961280.80 | 84.92 | 150326.99 | 13.28 | 20358.50 | 1.80 |
| 2009 | 1912897.76 | 85.98 | 221607.85 | 9.96 | 90197.19 | 4.06 |
| 2010 | 3049256.77 | 86.04 | 367214.86 | 10.36 | 127519.55 | 3.60 |
| 2011 | 3987152.28 | 86.71 | 399227.57 | 8.68 | 211666.38 | 4.61 |
| 2012 | 2626212.66 | 84.23 | 352066.22 | 11.29 | 139569.85 | 4.48 |
| 2013 | 2176113.18 | 80.10 | 402531.58 | 14.82 | 137952.40 | 5.08 |
| 2014 | 2181042.51 | 79.05 | 401336.03 | 14.55 | 176586.89 | 6.40 |
| 2015 | 2920883.57 | 75.72 | 580198.85 | 15.04 | 356160.95 | 9.24 |
| 2016 | 2381629.06 | 70.57 | 665367.44 | 19.72 | 327802.15 | 9.71 |

## 7.3 2006 ~ 2016 年度不同投资方式的分布状况

### 7.3.1 不同投资方式的案例分布

从不同投资方式的案例分布看，2006 ~ 2016 年度，创业投资企业的投资方式以普通股占绝对多数。2006 ~ 2016 年度，普通股投资案例数量占比分别为 85.01%、87.62%、

89.40%、89.09%、89.36%、89.88%、90.86%、88.81%、87.37%、89.88%、94.42%（见表7-8和图7-8）。

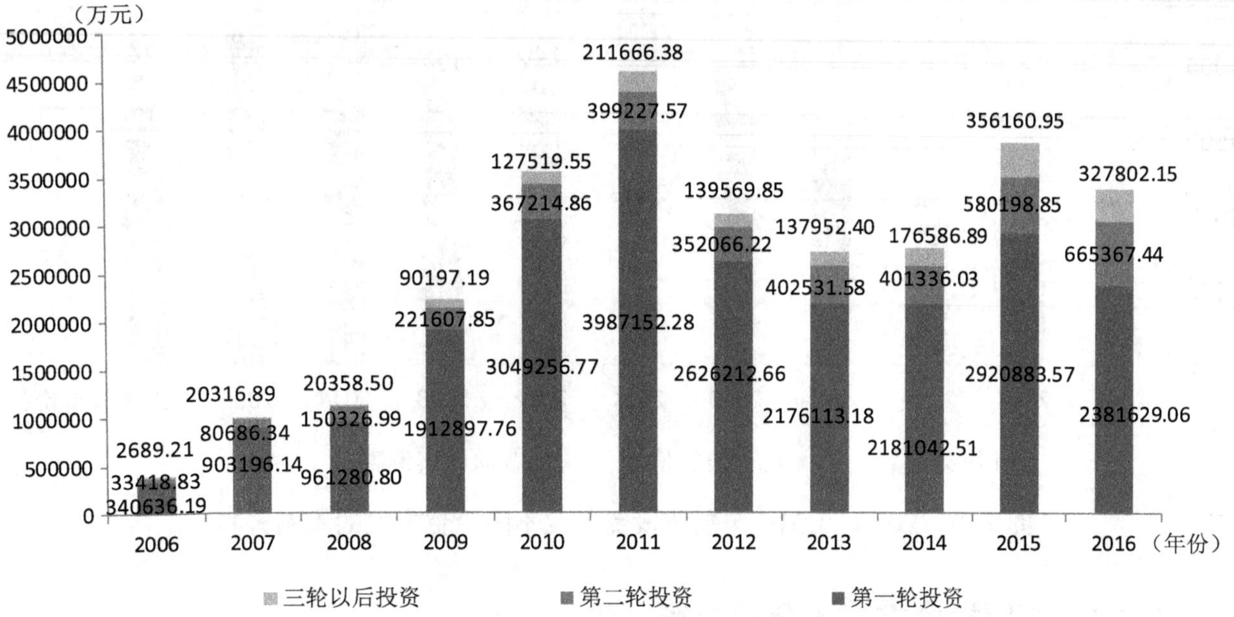


**图7-7　2006～2016年度不同投资轮次的金额分布**

**表7-8　2006～2016年度创业投资企业不同投资方式的案例分布（个，%）**

| 年度 | 普通股 | | 优先股 | | 其他 | |
|---|---|---|---|---|---|---|
| | 案例数 | 占比 | 案例数 | 占比 | 案例数 | 占比 |
| 2006 | 397 | 85.01 | 54 | 11.56 | 16 | 3.43 |
| 2007 | 651 | 87.62 | 44 | 5.92 | 48 | 6.46 |
| 2008 | 844 | 89.40 | 50 | 5.30 | 50 | 5.30 |
| 2009 | 1241 | 89.09 | 48 | 3.44 | 104 | 7.47 |
| 2010 | 1915 | 89.36 | 96 | 4.48 | 132 | 6.16 |
| 2011 | 2308 | 89.88 | 53 | 2.06 | 207 | 8.06 |
| 2012 | 1819 | 90.86 | 43 | 2.15 | 140 | 6.99 |
| 2013 | 1699 | 88.81 | 40 | 2.09 | 174 | 9.10 |
| 2014 | 1791 | 87.37 | 97 | 4.73 | 162 | 7.90 |
| 2015 | 2264 | 89.88 | 35 | 1.39 | 220 | 8.73 |
| 2016 | 1898 | 94.42 | 15 | 0.75 | 97 | 4.83 |

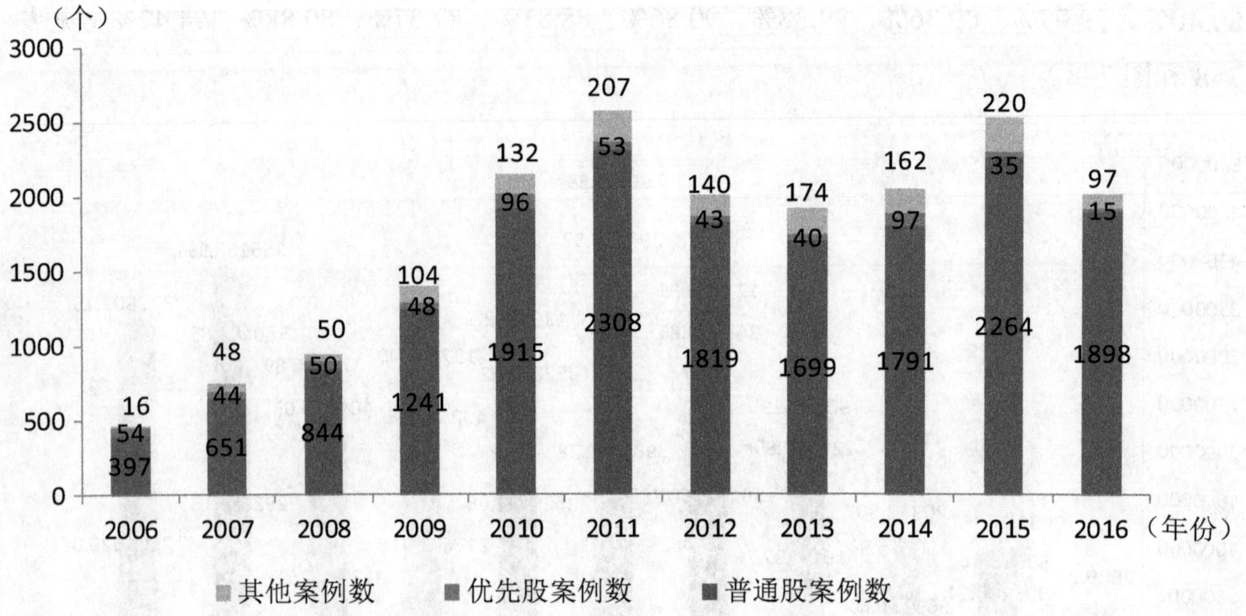


图 7–8 2006～2016 年创业投资企业不同投资方式的案例分布

### 7.3.2 不同投资方式的金额分布

从不同投资方式的金额分布看，2006～2016 年，创业投资企业的投资方式也以普通股投资的方式占据绝对数额，占比在 90% 左右（见表 7–9 和图 7–9）。

表7–9 2006～2016年度不同投资方式的金额分布（万元，%）

| 年度 | 普通股 | | 优先股 | | 其他 | |
|---|---|---|---|---|---|---|
| | 金额 | 占比 | 金额 | 占比 | 金额 | 占比 |
| 2006 | 342177.64 | 90.82 | 16405.69 | 4.36 | 18160.90 | 4.82 |
| 2007 | 908715.31 | 90.49 | 19182.95 | 1.91 | 76301.11 | 7.60 |
| 2008 | 1056394.00 | 93.32 | 25094.71 | 2.22 | 50477.58 | 4.46 |
| 2009 | 2058550.23 | 92.54 | 29899.53 | 1.34 | 136253.04 | 6.12 |
| 2010 | 3029134.59 | 85.47 | 106212.02 | 3.00 | 408644.57 | 11.53 |
| 2011 | 4107767.84 | 89.34 | 72703.60 | 1.58 | 417574.79 | 9.08 |
| 2012 | 2874852.04 | 92.21 | 88675.72 | 2.84 | 154320.97 | 4.95 |
| 2013 | 2450467.66 | 90.21 | 32977.26 | 1.21 | 233152.24 | 8.58 |
| 2014 | 2394460.31 | 86.79 | 101798.98 | 3.69 | 262706.14 | 9.52 |
| 2015 | 3369792.23 | 87.36 | 33564.56 | 0.87 | 453886.58 | 11.77 |
| 2016 | 3228117.31 | 95.65 | 15419.03 | 0.46 | 131262.31 | 3.89 |

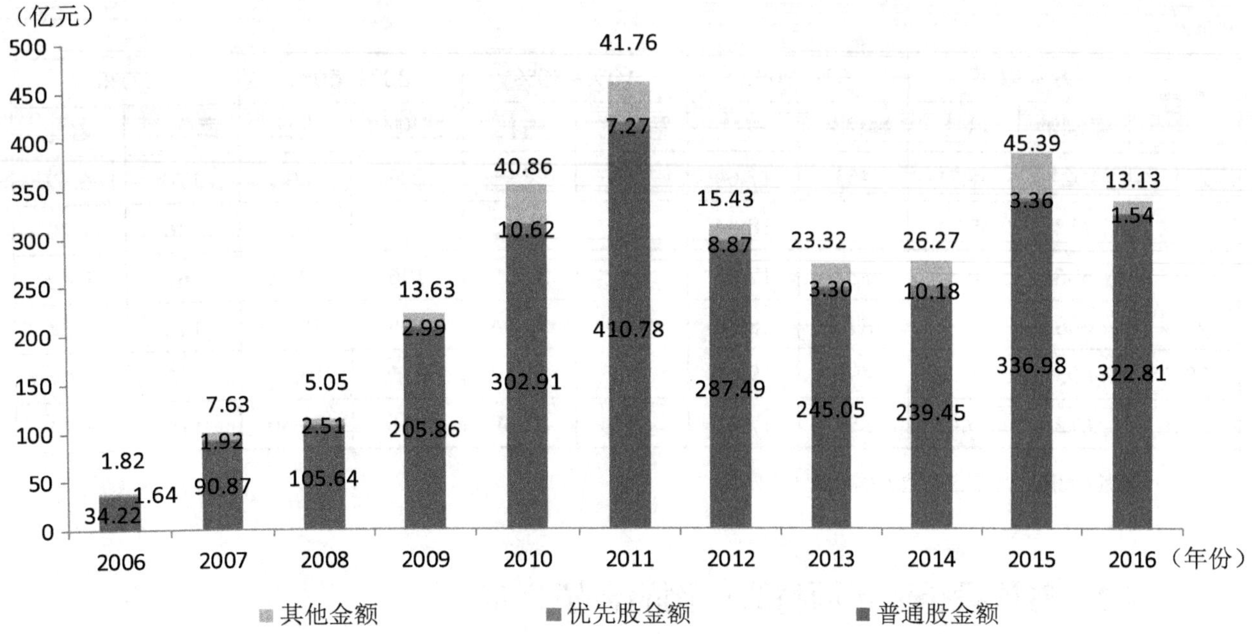


**图7–9　2006～2016 年度不同投资方式的金额**

## 7.4　2006～2016 年度对被投资企业不同持股比例的案例分布结构

### 7.4.1　对被投企业不同持股比例的案例分布

从对被投资企业不同持股比例的案例分布看，2006～2016 年度，创业投资企业对被投资企业持股 10～30% 的案例一直占居前列，与国际上成熟创业投资业的特点相类似。但与国外不同的是，我国创业投资企业小比例持股 5% 以下和 50% 以上绝对控股的案例占比并不少，尤其是持股 5% 以下的案例占比，在 2015、2016 年持股 5% 以下的案例占比增加（见表 7–10 和图 7–10）。

**表7–10　2006～2016年度对被投企业不同持股比例的案例分布（个，%）**

| 年度 | 5% 以下 | | 5%~10% | | 10%~30% | | 30%~50% | | 50% | |
|---|---|---|---|---|---|---|---|---|---|---|
| | 案例数 | 占比 | 案例数 | 占比 | 案例数 | 占比 | 案例数 | 占比 | 案例数 | 占比 |
| 2006 | 64 | 13.70 | 63 | 13.49 | 193 | 41.33 | 91 | 19.49 | 56 | 11.99 |
| 2007 | 175 | 23.55 | 114 | 15.35 | 275 | 37.01 | 92 | 12.38 | 87 | 11.71 |
| 2008 | 254 | 26.91 | 145 | 15.36 | 295 | 31.25 | 155 | 16.42 | 95 | 10.06 |
| 2009 | 360 | 25.84 | 205 | 14.72 | 514 | 36.89 | 188 | 13.50 | 126 | 9.05 |
| 2010 | 673 | 31.40 | 402 | 18.76 | 698 | 32.57 | 204 | 9.52 | 166 | 7.75 |

续表

| 年度 | 5% 以下 | | 5%~10% | | 10%~30% | | 30%~50% | | 50% | |
|---|---|---|---|---|---|---|---|---|---|---|
| | 案例数 | 占比 | 案例数 | 占比 | 案例数 | 占比 | 案例数 | 占比 | 案例数 | 占比 |
| 2011 | 1021 | 39.76 | 453 | 17.64 | 718 | 27.96 | 206 | 8.02 | 170 | 6.62 |
| 2012 | 712 | 35.56 | 367 | 18.34 | 614 | 30.67 | 163 | 8.14 | 146 | 7.29 |
| 2013 | 586 | 30.63 | 332 | 17.35 | 638 | 33.35 | 196 | 10.25 | 161 | 8.42 |
| 2014 | 608 | 29.66 | 373 | 18.20 | 745 | 36.34 | 196 | 9.56 | 128 | 6.24 |
| 2015 | 803 | 31.88 | 494 | 19.61 | 794 | 31.52 | 275 | 10.92 | 153 | 6.07 |
| 2016 | 672 | 33.43 | 354 | 17.61 | 657 | 32.69 | 211 | 10.50 | 116 | 5.77 |

注：持股区间值，均不含右边的端点值（下同）。

## 7.4.2 对被投企业不同持股比例的金额分布

从对被投资企业不同持股比例的金额分布看，2006 ~ 2013 年度，创业投资企业对被投资企业持股 10%~30% 的金额也总体上居前列，但在 2014 年至 2016 年末，创业投资企业对被投资企业持股 10%~30% 的金额总体呈下降趋势。2016 年创业投资企业对被投资企业持股 10 ~ 30% 的金额占比为 26.69%。持股 50% 以上的金额占比在 2015 年增长达到 23.67% 后，2016 年下滑至 16.69%（见表 7-11 和图 7-11）。

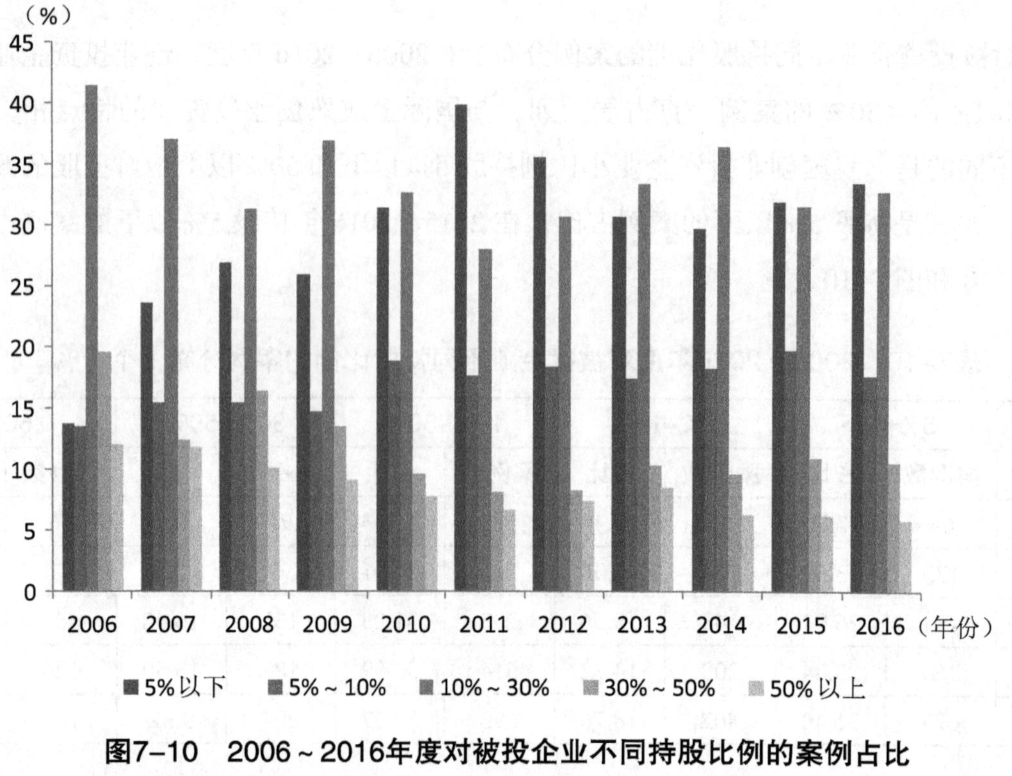


图7-10 2006 ~ 2016年度对被投企业不同持股比例的案例占比

表7-11　2006～2016年度对被投企业不同持股比例的金额分布（亿元，%）

| 年度 | 5% 以下 | | 5%~10% | | 10%~30% | | 30%~50% | | 50% 以上 | |
|---|---|---|---|---|---|---|---|---|---|---|
| | 金额 | 占比 | 金额 | 占比 | 金额 | 占比 | 金额 | 占比 | 金额 | 占比 |
| 2006 | 6.79 | 18.02 | 5.15 | 13.66 | 15.04 | 39.93 | 4.47 | 11.88 | 6.22 | 16.51 |
| 2007 | 20.59 | 20.51 | 22.65 | 22.55 | 32.24 | 32.10 | 12.08 | 12.03 | 12.86 | 12.81 |
| 2008 | 28.87 | 25.51 | 24.00 | 21.20 | 26.46 | 23.37 | 14.53 | 12.84 | 19.34 | 17.08 |
| 2009 | 47.27 | 21.24 | 32.74 | 14.72 | 67.84 | 30.49 | 24.28 | 10.92 | 50.34 | 22.63 |
| 2010 | 103.29 | 29.15 | 72.74 | 20.52 | 114.90 | 32.42 | 30.04 | 8.48 | 33.43 | 9.43 |
| 2011 | 153.33 | 33.36 | 105.45 | 22.93 | 125.91 | 27.38 | 32.80 | 7.13 | 42.32 | 9.20 |
| 2012 | 98.76 | 31.67 | 59.40 | 19.05 | 102.18 | 32.77 | 20.69 | 6.64 | 30.77 | 9.87 |
| 2013 | 61.50 | 22.64 | 43.09 | 15.86 | 96.68 | 35.59 | 36.30 | 13.36 | 34.08 | 12.55 |
| 2014 | 71.44 | 25.89 | 40.17 | 14.56 | 95.04 | 34.45 | 21.74 | 7.88 | 47.50 | 17.22 |
| 2015 | 110.54 | 28.65 | 61.09 | 15.84 | 90.70 | 23.52 | 32.09 | 8.32 | 91.30 | 23.67 |
| 2016 | 115.72 | 34.29 | 48.96 | 14.51 | 90.09 | 26.69 | 26.40 | 7.82 | 56.32 | 16.69 |

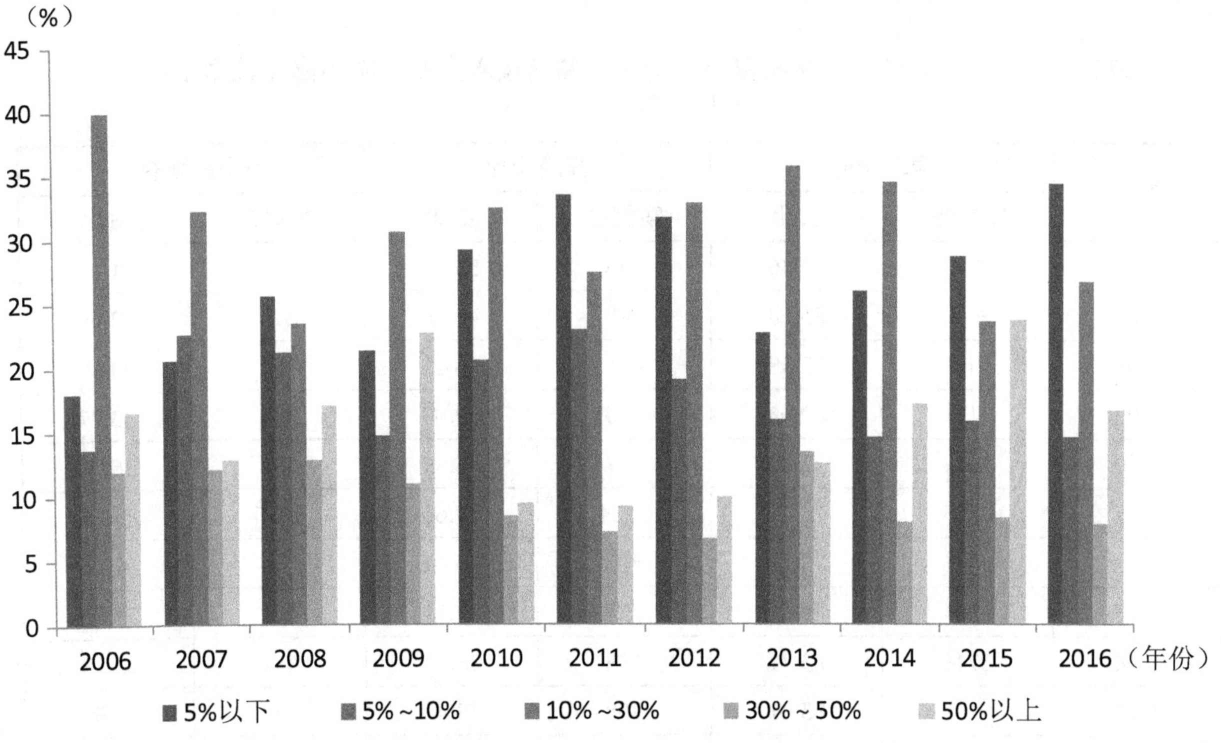


图7-11　2006～2016年度对被投企业不同持股比例的金额占比

# 7.5 2006~2016年度投资中小企业、高新技术企业、中小高新技术企业占比

## 7.5.1 投资中小企业、高新技术企业、中小高新技术企业案例占比

从表7-12和图7-12、图7-13可以看出，2006~2011年度，创业投资企业投资于中小企业、高新技术企业、中小高新技术企业的案例数量，在总体上均呈现增加态势，2012~2013年下降，2014年缓慢回升，2015年、2016年继续下滑。由于在2008年国家提高了“高新技术企业”的标准，因此，在2009年、2010年、2011年、2012年、2013年、2014年、2015年、2016年创业投资企业所投资的案例中，分别只有42.00%、45.59%、47.66%、43.61%、39.57%、38.93%、34.46%、和28.71%的比率符合“高新技术企业”标准，而且占比下降显著。

正是由于创业投资企业所投资案例中符合“高新技术企业”标准的占比较小，所以，既符合“中小企业”规模标准又符合“高新技术企业”技术含量标准的“中小高新技术企业”案例的占比自然是更小。到2016年，创业投资企业所投资案例中符合“中小高新技术企业”双重标准的案例仅占22.74%。

表7-12 2006~2016年度投资中小企业、高新技术企业、中小高新技术企业的案例分布（个，%）

| 年度 | 中小企业 | | 高新企业 | | 中小高新企业 | |
|---|---|---|---|---|---|---|
| | 案例数 | 占比 | 案例数 | 占比 | 案例数 | 占比 |
| 2006 | 436 | 93.36 | 248 | 53.10 | 240 | 51.39 |
| 2007 | 618 | 83.18 | 363 | 48.86 | 317 | 42.66 |
| 2008 | 789 | 83.58 | 436 | 46.19 | 371 | 39.30 |
| 2009 | 1151 | 82.63 | 585 | 42.00 | 501 | 35.97 |
| 2010 | 1664 | 77.65 | 977 | 45.59 | 792 | 36.96 |
| 2011 | 2015 | 78.47 | 1224 | 47.66 | 1025 | 39.91 |
| 2012 | 1576 | 78.72 | 873 | 43.61 | 736 | 36.76 |
| 2013 | 1524 | 79.67 | 757 | 39.57 | 645 | 33.72 |
| 2014 | 1716 | 83.71 | 798 | 38.93 | 672 | 32.78 |
| 2015 | 2101 | 83.41 | 868 | 34.46 | 743 | 29.50 |
| 2016 | 1668 | 82.99 | 577 | 28.71 | 457 | 22.74 |

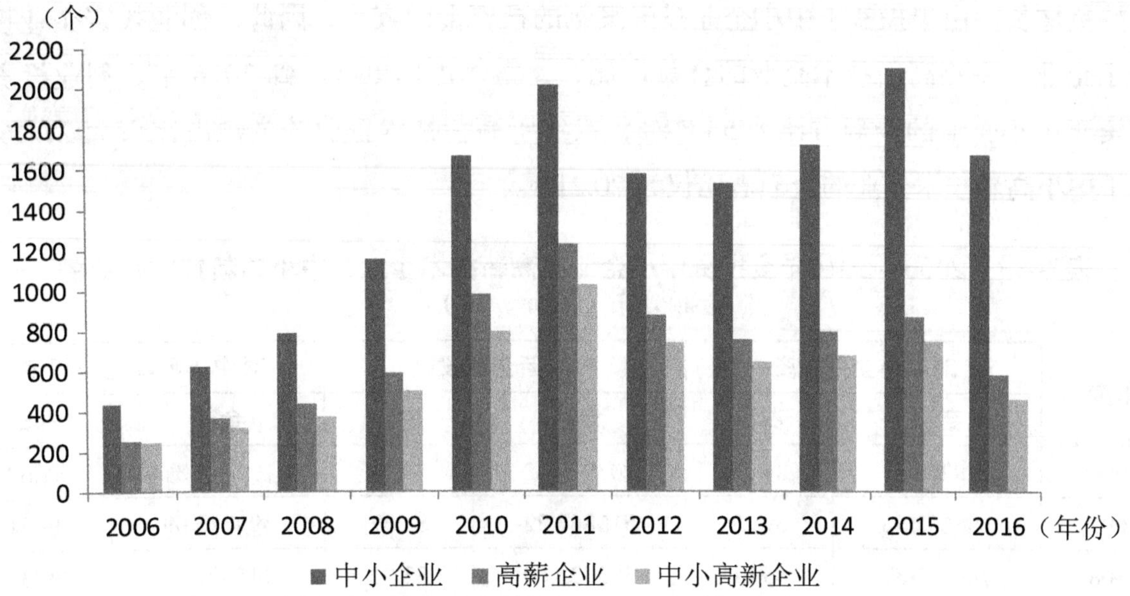


**图7-12　2006～2016年度投资中小企业、高新技术企业、中小高新技术企业案例**

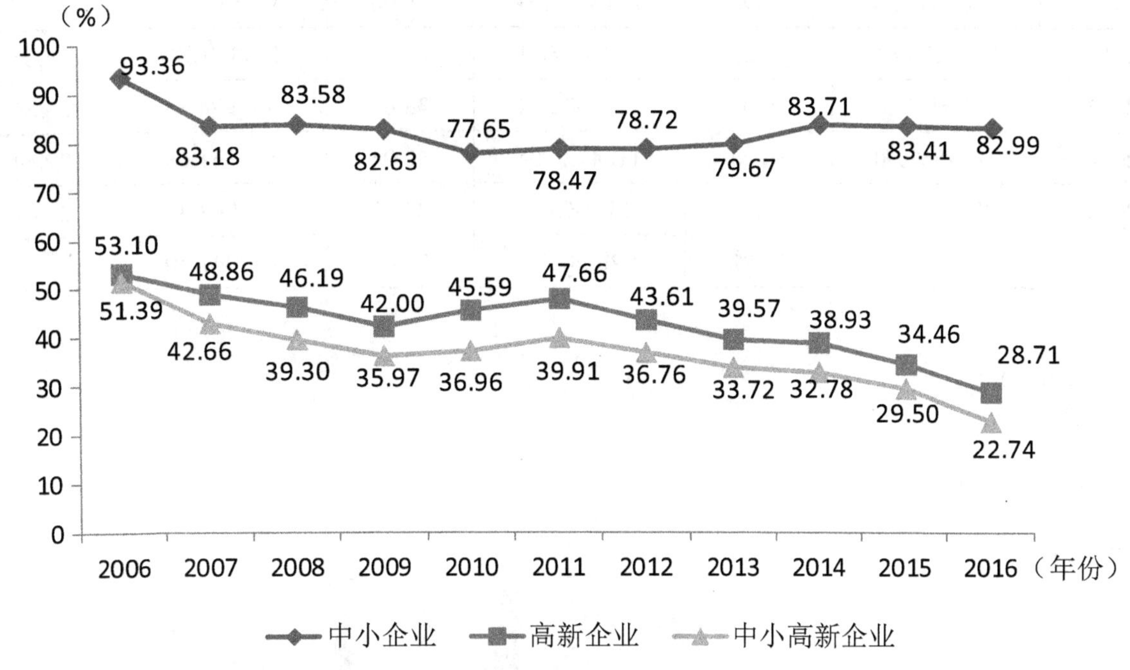


**图7-13　2006～2016年度投资中小企业、高新技术企业、中小高新技术企业案例占比**

### 7.5.2　投资中小企业、高新技术企业、中小高新技术企业金额占比

从表 7-13 和图 7-14、图 7-15 可以看出，2006～2015 年度，创业投资企业投资于中小企业、高新技术企业、中小高新技术企业的金额，均呈现持续增加态势，但是在 2016

年开始负增长。由于投资于中小企业投资案例的投资金额较小，因此，创业投资企业投资于中小企业、中小高新技术企业的金额占比，比案例占比更低。到 2016 年，创业投资企业投资于中小企业的金额占比为 53.72%，投资于高新技术企业的金额占比仅为 27.46%，投资于中小高新技术企业的金额占比仅为 20.21%。

表7–13 2006～2016年度投资中小企业、高新技术企业、中小高新技术企业的金额分布（万元，%）

| 年度 | 对中小企业投资 | | 对高新企业投资 | | 对中小高新企业投资 | |
|---|---|---|---|---|---|---|
| | 金额 | 占比 | 金额 | 占比 | 金额 | 占比 |
| 2006 | 319200.53 | 84.73 | 203825.68 | 54.10 | 194647.31 | 51.67 |
| 2007 | 695103.98 | 69.22 | 515867.22 | 51.37 | 399775.69 | 39.81 |
| 2008 | 744957.87 | 65.81 | 603623.60 | 53.33 | 445691.71 | 39.37 |
| 2009 | 1144209.27 | 51.43 | 894173.07 | 40.19 | 607237.51 | 27.30 |
| 2010 | 2041519.19 | 57.61 | 1664078.77 | 46.95 | 1091335.93 | 30.79 |
| 2011 | 2803855.58 | 60.98 | 2113994.04 | 45.98 | 1575782.08 | 34.27 |
| 2012 | 2002255.81 | 64.22 | 1398477.61 | 44.85 | 1068303.24 | 34.26 |
| 2013 | 1630999.18 | 60.04 | 1049502.74 | 38.63 | 783994.28 | 28.86 |
| 2014 | 1847867.90 | 66.98 | 1104720.04 | 40.04 | 823331.68 | 29.84 |
| 2015 | 2241907.87 | 58.12 | 1322068.31 | 34.27 | 956967.45 | 24.81 |
| 2016 | 1812926.70 | 53.72 | 926587.19 | 27.46 | 681947.40 | 20.21 |

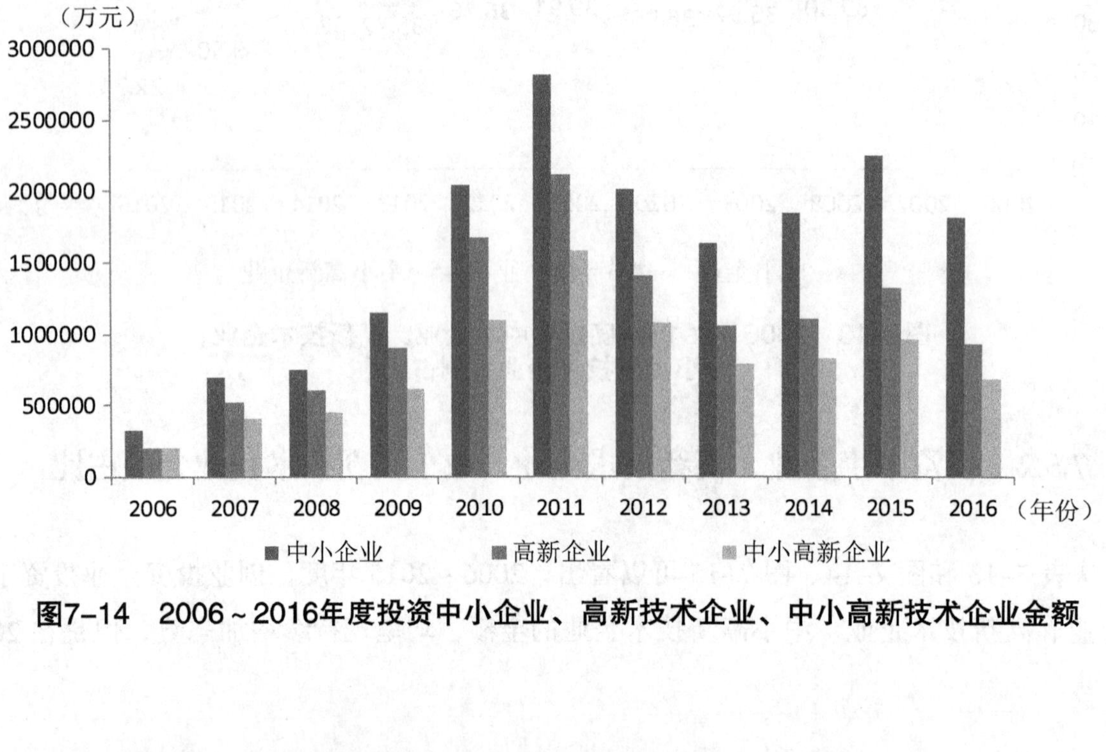


图7–14 2006～2016年度投资中小企业、高新技术企业、中小高新技术企业金额

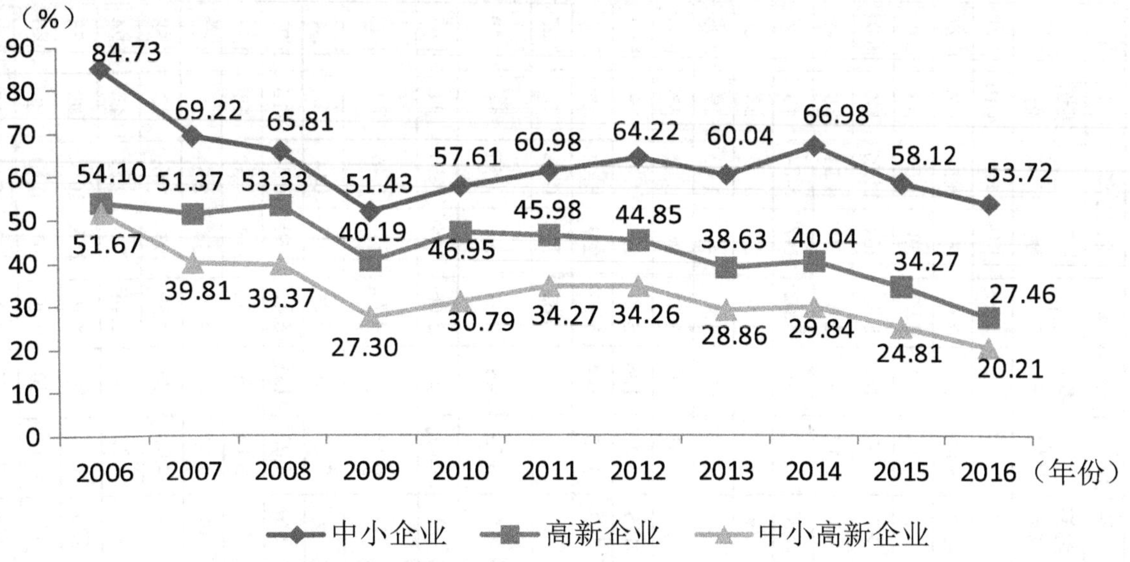


**图7-15 2006~2016年度投资中小企业、高新技术企业、中小高新技术企业金额占比**

可见，尽管按照现行创业投资企业税收扶持政策，创业投资企业可以按其对中小高新技术企业的投资额 70% 申报应纳税所得额抵扣，但由于“中小企业”标准，特别是“高新技术”标准过于苛刻，70% 的抵扣政策效果实际上被大打折扣。

## 7.6 2006~2016 年度对不同行业的投资分布状况

### 7.6.1 对不同行业的投资案例分布

从对不同行业的投资案例分布看，2006~2013 年，创业投资企业对金融服务产业、传统制造业产业和新材料工业产业等行业的投资案例数量较高 ,2014~2016 年，网络产业、金融服务业的投资较多。其中，2006 年投资案例居前三位的行业分别是：软件产业、光电子与光机电一体化和生物科技；2007 年~2008 年投资案例居前三位的行业分别是：新材料工业产业、传统制造业产业和软件产业；2009 年投资案例居前三位的行业分别是：金融服务产业、新材料工业产业和软件产业；2010 年投资案例居前三位的行业分别是：金融服务产业、新材料工业产业和传统制造业；2011 年~2012 年投资案例居前三位的行业分别是：金融服务产业、新材料工业产业、传统制造业；2013 年投资案例居前三位的行业分别是：金融服务产业、新材料工业产业和新能源高效节能技术产业。2014 年~2016 年投资案例居前三位的行业分别是：网络产业、金融服务产业和软件产业（见表 7-14 和图 7-16）。

表7-14 2006～2016年对不同行业的投资案例分布（个，%）

| 类别 | 2006年 | | 2007年 | | 2008年 | | 2009年 | | 2010年 | | 2011年 | | 2012年 | | 2013年 | | 2014年 | | 2015年 | | 2016年 | |
|---|---|---|---|---|---|---|---|---|---|---|---|---|---|---|---|---|---|---|---|---|---|---|
| | 案例数 | 占比 | 案例数 | 占比 | 案例数 | 占比 | 案例数 | 占比 | 案例数 | 占比 | 案例数 | 占比 | 案例数 | 占比 | 案例数 | 占比 | 案例数 | 占比 | 案例数 | 占比 | 案例数 | 占比 |
| 合计 | 467 | 100 | 743 | 100 | 944 | 100 | 1393 | 100 | 2143 | 100 | 2568 | 100 | 2002 | 100 | 1913 | 100 | 2050 | 100 | 2519 | 100 | 2010 | 100 |
| 软件产业 | 53 | 11.35 | 43 | 5.79 | 66 | 6.99 | 91 | 6.53 | 137 | 6.39 | 142 | 5.53 | 105 | 5.24 | 112 | 5.85 | 157 | 7.66 | 164 | 6.51 | 126 | 6.27 |
| 计算机硬件产业 | 13 | 2.78 | 16 | 2.15 | 7 | 0.74 | 26 | 1.87 | 17 | 0.79 | 20 | 0.78 | 15 | 0.75 | 21 | 1.10 | 22 | 1.07 | 38 | 1.51 | 36 | 1.79 |
| 网络产业 | 16 | 3.43 | 19 | 2.56 | 25 | 2.65 | 39 | 2.80 | 77 | 3.59 | 63 | 2.45 | 67 | 3.35 | 87 | 4.55 | 181 | 8.83 | 284 | 11.27 | 340 | 16.92 |
| 通讯 | 17 | 3.64 | 23 | 3.10 | 20 | 2.12 | 30 | 2.15 | 38 | 1.77 | 56 | 2.18 | 46 | 2.30 | 41 | 2.14 | 55 | 2.68 | 38 | 1.51 | 30 | 1.49 |
| IT 服务业 | 20 | 4.28 | 18 | 2.42 | 26 | 2.75 | 33 | 2.37 | 64 | 2.99 | 83 | 3.23 | 62 | 3.10 | 53 | 2.77 | 103 | 5.02 | 147 | 5.84 | 78 | 3.88 |
| 半导体 | 15 | 3.21 | 26 | 3.50 | 21 | 2.22 | 30 | 2.15 | 28 | 1.31 | 53 | 2.06 | 36 | 1.80 | 39 | 2.04 | 39 | 1.90 | 34 | 1.35 | 33 | 1.64 |
| 其他 IT 行业 | 8 | 1.71 | 13 | 1.75 | 22 | 2.33 | 34 | 2.44 | 32 | 1.49 | 48 | 1.87 | 38 | 1.90 | 33 | 1.73 | 29 | 1.41 | 41 | 1.63 | 19 | 0.95 |
| 环保工程 | 9 | 1.93 | 24 | 3.23 | 34 | 3.60 | 53 | 3.80 | 56 | 2.61 | 102 | 3.97 | 73 | 3.65 | 77 | 4.03 | 69 | 3.37 | 86 | 3.41 | 33 | 1.64 |
| 生物科技 | 40 | 8.57 | 35 | 4.71 | 56 | 5.93 | 86 | 6.17 | 103 | 4.81 | 113 | 4.40 | 103 | 5.14 | 115 | 6.01 | 106 | 5.17 | 113 | 4.49 | 79 | 3.93 |
| 新材料工业 | 38 | 8.14 | 94 | 12.65 | 103 | 10.91 | 101 | 7.25 | 190 | 8.87 | 225 | 8.76 | 156 | 7.79 | 152 | 7.95 | 144 | 7.02 | 137 | 5.44 | 108 | 5.37 |
| 资源开发工业 | 6 | 1.28 | 26 | 3.50 | 24 | 2.54 | 17 | 1.22 | 41 | 1.91 | 20 | 0.78 | 26 | 1.30 | 24 | 1.25 | 13 | 0.63 | 8 | 0.32 | 5 | 0.25 |
| 光电子与光机电一体化 | 40 | 8.57 | 32 | 4.31 | 57 | 6.04 | 83 | 5.96 | 92 | 4.29 | 96 | 3.74 | 59 | 2.95 | 64 | 3.35 | 46 | 2.24 | 39 | 1.55 | 44 | 2.19 |
| 科技服务 | 24 | 5.14 | 25 | 3.36 | 28 | 2.97 | 38 | 2.73 | 41 | 1.91 | 51 | 1.99 | 49 | 2.45 | 92 | 4.81 | 75 | 3.66 | 114 | 4.53 | 94 | 4.68 |
| 新能源、高效节能技术 | 21 | 4.50 | 39 | 5.25 | 58 | 6.15 | 92 | 6.62 | 151 | 7.05 | 182 | 7.09 | 133 | 6.64 | 117 | 6.12 | 97 | 4.73 | 87 | 3.45 | 70 | 3.48 |
| 核应用技术 | 0 | 0.00 | 2 | 0.27 | 1 | 0.11 | 3 | 0.22 | 3 | 0.14 | 0 | 0.00 | 1 | 0.05 | 0 | 0.00 | 5 | 0.24 | 0 | 0.00 | 2 | 0.10 |
| 医药保健 | 31 | 6.64 | 28 | 3.77 | 25 | 2.65 | 58 | 4.16 | 93 | 4.34 | 86 | 3.35 | 103 | 5.14 | 96 | 5.02 | 131 | 6.41 | 160 | 6.35 | 116 | 5.77 |
| 消费产品和服务 | 12 | 2.57 | 25 | 3.36 | 27 | 2.86 | 45 | 3.23 | 75 | 3.51 | 101 | 3.93 | 74 | 3.70 | 60 | 3.14 | 59 | 2.88 | 114 | 4.52 | 68 | 3.38 |
| 媒体和娱乐业 | 4 | 0.86 | 6 | 0.81 | 18 | 1.91 | 26 | 1.87 | 33 | 1.54 | 43 | 1.67 | 55 | 2.75 | 45 | 2.33 | 64 | 3.12 | 64 | 2.54 | 71 | 3.53 |
| 传统制造业 | 31 | 6.64 | 72 | 9.69 | 98 | 10.38 | 89 | 6.39 | 177 | 8.26 | 220 | 8.57 | 149 | 7.43 | 95 | 4.97 | 94 | 4.59 | 93 | 3.69 | 72 | 3.58 |
| 农业 | 9 | 1.93 | 15 | 2.02 | 23 | 2.44 | 43 | 3.09 | 92 | 4.29 | 113 | 4.40 | 77 | 3.85 | 63 | 3.29 | 50 | 2.44 | 54 | 2.14 | 45 | 2.24 |
| 金融服务 | 13 | 2.78 | 39 | 5.25 | 66 | 6.99 | 120 | 8.61 | 209 | 9.75 | 263 | 10.25 | 199 | 9.94 | 176 | 9.20 | 166 | 8.10 | 265 | 10.52 | 192 | 9.55 |
| 零售和批发 | 0 | 0.00 | 1 | 0.13 | 5 | 0.53 | 8 | 0.57 | 18 | 0.84 | 17 | 0.66 | 11 | 0.55 | 11 | 0.58 | 10 | 0.49 | 10 | 0.40 | 12 | 0.60 |
| 其他 | 47 | 10.05 | 122 | 16.42 | 134 | 14.19 | 248 | 17.80 | 376 | 17.55 | 471 | 18.34 | 365 | 18.23 | 340 | 17.77 | 335 | 16.34 | 429 | 17.03 | 337 | 16.77 |

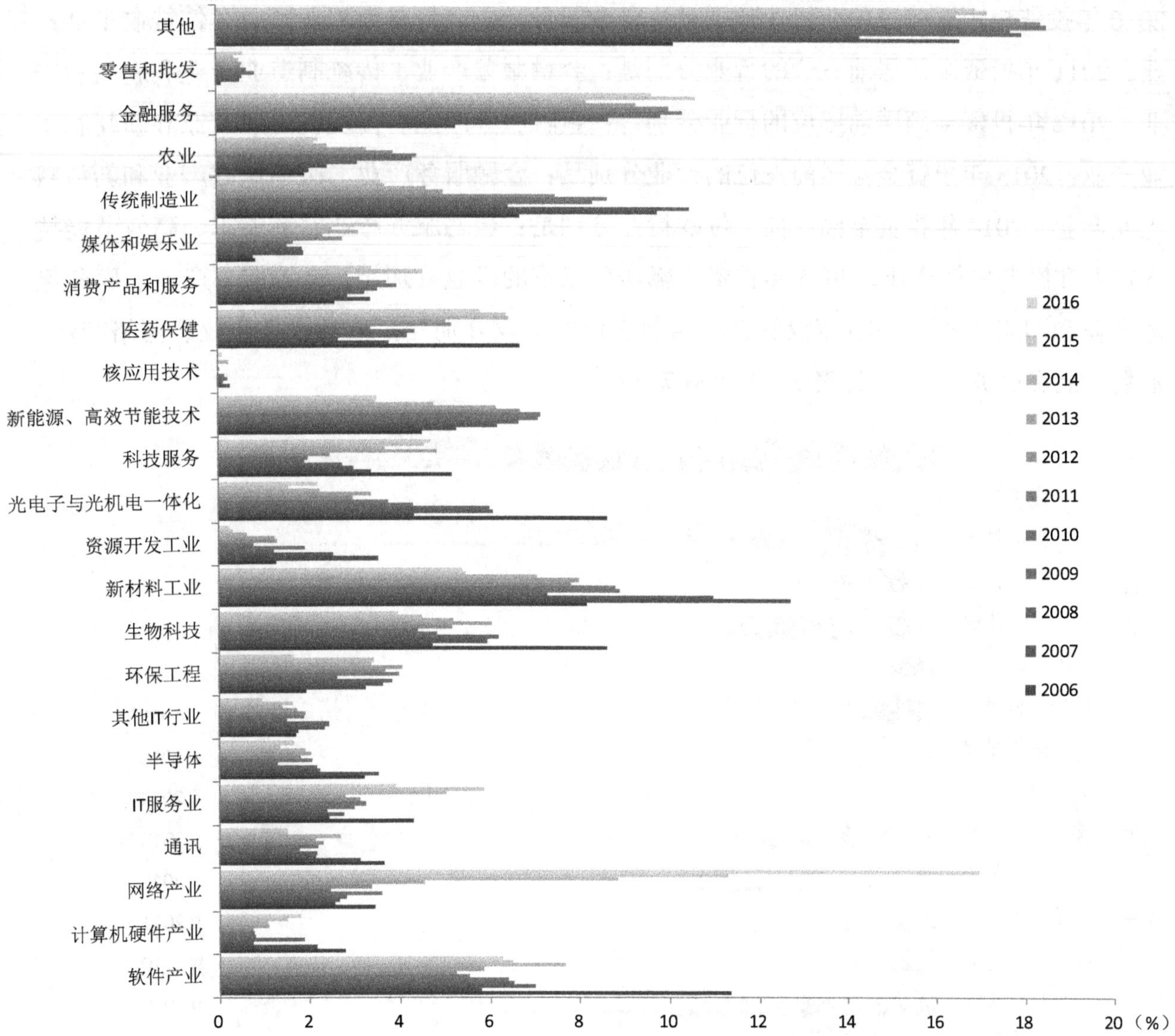


图7–16　2006 ~ 2016年对不同行业的投资案例占比

## 7.6.2　对不同行业的投资金额分布

从对不同行业的投资金额看，2006 ~ 2013 年，创业投资企业对传统制造业产业、金融服务产业和新材料工业等行业的投资金额较多，2014 ~ 2015 年对医药保健行业投资较多。2016 年对金融服务、网络产业等行业的投资金额偏多。其中，2006 年投资金额居前三位的行业分别是科技服务业、新材料工业和生物技术 2007 年投资金额居前三位的行业分别是：新材料工业产业、传统制造业产业和金融服务产业，2008 年投资金额居前三位的行业分别是：传统制造业产业、金融服务产业和新能源高效节能技术产业，2009 年投资金额居前三位的行业分别是：金融服务产业、传统制造业产业和新能源、高效节能技术产业，

2010 年投资金额居前三位的行业分别是：金融服务产业、新材料工业产业和传统制造业产业，2011 年投资金额居前三位的行业分别是：金融服务产业、传统制造业产业和新材料产业，2012 年投资金额居前三位的行业分别是：金融服务产业、传统制造业产业和新材料工业产业，2013 年投资金额居前三位的行业分别是：金融服务产业、医药保健产业和新材料工业产业，2014 年投资金额居前三位的行业分别是：金融服务产业、新能源、高效节能技术产业和医药保健产业，2015 年投资金额居前三位的行业分别是：金融服务产业、医药保健产业和网络产业，2016 年投资金额居前三位的行业分别是：金融服务产业、网络产业、消费产品和服务产业。（见表 7–15 和图 7–17）

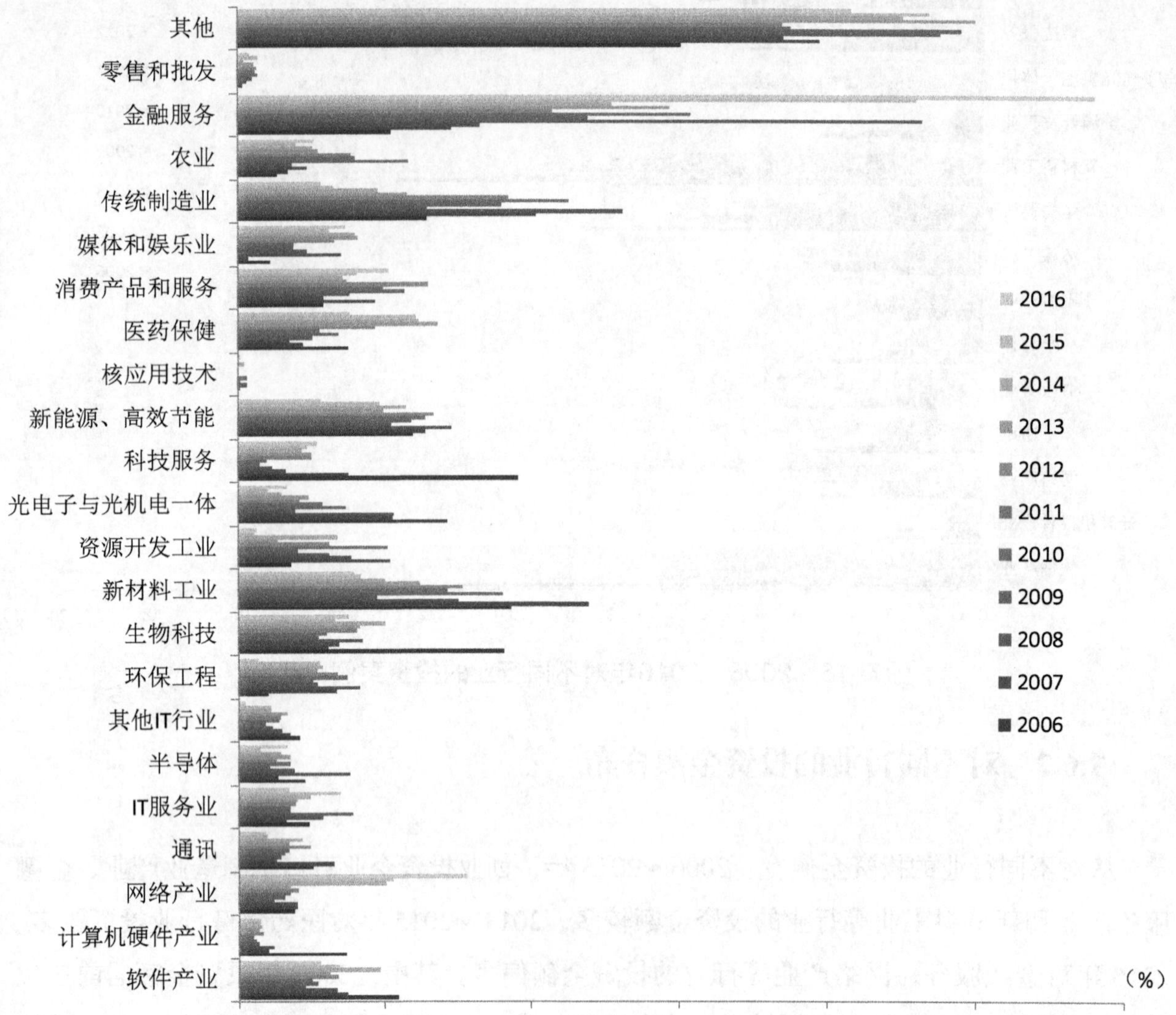


图7–17 2006～2016年对不同行业的投资金额占比

**表7-15　2006～2016年对不同行业的投资金额分布（亿元，%）**

| 类别 | 2006年 | | 2007年 | | 2008年 | | 2009年 | | 2010年 | | 2011年 | | 2012年 | | 2013年 | | 2014年 | | 2015年 | | 2016年 | |
|---|---|---|---|---|---|---|---|---|---|---|---|---|---|---|---|---|---|---|---|---|---|---|
| | 金额数 | 占比 | 金额数 | 占比 | 金额数 | 占比 | 金额数 | 占比 | 金额数 | 占比 | 金额数 | 占比 | 金额数 | 占比 | 金额数 | 占比 | 金额数 | 占比 | 金额数 | 占比 | 金额数 | 占比 |
| 合计 | 37.67 | 100 | 100.42 | 100 | 113.20 | 100 | 222.47 | 100 | 354.40 | 100 | 459.80 | 100 | 311.78 | 100 | 271.66 | 100 | 275.90 | 100 | 385.72 | 100 | 337.48 | 100 |
| 软件产业 | 2.06 | 5.48 | 3.71 | 3.69 | 3.78 | 3.34 | 5.02 | 2.25 | 9.50 | 2.68 | 11.41 | 2.48 | 10.51 | 3.37 | 8.40 | 3.09 | 13.27 | 4.81 | 13.25 | 3.44 | 9.33 | 2.76 |
| 计算机硬件产业 | 1.37 | 3.64 | 1.04 | 1.04 | 1.34 | 1.18 | 1.55 | 0.70 | 2.17 | 0.61 | 2.26 | 0.49 | 2.56 | 0.82 | 1.83 | 0.67 | 2.19 | 0.79 | 2.94 | 0.76 | 2.52 | 0.75 |
| 网络产业 | 0.71 | 1.88 | 1.99 | 1.98 | 2.23 | 1.97 | 2.70 | 1.21 | 5.65 | 1.59 | 8.03 | 1.75 | 6.35 | 2.04 | 4.74 | 1.75 | 13.88 | 5.03 | 20.31 | 5.27 | 26.18 | 7.76 |
| 通讯 | 0.96 | 2.54 | 3.23 | 3.22 | 1.48 | 1.31 | 3.21 | 1.44 | 5.58 | 1.57 | 7.77 | 1.69 | 7.61 | 2.44 | 4.70 | 1.73 | 6.02 | 2.18 | 3.66 | 0.95 | 3.08 | 0.91 |
| IT服务业 | 0.90 | 2.39 | 1.60 | 1.60 | 3.24 | 2.86 | 8.63 | 3.88 | 6.16 | 1.74 | 8.07 | 1.76 | 6.04 | 1.94 | 5.37 | 1.98 | 6.80 | 2.47 | 13.43 | 3.48 | 5.72 | 1.70 |
| 半导体 | 0.86 | 2.28 | 1.32 | 1.32 | 4.29 | 3.79 | 4.23 | 1.90 | 3.80 | 1.07 | 7.98 | 1.74 | 4.00 | 1.28 | 4.84 | 1.78 | 3.99 | 1.45 | 2.77 | 0.72 | 5.61 | 1.66 |
| 其他IT行业 | 0.79 | 2.10 | 1.77 | 1.76 | 1.68 | 1.48 | 2.58 | 1.16 | 3.23 | 0.91 | 6.44 | 1.40 | 4.50 | 1.44 | 4.53 | 1.67 | 3.01 | 1.09 | 4.22 | 1.10 | 0.81 | 0.24 |
| 环保工程 | 0.38 | 1.01 | 3.37 | 3.35 | 4.65 | 4.11 | 6.00 | 2.70 | 9.03 | 2.55 | 16.96 | 3.69 | 10.59 | 3.40 | 7.30 | 2.69 | 7.87 | 2.85 | 10.67 | 2.77 | 2.31 | 0.68 |
| 生物科技 | 3.42 | 9.07 | 3.05 | 3.04 | 3.86 | 3.41 | 9.40 | 4.22 | 9.61 | 2.71 | 13.95 | 3.03 | 12.58 | 4.03 | 11.25 | 4.14 | 13.76 | 4.99 | 12.69 | 3.29 | 12.65 | 3.75 |
| 新材料工业 | 3.51 | 9.32 | 12.02 | 11.97 | 8.49 | 7.50 | 10.54 | 4.74 | 31.99 | 9.03 | 32.80 | 7.13 | 23.76 | 7.62 | 16.83 | 6.20 | 13.76 | 4.99 | 16.13 | 4.18 | 13.27 | 3.93 |
| 资源开发工业 | 0.68 | 1.80 | 5.19 | 5.17 | 4.34 | 3.84 | 6.89 | 3.11 | 7.19 | 2.03 | 23.40 | 5.09 | 9.69 | 3.11 | 3.61 | 1.33 | 9.26 | 3.36 | 2.19 | 0.57 | 2.20 | 0.65 |
| 光电子与光机电一体化 | 2.69 | 7.14 | 5.30 | 5.28 | 6.02 | 5.32 | 4.35 | 1.95 | 12.94 | 3.65 | 13.27 | 2.89 | 6.48 | 2.08 | 6.58 | 2.42 | 4.11 | 1.49 | 3.95 | 1.02 | 5.56 | 1.65 |
| 科技服务 | 3.59 | 9.53 | 3.79 | 3.77 | 1.84 | 1.63 | 2.59 | 1.16 | 2.62 | 0.74 | 4.39 | 0.95 | 7.75 | 2.49 | 6.73 | 2.48 | 5.99 | 2.17 | 9.07 | 2.35 | 9.03 | 2.68 |
| 新能源、高效节能技术 | 2.26 | 5.97 | 6.44 | 6.41 | 8.28 | 7.29 | 11.63 | 5.23 | 20.98 | 5.92 | 29.42 | 6.40 | 20.79 | 6.67 | 13.49 | 4.97 | 15.85 | 5.75 | 18.51 | 4.80 | 9.52 | 2.82 |
| 核应用技术 | 0.00 | 0.00 | 0.10 | 0.08 | 0.38 | 0.34 | 0.23 | 0.10 | 1.18 | 0.33 | 0.00 | 0.00 | 0.15 | 0.05 | 0.00 | 0.00 | 0.70 | 0.25 | 0.00 | 0.00 | 0.26 | 0.08 |
| 医药保健 | 1.41 | 3.75 | 2.25 | 2.24 | 2.00 | 1.76 | 5.64 | 2.54 | 12.19 | 3.44 | 12.77 | 2.78 | 14.59 | 4.68 | 18.50 | 6.81 | 17.04 | 6.18 | 23.46 | 6.08 | 12.88 | 3.82 |
| 消费产品和服务 | 1.11 | 2.94 | 4.70 | 4.68 | 3.28 | 2.90 | 8.43 | 3.79 | 20.27 | 5.72 | 22.86 | 4.97 | 20.21 | 6.48 | 10.04 | 3.69 | 9.80 | 3.55 | 15.56 | 4.03 | 17.38 | 5.15 |
| 媒体和娱乐业 | 0.42 | 1.12 | 0.39 | 0.39 | 3.97 | 3.51 | 5.22 | 2.34 | 6.70 | 1.89 | 8.72 | 1.89 | 10.28 | 3.29 | 11.11 | 4.09 | 10.92 | 3.96 | 12.03 | 3.12 | 12.37 | 3.67 |
| 传统制造业 | 2.43 | 6.44 | 10.19 | 10.15 | 14.80 | 13.08 | 14.37 | 6.46 | 31.86 | 8.99 | 51.77 | 11.26 | 28.70 | 9.20 | 15.75 | 5.79 | 13.20 | 4.78 | 12.54 | 3.25 | 9.51 | 2.82 |
| 农业 | 0.50 | 1.32 | 1.74 | 1.73 | 2.64 | 2.34 | 4.16 | 1.87 | 20.69 | 5.84 | 18.33 | 3.99 | 11.96 | 3.84 | 7.35 | 2.71 | 7.04 | 2.55 | 7.65 | 1.98 | 8.73 | 2.59 |
| 金融服务 | 1.98 | 5.25 | 7.30 | 7.27 | 9.33 | 8.25 | 51.30 | 23.06 | 42.23 | 11.92 | 70.53 | 15.34 | 33.32 | 10.69 | 39.73 | 14.63 | 35.03 | 12.69 | 88.23 | 22.87 | 97.29 | 28.81 |
| 零售和批发 | 0.00 | 0.00 | 0.20 | 0.20 | 0.37 | 0.33 | 1.13 | 0.51 | 2.43 | 0.69 | 2.72 | 0.59 | 1.95 | 0.63 | 1.50 | 0.55 | 0.59 | 0.21 | 2.63 | 0.68 | 1.45 | 0.43 |
| 其他 | 5.66 | 15.03 | 19.74 | 19.66 | 20.89 | 18.46 | 52.69 | 23.68 | 86.40 | 24.38 | 85.95 | 18.69 | 57.41 | 18.41 | 67.46 | 24.83 | 61.83 | 22.41 | 89.85 | 23.29 | 69.83 | 20.69 |

### 7.6.3 不同行业单个案例的投资金额状况

从不同行业单个案例的投资金额看，2006 2016 年，创业投资企业对消费产品和服务业、金融服务行业和资源开发工业等行业的单个案例的投资金额较多。2006 年居前三位的行业分别是：金融服务产业、科技服务产业、资源开发工业产业，2007 年居前三位的分别是：零售和批发产业、资源开发工业产业、消费产品和服务产业，2008 年居前三位的分别是：核应用技术产业、媒体和娱乐业产业、半导体产业，2009 年居前三位的分别是：金融服务产业、资源开发工业产业、IT 服务业产业，2010 年居前三位的分别是：核应用技术产业、消费产品和服务产业、媒体和农业，2011 年居前三位的分别是：资源开发工业产业、金融服务产业、传统制造业，2012 年居前三位的分别是：资源开发工业、消费产品和服务业、传统制造业，2013 年居前三位的分别是：媒体和娱乐业产业、金融服务产业、医药保健产业，2014 年居前三位的分别是：资源开发工业产业、金融服务产业、消费产品和服务产业，2015 ~ 2016 年居前三位的均是：金融服务产业、资源开发工业产业、消费产品和服务产业（见表 7–16 和图 7–18）。

表7–16 2006 ~ 2016不同行业单个案例的投资金额比较（万元）

| 行业 | 2006 年 | 2007 年 | 2008 年 | 2009 年 | 2010 年 | 2011 年 | 2012 年 | 2013 年 | 2014 年 | 2015 年 | 2016 年 |
|---|---|---|---|---|---|---|---|---|---|---|---|
| 各行业平均 | 806.73 | 1351.55 | 1199.12 | 1597.06 | 1654.91 | 1790.52 | 1557.37 | 1420.07 | 1345.84 | 1531.26 | 1679.00 |
| 软件产业 | 389.59 | 862.85 | 572.24 | 551.20 | 693.51 | 803.50 | 1000.86 | 750.37 | 845.05 | 807.95 | 740.12 |
| 计算机硬件产业 | 1053.96 | 652.66 | 1907.20 | 597.26 | 1275.43 | 1127.75 | 1704.80 | 870.47 | 995.67 | 773.06 | 700.59 |
| 网络产业 | 441.85 | 1046.47 | 893.83 | 692.48 | 733.43 | 1274.04 | 947.21 | 544.92 | 766.58 | 715.13 | 769.92 |
| 通讯 | 563.69 | 1405.05 | 740.51 | 1068.57 | 1468.10 | 1386.82 | 1655.22 | 1146.10 | 1094.87 | 964.34 | 1026.32 |
| IT 服务业 | 450.46 | 891.17 | 1245.58 | 2615.45 | 963.13 | 972.56 | 973.95 | 1013.02 | 660.31 | 913.32 | 733.60 |
| 半导体 | 571.68 | 508.07 | 2041.39 | 1411.18 | 1356.12 | 1506.41 | 1112.41 | 1240.20 | 1023.06 | 813.99 | 1699.58 |
| 其他 IT 行业 | 987.50 | 1361.50 | 763.42 | 757.65 | 1009.52 | 1341.69 | 1184.25 | 1374.06 | 1039.65 | 1030.28 | 425.03 |
| 环保工程 | 423.06 | 1403.26 | 1369.01 | 1132.16 | 1612.76 | 1663.02 | 1450.46 | 948.16 | 1140.23 | 1240.73 | 699.03 |

续表

| 行业 | 2006年 | 2007年 | 2008年 | 2009年 | 2010年 | 2011年 | 2012年 | 2013年 | 2014年 | 2015年 | 2016年 |
|---|---|---|---|---|---|---|---|---|---|---|---|
| 生物科技 | 854.18 | 871.20 | 689.05 | 1092.60 | 932.77 | 1234.34 | 1221.11 | 978.49 | 1297.67 | 1123.05 | 1600.89 |
| 新材料工业 | 923.85 | 1278.61 | 824.72 | 1043.85 | 1683.83 | 1457.61 | 1523.06 | 1107.55 | 955.37 | 1177.16 | 1228.77 |
| 资源开发工业 | 1133.33 | 1996.65 | 1810.37 | 4051.89 | 1753.04 | 11699.99 | 3728.06 | 1506.01 | 7122.99 | 2737.25 | 4396.00 |
| 光电子与光机电一体化 | 672.50 | 1655.74 | 1056.51 | 523.77 | 1406.19 | 1382.66 | 1099.06 | 1027.96 | 894.17 | 1012.53 | 1262.97 |
| 科技服务 | 1495.22 | 1514.29 | 657.43 | 681.07 | 638.73 | 860.99 | 1581.95 | 731.73 | 798.98 | 795.30 | 961.04 |
| 新能源、高效节能技术 | 1074.95 | 1650.03 | 1426.84 | 1263.68 | 1389.53 | 1616.48 | 1563.31 | 1153.40 | 1634.22 | 2127.22 | 1359.38 |
| 核应用技术 | 0.00 | 476.45 | 3800.00 | 768.54 | 3940.00 | 0.00 | 1500.00 | 0.00 | 1400.19 | 0.00 | 1307.50 |
| 医药保健 | 455.52 | 803.24 | 798.12 | 972.70 | 1311.28 | 1484.83 | 1416.02 | 1926.90 | 1301.02 | 1466.01 | 1110.15 |
| 消费产品和服务 | 923.75 | 1880.86 | 1214.57 | 1873.87 | 2702.26 | 2263.54 | 2730.80 | 1672.85 | 1661.57 | 1364.49 | 2556.17 |
| 媒体和娱乐业 | 1051.50 | 650.00 | 2204.96 | 2005.87 | 2031.31 | 2027.65 | 1869.95 | 2468.89 | 1705.49 | 1879.79 | 1742.64 |
| 传统制造业 | 782.68 | 1415.66 | 1510.56 | 1614.22 | 1800.09 | 2353.30 | 1925.86 | 1657.84 | 1403.91 | 1348.78 | 1321.21 |
| 农业 | 550.97 | 1157.07 | 1149.72 | 966.92 | 2248.69 | 1622.52 | 1553.25 | 1167.33 | 1407.55 | 1416.48 | 1939.99 |
| 金融服务 | 1521.17 | 1871.19 | 1414.32 | 4275.17 | 2020.66 | 2681.86 | 1674.32 | 2257.56 | 2110.03 | 3329.59 | 5067.16 |
| 零售和批发 | 0.00 | 2000.00 | 745.00 | 1417.41 | 1349.82 | 1601.45 | 1776.96 | 1365.08 | 588.14 | 2630.80 | 1211.86 |
| 其他 | 1204.43 | 1618.15 | 1559.28 | 2124.41 | 2300.97 | 1824.76 | 1572.93 | 1983.99 | 1845.59 | 2094.30 | 2072.06 |

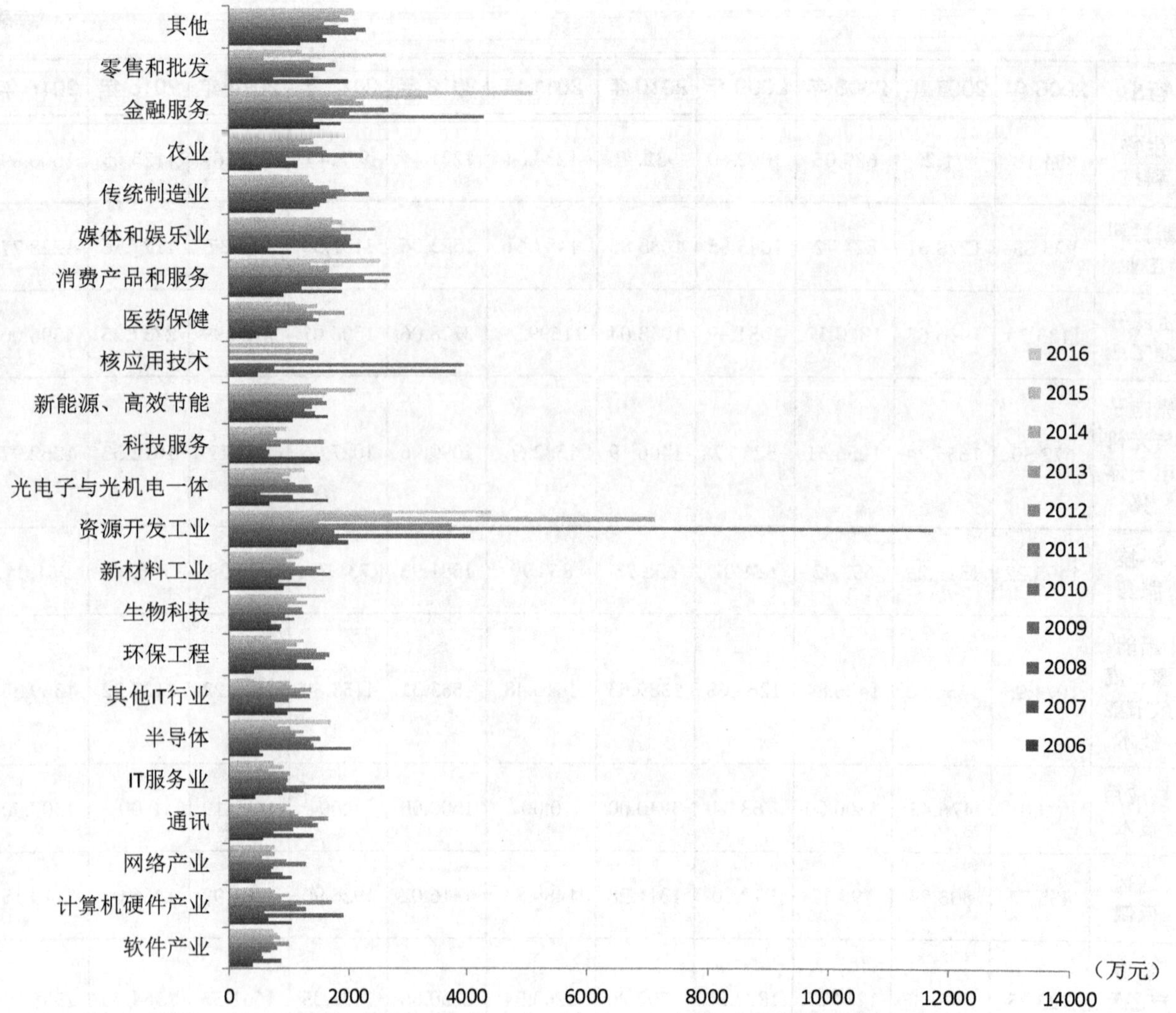


图7-18　2006～2016年不同行业单个案例的投资金额

## 7.7　2006～2016年度不同投资阶段的分布状况

### 7.7.1　不同投资阶段的案例分布

从不同投资阶段的案例分布看，2006～2016年度，在起步期和扩张期进行投资的案例占多数，在种子期和成熟期进行投资的案例都相对较少，体现出了与国际成熟创业投资业相同的特点。由于根据《创业投资企业管理暂行办法》，创业投资企业还可投资处于重建期的企业，因而在各个年度均有一定比例的重建期投资案例（见表7-17和图7-19）。

表7-17　2006～2016 年度不同投资阶段的案例分布（个，%）

| 年度 | 种子期 | | 起步期 | | 扩张期 | | 成熟前的过渡期 | | 重建期 | |
|---|---|---|---|---|---|---|---|---|---|---|
| | 案例数 | 占比 | 案例数 | 占比 | 案例数 | 占比 | 案例数 | 占比 | 案例数 | 占比 |
| 2006 | 76 | 16.27 | 188 | 40.26 | 145 | 31.05 | 53 | 11.35 | 5 | 1.07 |
| 2007 | 86 | 11.57 | 240 | 32.31 | 320 | 43.07 | 94 | 12.65 | 3 | 0.40 |
| 2008 | 130 | 13.77 | 341 | 36.13 | 368 | 38.98 | 96 | 10.17 | 9 | 0.95 |
| 2009 | 204 | 14.64 | 520 | 37.33 | 542 | 38.91 | 120 | 8.61 | 7 | 0.51 |
| 2010 | 276 | 12.87 | 781 | 36.41 | 837 | 39.02 | 228 | 10.63 | 23 | 1.07 |
| 2011 | 311 | 12.11 | 810 | 31.54 | 1173 | 45.68 | 264 | 10.28 | 10 | 0.39 |
| 2012 | 270 | 13.49 | 722 | 36.06 | 842 | 42.06 | 152 | 7.59 | 16 | 0.80 |
| 2013 | 385 | 20.13 | 752 | 39.31 | 645 | 33.72 | 123 | 6.42 | 8 | 0.42 |
| 2014 | 435 | 21.22 | 866 | 42.24 | 649 | 31.66 | 92 | 4.49 | 8 | 0.39 |
| 2015 | 599 | 23.78 | 1090 | 43.27 | 733 | 29.10 | 84 | 3.33 | 13 | 0.52 |
| 2016 | 551 | 27.41 | 831 | 41.34 | 541 | 26.92 | 73 | 3.63 | 14 | 0.70 |

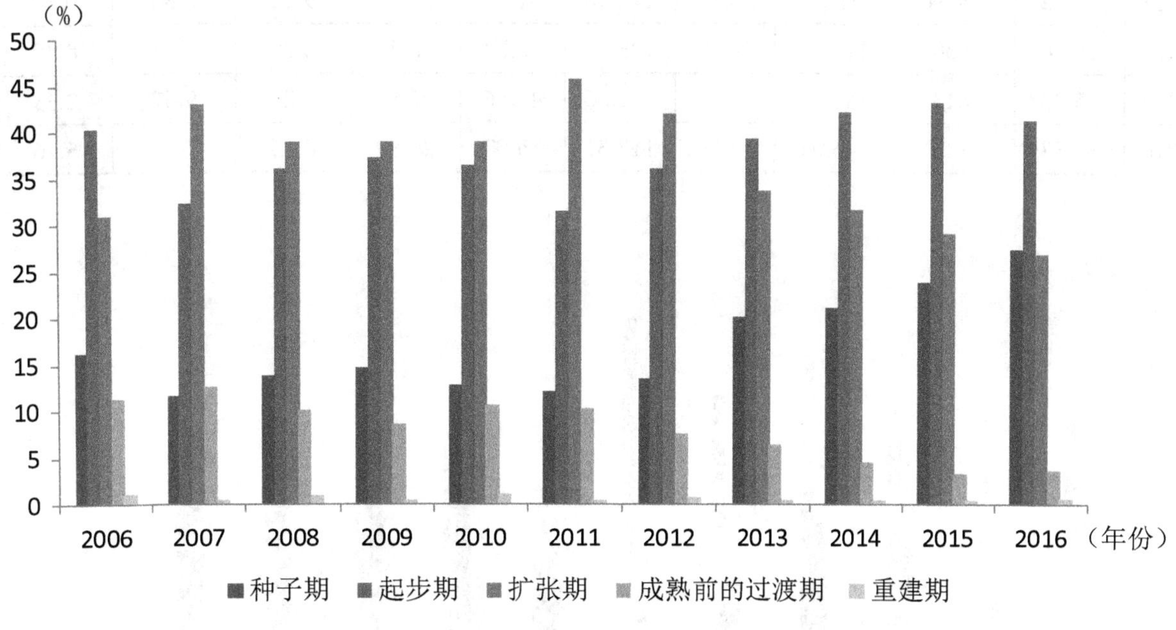


图7-19　2006～2016年度不同投资阶段的案例占比

### 7.7.2　2006～2016 年度不同投资阶段的金额分布

从不同投资阶段的金额分布看，2006～2016 年度，虽然在起步期和扩张期进行投资的金额都较多，但与案例分布不同的是，在扩张期进行投资的金额一直约 40% 左右的绝对比例，而在起步期进行投资的金额低于在扩张期进行投资的金额，在种子期即进行投资的金额在 2015 年以后有较快增长，重建期的投资一直较少，2016 年重建期投资金额增加较快（见表 7-18 和图 7-20）。

表7-18　2006～2016年度不同投资阶段的金额分布（亿元，%）

| 年度 | 种子期 | | 起步期 | | 扩张期 | | 成熟前的过渡期 | | 重建期 | |
|---|---|---|---|---|---|---|---|---|---|---|
| | 金额数 | 占比 | 金额数 | 占比 | 金额数 | 占比 | 金额数 | 占比 | 金额数 | 占比 |
| 2006 | 3.69 | 9.78 | 11.96 | 31.74 | 16.60 | 44.07 | 4.90 | 13.01 | 0.53 | 1.40 |
| 2007 | 7.69 | 7.65 | 23.16 | 23.06 | 51.13 | 50.92 | 18.34 | 18.27 | 0.10 | 0.10 |
| 2008 | 7.56 | 6.69 | 36.61 | 32.34 | 50.76 | 44.84 | 16.94 | 14.96 | 1.33 | 1.17 |
| 2009 | 13.59 | 6.11 | 66.28 | 29.79 | 115.87 | 52.08 | 24.65 | 11.08 | 2.09 | 0.94 |
| 2010 | 27.17 | 7.65 | 89.96 | 25.34 | 165.73 | 46.69 | 66.73 | 18.80 | 5.38 | 1.52 |
| 2011 | 29.48 | 6.41 | 98.65 | 21.45 | 261.63 | 56.90 | 68.12 | 14.82 | 1.93 | 0.42 |
| 2012 | 26.92 | 8.64 | 84.67 | 27.16 | 159.52 | 51.16 | 35.96 | 11.53 | 4.71 | 1.51 |
| 2013 | 35.42 | 13.04 | 98.17 | 36.14 | 112.40 | 41.37 | 24.80 | 9.13 | 0.86 | 0.32 |
| 2014 | 25.66 | 9.30 | 123.83 | 44.88 | 106.32 | 38.54 | 18.74 | 6.79 | 1.34 | 0.49 |
| 2015 | 35.22 | 9.13 | 141.09 | 36.57 | 171.86 | 44.56 | 27.88 | 7.23 | 9.67 | 2.51 |
| 2016 | 37.87 | 11.22 | 143.04 | 42.39 | 118.37 | 35.07 | 20.80 | 6.16 | 17.40 | 5.16 |

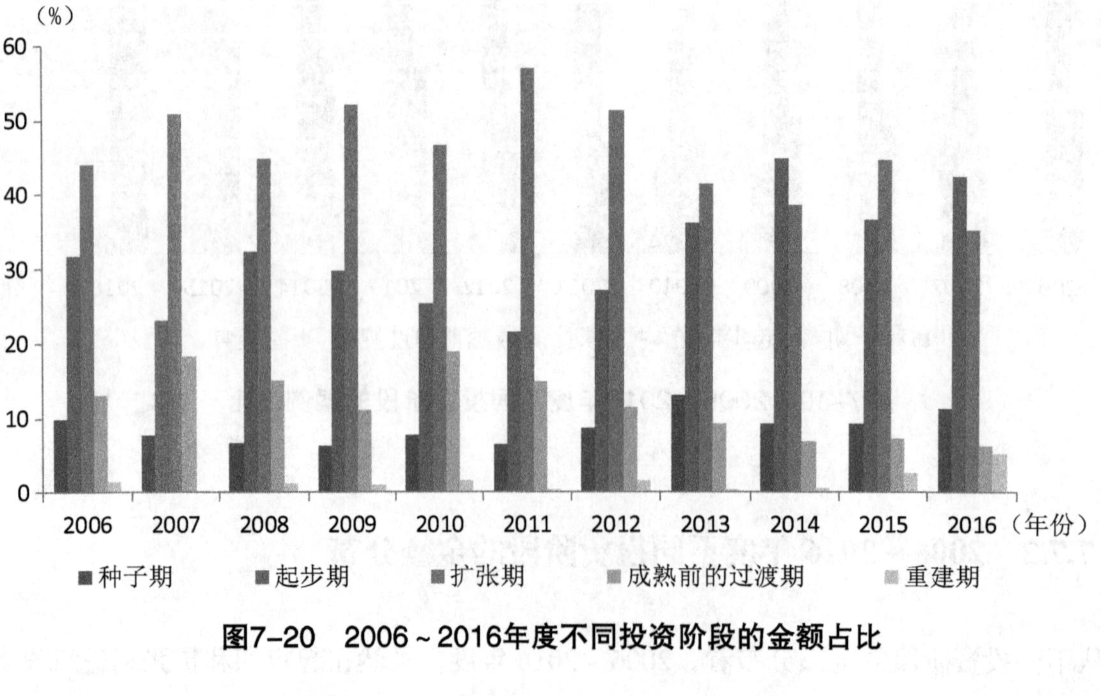


图7-20　2006～2016年度不同投资阶段的金额占比

# 第8章 创业投资企业股本退出分析

## 8.1 2006~2016年度当年与累计实现股本退出案例与金额

### 8.1.1 当年与累计实现股本退出案例

2006~2016年，创业投资企业实现资本退出案例总体呈增长态势，2016年实现资本退出案例936个，为历年实现资本退出案例最多的年份。截止2016年末，创业投资企业累计实现资本退出案例5995个（见表8-1和图8-1）。表明我国创业投资企业正在步入收获期。

表8-1 2006~2016年度当年与累计实现资本退出案例（个）

| 年度 | 当年实现退出案例数 | 较上年增长 | 历年退出案例 |
|---|---|---|---|
| 2006 | 105 | — | 384 |
| 2007 | 183 | 74.29 | 567 |
| 2008 | 227 | 24.04 | 794 |
| 2009 | 397 | 74.89 | 1191 |
| 2010 | 453 | 14.11 | 1644 |
| 2011 | 553 | 22.08 | 2197 |
| 2012 | 562 | 1.63 | 2759 |
| 2013 | 717 | 27.58 | 3476 |
| 2014 | 698 | −2.65 | 4174 |
| 2015 | 885 | 26.79 | 5059 |
| 2016 | 936 | 5.76 | 5995 |

注1 同一家被投资企业分多次实现全部退出的，按1次计实现退出案例数；未完全退出前，按0次计实现退出案例数。考虑到被投资企业上市后，资产即具有流动性，故该投资企业的退出日期一律按公开上市之日计。

2 累计实现退出案例数＝当年实现退出案例数＋往年实现退出案例数。

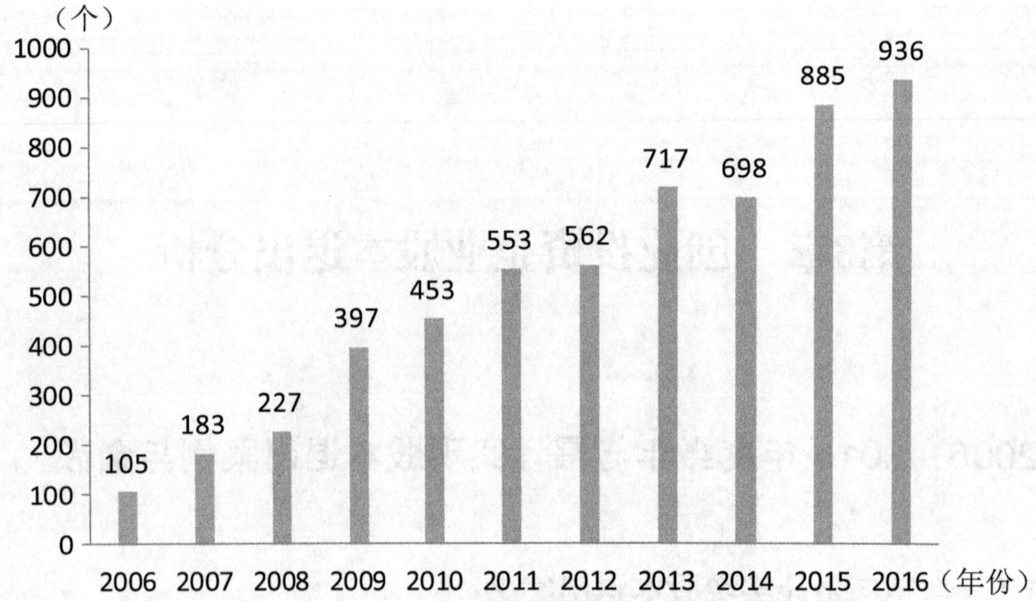


**图8-1　2006～2016年创业投资企业当年实现资本退出案例数**

### 8.1.2　当年与累计实现资本退出金额

2006～2016 年，与实现资本退出案例逐年增加相对应，创业投资企业实现资本退出的金额逐年增加。2016 年当年实现资本退出的金额高达 137.22 亿元。截止 2016 年末，创业投资企业累计实现资本退出的金额达 721.10 亿元（见表 8-2 和图 8-2）。

**表8-2　2006～2016年度当年与累计实现资本退出金额（万元）**

| 年度 | 当年退出金额 | 较上年增长 | 历年退出金额 |
|---|---|---|---|
| 2006 | 77129.05 | — | 262070.67 |
| 2007 | 166043.82 | 115.28 | 428114.49 |
| 2008 | 174529.73 | 5.11 | 602644.22 |
| 2009 | 302288.67 | 73.20 | 904932.89 |
| 2010 | 414350.56 | 37.07 | 1319283.45 |
| 2011 | 675164.77 | 62.95 | 1994448.22 |
| 2012 | 696180.97 | 3.11 | 2690629.19 |
| 2013 | 883224.15 | 26.87 | 3573853.34 |
| 2014 | 1079255.17 | 22.19 | 4653108.51 |
| 2015 | 1185756.38 | 9.87 | 5838864.89 |
| 2016 | 1372179.51 | 15.72 | 7211044.40 |

注 1　资本退出金额按投资当年的资本金额计，而非按退出后实现的收入金额计；
2　累计实现退出金额 = 当年实现退出金额 + 往年实现退出金额。

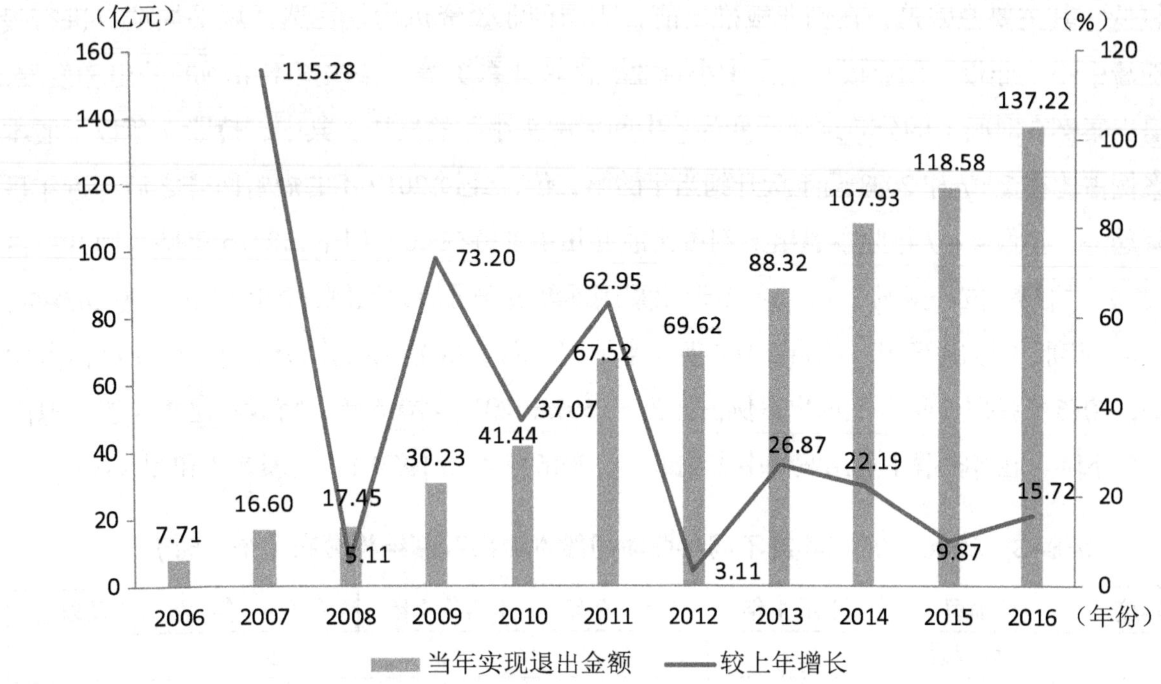


**图8-2　2006～2016年度股本退出金额**

总体来看，2006～2016年，我国创业投资企业股本退出呈现出案例数量和金额“双增”的良好局面。一方面得益于我国鼓励创业投资企业发展的政策环境日益改善，相继出台了《创业投资企业管理暂行办法》、《关于促进创业投资企业发展有关税收政策通知》、《关于实施创业投资企业所得税优惠问题的通知》等相关优惠政策，特别是在我国快速发展的政府创业投资引导基金的引导带动下，创业投资企业得到持续健康发展，创投企业的数量持续增长，培育了不少优质企业，获得了良好的投资效益；另一方面得益于我国多层次资本市场建设的推进，特别是中小企业板、创业板的推出以及全国中小企业股份转让系统建设的有序推进，各类退出方式的完善为创业投资企业实现股本退出创造了多元化的通道。

## 8.2　2006～2016年度不同持股时间股本退出结构分布

### 8.2.1　不同持股时间股本退出案例结构分布

按持股不足1年、持股1～2年、持股2～4年、持股4～7年、持股7年以上共五个类别，对各个年度实现股本退出案例分布进行分析，我们发现：2006年度股本退出案例分布呈现“前高后低”的特点，即持股不足1年的股本退出案例占比较高，而持股7年以上的股本退出案例占比较低。其主要原因是，在创业板推出前，我国创业投资机构往往选择短平快项目进行投资。随着中小企业板、创业板和全国中小企业股份转让系统等多层次资本市场的推出和发展，股本退出案例在时间上的分布逐渐演变为“中间大两头小”的格局。其中，持股7年以上股本退出案例占比在2007和2008两年跃升到当年的第二位，经过2010年的短暂回升之后，近年呈现下降趋势；持股4~7年股本退出案例占比最近几年维持在20%以上，2016年持续回升，占比37.29%，居第一位；持股2~4年股本退出案例逐渐占据了最大比例，2016年占比为24.04%；持股1~2年股本退出案例占比自2011年以来下降明显，2015年起回升，至2016年，占比15.38%，2016年持股7年以上退出案例占比为12.50%；2012~2016年，持股不足1年股本退出案例逐年下降，在各类股本退出案例中占比最小，2016年占比10.79%（见表8-3和图8-3）。

**表8-3 2006~2016年度不同持股时间股本退出案例结构分布（个，%）**

| 年度 | 项目 | 不足1年 | 1年~2年 | 2年~4年 | 4年~7年 | 7年及以上 |
|---|---|---|---|---|---|---|
| 2006 | 案例数 | 29 | 16 | 25 | 28 | 7 |
| | 占比 | 27.61 | 15.24 | 23.81 | 26.67 | 6.67 |
| 2007 | 案例数 | 16 | 23 | 40 | 64 | 40 |
| | 占比 | 8.74 | 12.57 | 21.86 | 34.97 | 21.86 |
| 2008 | 案例数 | 25 | 29 | 51 | 71 | 51 |
| | 占比 | 11.01 | 12.78 | 22.46 | 31.28 | 22.47 |
| 2009 | 案例数 | 50 | 127 | 88 | 61 | 71 |
| | 占比 | 12.59 | 31.99 | 22.17 | 15.37 | 17.88 |
| 2010 | 案例数 | 61 | 69 | 106 | 114 | 103 |
| | 占比 | 13.46 | 15.23 | 23.40 | 25.17 | 22.74 |
| 2011 | 案例数 | 62 | 111 | 170 | 120 | 90 |
| | 占比 | 11.21 | 20.07 | 30.74 | 21.71 | 16.27 |
| 2012 | 案例数 | 68 | 90 | 164 | 160 | 80 |
| | 占比 | 12.11 | 16.01 | 29.18 | 28.47 | 14.23 |
| 2013 | 案例数 | 75 | 103 | 307 | 155 | 77 |
| | 占比 | 10.46 | 14.36 | 42.82 | 21.62 | 10.74 |
| 2014 | 案例数 | 73 | 83 | 277 | 172 | 93 |
| | 占比 | 10.47 | 11.89 | 39.68 | 24.64 | 13.32 |
| 2015 | 案例数 | 85 | 109 | 283 | 312 | 96 |
| | 占比 | 9.60 | 12.32 | 31.98 | 35.25 | 10.85 |
| 2016 | 案例数 | 101 | 144 | 225 | 349 | 117 |
| | 占比 | 10.79 | 15.38 | 24.04 | 37.29 | 12.50 |

注：区间值，均不含右边的端点值。

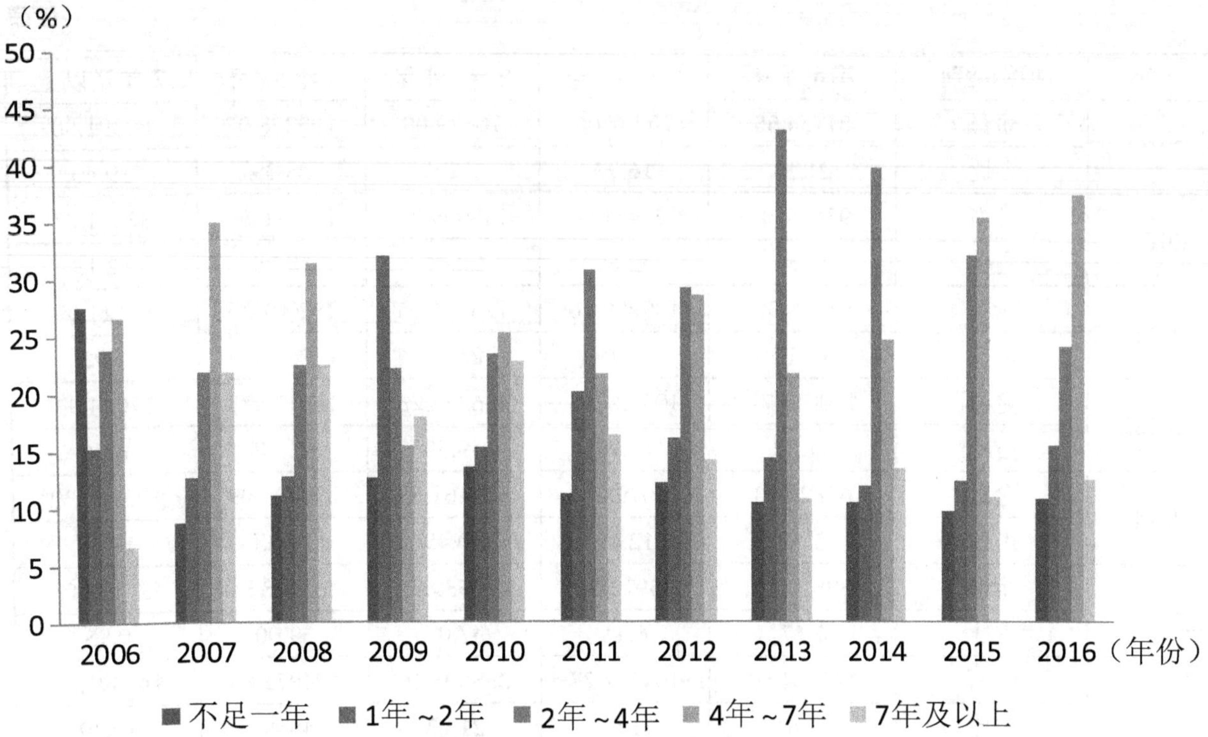


图8-3　2006～2016年度不同持股时间资本退出案例占比结构分布

### 8.2.2　不同持股时间股本退出金额结构分布

按五种不同持股类别，各个年度实现股本退出金额分布与股本退出案例分布比较相似，不同持股时间股本退出金额的结构分布也愈发体现出“中间大两头小”的分布特点。从退出金额来看，近两年持股 1～2 年、2～4 年和 4～7 年的股本退出成为主流，2016 年持股 2～4 年、4～7 年后退出的金额占比分别达到了 21.03%、45.48%，远超其他持股时间资本退出金额的占比（见表 8-4 和图 8-4）。

表8-4　2006～2016年度不同持股时间股本退出金额结构分布（万元，%）

| 年度 | 指标类别 | 不足 1 年 | 1 年 ~2 年 | 2 年 ~4 年 | 4 年 ~7 年 | 7 年及以上 |
|---|---|---|---|---|---|---|
| 2006 | 金额 | 22820.60 | 10959.20 | 14595.79 | 26705.39 | 2048.07 |
| | 占比 | 29.59 | 14.21 | 18.92 | 34.62 | 2.66 |
| 2007 | 金额 | 10790.23 | 8258.62 | 40753.50 | 73679.33 | 32562.14 |
| | 占比 | 6.51 | 4.97 | 24.54 | 44.37 | 19.61 |
| 2008 | 金额 | 23012.20 | 30937.52 | 28305.73 | 55976.75 | 36297.53 |
| | 占比 | 13.19 | 17.73 | 16.22 | 32.07 | 20.79 |
| 2009 | 金额 | 39983.67 | 38623.36 | 109728.91 | 76496.07 | 37456.66 |
| | 占比 | 13.23 | 12.78 | 36.29 | 25.31 | 12.39 |

续表

| 年度 | 指标类别 | 不足 1 年 | 1 年 ~2 年 | 2 年 ~4 年 | 4 年 ~7 年 | 7 年及以上 |
|---|---|---|---|---|---|---|
| 2010 | 金额 | 87754.55 | 70297.06 | 70679.08 | 105228.07 | 80391.80 |
| | 占比 | 21.18 | 16.97 | 17.06 | 25.39 | 19.40 |
| 2011 | 金额 | 93605.68 | 220411.60 | 148939.76 | 129996.50 | 82211.23 |
| | 占比 | 13.86 | 32.65 | 22.06 | 19.25 | 12.18 |
| 2012 | 金额 | 91372.39 | 189259.16 | 178436.05 | 182001.38 | 55111.99 |
| | 占比 | 13.12 | 27.19 | 25.63 | 26.14 | 7.92 |
| 2013 | 金额 | 100016.72 | 103727.48 | 436274.23 | 186170.78 | 57034.94 |
| | 占比 | 11.32 | 11.74 | 49.40 | 21.08 | 6.46 |
| 2014 | 金额 | 61827.40 | 140193.83 | 544461.53 | 208824.09 | 123948.32 |
| | 占比 | 5.73 | 12.99 | 50.45 | 19.35 | 11.48 |
| 2015 | 金额 | 89810.09 | 75975.21 | 439589.51 | 462448.54 | 117933.03 |
| | 占比 | 7.57 | 6.41 | 37.07 | 39.00 | 9.95 |
| 2016 | 金额 | 145584.68 | 164527.27 | 288603.46 | 624072.83 | 149391.27 |
| | 占比 | 10.61 | 11.99 | 21.03 | 45.48 | 10.89 |

注：区间值，均不含右边的端点值。

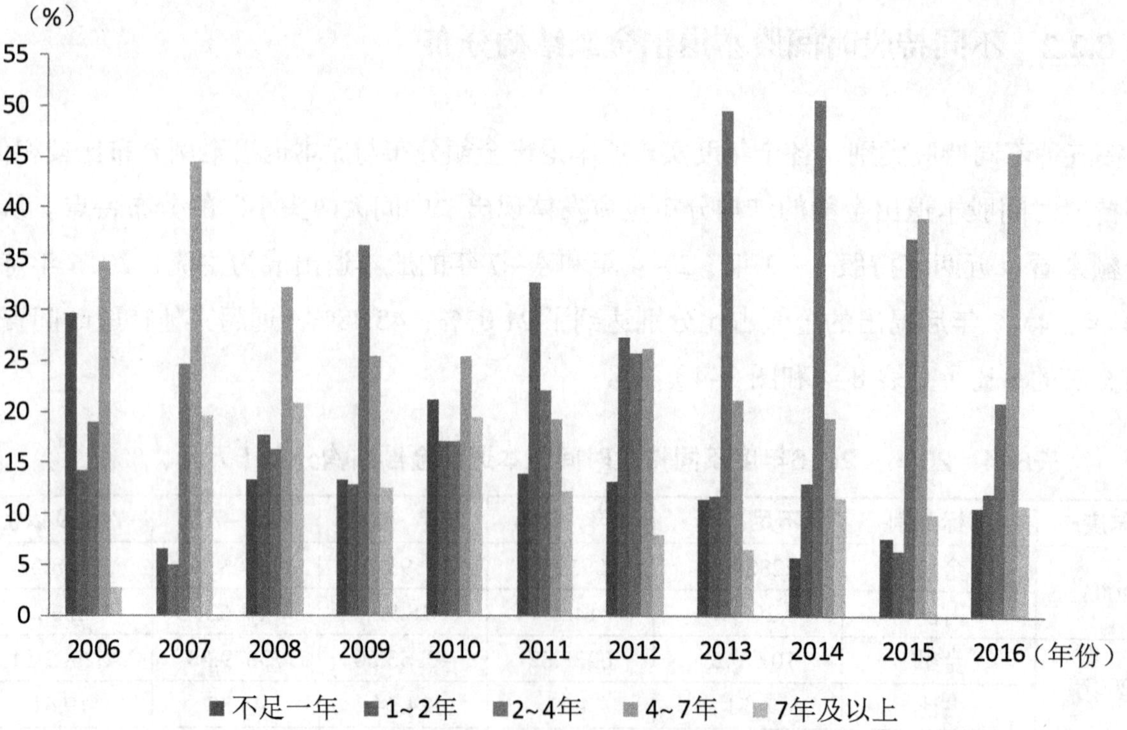


**图8-4 2006～2016年度不同持股时间股本退出金额占比结构分布**

2007~2016年度，无论是从股本退出案例分布还是从股本退出金额分布看，持股不足1年的占比均较低。这与2007年颁布实施的创业投资税收优惠政策鼓励创业投资企业对所投资项目进行不短于2年的中长期投资有一定关系。按照2007年2月财政部和国家税务总局联合发布的《关于实施创业投资企业所得税优惠问题的通知》，创业投资企业采取股权投资方式投资于未上市的中小高新技术企业2年以上的，方可享受应纳税所得抵扣。说明体现鲜明政策导向的创业投资企业税收优惠政策，对于引导创业投资企业进行中长期投资，产生了积极作用。但2010年该类占比和持股7年以上的股本退出金额占比增幅较大，可能与国内IPO企业估值高企有关，创业投资企业热衷于投资即将上市的企业，而且以往的长期投资也希望获得二级市场高额溢价回报。

## 8.3　2006~2016年度不同退出方式股本退出结构分布

### 8.3.1　不同退出方式股本退出案例结构分布

从退出方式看，采取上市转让方式实现股本退出的案例占比，2010年以来稳定在20%以上，较2010年之前有较大幅度增长，但2014年起开始下降，至2016年占比下降至17.20%，居第三位。2016年，采用协议转让方式实现股本退出的案例占比下滑到47.76%，居第一位。被企业回购方式居第二位（见表8-5和图8-5）。

采取所投资企业被整体收购方式实现股本退出的案例在2014年以前占比一直不到3%，特别是2009~2012下降到1%以下，其直接原因是，在我国当前商业文化氛围中，创业者仍然比较关心自己对企业的控制权，除非迫不得已，一般不会接受自己创办的企业被整体收购。此外，与成熟市场相比，虽然2016年并购退出数量迅速增加，但国内创投市场的“并购退出”仍然处于发展的初级阶段，而且政策上对上市公司通过再融资进行并购重组仍然存在诸多限制，未来应着力发展。

采用清算方式实现股本退出的案例占比一直低于国外，呈下降趋势，2016年度仅占6.84%。其主要原因有：（1）我国创业投资的成功率比较高；（2）随着近年来多层次资本市场体系建设的推进，创业投资企业的资本退出通道已经多元化（见表8-5和图8-5）。

表8-5 2006～2016年度不同退出方式资本退出案例结构分布（个，%）

| 年度 | 指标类别 | 上市转让 | 协议转让 | 被整体收购 | 回购 | 清算 |
|---|---|---|---|---|---|---|
| 2006 | 案例数 | 9 | 53 | 3 | 31 | 9 |
| | 占比 | 8.57 | 50.48 | 2.86 | 29.52 | 8.57 |
| 2007 | 案例数 | 24 | 75 | 5 | 59 | 20 |
| | 占比 | 13.12 | 40.98 | 2.73 | 32.24 | 10.93 |
| 2008 | 案例数 | 28 | 104 | 3 | 67 | 25 |
| | 占比 | 12.33 | 45.81 | 1.32 | 29.52 | 11.02 |
| 2009 | 案例数 | 52 | 231 | 3 | 88 | 23 |
| | 占比 | 13.09 | 58.19 | 0.76 | 22.17 | 5.79 |
| 2010 | 案例数 | 102 | 233 | 3 | 80 | 35 |
| | 占比 | 22.52 | 51.43 | 0.66 | 17.66 | 7.73 |
| 2011 | 案例数 | 115 | 288 | 5 | 106 | 39 |
| | 占比 | 20.80 | 52.08 | 0.90 | 19.17 | 7.05 |
| 2012 | 案例数 | 142 | 243 | 5 | 136 | 36 |
| | 占比 | 25.27 | 43.24 | 0.89 | 24.19 | 6.41 |
| 2013 | 案例数 | 154 | 245 | 11 | 262 | 45 |
| | 占比 | 21.48 | 34.17 | 1.53 | 36.54 | 6.28 |
| 2014 | 案例数 | 108 | 291 | 26 | 219 | 54 |
| | 占比 | 15.47 | 41.69 | 3.72 | 31.38 | 7.74 |
| 2015 | 案例数 | 119 | 396 | 73 | 254 | 43 |
| | 占比 | 13.45 | 44.75 | 8.25 | 28.69 | 4.86 |
| 2016 | 案例数 | 161 | 447 | 37 | 227 | 64 |
| | 占比 | 17.20 | 47.76 | 3.95 | 24.25 | 6.84 |

### 8.3.2 不同退出方式股本退出金额结构分布

按五种不同退出方式，各个年度实现股本退出金额分布特点与资本退出案例分布基本相似（见表 8-6 和图 8-6），2016 年协议转让方式占比为 62.14%，仍处于第一位，上市转让方式股本退出金额占比下降至 11.45%。企业回购退出方式占比在 2012 年超过上市转让退出方式占比，主要是因为：（1）市场形势发生了变化，2012 年沪深市场股权融资总额下降明显，前 11 个月上证指数累计下跌 9.97%；（2）创投企业在投资时一般会与企业签订回购协议，规定当企业发生 IPO 被否等情况时，创投企业可以按照约定价格将所持股份向企业出售。2016 年，企业回购方式股本退出金额占比继续下降，居第二位。

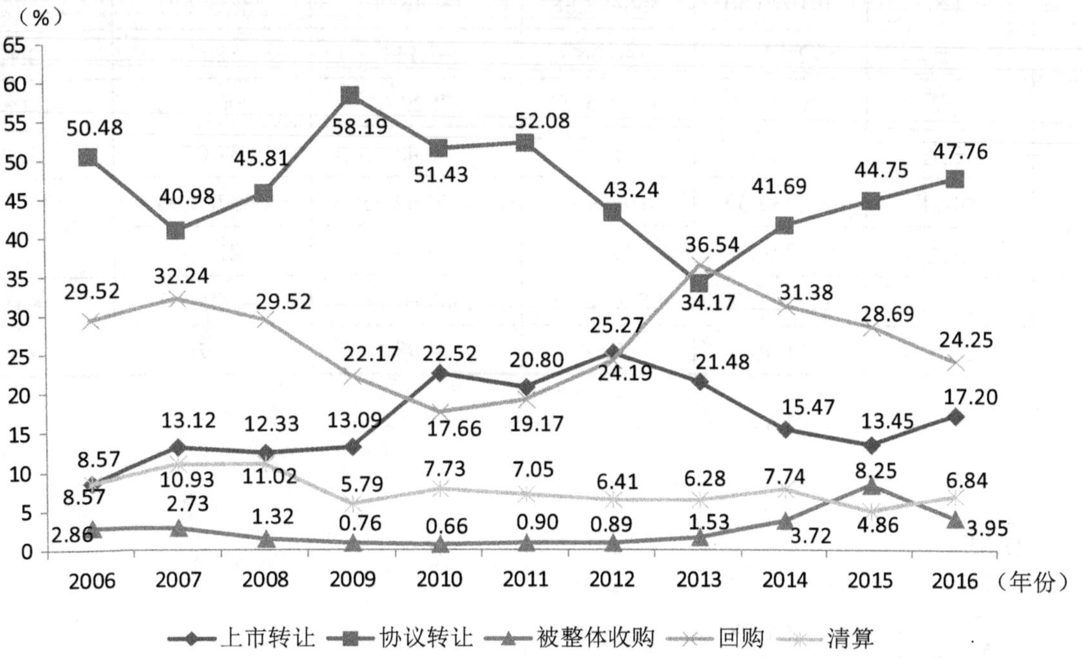


**图8-5　2006～2016年度不同退出方式股本退出案例占比趋势**

**表8-6　2006～2016年度不同退出方式股本退出金额结构分布（万元，%）**

| 年度 | 指标类别 | 上市转让 | 协议转让 | 被整体收购 | 回购 | 清算 |
|---|---|---|---|---|---|---|
| 2006 | 金额 | 4998.52 | 60009.99 | 1838.00 | 9107.95 | 1174.59 |
| | 占比 | 6.48 | 77.81 | 2.38 | 11.81 | 1.52 |
| 2007 | 金额 | 41280.73 | 93824.52 | 3768.60 | 20398.07 | 6771.90 |
| | 占比 | 24.86 | 56.51 | 2.27 | 12.28 | 4.08 |
| 2008 | 金额 | 38888.04 | 84324.80 | 1820.00 | 35593.44 | 13903.45 |
| | 占比 | 22.28 | 48.32 | 1.04 | 20.39 | 7.97 |
| 2009 | 金额 | 48284.57 | 186005.86 | 3806.00 | 60262.17 | 3930.07 |
| | 占比 | 15.97 | 61.53 | 1.26 | 19.94 | 1.30 |
| 2010 | 金额 | 106340.41 | 221820.69 | 7712.00 | 58384.86 | 20092.60 |
| | 占比 | 25.67 | 53.53 | 1.86 | 14.09 | 4.85 |
| 2011 | 金额 | 182170.03 | 358766.81 | 5120.00 | 74601.78 | 54506.15 |
| | 占比 | 26.98 | 53.14 | 0.76 | 11.05 | 8.07 |
| 2012 | 金额 | 169294.04 | 255246.60 | 10769.00 | 210409.14 | 50462.19 |
| | 占比 | 24.32 | 36.66 | 1.55 | 30.22 | 7.25 |

续表

| 年度 | 指标类别 | 上市转让 | 协议转让 | 被整体收购 | 回购 | 清算 |
|---|---|---|---|---|---|---|
| 2013 | 金额 | 191970.30 | 356492.88 | 18646.20 | 288542.71 | 27572.06 |
| | 占比 | 21.74 | 40.36 | 2.11 | 32.67 | 3.12 |
| 2014 | 金额 | 149875.42 | 450215.97 | 47829.64 | 400025.85 | 31308.29 |
| | 占比 | 13.89 | 41.72 | 4.43 | 37.06 | 2.90 |
| 2015 | 金额 | 271832.52 | 510421.43 | 107202.23 | 253786.95 | 42513.25 |
| | 占比 | 22.92 | 43.05 | 9.04 | 21.40 | 3.59 |
| 2016 | 金额 | 157125.78 | 852632.65 | 68391.06 | 243626.33 | 50403.69 |
| | 占比 | 11.45 | 62.14 | 4.98 | 17.75 | 3.68 |

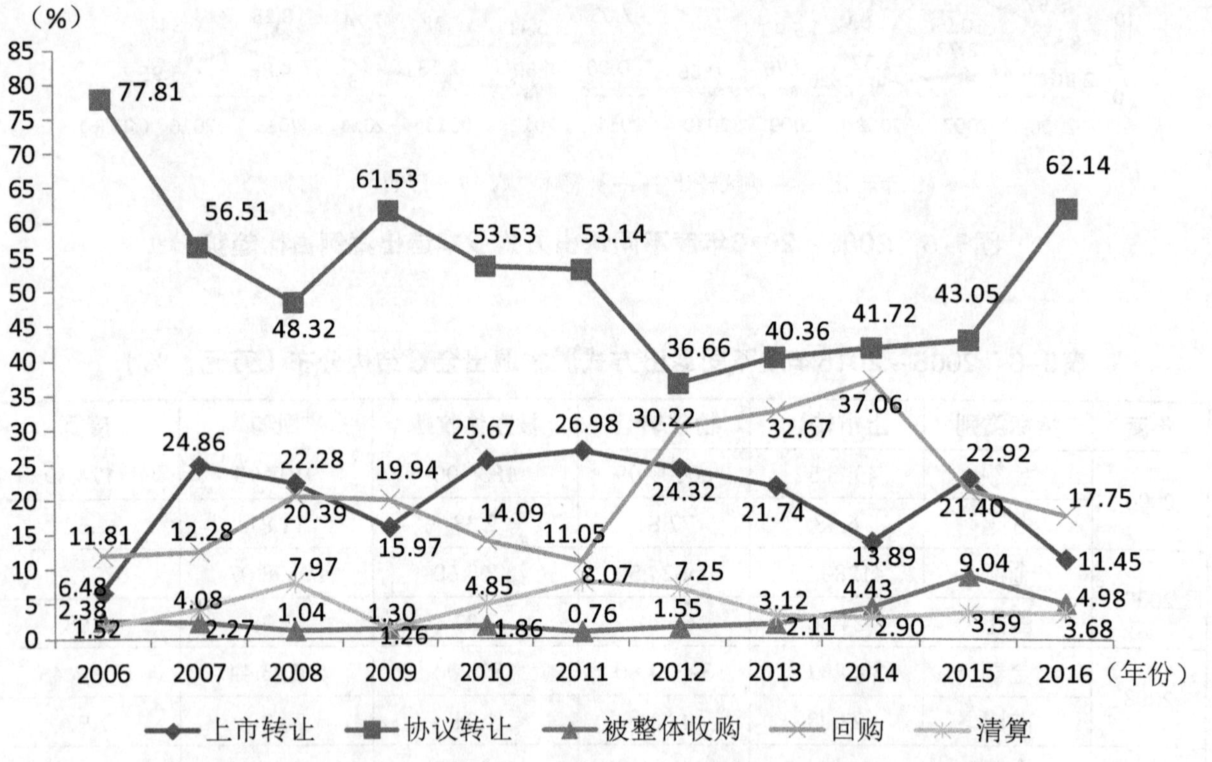


图8-6 2006～2016年度不同退出方式股本退出金额占比趋势

# 第三篇　备案创业投资企业收益、税收优惠与经济社会贡献

# 第9章 创业投资企业收益与税收优惠政策实施状况

## 9.1 2006～2016年度创业投资企业收入来源结构

根据《创业投资企业管理暂行办法》第十二条规定，创业投资企业如果实行自我管理，除了以自有资产进行创业投资活动外，还可从事代理其他创业投资企业等机构或个人的创业投资业务、创业投资咨询业务、为创业企业提供创业管理服务业务等。因此，创业投资企业除可获得从事创业投资活动带来的股权转让收入、股息红利收入外，还可能获得包括管理咨询费在内的其他收入。但鉴于管理咨询费等收入属于非主营收入，本报告主要对创业投资企业以自有资产从事创业投资所得收入进行了结构分析。

### 9.1.1 公司型创业投资企业收入来源结构

分析表 9-1 中的数据可知，自 2006 年《创业投资企业管理暂行办法》发布以来，我国公司型创业投资企业在各个年度均实现了投资运营收入，而且所实现收入总体呈上升趋势，2016 年略有下降。此外从图 9-1 可见，股权转让收入是公司型创业投资企业的主要收入来源，且股权转让收入同股息红利收入的比例持续处于 3：1 的平稳状态。

按照我国税法，公司型创业投资企业从事创业投资所得的股息红利收入属于“税后收入”，故这部分收入对于降低公司型创业投资企业的综合税率具有一定影响。以 2016 年为例，如公司型创业投资企业仅从事创业投资业务，则其综合所得税税率实际为：25%×（1−32.09%）= 16.98%。

表9-1　公司型创业投资企业税前收益来源结构（万元，%）

| 年度 | 实现收入合计 | 以自有资产从事创业投资所得收入 | | | | 管理咨询费等其他收入 |
|---|---|---|---|---|---|---|
| | | 股权转让收入 | | 股息红利收入 | | |
| | | 金额 | 占比 | 金额 | 占比 | |
| 2006 | 139965.67 | 71242.43 | 66.56 | 35790.47 | 33.44 | 32932.77 |
| 2007 | 562964.70 | 261884.07 | 80.72 | 62539.67 | 19.28 | 238540.96 |
| 2008 | 593713.83 | 316323.82 | 70.27 | 133852.30 | 29.73 | 143537.71 |
| 2009 | 718704.98 | 372393.42 | 66.95 | 183843.56 | 33.05 | 162468.00 |
| 2010 | 1155764.55 | 575892.71 | 72.47 | 218790.02 | 27.53 | 361081.82 |
| 2011 | 1742067.11 | 958975.36 | 76.42 | 295918.72 | 23.58 | 487173.03 |
| 2012 | 1585870.31 | 855190.67 | 76.31 | 265471.05 | 23.69 | 465208.59 |
| 2013 | 1945081.18 | 1122947.72 | 78.33 | 310600.46 | 21.67 | 511533.00 |
| 2014 | 1924279.28 | 1075655.55 | 75.81 | 343232.63 | 24.19 | 505391.10 |
| 2015 | 3655558.09 | 2022014.08 | 68.39 | 934749.56 | 31.61 | 698794.45 |
| 2016 | 2519110.04 | 1413999.07 | 80.38 | 345065.17 | 19.62 | 760045.80 |

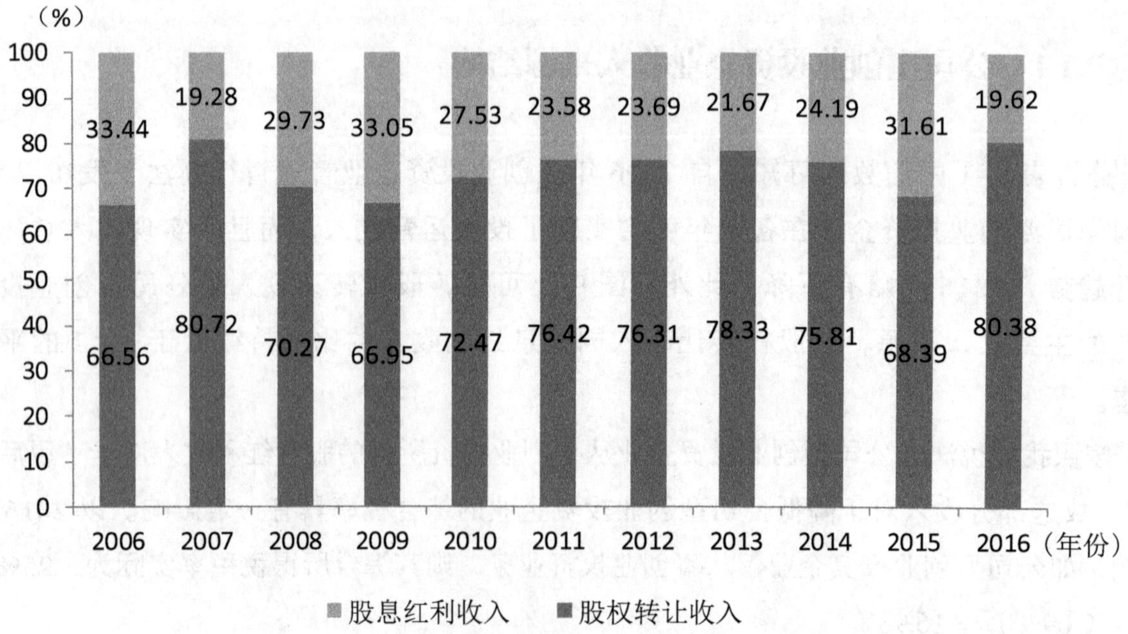


图9-1　公司型创业投资企业以自有资产从事创业投资所得收入来源结构

### 9.1.2 有限合伙型创业投资企业收入来源结构

由于新修订《中国人民共和国合伙企业法》于 2007 年 6 月 1 日才开始施行，同年 6 月 28 日国内第一家有限合伙型创业投资企业才开始运作，所以，在备案管理信息中，从 2008 年开始，才填录了有限合伙型创业投资企业数据。从表 9–2 和图 9–2 可见，有限合伙型创业投资企业从 2009 年开始实现从事创业投资业务所得的收入。从其收入来源结构看，2016 年股权转让收入占比为 57.44%，股息红利收入占比 42.56%，股权转让收入以 14 个百分点的优势高于股息红利收入；此外，从图 9–1 和图 9–2 可见，自 2010 年开始，有限合伙型创业投资企业的股息红利收入占比持续高于公司型创业投资企业的相关占比。

表9–2 有限合伙型创业投资企业税前收益来源结构（万元，%）

| 年度 | 实现收入合计 | 以自有资产从事创业投资所得收入 | | | | 管理咨询费等其他收入 |
|---|---|---|---|---|---|---|
| | | 股权转让收入 | | 股息红利收入 | | |
| | | 金额 | 占比 | 金额 | 占比 | |
| 2006 | 0.00 | 0.00 | 0.00 | 0.00 | 0.00 | 0.00 |
| 2007 | 0.00 | 0.00 | 0.00 | 0.00 | 0.00 | 0.00 |
| 2008 | 10.00 | 0.00 | 0.00 | 0.00 | 0.00 | 10.00 |
| 2009 | 3892.10 | 3705.00 | 96.26 | 144.10 | 3.74 | 43.00 |
| 2010 | 4818.08 | 750.00 | 16.80 | 3713.60 | 83.20 | 354.48 |
| 2011 | 87186.93 | 37045.26 | 61.34 | 23343.49 | 38.66 | 26798.18 |
| 2012 | 106703.56 | 53939.18 | 54.56 | 44916.65 | 45.44 | 7847.73 |
| 2013 | 244388.27 | 149429.60 | 69.29 | 66232.12 | 30.71 | 28726.55 |
| 2014 | 156327.61 | 113127.26 | 78.86 | 30324.61 | 21.14 | 12875.74 |
| 2015 | 377869.61 | 206244.53 | 61.40 | 129639.13 | 38.60 | 41985.95 |
| 2016 | 323011.26 | 149819.74 | 57.44 | 111004.68 | 42.56 | 62186.84 |

## 9.2 2006 ~ 2016 年度创业投资企业收入税前收益率状况

按照我国现行税法，公司型创业投资企业在企业环节缴税，但实业企业等各类商业性投资者从创业投资企业所获得的收益被作为“税后收益”无需再缴税；有限合伙型创业投资企业无需在企业环节缴税，但收益分配到投资者时，需由投资者缴纳相关税收。为使这两类创业投资企业的收益状况具有可比性，本节从税前收益率角度，对创业投资企业的收益状况进行比较。

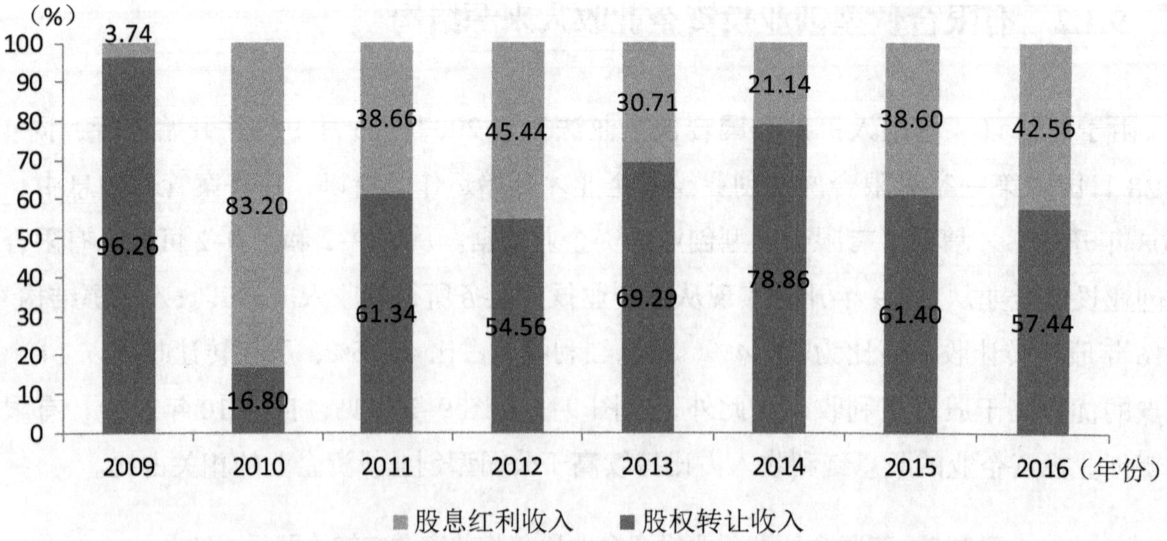


**图9-2 有限合伙型创业投资企业以自有资产从事创业投资所得收入来源结构**

## 9.2.1 创业投资企业税前收益状况

考虑到按照我国税法，创业投资企业的投资亏损和运营成本可以在税前扣除，因此，创业投资企业的税前净收益等于税前收入减去投资亏损和运营成本。从表 9-3 可以看出，公司型创业投资企业在 2006～2016 年的各个年度均实现了盈利，平均税前总资产收益率为 6.18%，平均税前净资产收益率为 7.64%。

**表9-3 2006～2016年度公司型创业投资企业税前收益状况（万元,%）**

| 年度 | 总资产 | 净资产 | 毛收入 | 投资损失 | 费用 | 税前收益 | 税前总资产收益率 | 税前净资产收益率 |
|---|---|---|---|---|---|---|---|---|
| 2006 | 2972202.85 | 1779894.32 | 139965.67 | 1049.29 | 42250.27 | 79990.88 | 3 | 4 |
| 2007 | 5062451.80 | 3451613.42 | 562964.70 | 2923.23 | 73701.00 | 318764.28 | 6 | 9 |
| 2008 | 6837905.64 | 5395310.07 | 593713.83 | 10899.30 | 116024.52 | 387846.48 | 6 | 7 |
| 2009 | 9599394.37 | 8745267.51 | 718704.98 | 10611.00 | 184197.57 | 1506598.03 | 16 | 17 |
| 2010 | 14906160.68 | 13269810.31 | 1155764.55 | 25804.27 | 208228.94 | 750224.93 | 5 | 6 |
| 2011 | 20805466.94 | 16124634.65 | 1742067.11 | 50708.45 | 533466.44 | 1157892.21 | 6 | 7 |
| 2012 | 24156020.37 | 18781656.25 | 1585870.31 | 57269.26 | 541265.77 | 987335.29 | 4 | 5 |
| 2013 | 25976256.68 | 22721514.01 | 1945081.18 | 90587.58 | 529519.03 | 1324974.58 | 5 | 6 |
| 2014 | 28882188.81 | 23082403.85 | 1924279.28 | 88664.96 | 474036.79 | 1361577.53 | 5 | 6 |
| 2015 | 34580528.08 | 25630499.91 | 3655558.09 | 115944.34 | 1517284.74 | 2022329.02 | 6 | 8 |
| 2016 | 29903320.46 | 21071535.02 | 2519110.04 | 115541.59 | 510972.90 | 1892595.54 | 6 | 9 |

从表 9–4 可以看出，有限合伙型创业投资企业从 2011 年起实现了盈利，但在 2012 年和 2014 年、2016 年有所回落，2016 年税前总资产收益率为 7%、税前净资产收益率为 7%。

表9–4　2006～2016年度有限合伙型创业投资企业税前收益状况（万元，%）

| 年度 | 总资产 | 净资产 | 毛收入 | 投资损失 | 费用 | 税前收益 | 税前总资产收益率 | 税前净资产收益率 |
|---|---|---|---|---|---|---|---|---|
| 2006 | 0.00 | 0.00 | 0.00 | 0.00 | 0.00 | 0.00 | — | — |
| 2007 | 0.00 | 0.00 | 0.00 | 0.00 | 0.00 | 0.00 | — | — |
| 2008 | 35875.03 | 47822.92 | 10.00 | 0.00 | 1850.33 | 14.67 | — | — |
| 2009 | 82960.08 | 99486.45 | 3892.10 | 150.00 | 2309.70 | −1978.69 | −2 | −2 |
| 2010 | 372189.16 | 438839.89 | 4818.08 | 540.08 | 14398.30 | −6326.59 | −2 | −1 |
| 2011 | 1169585.95 | 1169418.98 | 87186.93 | 2.68 | 26425.09 | 60759.14 | 5 | 5 |
| 2012 | 2431994.66 | 2361833.96 | 106703.56 | 1847.34 | 55186.27 | 49669.97 | 2 | 2 |
| 2013 | 3067265.06 | 2935074.63 | 244388.27 | 4398.14 | 76971.54 | 163018.59 | 5 | 6 |
| 2014 | 3263827.17 | 3139683.76 | 156327.61 | −19277.57 | 53996.24 | 121608.94 | 4 | 4 |
| 2015 | 3909030.91 | 3701963.81 | 377869.61 | 9447.41 | 71000.57 | 297421.64 | 8 | 8 |
| 2016 | 3754716.05 | 3529836.80 | 323011.26 | 25435.85 | 47671.75 | 249903.64 | 7 | 7 |

### 9.2.2　公司型和有限合伙型创业投资企业税前资产收益率比较

从表 9–3、表 9–4 可以看出，2016 年公司型创业投资企业的资产收益情况较上年有所减少；公司型创业投资企业税前总资产收益率和税前净资产收益率以及合伙型创业投资企业税前总资产收益率和税前净资产收益率较 2015 年略有下降。

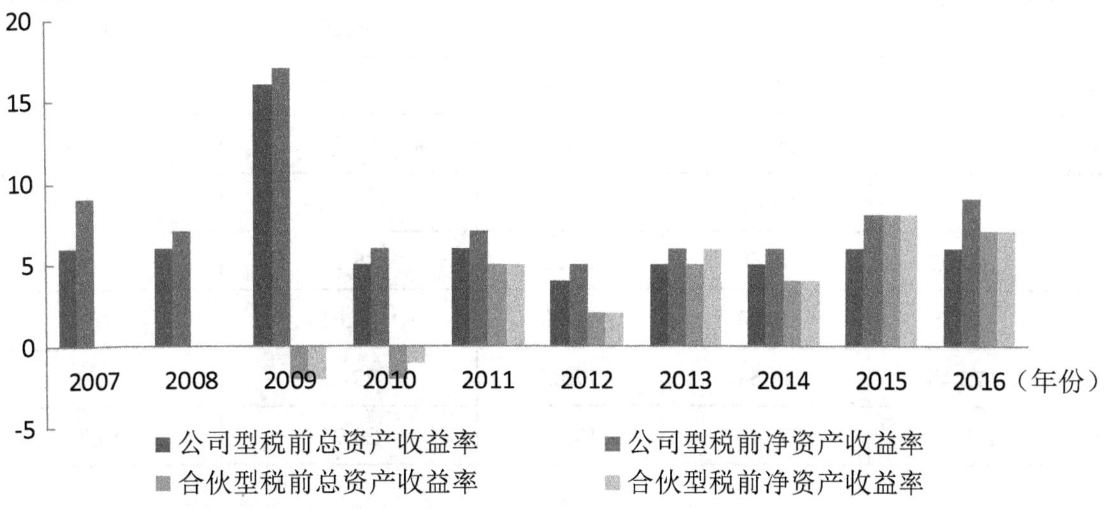


图9–3　公司型税前总资产收益率、净资产收益率和有限合伙型相关指标比较

但是，值得补充的是，从图 9-3 可以看出，在合伙型创业投资企业创立之初，即 2009 年至 2014 年，公司型创业投资企业与合伙型创业投资企业相比其收益一直相对较高，其中 2013 年度公司型创业投资企业随环境变化与合伙型创业投资企业的收益大致相当。2016 年合伙型创业投资企业收益增速略低于公司型创业投资企业收益。

## 9.3 公司型创业投资企业税收优惠政策实施状况

按照 2007 年 2 月财政部和国家税务总局联合发布的《关于促进创业投资企业发展有关税收政策通知》，以及 2009 年 4 月国家税务总局发布的《关于实施创业投资企业所得税优惠问题的通知》，符合相关条件的创业投资企业投资未上市中小高新技术企业满 2 年以上，可以按其对中小高新技术企业投资额的 70%，在股权持有满 2 年的当年抵扣该创业投资企业的应纳税所得额；当年不足抵扣的，可以在以后纳税年度结转抵扣。

从表 9-5、图 9-4、图 9-5 可以看出，随着促进创业投资企业发展税收扶持政策的逐步实施，2007 ~ 2013 年度，公司型创业投资企业可享用的应纳税所得抵扣额逐年提高，2013 年达到最高峰 56.60 亿元。2014 年起开始下降。2016 年可享用抵扣额占应纳税所得额比例和实际享用抵扣额占应纳税所得额比例分别为 29.96% 和 16.27%。

**表9-5 2007 ~ 2016年度公司型创业投资企业应纳税所得抵扣状况(亿元，%)**

| 年度 | 应纳税所得额 | 可享用抵扣额 | 当年实际享用抵扣额 | 可享用抵扣额占应纳税所得额比例 | 实际享用抵扣额占应纳税所得额比例 |
|---|---|---|---|---|---|
| 2007 | 15.23 | 2.63 | 2.10 | 17.27 | 13.76 |
| 2008 | 21.71 | 7.40 | 4.74 | 34.07 | 21.81 |
| 2009 | 28.93 | 10.50 | 5.33 | 36.29 | 18.43 |
| 2010 | 33.71 | 15.48 | 5.95 | 45.92 | 17.67 |
| 2011 | 71.59 | 20.62 | 9.68 | 28.80 | 13.52 |
| 2012 | 115.32 | 21.66 | 6.18 | 18.78 | 5.36 |
| 2013 | 160.92 | 56.60 | 15.23 | 35.17 | 9.46 |
| 2014 | 147.59 | 37.80 | 14.39 | 25.61 | 9.75 |
| 2015 | 172.45 | 43.54 | 17.03 | 25.25 | 9.87 |
| 2016 | 118.47 | 35.49 | 19.28 | 29.96 | 16.27 |

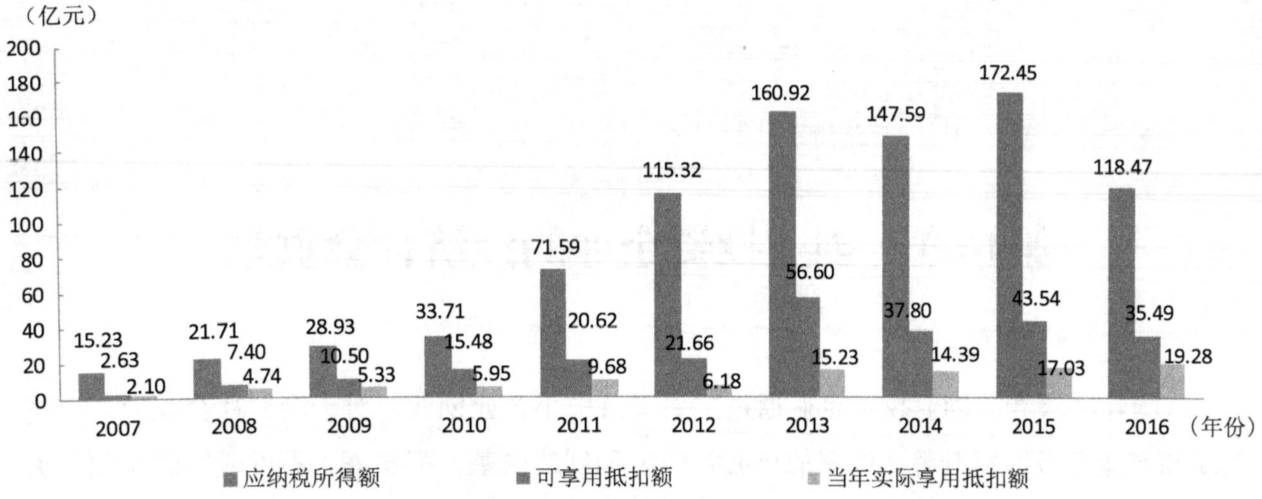


**图9-4 应纳税所得额、可享用抵扣额、当年实际享用抵扣金额**

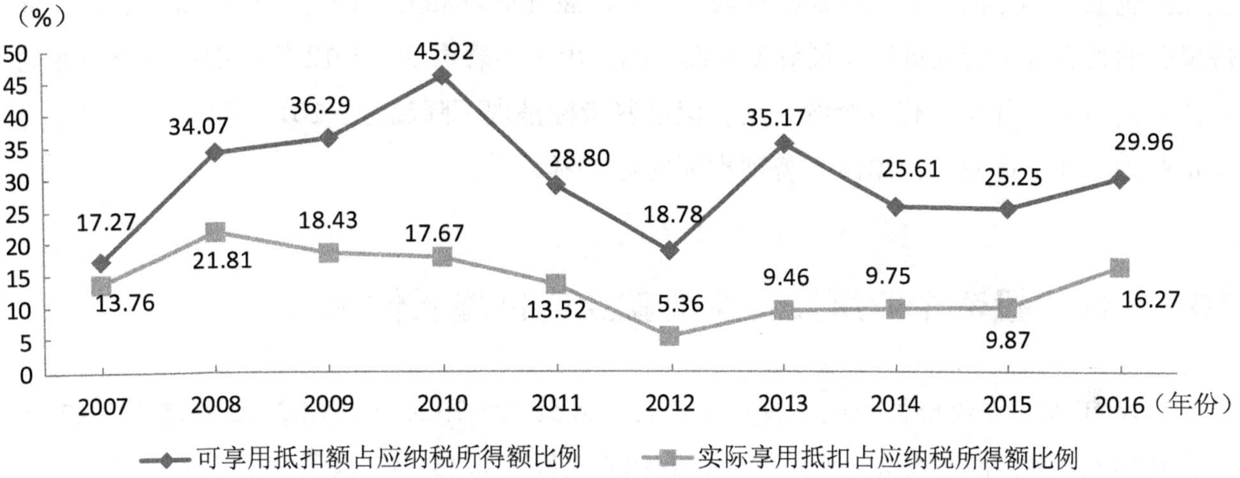


**图9-5 可享用抵扣、实际享用抵扣占应纳税所得额比例**

# 第10章 创业投资企业的经济社会贡献

从国际经验看，创业投资企业通过主要支持中小企业创业，对于增加社会就业、促进创新和产业升级、提升整个国家的核心竞争力和创造税基，都发挥了不可或缺的作用。为验证我国创业投资活动的重要作用，从2009年起，创业投资企业年检材料中增加了所投资企业经济社会贡献相关指标。从2009～2011年的相关指标看，我国的创业投资企业通过支持企业的创业活动，在增加就业岗位、提高企业研发能力、促进创新产品产业化、促进税收增长和经济持续健康发展等多方面，均做出了显著贡献；2012年，创业投资企业的经济社会贡献总体来看仍在继续显现，但某些指标呈现下降趋势。2013年和2015年，各项指标均出现了负增长，2016年各项指标均有大幅回升。

## 10.1 创业投资企业所投资企业就业岗位增长情况

2016年末，创业投资企业所投资企业就业人员207.79万人，比2015年增加9.12万人，涨幅4.59%，创业投资企业所投资企业就业人员继2015年进入了负增长区间后，2016年增速回升，与全国就业人口增长的趋势相符（见表10–1和图10–1）。

表10–1 创业投资企业所投资企业就业岗位情况（万人，%）

| 年度 | 就业岗位数 | 创投所投企业增长幅度 | 全国城镇平均增长幅度 |
|---|---|---|---|
| 2009 | 76.10 | 54.92 | 3.79 |
| 2010 | 135.22 | 77.68 | 4.09 |
| 2011 | 212.36 | 57.05 | 3.53 |
| 2012 | 236.80 | 11.51 | 3.31 |
| 2013 | 236.18 | −0.26 | 3.43 |
| 2014 | 246.42 | 4.34 | 2.80 |
| 2015 | 198.67 | −19.38 | 3.34 |
| 2016 | 207.79 | 4.59 | 3.29 |

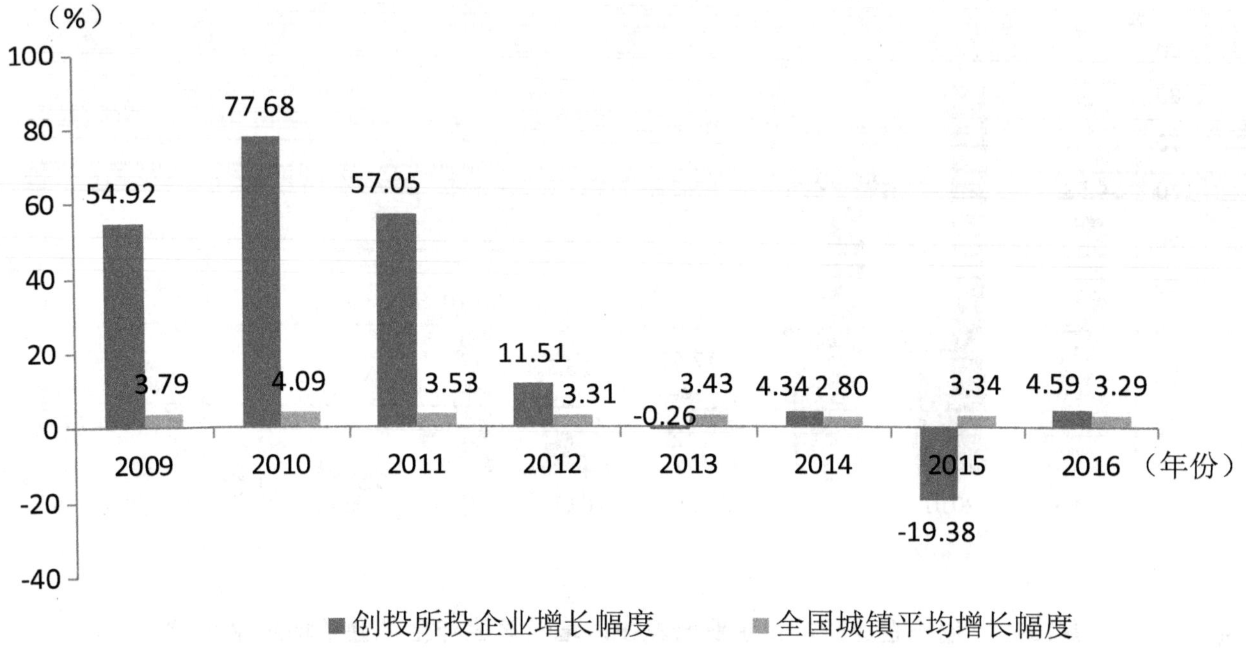


**图10-1 创投企业所投资企业就业岗位增长速度与城镇平均水平比较**

与全国城镇就业总量比较，创业投资企业当年所投资企业就业人员占城镇就业总量41724万人的0.50%。

## 10.2 创业投资企业所投资企业研发投入增长情况

2016年，创业投资企业所投资企业的研发投入合计为750.07亿元，比上年减少8.65亿元，降低1.14%（见表10-2和图10-2）。研发投入的下降幅度并不大，远远低于其他指标的平均水平，说明创投企业尽管面临多方面的困难，但对创新和研发还是非常重视的。

**表10-2 创业投资企业所投资企业研发投入情况（亿元，%）**

| 年度 | 当年研发投入 | 创投所投企业增长幅度 | 全社会平均增长幅度 |
|---|---|---|---|
| 2009 | 184.59 | 54.59 | 25.69 |
| 2010 | 336.17 | 82.12 | 21.72 |
| 2011 | 524.42 | 56.00 | 22.99 |
| 2012 | 602.79 | 14.94 | 17.88 |
| 2013 | 626.38 | 3.91 | 16.27 |
| 2014 | 814.93 | 30.10 | 9.87 |
| 2015 | 758.72 | −6.90 | 9.25 |
| 2016 | 750.07 | −1.14 | 8.96 |

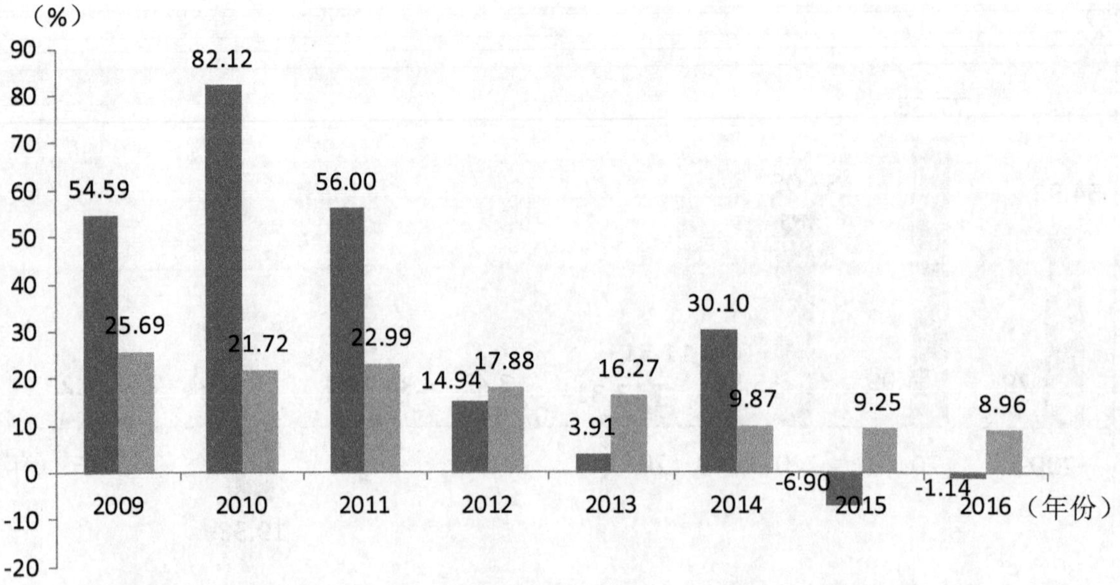


**图10-2 创投企业所投资企业研发投入增长速度与全社会平均水平比较**

## 10.3 创业投资企业所投资企业销售额增长情况

2016年，创业投资企业所投资企业销售额合计为25282.91亿元，比2015年增加6125.56亿元，增长31.97%，与当年全社会国内生产总值增长速度6.70%的趋势成正比（见表10-3和图10-3）。这表明，创业投资在促进各类创新产品产业化方面的成效可能发生了改变。

**表10-3 创业投资企业所投资企业销售额情况（亿元，%）**

| 年度 | 销售额 | 创投所投企业增长幅度 | 全社会GDP增长幅度 |
|---|---|---|---|
| 2009 | 4339.16 | 30.11 | 9.20 |
| 2010 | 9855.85 | 127.14 | 10.40 |
| 2011 | 16551.61 | 67.94 | 9.20 |
| 2012 | 18375.55 | 11.02 | 7.80 |
| 2013 | 18677.14 | 1.64 | 7.70 |
| 2014 | 20173.69 | 8.01 | 7.40 |
| 2015 | 19157.35 | −5.04 | 6.90 |
| 2016 | 25282.91 | 31.97 | 6.70 |

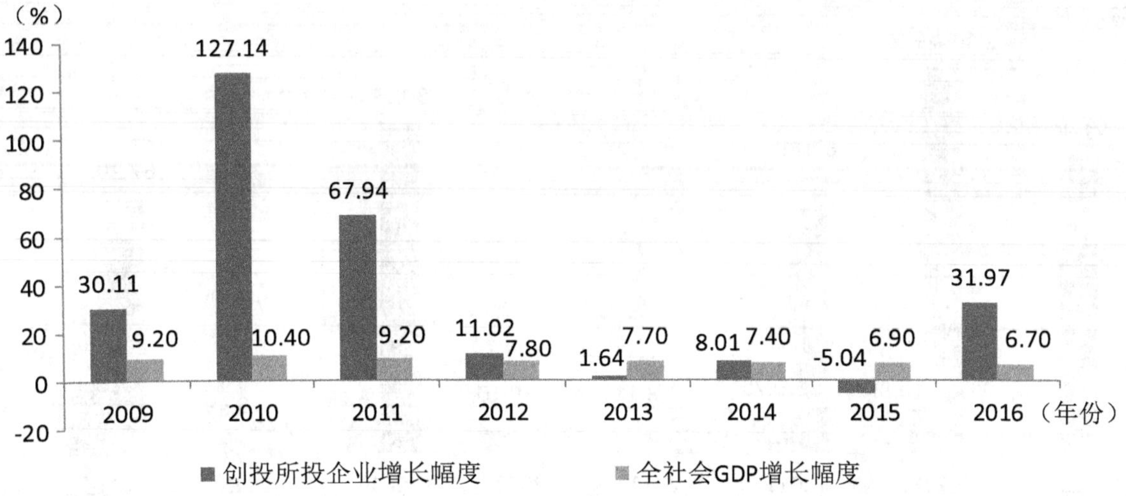


**图10-3　创业投资企业所投资企业销售额增长与全社会GDP增长速度比较**

## 10.4　创业投资企业所投资企业的工业与服务业增加值增长情况

鉴于全社会 GDP 中工业与服务业增加值是主要的构成部分，为考察创业投资对于支撑国民经济持续快速增长的作用，本报告对创业投资企业所投资企业的工业与服务业增加值增长情况进行了分析。2016 年，创业投资企业所投资企业工业与服务业增加值为 12212.81 亿元，比上年增加 4692.06 亿元，增长幅度为 62.39%（见表 10–4 和图 10–4）。

**表10–4　创投企业所投资企业工业与服务业增加值情况（亿元，%）**

| 年度 | 增加值 | 创投所投企业增长幅度 | 全社会平均增长幅度 |
|---|---|---|---|
| 2009 | 1280.51 | 71.90 | 8.29 |
| 2010 | 2491.06 | 94.54 | 10.85 |
| 2011 | 4177.85 | 67.71 | 9.75 |
| 2012 | 4322.74 | 3.47 | 8.11 |
| 2013 | 4070.78 | −5.83 | 8.10 |
| 2014 | 7339.36 | 80.29 | 8.46 |
| 2015 | 7520.75 | 2.47 | 5.49 |
| 2016 | 12212.81 | 62.39 | 8.32 |

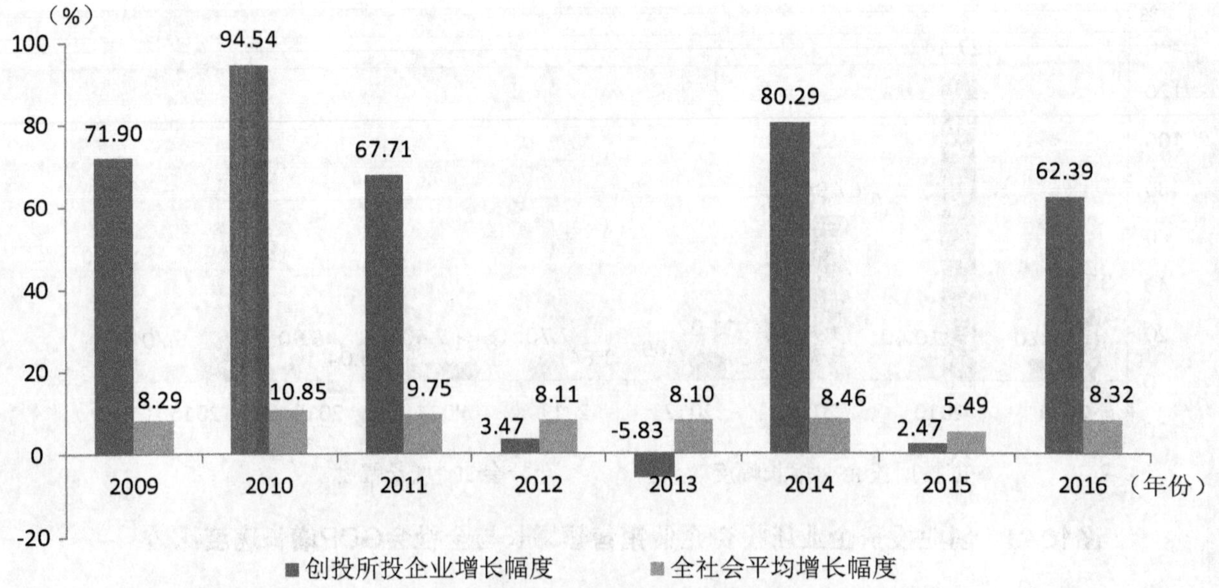


**图10-4 创投企业所投企业工业与服务业增加值增长与全社会平均水平比较**

## 10.5 创业投资企业所投资企业缴纳税金增长情况

2016 年，创业投资企业所投资企业缴纳税金 958.58 亿元，比 2015 年增加 116.95 亿元，增长 13.90%，与全社会税收增长的局面成正比（见表 10-5 和图 10-5）。

**表10-5 创业投资企业所投资企业缴纳税金情况（亿元，%）**

| 年度 | 缴纳税金 | 创投所投企业增长幅度 | 全社会平均增长幅度 |
|---|---|---|---|
| 2009 | 243.14 | 35.60 | 9.77 |
| 2010 | 543.22 | 123.42 | 23.00 |
| 2011 | 849.20 | 56.33 | 22.55 |
| 2012 | 985.85 | 16.09 | 12.10 |
| 2013 | 953.36 | −3.30 | 10.10 |
| 2014 | 946.23 | −0.75 | 9.88 |
| 2015 | 841.63 | −11.05 | 10.08 |
| 2016 | 958.58 | 13.90 | 4.76 |

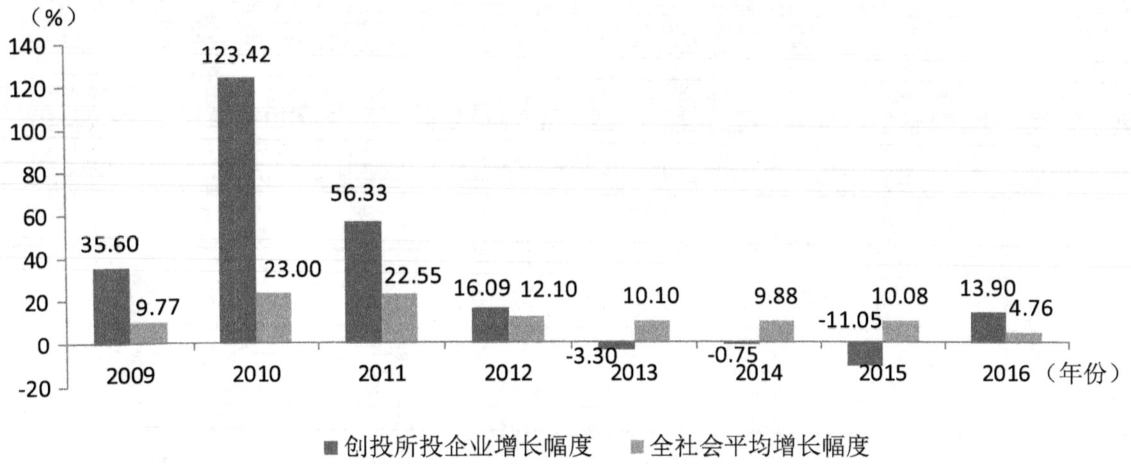


**图10-5　创投企业所投资企业缴纳税金增长速度与全社会平均水平比较**

总的来看，创业投资企业对经济社会发展的贡献是明显的，前几年也呈现出了比较快的增长势头，但是2012年出现了比较明显的增速降低的趋势，甚至出现负增长，说明创业投资企业所投资的中小创新创业企业经营困难，增长速度明显放慢，甚至到了生存危机的关头，改善中小企业生存环境成为当前头等大事。

# 第四篇　各省区市创业投资发展

# 第11章　省域创业投资企业发展排名

## 11.1　2016年末备案创业投资企业数量省域分布

| 排名 | 省区市名称 | 备案创业投资企业数量（家） |
|---|---|---|
| 1 | 江苏省 | 338 |
| 2 | 浙江省 | 223 |
| 3 | 广东省 | 129 |
| 4 | 山东省 | 113 |
| 5 | 北京市 | 90 |
| 6 | 上海市 | 77 |
| 7 | 福建省 | 61 |
| 8 | 四川省 | 47 |
| 9 | 新疆维吾尔自治区 | 39 |
| 10 | 安徽省 | 35 |
| 11 | 湖南省 | 31 |
| 12 | 内蒙古自治区 | 29 |
|  | 天津市 | 29 |
| 14 | 河南省 | 25 |
| 15 | 贵州省 | 23 |
| 16 | 湖北省 | 21 |
| 17 | 山西省 | 19 |
| 18 | 河北省 | 18 |
|  | 陕西省 | 18 |
| 20 | 西藏自治区 | 17 |
| 21 | 黑龙江省 | 15 |
| 22 | 辽宁省 | 14 |
| 23 | 重庆市 | 13 |

续表

| 排名 | 省区市名称 | 备案创业投资企业数量（家） |
|---|---|---|
| 24 | 江西省 | 10 |
|  | 吉林省 | 10 |
| 26 | 甘肃省 | 6 |
| 27 | 云南省 | 5 |
| 28 | 广西壮族自治区 | 3 |
| 29 | 宁夏回族自治区 | 2 |
|  | 海南省 | 2 |
|  | 青海省 | 2 |
| 32 | 新疆生产建设兵团 | 1 |

注：排名中如遇到两个以上排名相同的，按行政区划排列；下一名次相应跳过再接排，如内蒙古自治区和天津市同为12名，内蒙古自治区排前，天津市排后，并顺延两个名次，河南省从第14名接排。以下章节类似排名均按此规则。

## 11.2 2016年度新增备案创业投资企业数量省域分布

| 排名 | 省区市名称 | 新增备案创业投资企业数量（家） |
|---|---|---|
| 1 | 江苏省 | 19 |
| 2 | 新疆维吾尔自治区 | 18 |
| 3 | 广东省 | 17 |
| 4 | 浙江省 | 13 |
| 5 | 黑龙江省 | 7 |
| 6 | 山东省 | 6 |
|  | 四川省 | 6 |
| 8 | 贵州省 | 5 |
| 9 | 北京市 | 4 |
| 10 | 河南省 | 2 |
|  | 上海市 | 2 |
|  | 安徽省 | 2 |
|  | 福建省 | 2 |
|  | 湖南省 | 2 |
|  | 内蒙古自治区 | 2 |
| 16 | 辽宁省 | 1 |
|  | 陕西省 | 1 |
|  | 青海省 | 1 |

续表

| 排名 | 省区市名称 | 新增备案创业投资企业数量（家） |
| --- | --- | --- |
| 19 | 江西省 | 0 |
| | 天津市 | 0 |
| | 湖北省 | 0 |
| | 山西省 | 0 |
| | 甘肃省 | 0 |
| | 重庆市 | 0 |
| | 河北省 | 0 |
| | 吉林省 | 0 |
| | 云南省 | 0 |
| | 海南省 | 0 |
| | 西藏自治区 | 0 |
| | 广西壮族自治区 | 0 |
| | 宁夏回族自治区 | 0 |
| | 新疆生产建设兵团 | 0 |

## 11.3　2016 年末备案创业投资企业资产规模省域分布

| 排名 | 省区市名称 | 资产规模（万元） |
| --- | --- | --- |
| 1 | 广东省 | 11666326.93 |
| 2 | 江苏省 | 9829344.39 |
| 3 | 北京市 | 4146987.87 |
| 4 | 上海市 | 3785790.44 |
| 5 | 浙江省 | 3483903.23 |
| 6 | 新疆维吾尔自治区 | 2580863.58 |
| 7 | 山东省 | 2375428.12 |
| 8 | 四川省 | 1352089.87 |
| 9 | 湖南省 | 1321155.48 |
| 10 | 安徽省 | 1112631.91 |
| 11 | 天津市 | 972942.03 |
| 12 | 福建省 | 944459.08 |
| 13 | 湖北省 | 637667.68 |
| 14 | 河北省 | 599298.97 |

续表

| 排名 | 省区市名称 | 资产规模（万元） |
|---|---|---|
| 15 | 河南省 | 556307.79 |
| 16 | 黑龙江省 | 547101.24 |
| 17 | 云南省 | 534274.45 |
| 18 | 陕西省 | 520927.71 |
| 19 | 重庆市 | 479851.18 |
| 20 | 江西省 | 436585.82 |
| 21 | 辽宁省 | 430943.51 |
| 22 | 山西省 | 414160.61 |
| 23 | 贵州省 | 280716.59 |
| 24 | 内蒙古自治区 | 233208.70 |
| 25 | 吉林省 | 221870.48 |
| 26 | 西藏自治区 | 190228.95 |
| 27 | 甘肃省 | 158979.54 |
| 28 | 海南省 | 78516.83 |
| 29 | 广西壮族自治区 | 62156.65 |
| 30 | 青海省 | 23419.73 |
| 31 | 新疆生产建设兵团 | 12942.44 |
| 32 | 宁夏回族自治区 | 9685.86 |

## 11.4 2016 年度新增备案创业投资企业资产规模省域分布

| 排名 | 省区市名称 | 新增备案创业投资企业资产规模（万元） |
|---|---|---|
| 1 | 新疆维吾尔自治区 | 875825.58 |
| 2 | 广东省 | 499453.96 |
| 3 | 山东省 | 241929.62 |
| 4 | 江苏省 | 184169.83 |
| 5 | 四川省 | 133262.90 |
| 6 | 陕西省 | 97857.34 |
| 7 | 浙江省 | 85003.68 |
| 8 | 湖南省 | 63881.40 |
| 9 | 黑龙江省 | 63584.28 |
| 10 | 北京市 | 41137.96 |

续表

| 排名 | 省区市名称 | 新增备案创业投资企业资产规模（万元） |
|---|---|---|
| 11 | 贵州省 | 35902.42 |
| 12 | 内蒙古自治区 | 34119.04 |
| 13 | 安徽省 | 29738.25 |
| 14 | 河南省 | 12435.62 |
| 15 | 福建省 | 12254.56 |
| 16 | 青海省 | 9908.22 |
| 17 | 上海市 | 3000.39 |
| 18 | 辽宁省 | 1006.99 |
| 19 | 江西省 | 0 |
|  | 湖北省 | 0 |
|  | 甘肃省 | 0 |
|  | 山西省 | 0 |
|  | 天津市 | 0 |
|  | 重庆市 | 0 |
|  | 河北省 | 0 |
|  | 吉林省 | 0 |
|  | 云南省 | 0 |
|  | 青海省 | 0 |
|  | 西藏自治区 | 0 |
|  | 宁夏回族自治区 | 0 |
|  | 新疆生产建设兵团 | 0 |
|  | 广西壮族自治区 | 0 |

## 11.5　2016 年度备案创业投资企业投资案例数量省域分布

| 排名 | 省区市名称 | 投资案例数量（个） |
|---|---|---|
| 1 | 江苏省 | 497 |
| 2 | 广东省 | 405 |
| 3 | 新疆维吾尔自治区 | 260 |
| 4 | 浙江省 | 162 |
| 5 | 北京市 | 134 |
| 6 | 山东省 | 85 |

续表

| 排名 | 省区市名称 | 投资案例数量（个） |
| --- | --- | --- |
| 7 | 四川省 | 78 |
| 8 | 上海市 | 75 |
| 9 | 黑龙江省 | 45 |
| 10 | 安徽省 | 44 |
| 11 | 湖北省 | 36 |
| 12 | 湖南省 | 29 |
| 13 | 福建省 | 28 |
| 14 | 天津市 | 23 |
| 15 | 陕西省 | 18 |
| 16 | 河北省 | 17 |
| 17 | 辽宁省 | 15 |
| 18 | 河南省 | 11 |
| 19 | 贵州省 | 9 |
| 20 | 甘肃省 | 8 |
|  | 江西省 | 8 |
| 22 | 山西省 | 6 |
| 23 | 云南省 | 5 |
| 24 | 吉林省 | 4 |
|  | 内蒙古自治区 | 4 |
| 26 | 青海省 | 2 |
|  | 重庆市 | 2 |
| 28 | 海南省 | 0 |
|  | 西藏自治区 | 0 |
|  | 广西壮族自治区 | 0 |
|  | 宁夏回族自治区 | 0 |
|  | 新疆生产建设兵团 | 0 |

## 11.6　2016年度备案创业投资企业投资金额省域分布

| 排名 | 省区市名称 | 年度投资金额（万元） |
| --- | --- | --- |
| 1 | 广东省 | 1097304.85 |
| 2 | 北京市 | 526451.37 |

续表

| 排名 | 省区市名称 | 年度投资金额（万元） |
| --- | --- | --- |
| 3 | 江苏省 | 431603.19 |
| 4 | 新疆维吾尔自治区 | 232790.82 |
| 5 | 湖南省 | 212494.16 |
| 6 | 山东省 | 198435.42 |
| 7 | 浙江省 | 171782.60 |
| 8 | 上海市 | 100248.73 |
| 9 | 四川省 | 72335.37 |
| 10 | 安徽省 | 46814.32 |
| 11 | 辽宁省 | 41043.00 |
| 12 | 黑龙江省 | 34746.00 |
| 13 | 湖北省 | 28706.60 |
| 14 | 陕西省 | 28619.10 |
| 15 | 江西省 | 27592.00 |
| 16 | 福建省 | 23841.70 |
| 17 | 云南省 | 21433.18 |
| 18 | 天津市 | 18672.00 |
| 19 | 甘肃省 | 12054.00 |
| 20 | 河南省 | 10085.00 |
| 21 | 贵州省 | 9169.00 |
| 22 | 河北省 | 7580.00 |
| 23 | 山西省 | 7284.99 |
| 24 | 吉林省 | 6200.00 |
| 25 | 内蒙古自治区 | 4202.50 |
| 26 | 青海省 | 2600.00 |
| 27 | 重庆市 | 708.75 |
| 28 | 西藏自治区 | 0 |
|  | 海南省 | 0 |
|  | 广西壮族自治区 | 0 |
|  | 宁夏回族自治区 | 0 |
|  | 新疆生产建设兵团 | 0 |

## 11.7 2016 年度吸引创业投资金额省域分布

| 排名 | 省区市名称 | 投资金额（万元） |
|---|---|---|
| 1 | 广东省 | 736075.10 |
| 2 | 北京市 | 642507.10 |
| 3 | 江苏省 | 486743.87 |
| 4 | 上海市 | 264497.76 |
| 5 | 湖南省 | 209199.49 |
| 6 | 山东省 | 158355.28 |
| 7 | 浙江省 | 149195.96 |
| 8 | 四川省 | 67788.46 |
| 9 | 湖北省 | 61088.43 |
| 10 | 福建省 | 53544.67 |
| 11 | 安徽省 | 52156.32 |
| 12 | 陕西省 | 45115.50 |
| 13 | 河南省 | 42274.54 |
| 14 | 黑龙江省 | 38726.00 |
| 15 | 江西省 | 33427.27 |
| 16 | 新疆维吾尔自治区 | 31947.74 |
| 17 | 辽宁省 | 30260.00 |
| 18 | 重庆市 | 29474.35 |
| 19 | 天津市 | 29288.11 |
| 20 | 云南省 | 13823.17 |
| 21 | 海南省 | 13240.00 |
| 22 | 吉林省 | 12310.01 |
| 23 | 甘肃省 | 11851.00 |
| 24 | 贵州省 | 10503.80 |
| 25 | 河北省 | 4074.60 |
| 26 | 青海省 | 2600.00 |
| 27 | 山西省 | 2385.00 |
| 28 | 广西壮族自治区 | 2087.50 |
| 29 | 西藏自治区 | 1492.68 |
| 30 | 内蒙古自治区 | 0 |
| | 宁夏回族自治区 | 0 |
| | 新疆生产建设兵团 | 0 |

## 11.8 2016年度吸引创业投资金额与当年GDP之比省域分布

| 排名 | 省区市名称 | 吸引创业投资金额与当年GDP之比（%） |
|---|---|---|
| 1 | 北京市 | 0.00258 |
| 2 | 上海市 | 0.00096 |
| 3 | 广东省 | 0.00093 |
| 4 | 湖南省 | 0.00067 |
| 5 | 江苏省 | 0.00064 |
| 6 | 新疆维吾尔自治区 | 0.00033 |
|  | 海南省 | 0.00033 |
| 8 | 浙江省 | 0.00032 |
| 9 | 黑龙江省 | 0.00025 |
| 10 | 山东省 | 0.00024 |
|  | 陕西省 | 0.00024 |
| 12 | 安徽省 | 0.00022 |
| 13 | 四川省 | 0.00021 |
| 14 | 湖北省 | 0.00019 |
|  | 福建省 | 0.00019 |
| 16 | 江西省 | 0.00018 |
| 17 | 重庆市 | 0.00017 |
|  | 甘肃省 | 0.00017 |
| 19 | 天津市 | 0.00016 |
| 20 | 辽宁省 | 0.00014 |
| 21 | 西藏自治区 | 0.00013 |
| 22 | 河南省 | 0.00011 |
| 23 | 青海省 | 0.00010 |
| 24 | 云南省 | 0.00009 |
|  | 贵州省 | 0.00009 |
| 26 | 吉林省 | 0.00008 |
| 27 | 山西省 | 0.00002 |
| 28 | 河北省 | 0.00001 |
|  | 广西壮族自治区 | 0.00001 |
| 30 | 内蒙古自治区 | 0 |
|  | 宁夏回族自治区 | 0 |
|  | 新疆生产建设兵团 | 0 |

# 第12章 副省级城市创业投资企业发展排名

## 12.1 2016年末备案创业投资企业数量副省级城市分布

| 排名 | 城市名称 | 备案创业投资企业数量（家） |
| --- | --- | --- |
| 1 | 宁波市 | 91 |
| 2 | 深圳市 | 75 |
| 3 | 南京市 | 42 |
| 4 | 成都市 | 40 |
| 5 | 杭州市 | 37 |
| 6 | 厦门市 | 32 |
| 7 | 广州市 | 27 |
| 8 | 青岛市 | 16 |
| 9 | 武汉市 | 11 |
|  | 哈尔滨市 | 11 |
| 11 | 西安市 | 10 |
|  | 济南市 | 10 |
| 13 | 大连市 | 7 |
| 14 | 沈阳市 | 4 |
| 15 | 长春市 | 3 |

## 12.2 2016年度新增备案创业投资企业数量副省级城市分布

| 排名 | 城市名称 | 新增备案创业投资企业数量（家） |
| --- | --- | --- |
| 1 | 宁波市 | 8 |
| 2 | 深圳市 | 7 |
|  | 哈尔滨市 | 7 |
| 4 | 成都市 | 6 |

续表

| 排名 | 城市名称 | 新增备案创业投资企业数量（家） |
|---|---|---|
| 5 | 广州市 | 5 |
| 6 | 杭州市 | 4 |
| 7 | 南京市 | 3 |
| 8 | 大连市 | 1 |
| | 西安市 | 1 |
| 10 | 武汉市 | 0 |
| | 济南市 | 0 |
| | 青岛市 | 0 |
| | 长春市 | 0 |
| | 沈阳市 | 0 |
| | 厦门市 | 0 |

## 12.3　2016 年末备案创业投资企业资产规模副省级城市分布

| 排名 | 城市名称 | 资产规模（万元） |
|---|---|---|
| 1 | 深圳市 | 7423393.78 |
| 2 | 广州市 | 1442659.76 |
| 3 | 成都市 | 1180960.48 |
| 4 | 南京市 | 935767.83 |
| 5 | 杭州市 | 869760.82 |
| 6 | 宁波市 | 789371.14 |
| 7 | 厦门市 | 495155.69 |
| 8 | 西安市 | 431402.50 |
| 9 | 哈尔滨市 | 356762.09 |
| 10 | 青岛市 | 344408.43 |
| 11 | 武汉市 | 266471.67 |
| 12 | 大连市 | 245210.85 |
| 13 | 济南市 | 133650.20 |
| 14 | 沈阳市 | 95894.66 |
| 15 | 长春市 | 83497.99 |

## 12.4 2016 年度新增备案创业投资企业资产规模副省级城市分布

| 排名 | 城市名称 | 资产规模（万元） |
| --- | --- | --- |
| 1 | 深圳市 | 249774.19 |
| 2 | 成都市 | 133262.90 |
| 3 | 广州市 | 100473.14 |
| 4 | 西安市 | 97857.34 |
| 5 | 哈尔滨市 | 63584.28 |
| 6 | 杭州市 | 54991.74 |
| 7 | 南京市 | 43164.25 |
| 8 | 宁波市 | 22338.24 |
| 9 | 大连市 | 1006.99 |
| 10 | 武汉市 | 0 |
| 11 | 济南市 | 0 |
| 12 | 青岛市 | 0 |
| 13 | 长春市 | 0 |
| 14 | 沈阳市 | 0 |
| 15 | 厦门市 | 0 |

## 12.5 2016 年度备案创业投资企业投资案例数量副省级城市分布

| 排名 | 城市名称 | 年度投资案例数量（个） |
| --- | --- | --- |
| 1 | 深圳市 | 269 |
| 2 | 南京市 | 195 |
| 3 | 广州市 | 78 |
| 4 | 成都市 | 74 |
| 5 | 杭州市 | 65 |
| 6 | 宁波市 | 51 |
| 7 | 哈尔滨市 | 36 |
| 8 | 武汉市 | 32 |
| 9 | 厦门市 | 27 |
| 10 | 济南市 | 20 |
| 11 | 西安市 | 14 |
| 12 | 青岛市 | 13 |
| 13 | 大连市 | 6 |
| 14 | 沈阳市 | 3 |
| 15 | 长春市 | 2 |

## 12.6　2016 年度备案创业投资企业投资金额副省级城市分布

| 排名 | 城市名称 | 年度投资金额（万元） |
|---|---|---|
| 1 | 深圳市 | 933347.89 |
| 2 | 广州市 | 72708.37 |
| 3 | 成都市 | 71983.10 |
| 4 | 杭州市 | 65071.66 |
| 5 | 南京市 | 47913.66 |
| 6 | 宁波市 | 41892.44 |
| 7 | 西安市 | 28519.10 |
| 8 | 武汉市 | 26856.60 |
| 9 | 哈尔滨市 | 25305.00 |
| 10 | 大连市 | 24993.00 |
| 11 | 厦门市 | 21441.70 |
| 12 | 济南市 | 16177.00 |
| 13 | 青岛市 | 11877.96 |
| 14 | 沈阳市 | 9300.00 |
| 15 | 长春市 | 3100.00 |

## 12.7　2016 年度吸引创业投资金额副省级城市分布

| 排名 | 城市名称 | 年度投资金额（万元） |
|---|---|---|
| 1 | 深圳市 | 517344.16 |
| 2 | 广州市 | 84750.82 |
| 3 | 杭州市 | 79885.16 |
| 4 | 南京市 | 69255.40 |
| 5 | 武汉市 | 54685.70 |
| 6 | 成都市 | 51924.81 |
| 7 | 西安市 | 45015.50 |
| 8 | 济南市 | 41451.12 |
| 9 | 哈尔滨市 | 29623.00 |
| 10 | 青岛市 | 29349.89 |
| 11 | 宁波市 | 26353.40 |
| 12 | 厦门市 | 22291.70 |
| 13 | 沈阳市 | 15550.00 |
| 14 | 长春市 | 12310.01 |
| 15 | 大连市 | 11710.00 |

## 12.8 2016 年度吸引创业投资金额与当年 GDP 之比副省级城市分布

| 排名 | 城市名称 | 吸引创业投资金额与当年 GDP 之比（%） |
|---|---|---|
| 1 | 深圳市 | 0.00265 |
| 2 | 杭州市 | 0.00072 |
| | 西安市 | 0.00072 |
| 4 | 南京市 | 0.00066 |
| 5 | 济南市 | 0.00063 |
| 6 | 厦门市 | 0.00060 |
| 7 | 哈尔滨市 | 0.00047 |
| 8 | 武汉市 | 0.00046 |
| 9 | 广州市 | 0.00043 |
| | 成都市 | 0.00043 |
| 11 | 宁波市 | 0.00031 |
| 12 | 青岛市 | 0.00029 |
| 13 | 沈阳市 | 0.00023 |
| 14 | 长春市 | 0.00021 |
| 15 | 大连市 | 0.00014 |

# 第五篇　中国备案创业投资企业 50 强

# 第13章　中国备案创业投资企业50强各分项排名

## 13.1　截至2016年末所管理资产规模前50名备案创业投资机构[①]

| 排名 | 创业投资企业名称 | 管理资产规模（万元） |
|---|---|---|
| 1 | 深圳市创新投资集团有限公司 | 2016558.53 |
| 2 | 广东省粤科金融集团有限公司 | 1614218.49 |
| 3 | 中科招商投资管理集团股份有限公司 | 1456741.00 |
| 4 | 江苏高科技投资集团有限公司 | 1374745.19 |
| 5 | 上海创业投资有限公司 | 684337.59 |
| 6 | 上海科技创业投资有限公司 | 601472.00 |
| 7 | 中新苏州工业园区创业投资有限公司 | 600781.00 |
| 8 | 盈富泰克创业投资有限公司 | 499724.84 |
| 9 | 苏州创业投资集团有限公司 | 467789.00 |
| 10 | 力合科创集团有限公司 | 460720.68 |
| 11 | 东方邦信创业投资有限公司 | 452696.00 |
| 12 | 苏州国发创业投资控股有限公司 | 443863.04 |
| 13 | 国投高科技投资有限公司 | 431236.00 |
| 14 | 红塔创新投资股份有限公司 | 424039.23 |
| 15 | 广州科技金融创新投资控股有限公司 | 419843.00 |
| 16 | 山东省高新技术创业投资有限公司 | 402858.52 |
| 17 | 新疆昌源水务集团有限公司 | 385537.42 |
| 18 | 上海张江科技创业投资有限公司 | 383687.35 |
| 19 | 霍尔果斯天马创业投资集团有限公司 | 364240.68 |
| 20 | 北京信中利投资有限公司 | 361169.05 |

① 创业投资机构含创业投资企业和创业投资管理企业，下同。

续表

| 排名 | 创业投资企业名称 | 管理资产规模（万元） |
| --- | --- | --- |
| 21 | 河北融投创业投资有限公司 | 323894.26 |
| 22 | 天津泰达科技投资股份有限公司 | 322776.63 |
| 23 | 湖南文化旅游投资基金企业（有限合伙） | 320381.63 |
| 24 | 新疆维吾尔自治区国有资产投资经营有限责任公司 | 303888.00 |
| 25 | 河北信息产业投资集团有限公司 | 296757.19 |
| 26 | 国信弘盛创业投资有限公司 | 296232.00 |
| 27 | 高新投资发展有限公司 | 280673.00 |
| 28 | 湖北省高新技术产业投资有限公司 | 272731.00 |
| 29 | 广东省科技风险投资有限公司 | 264726.21 |
| 30 | 华章天地传媒投资控股集团有限公司 | 251202.29 |
| 31 | 杭州市高科技投资有限公司 | 245270.00 |
| 32 | 哈尔滨创业投资集团有限公司 | 238848.80 |
| 33 | 深圳市中科招商创业投资有限公司 | 238129.00 |
| 34 | 湖南高新创业投资集团有限公司 | 235239.76 |
| 35 | 苏州高新创业投资集团有限公司 | 234058.62 |
| 36 | 上海张江浩成创业投资有限公司 | 233631.40 |
| 37 | 广东省科技创业投资有限公司 | 231726.25 |
| 38 | 中国－比利时直接股权投资基金 | 230449.00 |
| 39 | 江苏省高科技产业投资股份有限公司 | 228416.78 |
| 40 | 重庆高新创业投资有限公司 | 224382.52 |
| 41 | 南京紫金科技创业投资有限公司 | 214428.17 |
| 42 | 深圳市达晨创丰股权投资企业（有限合伙） | 214193.98 |
| 43 | 新疆新业盛融创业投资有限责任公司 | 212538.30 |
| 44 | 新疆国际实业股份有限公司 | 209062.00 |
| 45 | 河南平能创业投资股份有限公司 | 208506.43 |
| 46 | 鲁证创业投资有限公司 | 206966.35 |
| 47 | 无锡创业投资集团有限公司 | 202634.39 |
| 48 | 北京中关村创业投资发展有限公司 | 201545.00 |
| 49 | 山东省新兴产业创业投资有限公司 | 192323.49 |
| 50 | 霍尔果斯华商通创业投资有限公司 | 191175.76 |

## 13.2　2016年度投资案例数量前50名备案创业投资企业

| 排名 | 创业投资企业名称 | 投资案例数量 |
|---|---|---|
| 1 | 南京紫金科技创业投资有限公司 | 161 |
| 2 | 霍尔果斯苍穹之下创业投资有限公司 | 102 |
| 3 | 喀什星河互联创业投资有限公司 | 88 |
| 4 | 深圳市创新投资集团有限公司 | 68 |
| 5 | 深圳市远致创业投资有限公司 | 38 |
| 6 | 盈富泰克创业投资有限公司 | 31 |
| 7 | 上海张江科技创业投资有限公司 | 30 |
| 8 | 山东省高新技术创业投资有限公司 | 29 |
| 9 | 北京信中利投资有限公司 | 27 |
| 10 | 广州市达安基因科技有限公司 | 25 |
| 11 | 成都技转投资有限公司 | 22 |
|  | 深圳市高新投创业投资有限公司 | 22 |
| 13 | 霍尔果斯市微创之星创业投资有限公司 | 19 |
|  | 苏州清研汽车产业创业投资企业（有限合伙） | 19 |
| 15 | 合肥高新科技创业投资有限公司 | 18 |
| 16 | 广州市达安医疗健康产业创业投资基金（有限合伙） | 17 |
| 17 | 深圳市汉迪创业投资有限公司 | 16 |
| 18 | 徐州博灏创业投资管理有限公司 | 14 |
|  | 天津科创天使投资有限公司 | 14 |
|  | 镇江高新创业投资有限公司 | 14 |
| 21 | 中科招商投资管理集团股份有限公司 | 13 |
| 22 | 北京东方华盖文化创业投资有限公司 | 12 |
|  | 苏州高新创业投资集团有限公司 | 12 |
| 24 | 江阴市高新技术创业投资有限公司 | 11 |
|  | 东方邦信创业投资有限公司 | 11 |
|  | 昆山红土高新创业投资有限公司 | 11 |
| 27 | 哈尔滨华滨光辉创业投资企业（有限合伙） | 10 |
|  | 深圳市大雄风创业投资有限公司 | 10 |
|  | 常州高新投创业投资有限公司 | 10 |
|  | 霍尔果斯易简新媒体创业投资有限公司 | 10 |
|  | 珠海科技创业投资有限公司 | 10 |
|  | 深圳市深港产学研创业投资有限公司 | 10 |

续表

| 排名 | 创业投资企业名称 | 投资案例数量 |
|---|---|---|
| 33 | 张家港市金茂创业投资有限公司 | 9 |
| | 广州科技金融创新投资控股有限公司 | 9 |
| | 常州高新创业投资有限公司 | 9 |
| | 厦门火炬集团创业投资有限公司 | 9 |
| | 哈尔滨创新投资有限公司 | 9 |
| | 喀什艾格拉斯创业投资有限公司 | 9 |
| | 深圳市达晨创丰股权投资企业（有限合伙） | 9 |
| | 四川鼎祥股权投资基金有限公司 | 9 |
| | 广华创业投资有限公司 | 9 |
| | 成都高投创业投资有限公司 | 9 |
| | 广州红土科信创业投资有限公司 | 9 |
| 44 | 武汉智慧城市创业投资基金合伙企业（有限合伙） | 8 |
| | 上海张江火炬创业投资有限公司 | 8 |
| | 广东红土创业投资有限公司 | 8 |
| | 宁波才富君润一期创业投资合伙企业（有限合伙） | 8 |
| | 连云港金海创业投资有限公司 | 8 |
| | 武汉光谷成长创业投资基金有限公司 | 8 |
| 50 | 山东科融天使创业投资合伙企业（有限合伙） | 7 |
| | 青岛厚土创业投资有限公司 | 7 |
| | 无锡国联创投基金企业（有限合伙） | 7 |
| | 杭州初灵创业投资有限公司 | 7 |
| | 北京同渡信成创业投资合伙企业（有限合伙） | 7 |
| | 黑龙江省科力高科技产业投资有限公司 | 7 |
| | 长沙先导产业投资有限公司 | 7 |
| | 苏州市吴江创迅创业投资有限公司 | 7 |
| | 杭州和港创业投资有限公司 | 7 |
| | 合肥市创新科技风险投资有限公司 | 7 |
| | 哈尔滨越榕阳光创业投资企业 | 7 |
| | 成都德同银科锦程创业投资合伙企业（有限合伙） | 7 |
| | 中国－比利时直接股权投资基金 | 7 |
| | 西安高新技术产业风险投资有限责任公司 | 7 |
| | 杭州经济技术开发区创业投资有限公司 | 7 |
| | 深圳力合新能源创业投资基金有限公司 | 7 |
| | 江苏新材料产业创业投资企业（有限合伙） | 7 |

## 13.3　2016年度投资规模前50名备案创业投资企业

| 排名 | 创业投资企业名称 | 年度投资规模（万元） |
|---|---|---|
| 1 | 中科招商投资管理集团股份有限公司 | 433234.60 |
| 2 | 深圳市创新投资集团有限公司 | 281332.26 |
| 3 | 北京信中利投资有限公司 | 207890.00 |
| 4 | 长沙先导产业投资有限公司 | 165008.82 |
| 5 | 山东省高新技术创业投资有限公司 | 145705.05 |
| 6 | 东方邦信创业投资有限公司 | 130130.24 |
| 7 | 喀什星河互联创业投资有限公司 | 94456.80 |
| 8 | 盈富泰克创业投资有限公司 | 69763.00 |
| 9 | 霍尔果斯华商通创业投资有限公司 | 57056.74 |
| 10 | 鲁证创业投资有限公司 | 42278.00 |
| 11 | 上海张江科技创业投资有限公司 | 36639.21 |
| 12 | 广州科技金融创新投资控股有限公司 | 36100.00 |
| 13 | 苏州高新创业投资集团有限公司 | 34887.38 |
| 14 | 深圳市远致创业投资有限公司 | 32989.10 |
| 15 | 国投高科技投资有限公司 | 32429.00 |
| 16 | 江苏吴中高科创业投资有限公司 | 29488.19 |
| 17 | 霍尔果斯苍穹之下创业投资有限公司 | 26885.79 |
| 18 | 中国－比利时直接股权投资基金 | 25810.00 |
| 19 | 无锡创业投资集团有限公司 | 24000.00 |
| 20 | 联合创业集团有限公司 | 23893.00 |
| 21 | 华章天地传媒投资控股集团有限公司 | 22330.00 |
| 22 | 镇江高新创业投资有限公司 | 21806.00 |
| 23 | 上海千骥星鹤创业投资中心（有限合伙） | 21004.00 |
| 24 | 高新投资发展有限公司 | 21000.00 |
| 25 | 徐州博灏创业投资管理有限公司 | 20455.15 |
| 26 | 珠海科技创业投资有限公司 | 19811.90 |
| 27 | 浙江亿品创业投资有限公司 | 19266.78 |
| 28 | 湖南文化旅游投资基金企业（有限合伙） | 18200.00 |
| 29 | 西安高新技术产业风险投资有限责任公司 | 18064.31 |
| 30 | 北京信中达创业投资有限公司 | 17020.00 |
| 31 | 东方星空创业投资有限公司 | 16960.00 |
| 32 | 新疆维吾尔自治区国有资产投资经营有限责任公司 | 16000.00 |

续表

| 排名 | 创业投资企业名称 | 年度投资规模（万元） |
|---|---|---|
| 33 | 广州诚信创业投资有限公司 | 15833.95 |
| 34 | 天津泰达科技投资股份有限公司 | 15370.00 |
| 35 | 江阴周庄中科双盈二期创业投资有限公司 | 15297.00 |
| 36 | 厦门火炬集团创业投资有限公司 | 15012.00 |
| 37 | 湖南湘投高科技创业投资有限公司 | 15000.00 |
| 38 | 深圳市达晨创丰股权投资企业（有限合伙） | 14947.18 |
| 39 | 无锡国联创投基金企业（有限合伙） | 14860.00 |
| 40 | 北京航天科工军民融合科技成果转化创业投资基金（有限合伙） | 14800.00 |
| 41 | 昆山红土高新创业投资有限公司 | 13222.00 |
| 42 | 四川鼎祥股权投资基金有限公司 | 12790.00 |
| 43 | 昆明创业投资有限责任公司 | 12673.17 |
| 44 | 广东红土创业投资有限公司 | 12335.98 |
| 45 | 苏州清研汽车产业创业投资企业（有限合伙） | 12010.00 |
| 46 | 成都银科创业投资有限公司 | 11960.00 |
| 47 | 杭州金投智诚创业投资合伙企业（有限合伙） | 11880.00 |
| 48 | 深圳市高新投创业投资有限公司 | 11605.20 |
| 49 | 合肥市创新科技风险投资有限公司 | 11410.00 |
| 50 | 常熟市国发创业投资有限公司 | 11400.00 |

## 13.4 2016年度投资中小企业案例数量前50名备案创业投资企业

| 排名 | 创业投资企业名称 | 案例数量 |
|---|---|---|
| 1 | 南京紫金科技创业投资有限公司 | 161 |
| 2 | 霍尔果斯苍穹之下创业投资有限公司 | 102 |
| 3 | 喀什星河互联创业投资有限公司 | 88 |
| 4 | 深圳市创新投资集团有限公司 | 68 |
| 5 | 上海张江科技创业投资有限公司 | 30 |
| 6 | 北京信中利投资有限公司 | 26 |
| 7 | 广州市达安基因科技有限公司 | 25 |
| 8 | 成都技转投资有限公司 | 22 |
|  | 深圳市高新投创业投资有限公司 | 22 |

续表

| 排名 | 创业投资企业名称 | 案例数量 |
|---|---|---|
| 10 | 霍尔果斯市微创之星创业投资有限公司 | 19 |
| | 山东省高新技术创业投资有限公司 | 19 |
| 12 | 合肥高新科技创业投资有限公司 | 18 |
| | 苏州清研汽车产业创业投资企业（有限合伙） | 18 |
| 14 | 广州市达安医疗健康产业创业投资基金（有限合伙） | 17 |
| 15 | 天津科创天使投资有限公司 | 14 |
| 16 | 深圳市汉迪创业投资有限公司 | 13 |
| | 徐州博灏创业投资管理有限公司 | 13 |
| 18 | 北京东方华盖文化创业投资有限公司 | 12 |
| | 苏州高新创业投资集团有限公司 | 12 |
| 20 | 江阴市高新技术创业投资有限公司 | 11 |
| 21 | 哈尔滨华滨光辉创业投资企业（有限合伙） | 10 |
| | 霍尔果斯易简新媒体创业投资有限公司 | 10 |
| | 珠海科技创业投资有限公司 | 10 |
| | 深圳市深港产学研创业投资有限公司 | 10 |
| 25 | 张家港市金茂创业投资有限公司 | 9 |
| | 成都高投创业投资有限公司 | 9 |
| | 喀什艾格拉斯创业投资有限公司 | 9 |
| | 厦门火炬集团创业投资有限公司 | 9 |
| | 哈尔滨创新投资有限公司 | 9 |
| | 昆山红土高新创业投资有限公司 | 9 |
| | 广州科技金融创新投资控股有限公司 | 9 |
| 32 | 武汉智慧城市创业投资基金合伙企业（有限合伙） | 8 |
| | 常州高新创业投资有限公司 | 8 |
| | 武汉光谷成长创业投资基金有限公司 | 8 |
| | 四川鼎祥股权投资基金有限公司 | 8 |
| | 宁波才富君润一期创业投资合伙企业（有限合伙） | 8 |
| | 上海张江火炬创业投资有限公司 | 8 |
| | 广华创业投资有限公司 | 8 |
| | 深圳市大雄风创业投资有限公司 | 8 |

续表

| 排名 | 创业投资企业名称 | 案例数量 |
|---|---|---|
| 40 | 山东科融天使创业投资合伙企业（有限合伙） | 7 |
| | 常州高新投创业投资有限公司 | 7 |
| | 连云港金海创业投资有限公司 | 7 |
| | 北京同渡信成创业投资合伙企业（有限合伙） | 7 |
| | 苏州市吴江创迅创业投资有限公司 | 7 |
| | 合肥市创新科技风险投资有限公司 | 7 |
| | 哈尔滨越榕阳光创业投资企业 | 7 |
| | 杭州初灵创业投资有限公司 | 7 |
| | 深圳力合新能源创业投资基金有限公司 | 7 |
| | 青岛厚土创业投资有限公司 | 7 |
| | 江苏新材料产业创业投资企业（有限合伙） | 7 |
| | 杭州经济技术开发区创业投资有限公司 | 7 |

## 13.5 2016 年度投资中小企业金额前 50 名备案创业投资企业

| 排名 | 创业投资企业名称 | 投资中小企业金额（万元） |
|---|---|---|
| 1 | 深圳市创新投资集团有限公司 | 281332.26 |
| 2 | 北京信中利投资有限公司 | 191378.36 |
| 3 | 喀什星河互联创业投资有限公司 | 94456.80 |
| 4 | 东方邦信创业投资有限公司 | 37902.50 |
| 5 | 上海张江科技创业投资有限公司 | 36639.21 |
| 6 | 广州科技金融创新投资控股有限公司 | 36100.00 |
| 7 | 苏州高新创业投资集团有限公司 | 34887.38 |
| 8 | 山东省高新技术创业投资有限公司 | 27376.64 |
| 9 | 霍尔果斯苍穹之下创业投资有限公司 | 26885.79 |
| 10 | 联合创业集团有限公司 | 23893.00 |
| 11 | 华章天地传媒投资控股集团有限公司 | 22330.00 |
| 12 | 上海千骥星鹤创业投资中心（有限合伙） | 21004.00 |
| 13 | 徐州博灏创业投资管理有限公司 | 20055.15 |
| 14 | 珠海科技创业投资有限公司 | 19811.90 |
| 15 | 湖南文化旅游投资基金企业（有限合伙） | 18200.00 |
| 16 | 厦门火炬集团创业投资有限公司 | 15012.00 |

续表

| 排名 | 创业投资企业名称 | 投资中小企业金额（万元） |
|---|---|---|
| 17 | 西安高新技术产业风险投资有限责任公司 | 14764.31 |
| 18 | 中国－比利时直接股权投资基金 | 14010.00 |
| 19 | 昆明创业投资有限责任公司 | 12673.17 |
| 20 | 杭州金投智诚创业投资合伙企业（有限合伙） | 11880.00 |
| 21 | 深圳市高新投创业投资有限公司 | 11605.20 |
| 22 | 苏州清研汽车产业创业投资企业（有限合伙） | 11510.00 |
| 23 | 合肥市创新科技风险投资有限公司 | 11410.00 |
| 24 | 昆山红土高新创业投资有限公司 | 11274.00 |
| 25 | 新疆昌源水务集团有限公司 | 10500.00 |
| 26 | 北京崇德弘信创业投资中心（有限合伙） | 10500.00 |
| 27 | 南京市高新技术风险投资股份有限公司 | 10023.58 |
| 28 | 江苏新材料产业创业投资企业（有限合伙） | 9016.00 |
| 29 | 武汉光谷成长创业投资基金有限公司 | 8840.00 |
| 30 | 四川鼎祥股权投资基金有限公司 | 8790.00 |
| 31 | 南京紫金科技创业投资有限公司 | 8292.50 |
| 32 | 安徽国耀创业投资有限公司 | 8184.32 |
| 33 | 蚌埠中城创业投资有限公司 | 8060.00 |
| 34 | 四川海特航空创业投资基金合伙企业（有限合伙） | 7998.80 |
| 35 | 广东省粤科金融集团有限公司 | 7980.31 |
| 36 | 哈尔滨创新投资有限公司 | 7590.50 |
| 37 | 泰州中国医药城融健达创业投资有限公司 | 7500.00 |
| 38 | 红塔创新投资股份有限公司 | 7260.01 |
| 39 | 霍尔果斯市微创之星创业投资有限公司 | 7246.62 |
| 40 | 深圳市深港产学研创业投资有限公司 | 7225.17 |
| 41 | 连云港金海创业投资有限公司 | 7210.00 |
| 42 | 北京同渡信成创业投资合伙企业（有限合伙） | 7160.00 |
| 43 | 南通国信君安创业投资有限公司 | 6910.00 |
| 44 | 合肥高新科技创业投资有限公司 | 6780.00 |
| 45 | 深圳力合新能源创业投资基金有限公司 | 6700.00 |
| 46 | 德华创业投资有限公司 | 6624.00 |
| 47 | 常州信辉创业投资有限公司 | 6605.00 |
| 48 | 天津泰达科技投资股份有限公司 | 6370.00 |
| 49 | 安徽鼎信创业投资有限公司 | 6325.00 |
| 50 | 深圳市汉迪创业投资有限公司 | 6268.00 |

## 13.6 2016 年度所投资企业就业岗位增长数量前 50 名备案创业投资企业

| 排名 | 创业投资企业名称 | 所投资企业就业岗位年度增加数（个） |
|---|---|---|
| 1 | 深圳市达晨创丰股权投资企业（有限合伙） | 6285 |
| 2 | 中国－比利时直接股权投资基金 | 6270 |
| 3 | 山东天齐创业投资有限公司 | 4765 |
| 4 | 北京中关村国盛创业投资中心（有限合伙） | 4629 |
| 5 | 湖南湖大海捷津杉创业投资有限公司 | 3092 |
| 6 | 红塔创新投资股份有限公司 | 3051 |
| 7 | 福建华兴新兴创业投资有限公司 | 2738 |
| 8 | 福建省华科创业投资有限公司 | 2718 |
| 9 | 湖北量科高投创业投资有限公司 | 1724 |
| 10 | 河南兴豫生物医药创业投资基金（有限合伙） | 1568 |
| 11 | 广东恒健创业投资有限公司 | 1512 |
| 12 | 无锡国联创投基金企业（有限合伙） | 1493 |
| 13 | 江西立达新材料产业创业投资中心（有限合伙） | 1438 |
| 14 | 太仓高新创业投资有限公司 | 1427 |
| 15 | 深圳力合创赢股权投资基金合伙企业（有限合伙） | 1355 |
| 16 | 山东省高新技术创业投资有限公司 | 1290 |
| 17 | 广州廷博创业投资有限公司 | 1221 |
| 18 | 北京中关村创业投资发展有限公司 | 1174 |
| 19 | 哈尔滨富德恒创业投资企业（有限合伙） | 1163 |
| 20 | 青岛市科技风险投资有限公司 | 1162 |
| 21 | 常州武岳峰创业投资合伙企业（有限合伙） | 1161 |
| 22 | 青岛静远创业投资有限公司 | 1108 |
| 23 | 南通国信君安创业投资有限公司 | 1061 |
| 24 | 江苏高投鑫海创业投资有限公司 | 1034 |
| 25 | 宁波东方智创投资有限公司 | 998 |
| 26 | 成都高特佳银科创业投资合伙企业（有限合伙） | 994 |
| 27 | 深圳市正轩投资有限公司 | 990 |
| 28 | 霍尔果斯苍穹之下创业投资有限公司 | 984 |
| 29 | 喀什星河互联创业投资有限公司 | 983 |
| 30 | 扬州嘉华创业投资有限公司 | 981 |
| 31 | 常州红土创新创业投资有限公司 | 928 |

续表

| 排名 | 创业投资企业名称 | 所投资企业就业岗位年度增加数（个） |
|---|---|---|
| 32 | 镇江君鼎协立创业投资有限公司 | 922 |
| 33 | 常州高新投创业投资有限公司 | 909 |
| 34 | 江苏省高科技产业投资股份有限公司 | 879 |
| 35 | 国投高科技投资有限公司 | 876 |
| 36 | 无锡力合清源创业投资合伙企业（有限合伙） | 833 |
| 37 | 深圳市高新投创业投资有限公司 | 812 |
| 38 | 青岛常春藤创业投资中心（有限合伙） | 796 |
| 39 | 常州力合创业投资有限公司 | 787 |
| 40 | 高投名力成长创业投资有限公司 | 764 |
| 41 | 广州诚信创业投资有限公司 | 756 |
| 42 | 苏州华创赢达创业投资基金企业（有限合伙） | 756 |
| 43 | 烟台源创科技投资中心（有限合伙） | 750 |
| 44 | 青海国科创业投资基金（有限合伙） | 743 |
| 45 | 南京紫金创赢创业投资有限公司 | 734 |
| 46 | 安徽国耀创业投资有限公司 | 722 |
| 47 | 苏州君实协立创业投资有限公司 | 717 |
| 48 | 苏州创元高新创业投资有限公司 | 716 |
| 49 | 苏州坤融创业投资有限公司 | 696 |
| 50 | 盈富泰克创业投资有限公司 | 694 |

## 13.7 2016 年度所投资企业研发投入增长金额前 50 名备案创业投资企业

| 排名 | 创业投资企业名称 | 所投资企业研发投入年度增长金额（万元） |
|---|---|---|
| 1 | 无锡国联创投基金企业（有限合伙） | 67955.55 |
| 2 | 苏州亿和创业投资有限公司 | 34346.08 |
| 3 | 常州武岳峰创业投资合伙企业（有限合伙） | 17666.91 |
| 4 | 红塔创新投资股份有限公司 | 16398.02 |
| 5 | 启迪中海创业投资有限公司 | 16035.57 |
| 6 | 北京鼎兴创业投资有限公司 | 15878.87 |
| 7 | 软库博辰创业投资企业 | 13553.00 |
| 8 | 广州科技金融创新投资控股有限公司 | 12121.68 |

续表

| 排名 | 创业投资企业名称 | 所投资企业研发投入年度增长金额（万元） |
|---|---|---|
| 9 | 浙江如山成长创投投资有限公司 | 11284.00 |
| 10 | 中国－比利时直接股权投资基金 | 11144.63 |
| 11 | 成都德同银科创业投资合伙企业（有限合伙） | 10858.85 |
| 12 | 浙江浙大大晶创业投资有限公司 | 10462.06 |
| 13 | 湖南文化旅游投资基金企业（有限合伙） | 10414.49 |
| 14 | 国投高科技投资有限公司 | 10174.73 |
| 15 | 北京建华创业投资有限公司 | 10094.01 |
| 16 | 上海武岳峰创业投资合伙企业（有限合伙） | 9898.80 |
| 17 | 天津海泰科技投资管理有限公司 | 9748.74 |
| 18 | 湖南湖大海捷津杉创业投资有限公司 | 9204.00 |
| 19 | 上海瑞经达创业投资有限公司 | 9086.00 |
| 20 | 珠海清华科技园创业投资有限公司 | 8971.00 |
| 21 | 江苏高鼎科技创业投资有限公司 | 8824.00 |
| 22 | 北京中关村国盛创业投资中心（有限合伙） | 8159.00 |
| 23 | 广东省科技创业投资有限公司 | 8152.22 |
| 24 | 黑龙江辰能哈工大高科技风险投资有限公司 | 8070.71 |
| 25 | 无锡力合创业投资有限公司 | 8007.10 |
| 26 | 广东启程青年创业投资合伙企业（有限合伙） | 7981.00 |
| 27 | 常州高新投创业投资有限公司 | 7744.09 |
| 28 | 济南华科创业投资合伙企业（有限合伙） | 7132.96 |
| 29 | 泰州健鑫创业投资有限公司 | 6404.64 |
| 30 | 深圳市高新投创业投资有限公司 | 6247.31 |
| 31 | 南京中兴合盈创业投资基金（有限合伙） | 6028.38 |
| 32 | 江苏中科物联网科技创业投资有限公司 | 5939.29 |
| 33 | 喀什星河互联创业投资有限公司 | 5249.77 |
| 34 | 苏州钟鼎创业投资中心（有限合伙） | 5249.00 |
| 35 | 成都光控世纪医疗健康创业投资有限公司 | 5225.02 |
| 36 | 赣州虔盛创业投资中心（有限合伙） | 4862.38 |
| 37 | 东方邦信创业投资有限公司 | 4784.00 |
| 38 | 深圳力合创赢股权投资基金合伙企业（有限合伙） | 4676.79 |
| 39 | 深圳市招商局科技投资有限公司 | 4668.00 |
| 40 | 福建永益物联网产业创业投资有限公司 | 4634.00 |
| 41 | 苏州工业园区辰融创业投资有限公司 | 4602.64 |

续表

| 排名 | 创业投资企业名称 | 所投资企业研发投入年度增长金额（万元） |
|---|---|---|
| 42 | 武汉光谷烽火科技创业投资有限公司 | 4511.06 |
| 43 | 上海亘元创业投资有限公司 | 4349.29 |
| 44 | 江西立达新材料产业创业投资中心（有限合伙） | 4348.12 |
| 45 | 浙江华睿蓝石创业投资有限公司 | 4330.73 |
| 46 | 北京中关村创业投资发展有限公司 | 4319.26 |
| 47 | 同利创业投资有限公司 | 4268.00 |
| 48 | 中科大资产经营有限责任公司 | 4204.30 |
| 49 | 南京钢研创业投资合伙企业（有限合伙） | 4018.39 |
| 50 | 无锡瑞明博创业投资有限公司 | 4009.00 |

## 13.8　2016 年度所投资企业销售额增长金额前 50 名备案创业投资企业

| 排名 | 创业投资企业名称 | 所投资企业销售额年度增加金额（万元） |
|---|---|---|
| 1 | 红塔创新投资股份有限公司 | 1667898.26 |
| 2 | 鲁证创业投资有限公司 | 1650618.30 |
| 3 | 北京鼎兴创业投资有限公司 | 1582299.74 |
| 4 | 广东红土创业投资有限公司 | 745335.00 |
| 5 | 苏州钟鼎创业投资中心（有限合伙） | 687260.00 |
| 6 | 南通红土创新资本创业投资有限公司 | 533915.11 |
| 7 | 广州红土科信创业投资有限公司 | 524279.81 |
| 8 | 深圳市达晨创丰股权投资企业（有限合伙） | 501796.31 |
| 9 | 浙江盈瓯创业投资有限公司 | 466624.40 |
| 10 | 杭州文诚创业投资有限公司 | 428427.73 |
| 11 | 江苏省高科技产业投资股份有限公司 | 399534.04 |
| 12 | 安徽国耀创业投资有限公司 | 352972.48 |
| 13 | 苏州君实协立创业投资有限公司 | 332229.78 |
| 14 | 上海瑞经达创业投资有限公司 | 324958.00 |
| 15 | 中国－比利时直接股权投资基金 | 324751.29 |
| 16 | 湖南文化旅游投资基金企业（有限合伙） | 323524.09 |
| 17 | 无锡红土创业投资有限公司 | 310451.80 |
| 18 | 深圳市正轩投资有限公司 | 292352.93 |
| 19 | 广东粤财创业投资有限公司 | 288954.10 |

续表

| 排名 | 创业投资企业名称 | 所投资企业销售额年度增加金额（万元） |
|---|---|---|
| 20 | 浙江安丰进取创业投资有限公司 | 249031.00 |
| 21 | 浙江红石创业投资有限公司 | 246344.00 |
| 22 | 软库博辰创业投资企业 | 228438.00 |
| 23 | 广东启程青年创业投资合伙企业（有限合伙） | 219236.00 |
| 24 | 高投名力成长创业投资有限公司 | 217236.10 |
| 25 | 无锡力合创业投资有限公司 | 208535.00 |
| 26 | 黑龙江辰能哈工大高科技风险投资有限公司 | 198861.54 |
| 27 | 苏州亿和创业投资有限公司 | 178286.73 |
| 28 | 广东省科技创业投资有限公司 | 169123.34 |
| 29 | 河北科技投资集团有限公司 | 167772.35 |
| 30 | 宁波东方智创投资有限公司 | 154719.00 |
| 31 | 苏州坤融创业投资有限公司 | 151881.04 |
| 32 | 辽宁联盟中资创业投资企业（有限合伙） | 150355.00 |
| 33 | 常州高新投创业投资有限公司 | 150042.05 |
| 34 | 湖南湖大海捷津杉创业投资有限公司 | 145810.00 |
| 35 | 天津海泰科技投资管理有限公司 | 142411.20 |
| 36 | 盈富泰克创业投资有限公司 | 136714.99 |
| 37 | 浙江浙大大晶创业投资有限公司 | 131921.10 |
| 38 | 北京中关村国盛创业投资中心（有限合伙） | 131280.00 |
| 39 | 开信创业投资有限公司 | 130041.00 |
| 40 | 上海徐汇科技创业投资有限公司 | 128636.14 |
| 41 | 广州海汇成长创业投资中心（有限合伙） | 125990.00 |
| 42 | 上海寅福创业投资有限公司 | 125578.00 |
| 43 | 广州诚信创业投资有限公司 | 122499.81 |
| 44 | 北京基石创业投资基金 | 122116.68 |
| 45 | 扬州英飞尼迪创业投资中心（有限合伙） | 122061.80 |
| 46 | 北京中关村瞪羚创业投资中心（有限合伙） | 120318.91 |
| 47 | 江苏高鼎科技创业投资有限公司 | 119163.00 |
| 48 | 成都德同银科锦程创业投资合伙企业（有限合伙） | 118583.02 |
| 49 | 昆山红土高新创业投资有限公司 | 112524.79 |
| 50 | 南京凯元成长创业投资合伙企业（有限合伙） | 112248.00 |

## 13.9　2016 年度所投资企业工业或服务业增加值增长金额前 50 名备案创业投资企业

| 排名 | 创业投资企业名称 | 所投资企业工业或服务业年度增加值增长金额（万元） |
|---|---|---|
| 1 | 广州科技金融创新投资控股有限公司 | 2313267.81 |
| 2 | 上海徐汇科技创业投资有限公司 | 2169491.86 |
| 3 | 红塔创新投资股份有限公司 | 2010143.01 |
| 4 | 苏州钟鼎创业投资中心（有限合伙） | 1415514.00 |
| 5 | 光大金控（天津）创业投资有限公司 | 1271624.08 |
| 6 | 中国－比利时直接股权投资基金 | 980243.18 |
| 7 | 国投高科技投资有限公司 | 913345.36 |
| 8 | 山东省高新技术创业投资有限公司 | 805894.37 |
| 9 | 北京中关村国盛创业投资中心（有限合伙） | 741902.00 |
| 10 | 河北科技投资集团有限公司 | 487833.02 |
| 11 | 常州金陵华软创业投资合伙企业（有限合伙） | 451277.09 |
| 12 | 辽宁联盟中资创业投资企业（有限合伙） | 449683.00 |
| 13 | 无锡 TCL 创业投资合伙企业（有限合伙） | 411558.24 |
| 14 | 烟台源创科技投资中心（有限合伙） | 404642.00 |
| 15 | 霍尔果斯天马创业投资集团有限公司 | 396604.68 |
| 16 | 淄博高新技术风险投资股份有限公司 | 338533.14 |
| 17 | 山东德泰创业投资有限公司 | 328571.96 |
| 18 | 鲁证创业投资有限公司 | 312147.74 |
| 19 | 苏州亿和创业投资有限公司 | 308870.16 |
| 20 | 江苏科泉高新创业投资有限公司 | 305511.00 |
| 21 | 杭州如山创业投资有限公司 | 302496.00 |
| 22 | 广东恒健创业投资有限公司 | 299757.54 |
| 23 | 无锡国联创投基金企业（有限合伙） | 298160.81 |
| 24 | 东方邦信创业投资有限公司 | 296292.00 |
| 25 | 江苏省高科技产业投资股份有限公司 | 274539.94 |
| 26 | 镇江中科金山创业投资企业（有限合伙） | 266686.00 |
| 27 | 上海正赛联创业投资有限公司 | 263215.00 |
| 28 | 江苏高投鑫海创业投资有限公司 | 256504.53 |
| 29 | 新疆维吾尔自治区国有资产投资经营有限责任公司 | 255116.00 |
| 30 | 常熟中科东南创业投资有限公司 | 231038.84 |

续表

| 排名 | 创业投资企业名称 | 所投资企业工业或服务业年度增加值增长金额（万元） |
| --- | --- | --- |
| 31 | 黑龙江辰能哈工大高科技风险投资有限公司 | 223569.18 |
| 32 | 河北金冀达创业投资有限公司 | 213899.89 |
| 33 | 张家港市金茂创业投资有限公司 | 210031.00 |
| 34 | 广州诚信创业投资有限公司 | 205538.76 |
| 35 | 河北兴石创业投资有限公司 | 205392.01 |
| 36 | 重庆软银创业投资中心（有限合伙） | 203369.40 |
| 37 | 湖南湖大海捷津杉创业投资有限公司 | 202005.00 |
| 38 | 北京银汉创业投资有限公司 | 201281.80 |
| 39 | 开信创业投资有限公司 | 198275.00 |
| 40 | 广州司浦林信息产业创业投资企业 | 197269.65 |
| 41 | 河南中证开元创业投资基金（有限合伙） | 194282.62 |
| 42 | 高投名力成长创业投资有限公司 | 175234.50 |
| 43 | 苏州坤融创业投资有限公司 | 174660.62 |
| 44 | 山西省科技基金发展总公司 | 173381.69 |
| 45 | 盐城市中科盐发创业投资企业（有限合伙） | 173334.00 |
| 46 | 常州高新投创业投资有限公司 | 164650.04 |
| 47 | 盈富泰克创业投资有限公司 | 162139.95 |
| 48 | 浙江浙大大晶创业投资有限公司 | 158219.86 |
| 49 | 北京银河吉星创业投资有限责任公司 | 156779.23 |
| 50 | 宁波东方智创投资有限公司 | 154819.00 |

## 13.10 2016 年度所投资企业缴纳税金增长金额前 50 名备案创业投资企业

| 排名 | 创业投资企业名称 | 所投资企业纳税年度增长额（万元） |
| --- | --- | --- |
| 1 | 霍尔果斯市国信保泰创业投资有限公司 | 57308.20 |
| 2 | 红塔创新投资股份有限公司 | 54057.20 |
| 3 | 苏州钟鼎创业投资中心（有限合伙） | 38713.00 |
| 4 | 中国－比利时直接股权投资基金 | 38307.26 |
| 5 | 广州科技金融创新投资控股有限公司 | 36750.60 |
| 6 | 河北科技投资集团有限公司 | 34363.72 |

续表

| 排名 | 创业投资企业名称 | 所投资企业纳税年度增长额（万元） |
|---|---|---|
| 7 | 上海徐汇科技创业投资有限公司 | 32787.00 |
| 8 | 无锡国联创投基金企业（有限合伙） | 31377.87 |
| 9 | 上海科技创业投资股份有限公司 | 20294.49 |
| 10 | 安徽国耀创业投资有限公司 | 19290.49 |
| 11 | 北京嘉华创业投资有限公司 | 18631.92 |
| 12 | 重庆软银创业投资中心（有限合伙） | 18164.50 |
| 13 | 深圳市达晨创丰股权投资企业（有限合伙） | 16567.22 |
| 14 | 广东粤财创业投资有限公司 | 16204.59 |
| 15 | 广东恒健创业投资有限公司 | 15498.58 |
| 16 | 山东德泰创业投资有限公司 | 15102.25 |
| 17 | 新疆融汇湘疆创业投资有限合伙企业 | 14336.68 |
| 18 | 广东红土创业投资有限公司 | 13560.00 |
| 19 | 新疆昌源水务集团有限公司 | 13505.71 |
| 20 | 湖南文化旅游投资基金企业（有限合伙） | 13027.88 |
| 21 | 福建华兴新兴创业投资有限公司 | 12948.07 |
| 22 | 江苏高鼎科技创业投资有限公司 | 12243.00 |
| 23 | 国投高科技投资有限公司 | 11683.86 |
| 24 | 北京中关村国盛创业投资中心（有限合伙） | 11403.00 |
| 25 | 无锡力合创业投资有限公司 | 10887.76 |
| 26 | 焦作通财创业投资有限责任公司 | 10818.80 |
| 27 | 无锡国联卓成创业投资有限公司 | 10480.94 |
| 28 | 山东嘉华盛裕创业投资股份有限公司 | 10266.39 |
| 29 | 广州红土科信创业投资有限公司 | 10203.00 |
| 30 | 福建省华科创业投资有限公司 | 10123.60 |
| 31 | 常州红土创新创业投资有限公司 | 10092.48 |
| 32 | 广东粤科润华创业投资有限公司 | 9625.94 |
| 33 | 苏州工业园区辰融创业投资有限公司 | 9622.45 |
| 34 | 佛山市东方禅控创业投资企业（有限合伙） | 9542.55 |
| 35 | 辽宁联盟中资创业投资企业（有限合伙） | 9408.00 |
| 36 | 重庆德同创业投资中心（有限合伙） | 9262.38 |
| 37 | 镇江高新创业投资有限公司 | 9167.86 |
| 38 | 成都创新风险投资有限公司 | 8830.53 |
| 39 | 江苏省高科技产业投资股份有限公司 | 8618.95 |

续表

| 排名 | 创业投资企业名称 | 所投资企业纳税年度增长额（万元） |
|---|---|---|
| 40 | 黑龙江辰能哈工大高科技风险投资有限公司 | 8572.04 |
| 41 | 佛山南海区东方高新创业投资合伙企业（有限合伙） | 8431.68 |
| 42 | 扬州海圣创业投资中心（有限合伙） | 8367.46 |
| 43 | 南京高达梧桐创业投资基金（有限合伙） | 8314.03 |
| 44 | 郑州百瑞创新资本创业投资有限公司 | 8068.32 |
| 45 | 浙江盈瓯创业投资有限公司 | 8062.39 |
| 46 | 苏州坤融创业投资有限公司 | 7988.42 |
| 47 | 杭州浩联创业投资有限公司 | 7982.20 |
| 48 | 常州武进红土创业投资有限公司 | 7978.98 |
| 49 | 常州常以创业投资中心（有限合伙） | 7509.08 |
| 50 | 成都博源天鸿投资合伙企业（有限合伙） | 7434.00 |

# 第六篇　政策汇编

# 第14章　中国创业投资政策汇编与解读

## 14.1　2017年中国创业投资主要政策汇编

### 14.1.1　国家发展改革委办公厅关于印发《政府出资产业投资基金信用信息登记指引（试行）》的通知

**国家发展改革委办公厅**
**关于印发《政府出资产业投资基金信用信息登记指引（试行）》的通知**

发改办财金规〔2017〕571号

为规范政府出资产业投资基金登记管理工作，有效发挥政府资金的引导作用和放大效应，促进政府出资产业投资基金行业持续健康发展，根据《公司法》《合伙企业法》《中共中央国务院关于深化投融资体制改革的意见》（中发〔2016〕18号）、《国务院关于促进创业投资持续健康发展的若干意见》（国发〔2016〕53号）、《国务院关于创新重点领域投融资机制 鼓励社会投资的指导意见》（国发〔2014〕60号）、《政府出资产业投资基金管理暂行办法》（发改财金规〔2016〕2800号）等法律法规和有关文件精神，我们制定了《政府出资产业投资基金信用信息登记指引（试行）》。现印发给你们，请认真贯彻执行。

附件：政府出资产业投资基金信用信息登记指引（试行）

附件

## 政府出资产业投资基金信用信息登记指引（试行）

第一条 为规范政府出资产业投资基金信用信息登记管理工作，有效发挥政府资金的引导作用和放大效应，促进政府出资产业投资基金行业持续健康发展，根据《公司法》《合伙企业法》《中共中央国务院关于深化投融资体制改革的意见》（中发〔2016〕18 号）、《国务院关于促进创业投资持续健康发展的若干意见》（国发〔2016〕53 号）、《国务院关于创新重点领域投融资机制 鼓励社会投资的指导意见》（国发〔2014〕60 号）、《政府出资产业投资基金管理暂行办法》（发改财金规〔2016〕2800 号）等法律法规和有关文件精神，制定本指引。

第二条 本指引所称政府出资产业投资基金，是指有政府（含所属部门、直属机构）直接或委托出资，主要投资于非公开交易企业股权的股权投资基金和创业投资基金；政府出资设立的综合性基金（母基金）也适用本指引。

第三条 政府出资产业投资基金管理人通过互联网访问全国政府出资产业投资基金信用信息登记系统（网络地址为 https://106.39.125.75/）进行登记。

第四条 各级发展改革部门按照《政府出资产业投资基金管理暂行办法》第十五条确定的权限范围开展基金信用信息登记相关管理工作，负责进行基金材料齐备性核对和产业政策符合性审查。国家发展改革委授权并指导中央国债登记结算有限责任公司（简称“中债公司”）开发、运行登记系统，负责对基金信用信息进行登记确认、数据保管和统计分析等。

第五条 基金管理人应如实提交政府出资产业投资基金登记所需的相关材料，保证所提供的所有材料真实、准确、完整，并承担相应的法律责任。

第六条 政府出资产业投资基金通过登记系统进行统一登记，是加强政府出资产业投资基金管理的基础性工作，不构成对基金资产安全性、基金管理人投资管理能力、持续合规情况的认可或保证。

第七条 登记系统登记信息包括基金信息、基金管理人信息、基金股东或合伙人信息、基金托管人信息、投资信息等。

第八条 政府出资产业投资基金应在认缴协议签订后二十个工作日内，由基金管理人通过登记系统填报。本指引出台前签订认缴协议的基金，应于指引施行后两个月内完成登记。

公司型基金自聘管理团队管理基金资产的，该基金公司作为基金管理人履行登记手续。

采用母子基金模式运作的，统一由母基金管理人履行登记和变更手续，子基金直接在其母基金登记和变更时填报有关信息，无需另行在登记系统上登记。母基金可授权相关子基金管理人履行登记和变更手续。

第九条　政府出资产业投资基金登记原则上实行穿透填报，基金投资信息需穿透填报至被投项目有关情况；合伙人需填报至个人和公司法人。

第十条　采用母子基金模式运作，同时具备下列条件的，相关子基金具体投资信息可免于登记：

（一）母基金投资子基金的金额低于1亿元人民币（或等值外币）；

（二）母基金投资子基金的金额在子基金规模中占比低于5%；

（三）母基金投资子基金的金额在母基金规模中占比低于5%。

符合豁免登记条件的子基金除具体投资信息外的其他信息仍需登记。

第十一条　政府出资产业投资基金首次申请登记完成后五个工作日内，基金管理人应当根据《政府出资产业投资基金管理暂行办法》第十五条确定的权限范围，向发展改革部门书面提交下列材料（附光盘）：

（一）基金设立相关批复文件；

（二）基金和基金管理人工商登记文件与营业执照（如适用）；

（三）基金章程、合伙协议或基金协议；

（四）基金管理协议（如适用）；

（五）基金托管协议（可延后补交）；

（六）基金管理人的章程或合伙协议；

（七）基金投资人向基金出资的资金证明文件；

（八）基金管理人公开征选办法及确认文件（如适用）；

（九）基金管理人信用信息登记承诺函；

上述材料（一）至（八）项可提交加盖基金管理人公章的复印件，第（九）项应提交原件。

第十二条　各级地方政府或所属部门、直属机构出资额50亿元人民币（或等值外币）以下的，国家发展改革委授权并指导省（自治区、直辖市）发展改革部门负责材料齐备性核对和产业政策符合性审查。50亿元人民币（或等值外币）以下超过一定规模的县、市地方政府或所属部门、直属机构出资，由省级发展改革部门负责材料齐备性核对和产业政策符合性审查，具体规模由各省（自治区、直辖市）发展改革部门确定。计划单列市发展改革部门负责辖区内政府出资额50亿元人民币（或等值外币）以下的基金材料齐备性核对和产业政策符合性审查。核对和审查通过后，发展改革部门在登记系统中予以确认。

第十三条 发展改革部门收到书面材料后应进行材料齐备性核对。登记材料齐备的，发展改革部门在五个工作日内在登记系统中予以确认，登记系统自动生成相应的基金登记编码；登记材料不齐备的，发展改革部门通过登记系统明确告知需补充的材料清单。

第十四条 发展改革部门于基金登记确认后三十个工作日内完成产业政策符合性审查。通过产业政策符合性审查的基金，发展改革部门在登记系统中予以确认；未通过产业政策符合性审查的基金，发展改革部门通过登记系统出具整改意见告知书，抄告有关部门或地方政府，并以适当方式向社会公告。审查结果将以适当方式体现在政府出资产业投资基金绩效评价和信用评价中。

第十五条 中债公司应采取有效的管理措施，保证登记系统的可用性及系统中相关数据的安全性和完整性。未经国家发展改革委授权，任何人或单位不得使用或对外发布有关信息。

第十六条 政府出资产业投资基金和基金管理人发生下列重大事项变更的，基金管理人应于十个工作日内通过登记系统提出变更登记申请，并向发展改革部门书面提交变更材料（附光盘）：

（一）基金设立相关批复文件发生变化；

（二）基金和基金管理人工商登记文件与营业执照发生变化（如适用）；

（三）基金章程、合伙协议或基金协议发生变化；

（四）基金管理协议发生变化（如适用）；

（五）基金托管人或托管协议发生变化；

（六）基金管理人的章程或合伙协议发生变化；

（七）基金投资人发生变化；

（八）基金和基金管理人发生分立或者合并；

（九）基金和基金管理人依法解散、撤销、破产；

（十）可能对基金持续运行产生重大影响的其他登记要素变化。

第十七条 已登记的政府出资产业投资基金依法解散或清盘的，应及时告知发展改革部门，发展改革部门应及时注销基金登记。

第十八条 基金管理人应当在每季度结束之日起十个工作日内通过登记系统更新下列信息：

（一）基金认缴规模和实缴规模；

（二）设立、参股和退出子基金情况；

（三）新增投资项目或已投项目进展情况；

（四）投资项目退出情况；

（五）投资金融产品情况。

第十九条 基金管理人应当在每个会计年度结束后四个月内，通过登记系统报送投资运作情况，并提交基金及基金管理人年度财务报告、年度业务报告和托管报告。其中，年度财务报告应当经注册会计师审计，能够准确反映登记的基金和基金管理人资产负债和投资收益等情况；年度业务报告能够准确陈述登记的基金和基金管理人历史沿革、组织管理架构、资本资产状况、经济社会贡献情况、投资运作及典型投资案例等。

第二十条 建立健全政府出资产业投资基金行业信用体系。国家发展改革委委托第三方信用服务机构开展政府出资产业投资基金及基金管理人信用评价工作。实施守信联合激励和失信联合惩戒制度，褒扬和激励诚信行为，惩戒和约束失信行为。

基金管理人未按规定及时、准确、完整填报相关信用信息数据或未按要求进行信用信息更新的，发展改革部门将提醒改正；情节严重的，发展改革部门将会同有关部门实施失信联合惩戒，并及时将有关情况抄告有关部门或地方政府。发展改革部门将会同有关部门研究政府出资产业投资基金及基金管理人守信联合激励措施。

第二十一条 中债公司应按照本指引规定制定政府出资产业投资基金信用信息登记系统操作手册。

第二十二条 本指引自 2017 年 4 月 1 日起施行，由国家发展改革委负责解释。政府出资产业投资基金行业具体信用评价和信用体系建设办法由国家发展改革委另行制定。

附：政府出资产业投资基金管理人信用信息登记承诺函模板

附

## 政府出资产业投资基金管理人

## 信用信息登记承诺函

**机构名称：**

**统一信用代码或工商注册号：**

**注册地址：**

**本机构郑重承诺：**

一、向政府出资产业投资基金信用信息登记系统提供的所有材料及填报的信息真实、准确、完整，不存在任何虚假记载、误导性陈述或重大遗漏，并愿意承担全部的法律责任。

二、本机构高级管理人员及从业人员将严格执行有关规定进行登记，全面履行应尽的责任和义务，诚实守信，遵守职业道德，接受有关部门的监督管理。

特此承诺。

**机构名称：**

**（加盖公章）**

**法定代表人 / 执行事务合伙人 / 执行事务合伙人委派代表签名：**

**年　月　日**

## 14.1.2 财政部 国家税务总局 关于创业投资企业和天使投资个人有关税收试点政策的通知

### 财政部 国家税务总局
### 关于创业投资企业和天使投资个人有关税收试点政策的通知

财税〔2017〕38号

各省、自治区、直辖市、计划单列市财政厅（局）、国家税务局、地方税务局，新疆生产建设兵团财务局：

为进一步落实创新驱动发展战略，促进创业投资持续健康发展，现就创业投资企业和天使投资个人有关税收试点政策通知如下：

**一、税收试点政策**

（一）公司制创业投资企业采取股权投资方式直接投资于种子期、初创期科技型企业（以下简称初创科技型企业）满2年（24个月，下同）的，可以按照投资额的70%在股权持有满2年的当年抵扣该公司制创业投资企业的应纳税所得额；当年不足抵扣的，可以在以后纳税年度结转抵扣。

（二）有限合伙制创业投资企业（以下简称合伙创投企业）采取股权投资方式直接投资于初创科技型企业满2年的，该合伙创投企业的合伙人分别按以下方式处理：

1. 法人合伙人可以按照对初创科技型企业投资额的70%抵扣法人合伙人从合伙创投企业分得的所得；当年不足抵扣的，可以在以后纳税年度结转抵扣。

2. 个人合伙人可以按照对初创科技型企业投资额的70%抵扣个人合伙人从合伙创投企业分得的经营所得；当年不足抵扣的，可以在以后纳税年度结转抵扣。

（三）天使投资个人采取股权投资方式直接投资于初创科技型企业满2年的，可以按照投资额的70%抵扣转让该初创科技型企业股权取得的应纳税所得额；当期不足抵扣的，可以在以后取得转让该初创科技型企业股权的应纳税所得额时结转抵扣。

天使投资个人在试点地区投资多个初创科技型企业的，对其中办理注销清算的初创科技型企业，天使投资个人对其投资额的70%尚未抵扣完的，可自注销清算之日起36个月内抵扣天使投资个人转让其他初创科技型企业股权取得的应纳税所得额。

## 二、相关政策条件

（一）本通知所称初创科技型企业，应同时符合以下条件：

1. 在中国境内（不包括港、澳、台地区）注册成立、实行查账征收的居民企业；

2. 接受投资时，从业人数不超过 200 人，其中具有大学本科以上学历的从业人数不低于 30%；资产总额和年销售收入均不超过 3000 万；

3. 接受投资时设立时间不超过 5 年（60 个月，下同）；

4. 接受投资时以及接受投资后 2 年内未在境内外证券交易所上市；

5. 接受投资当年及下一纳税年度，研发费用总额占成本费用支出的比例不低于 20%。

（二）享受本通知规定税收试点政策的创业投资企业，应同时符合以下条件：

1. 在中国境内（不含港、澳、台地区）注册成立、实行查账征收的居民企业或合伙创投企业，且不属于被投资初创科技型企业的发起人；

2. 符合《创业投资企业管理暂行办法》（发展改革委等 10 部门令第 39 号）规定或者《私募投资基金监督管理暂行办法》（证监会令第 105 号）关于创业投资基金的特别规定，按照上述规定完成备案且规范运作；

3. 投资后 2 年内，创业投资企业及其关联方持有被投资初创科技型企业的股权比例合计应低于 50%；

4. 创业投资企业注册地须位于本通知规定的试点地区。

（三）享受本通知规定的税收试点政策的天使投资个人，应同时符合以下条件：

1. 不属于被投资初创科技型企业的发起人、雇员或其亲属（包括配偶、父母、子女、祖父母、外祖父母、孙子女、外孙子女、兄弟姐妹，下同），且与被投资初创科技型企业不存在劳务派遣等关系；

2. 投资后 2 年内，本人及其亲属持有被投资初创科技型企业股权比例合计应低于 50%；

3. 享受税收试点政策的天使投资个人投资的初创科技型企业，其注册地须位于本通知规定的试点地区。

（四）享受本通知规定的税收试点政策的投资，仅限于通过向被投资初创科技型企业直接支付现金方式取得的股权投资，不包括受让其他股东的存量股权。

## 三、管理事项及管理要求

（一）本通知所称研发费用口径，按照《财政部 国家税务总局 科技部关于完善研究开发费用税前加计扣除政策的通知》（财税〔2015〕119 号）的规定执行。

（二）本通知所称从业人数，包括与企业建立劳动关系的职工人员及企业接受的劳务派遣人员。从业人数和资产总额指标，按照企业接受投资前连续12个月的平均数计算，不足12个月的，按实际月数平均计算。

本通知所称销售收入，包括主营业务收入与其他业务收入；年销售收入指标，按照企业接受投资前连续12个月的累计数计算，不足12个月的，按实际月数累计计算。

本通知所称成本费用，包括主营业务成本、其他业务成本、销售费用、管理费用、财务费用。

（三）本通知所称投资额，按照创业投资企业或天使投资个人对初创科技型企业的实缴投资额确定。

合伙创投企业的合伙人对初创科技型企业的投资额，按照合伙创投企业对初创科技型企业的实缴投资额和合伙协议约定的合伙人占合伙创投企业的出资比例计算确定。合伙人从合伙创投企业分得的所得，按照《财政部 国家税务总局关于合伙企业合伙人所得税问题的通知》（财税〔2008〕159号）规定计算。

（四）天使投资个人、创业投资企业、合伙创投企业法人合伙人、被投资初创科技型企业应按规定向税务机关履行备案手续。

（五）初创科技型企业接受天使投资个人投资满2年，在上海证券交易所、深圳证券交易所上市的，天使投资个人转让该企业股票时，按照现行限售股有关规定执行，其尚未抵扣的投资额，在税款清算时一并计算抵扣。

（六）享受本通知规定的税收试点政策的纳税人，其主管税务机关对被投资企业是否符合初创科技型企业条件有异议的，可以转请被投资企业主管税务机关提供相关材料。对纳税人提供虚假资料，违规享受税收试点政策的，应按税收征管法相关规定处理，并将其列入失信纳税人名单，按规定实施联合惩戒措施。

## 四、执行时间及试点地区

本通知规定的企业所得税政策自2017年1月1日起试点执行，个人所得税政策自2017年7月1日起试点执行。执行日期前2年内发生的投资，在执行日期后投资满2年，且符合本通知规定的其他条件的，可以适用本通知规定的税收试点政策。

本通知所称试点地区包括京津冀、上海、广东、安徽、四川、武汉、西安、沈阳8个全面创新改革试验区域和苏州工业园区。

财政部 税务总局

2017年4月28日

## 14.1.3 国家税务总局关于创业投资企业和天使投资个人税收试点政策有关问题的公告

### 国家税务总局
### 关于创业投资企业和天使投资个人税收试点政策有关问题的公告

国家税务总局公告 2017 年第 20 号

为贯彻落实《财政部 税务总局关于创业投资企业和天使投资个人有关税收试点政策的通知》(财税〔2017〕38 号，以下简称《通知》)，现就创业投资企业和天使投资个人税收试点政策有关问题公告如下：

**一、相关政策执行口径**

(一)《通知》第一条所称满 2 年是指公司制创业投资企业（以下简称“公司制创投企业”)、有限合伙制创业投资企业（以下简称“合伙创投企业”）和天使投资个人投资于种子期、初创期科技型企业（以下简称“初创科技型企业”）的实缴投资满 2 年，投资时间从初创科技型企业接受投资并完成工商变更登记的日期算起。

(二)《通知》第二条第（一）项所称研发费用总额占成本费用支出的比例，是指企业接受投资当年及下一纳税年度的研发费用总额合计占同期成本费用总额合计的比例。

(三)《通知》第三条第（三）项所称出资比例，按投资满 2 年当年年末各合伙人对合伙创投企业的实缴出资额占所有合伙人全部实缴出资额的比例计算。

(四)《通知》所称从业人数及资产总额指标，按照初创科技型企业接受投资前连续 12 个月的平均数计算，不足 12 个月的，按实际月数平均计算。具体计算公式如下：

月平均数＝（月初数＋月末数）÷2

接受投资前连续 12 个月平均数＝接受投资前连续 12 个月平均数之和 ÷12

（五）法人合伙人投资于多个符合条件的合伙创投企业，可合并计算其可抵扣的投资额和分得的所得。当年不足抵扣的，可结转以后纳税年度继续抵扣；当年抵扣后有结余的，应按照企业所得税法的规定计算缴纳企业所得税。

所称符合条件的合伙创投企业既包括符合《通知》规定条件的合伙创投企业，也包括符合《国家税务总局关于有限合伙制创业投资企业法人合伙人企业所得税有关问题的公告》(国家税务总局公告 2015 年第 81 号）规定条件的合伙创投企业。

## 二、备案程序和资料

（一）公司制创投企业

公司制创投企业应在年度申报享受优惠时，向主管税务机关办理备案手续，备案时报送《企业所得税优惠事项备案表》及发展改革或证监部门出具的符合创业投资企业条件的年度证明材料复印件。同时将以下资料留存备查：

1. 发展改革或证监部门出具的符合创业投资企业条件的年度证明材料；

2. 初创科技型企业接受现金投资时的投资合同（协议）、章程、实际出资的相关证明材料；

3. 创业投资企业与其关联方持有初创科技型企业的股权比例的说明；

4. 被投资企业符合初创科技型企业条件的有关资料：

（1）接受投资时从业人数、资产总额、年销售收入和大学本科以上学历的从业人数比例的情况说明；

（2）接受投资时设立时间不超过 5 年的证明材料；

（3）接受投资时以及接受投资后 2 年内未在境内外证券交易所上市情况说明；

（4）研发费用总额占成本费用总额比例的情况说明。

（二）合伙创投企业及其法人合伙人

1. 合伙创投企业法人合伙人符合享受优惠条件的，合伙创投企业应在投资初创科技型企业满 2 年的年度以及分配所得的年度终了后 3 个月内向合伙创投企业主管税务机关报送《合伙创投企业法人合伙人所得分配情况明细表》（附件 1）。

2. 法人合伙人应在年度申报享受优惠时，向主管税务机关办理备案手续，备案时报送《企业所得税优惠事项备案表》。同时将法人合伙人投资于合伙创投企业的出资时间、出资金额、出资比例及分配比例的相关证明材料、合伙创投企业主管税务机关受理后的《合伙创投企业法人合伙人所得分配情况明细表》及其他有关资料留存备查。留存备查的其他资料同公司制创投企业。

（三）合伙创投企业及其个人合伙人

1. 合伙创投企业应在投资初创科技型企业满 2 年的年度终了 3 个月内，向合伙创投企业主管税务机关办理备案手续，备案时应报送《合伙创投企业个人所得税投资抵扣备案表》（附件 2），同时将有关资料留存备查（备查资料同公司制创投企业）。合伙企业多次投资同一初创科技型企业的，应按年度分别备案。

2. 合伙创投企业应在投资初创科技型企业满 2 年后的每个年度终了 3 个月内，向合伙创投企业主管税务机关报送《合伙创投企业个人所得税投资抵扣情况表》（附件 3）。

3. 个人合伙人的个人所得税年度申报，应将当年允许抵扣的投资额填至《个人所得税生产经营所得纳税申报表（B 表）》“允许扣除的其他费用”栏，并同时标明“投资抵扣”字样。

其中，2017 年度投资初创科技型企业满 2 年的合伙创投企业个人合伙人，在办理年度个人所得税纳税申报时，以其符合条件的投资额的 70% 抵扣个人合伙人当年自合伙创投企业分得的经营所得。

（四）天使投资个人

1. 投资抵扣备案。天使投资个人应在投资初创科技型企业满 24 个月的次月 15 日内，与初创科技型企业共同向初创科技型企业主管税务机关办理备案手续。备案时应报送《天使投资个人所得税投资抵扣备案表》（附件 4）、天使投资个人身份证件等相关资料。被投资企业符合初创科技型企业条件有关资料留存企业备查，备查资料同公司制创投企业留存备查资料的第 2 项和第 4 项。多次投资同一初创科技型企业的，应分次备案。

2. 投资抵扣申报

（1）天使投资个人转让未上市的初创科技型企业股权，按照《通知》规定享受投资抵扣税收优惠时，应于股权转让次月 15 日内，向主管税务机关报送《天使投资个人所得税投资抵扣情况表》（附件 5）。同时，天使投资个人还应一并提供投资初创科技型企业后税务机关受理的《天使投资个人所得税投资抵扣备案表》。

其中，天使投资个人转让初创科技型企业股权需同时抵扣前 36 个月内投资其他注销清算初创科技型企业尚未抵扣完毕的投资额的，申报时应一并提供注销清算企业主管税务机关受理登记并注明注销清算等情况的《天使投资个人所得税投资抵扣备案表》，及前期享受投资抵扣政策后税务机关受理的《天使投资个人所得税投资抵扣情况表》。

接受投资的初创科技型企业，应在天使投资个人转让股权纳税申报时，向扣缴义务人提供相关信息。

（2）天使投资个人投资初创科技型企业满足投资抵扣税收优惠条件后，初创科技型企业在上海证券交易所、深圳证券交易所上市的，天使投资个人在转让初创科技型企业股票时，有尚未抵扣完毕的投资额的，应向证券机构所在地主管税务机关办理限售股转让税款清算，抵扣尚未抵扣完毕的投资额。清算时，应提供投资初创科技型企业后税务机关受理的《天使投资个人所得税投资抵扣备案表》和《天使投资个人所得税投资抵扣情况表》。

3. 被投资企业发生个人股东变动或者个人股东所持股权变动的，应在次月15日内向主管税务机关报送含有股东变动信息的《个人所得税基础信息表（A表）》。对天使投资个人，应在备注栏标明“天使投资个人”字样。

4. 天使投资个人转让股权时，扣缴义务人、天使投资个人应将当年允许抵扣的投资额填至《扣缴个人所得税报告表》或《个人所得税自行纳税申报表（A表）》“税前扣除项目”的“其他”栏，并同时标明“投资抵扣”字样。

5. 天使投资个人投资的初创科技型企业注销清算的，应及时持《天使投资个人所得税投资抵扣备案表》到主管税务机关办理情况登记。

## 三、其他事项

（一）税务机关在公司制创投企业、合伙创投企业合伙人享受优惠政策后续管理中，对初创科技型企业是否符合规定条件有异议的，可以转请初创科技型企业主管税务机关提供相关资料，主管税务机关应积极配合。

（二）创业投资企业、合伙创投企业合伙人、天使投资个人、初创科技型企业提供虚假情况、故意隐瞒已投资抵扣情况或采取其他手段骗取投资抵扣，不缴或者少缴应纳税款的，按税收征管法有关规定处理。

（三）公司制创投企业及合伙创投企业法人合伙人申报享受税收优惠政策，备案资料和留存备查资料按照本公告第二条有关规定执行，其他备案管理要求按照《国家税务总局关于发布〈企业所得税优惠政策事项办理办法〉的公告》（国家税务总局公告2015年第76号）的规定执行。

## 四、执行时间

本公告企业所得税有关规定适用于2017年及以后年度企业所得税汇算清缴，个人所得税有关规定自2017年7月1日起执行。

特此公告。

附件：1. 合伙创投企业法人合伙人所得分配情况明细表
2. 合伙创投企业个人所得税投资抵扣备案表
3. 合伙创投企业个人所得税投资抵扣情况表
4. 天使投资个人所得税投资抵扣备案表
5. 天使投资个人所得税投资抵扣情况表

国家税务总局

2017年5月22日

## 附件 1　合伙创投企业法人合伙人所得分配情况明细表

| 所属期间： | 年　月　日至　年　月　日 | | 金额单位：元 |
|---|---|---|---|
| 创投企业纳税人识别号 | | 初创科技型企业纳税人识别号 | |
| 创投企业名称 | | 初创科技型企业名称 | |
| 主管税务机关 | | 主管税务机关 | |
| 本期新增符合优惠条件的实缴投资额合计（a） | | 成立日期 | |
| 本期所得 (b） | | 接受投资日期 | |
| 法人合伙人纳税人识别号 | | 接受创业投资额 | |
| 法人合伙人企业名称 | | 从业人数 | |
| 主管税务机关 | | 具有大学本科以上学历的从业人数所占比例 | |
| 实缴出资额 | | 资产总额 | |
| 投资时间 | | 年销售收入 | |
| 实缴出资额占全部实缴出资额比例 | 1 | 研发费用占成本费用比例 | |
| 本期新增符合优惠条件的投资额 | 2=a★1 | 是否已上市 | |
| 本期新增可抵扣的投资额 | 3=2★70% | 征收方式 | |
| 所得的分配比例 | 4 | | |
| 法人合伙人应分得的所得 | 5=b★4 | | |

| | | | |
|---|---|---|---|
| 企业声明 | 我单位已知悉本事项全部相关政策和管理要求。此表是根据《中华人民共和国企业所得税法》及其实施条例和国家税收规定填报的，是真实、完整的，提交的资料真实、合法、有效。 | 税务机关回执 | 您单位于　年　月　日向我机关提交本表及相关资料。我机关意见：　。特此告知。 |
| | （企业公章） | | （税务机关印章） |
| | 财务负责人：<br>执行事务合伙人：<br>年　月　日 | | 经办人：<br>年　月　日 |

**填表说明：**

1.“所属期间”填报公历当年1月1日至12月31日。

2.“创投企业纳税人识别号”“创投企业名称”和“主管税务机关”填写合伙创投企业的纳税人识别号或统一社会信用代码、名称和主管税务机关。

3.“本期新增符合优惠条件的实缴投资额合计”填写合伙创投企业本期新增的符合财税〔2017〕38号文件优惠条件的投资额。

4.“本期所得”填写合伙创投企业本期按规定计算并亏损弥补后的所得。

5.“法人合伙人纳税人识别号”“法人合伙人企业名称”和“主管税务机关”填写合伙创投企业法人合伙人的纳税人识别号或统一社会信用代码、名称和企业所得税主管税务机关。

6.“实缴出资额”“实缴出资额占全部实缴出资额比例”填写满足投资满2年当年年末法人合伙人投资合伙创投企业的实缴出资额和其占全部实缴出资额的比例。“投资时间”填写法人合伙人对合伙创投企业的实缴出资时间。

7.“本期新增符合优惠条件的投资额”填写“本期新增符合优惠条件的实缴投资额合计”×“出资比例”计算得到的金额。

8.“本期新增可抵扣的投资额”填写“本期新增符合优惠条件的投资额”×70%计算得到的金额。

9.“所得的分配比例”填写法人合伙人对应的本期所得的分配比例。

10.“法人合伙人应分得的所得”填写“本期所得”×“所得的分配比例”计算得到的金额。

11.“初创科技型企业纳税人识别号”“初创科技型企业名称”和“主管税务机关”填写初创科技型企业的纳税人识别号或统一社会信用代码、名称和企业所得税主管税务机关。

12.“成立日期”填写初创科技型企业营业执照注明的成立日期；“接受投资日期”填写初创科技型企业接受投资并完成工商变更登记的日期。

13.“从业人数”“具有大学本科以上学历的从业人数所占比例”“资产总额”和“年销售收入”填写按财税〔2017〕38号及本公告计算的初创科技型企业接受合伙创投企业投资时的数据。

14.“研发费用占成本费用比例”填写初创科技型企业接受投资当年及下一纳税年度的研发费用总额合计占同期成本费用总额合计的比例。

15.“是否已上市”填写初创科技型企业接受投资时以及接受投资后2年内是否在境内外证券交易所上市，填写“是”或“否”。

16.“征收方式”根据初创科技型企业实际企业所得税征收方式填写“查账征收”或“核定征收”。

17.本表一式两份，一份交付合伙创投企业作为已提交的证明留存，一份由税务机关留存。同时，合伙创投企业将经合伙创投企业主管税务机关

受理后的本表复印件提供给法人合伙人作为留存备查资料。

## 附件 2　合伙创投企业个人所得税投资抵扣备案表

（　　　　年度）

备案编号（主管税务机关填写）：　　　　　　　　　　　　单位：%，人民币元（列至角分）

| 合伙创投企业基本情况 | | | |
|---|---|---|---|
| 企业名称 | | 纳税人识别号 | |
| 备案管理部门 | | 备案时间 | |
| 联系人 | | 联系电话 | |
| 对初创科技型企业投资情况 | | | |
| 初创科技型企业名称 | | 本科以上学历人数占比 | |
| 纳税人识别号 | | 资产总额 | |
| 注册地 | | 年销售收入 | |
| 设立时间 | | 研发费用总额占成本费用支出的比例 | |
| 投资日期 | | 投资 2 年内与关联方合计持股比例是否超 50% | |
| 从业人数 | | 投资额 | |
| 谨声明：本人（单位）知悉并保证本表填报内容及所附证明材料真实、完整，并承担因资料虚假而产生的法律和行政责任。<br><br>合伙创投企业印章：　　　　合伙创投企业负责人签章：　　　　年　　月　　日 | | | |
| 代理机构印章：<br><br>联系人：<br>填报日期： | | 主管税务机关印章：<br><br>受理人：<br>受理日期： | |

国家税务总局监制

## 填报说明

**一、适用范围**

本表适用于有限合伙制创业投资企业（以下简称“合伙创投企业”）投资境内种子期、初创期科技型企业（以下简称“初创科技型企业”），就符合投资抵扣税收优惠条件的投资，向主管税务机关办理投资情况备案。

**二、报送期限**

合伙创投企业应于投资满2年的年度终了后3个月内，向其注册地主管税务机关报送本表。

**三、表内各栏**

（一）合伙创投企业基本情况

1. 企业名称：填写合伙创投企业名称全称。

2. 纳税人识别号：填写合伙创投企业的纳税人识别号或统一社会信用代码。

3. 备案管理部门：填写合伙创投企业根据《创业投资企业管理暂行办法》或《私募投资基金监督管理暂行办法》等规定，办理备案的主管部门名称全称。

4. 备案时间：填写合伙创投企业向备案管理部门完成备案的时间。

5. 联系人：填写合伙创投企业联系人姓名。

6. 联系电话：填写合伙创投企业联系人的联系电话。

（二）对初创科技型企业投资情况

合伙创投企业投资多个初创科技型企业或对同一家初创科技型企业有多轮投资的，均需就每次投资情况分行填写。

1. 初创科技型企业名称：填写初创科技型企业名称全称。

2. 纳税人识别号：填写初创科技型企业的纳税人识别号或统一社会信用代码。

3. 注册地：填写初创科技型企业注册登记的具体地址。

4. 设立时间：填写初创科技型企业设立登记的具体日期。

5. 投资日期：填写初创科技型企业接受合伙创投企业投资并完成工商变更登记的日期。

6. 从业人数：填写与初创科技型企业建立劳动关系的职工及企业接受的劳务派遣人员人数。具体按照初创科技型企业接受投资前连续12个月的平均数填写，不足12个月的按实际月数平均计算填写。

7. 本科以上学历人数占比：填写初创科技型企业接受投资时本科以上学历人数占企业从业人数的比例。

8. 资产总额：填写初创科技型企业的资产总额。具体按照初创科技型企业接受投资前连续12个月的平均数填写，不足12个月的按实际月数平均计算填写。

9. 年销售收入：填写初创科技型企业的年销售收入。具体按照初创科技型企业接受投资前连续12个月的累计数填写，不足12个月的按实际月数累计计算填写。

10. 研发费用总额占成本费用支出的比例：填写企业接受投资当年及下一年两个纳税年度的研发费用总额合计占同期成本费用总额合计的比例。

11. 投资后2年内与关联方合计持股比例是否超50%：填写“是”或“否”。

12. 投资额：填写合伙创投企业以现金形式对初创科技型企业的实缴出资额。

**四、本表一式两份。**主管税务机关受理后，由合伙创投企业和主管税务机关分别留存。

## 附件 3　合伙创投企业个人所得税投资抵扣情况表

（　　　年度）

单位：%, 人民币元（列至角分）

<table>
<tr><td colspan="4">合伙创投企业情况</td></tr>
<tr><td>企业名称</td><td></td><td>纳税人识别号</td><td></td></tr>
<tr><td>投资情况备案编号</td><td colspan="3"></td></tr>
<tr><td>当年新增符合条件的投资额合计</td><td></td><td>新增可抵扣投资额</td><td></td></tr>
<tr><td colspan="4">个人合伙人相关情况</td></tr>
<tr><td>姓名</td><td></td><td>当年度分配的经营所得</td><td></td></tr>
<tr><td>身份证件类型</td><td></td><td>结转上年可抵扣投资额</td><td></td></tr>
<tr><td>身份证件号码</td><td></td><td>当年新增可抵扣投资额</td><td></td></tr>
<tr><td>出资额</td><td></td><td>当年实际抵扣投资额</td><td></td></tr>
<tr><td>出资比例</td><td></td><td rowspan="2">结转抵扣投资额</td><td rowspan="2"></td></tr>
<tr><td>分配比例</td><td></td></tr>
<tr><td colspan="4">谨声明：本人（单位）知悉并保证本表填报内容及所附证明材料真实、完整，并承担因资料虚假而产生的法律和行政责任。<br><br>合伙创投企业印章：　　　合伙创投企业负责人签章：　　　年　　月　　日</td></tr>
<tr><td colspan="2">代理机构印章：<br><br>联系人：<br>填报日期：</td><td colspan="2">主管税务机关印章：<br><br>受理人：<br>受理日期：</td></tr>
</table>

国家税务总局监制

## 填报说明

**一、适用范围**

本表适用于有限合伙制创业投资企业（以下简称“合伙创投企业”）投资境内种子期、初创期科技型企业（以下简称“初创科技型企业”），在符合投资抵扣税收优惠年度及以后年度，向主管税务机关报告有关情况并办理投资抵扣手续。

**二、报送期限**

合伙创投企业自符合投资抵扣税收优惠年度起，每个年度终了3个月内，向其注册地主管税务机关报送本表。

**三、表内各栏**

（一）合伙创投企业情况

1. 企业名称：填写合伙创投企业名称全称。

2. 纳税人识别号：填写合伙创投企业的纳税人识别号或统一社会信用代码。

3. 投资情况备案编号：填写合伙创投企业办理投资情况备案时，税务机关受理其填报的《合伙创投企业个人所得税投资抵扣备案表》赋予的备案编号。

4. 当年新增符合条件的投资额合计：填写当年《合伙创投企业个人所得税投资抵扣备案表》投资额合计。若当年无新增符合投资抵扣税收优惠条件的投资，则无需填写。

5. 新增可抵扣投资额：新增可抵扣投资额＝当年新增符合条件的投资额合计 ×70%

（二）个人合伙人相关情况

本栏填报个人合伙人报告年度实际投资抵扣的有关情况。

1. 姓名：填写个人合伙人姓名。

2. 身份证件类型：填写个人合伙人办理个人所得税年度申报时使用的身份证件类型。

3. 身份证件号码：填写个人合伙人办理个人所得税年度申报时使用的身份证件号码。

4. 出资额：填写个人合伙人在投资满两年当年年末，对合伙创投企业的实缴出资额。

5. 出资比例：填写报告年度年末各合伙人对合伙创投企业的实缴出资额占所有合伙人全部实缴出资额的比例。

6. 分配比例：填写个人合伙人办理个人所得税年度申报时填报的分配比例。

7. 当年度分配的经营所得：填写报告年度个人合伙人按其分配比例自合伙创投企业计算分得的经营所得。

8. 结转上年可抵扣投资额：填写上年度此表“结转抵扣投资额”，上年无结转抵扣投资额的填“0”。

9. 当年新增可抵扣投资额：当年新增可抵扣投资额＝新增可抵扣投资额 × 出资比例

10. 当年实际抵扣投资额：区别以下情况计算填写。

（1）当年度分配的经营所得＜结转上年可抵扣投资额＋当年新增可抵扣投资额时，

当年实际抵扣投资额＝当年度分配的经营所得

（2）当年度分配的经营所得≥结转上年可抵扣投资额＋当年新增可抵扣投资额时，

当年实际抵扣投资额＝当年新增可抵扣投资额＋结转上年可抵扣投资额

11. 结转抵扣投资额：结转抵扣投资额＝结转上年可抵扣投资额＋当年新增可抵扣投资额－当年实际抵扣投资额

**四、本表一式两份。**主管税务机关受理后，由合伙创投企业和主管税务机关分别留存。

## 附件 4　天使投资个人所得税投资抵扣备案表

备案编号（主管税务机关填写）：　　　　　　　　　　　　单位：%，人民币元（列至角分）

| 天使投资个人基本情况 | | | |
|---|---|---|---|
| 姓名 | | 国籍（地区） | |
| 联系电话 | | 身份证件类型 | |
| 联系地址 | | 身份证件号码 | |
| 初创科技型企业基本情况 | | | |
| 企业名称 | | 纳税人识别号 | |
| 设立时间 | | 注册地址 | |
| 初创科技型企业及天使投资个人投资情况 | | | |
| 投资日期 | | 年销售收入 | |
| 从业人数 | | 研发费用总额占成本费用支出的比例 | |
| 本科以上学历人数占比 | | 投资 2 年内与其亲属合计持股比例是否超过 50% | |
| 资产总额 | | 投资额 | |
| 谨声明：本人（单位）知悉并保证本表填报内容及所附证明材料真实、完整，并承担因资料虚假而产生的法律和行政责任。<br>天使投资个人签章：　　　初创科技型企业负责人签章：　　　年　月　日 | | | |
| 代理机构印章：<br>联系人：<br>填报日期： | | 主管税务机关印章：<br>受理人：<br>受理日期： | |
| 初创科技型企业注销清算情况（税务机关填写） | | | |
| 注销清算时间 | | 清算前已抵扣投资额 | |
| 主管税务机关印章：<br>受理人：<br>受理日期： | | | |

国家税务总局监制

注：本表是天使投资个人日后转让初创科技型企业股权办理投资抵扣的重要凭据，请妥善保管。

## 填报说明

**一、适用范围**

本表适用于天使投资个人投资境内种子期、初创期科技型企业（以下简称“初创科技型企业”），就符合投资抵扣税收优惠条件的投资，向主管税务机关办理投资情况备案。

**二、报送期限**

初创科技型企业、天使投资个人应共同于满足投资抵扣税收优惠条件次月15日内，向其主管税务机关报送本表。

**三、表内各栏**

（一）天使投资个人基本情况

1. 姓名：填写天使投资个人姓名。中国境内无住所个人，其姓名应当用中、外文同时填写。

2. 身份证件类型：填写能识别天使投资个人唯一身份的身份证、军官证、士兵证、护照、港澳居民来往内地通行证、台湾居民来往大陆通行证等有效证照名称。

3. 身份证件号码：填写能识别天使投资个人唯一身份的有效证照号码。

4. 国籍（地区）：填写天使投资个人的国籍或者地区。

5. 联系电话、联系地址：填写天使投资个人的有效联系方式。

（二）初创科技型企业基本情况

1. 企业名称：填写初创科技型企业名称全称。

2. 纳税人识别号：填写初创科技型企业的纳税人识别号或统一社会信用代码。

3. 设立时间：填写初创科技型企业设立登记的具体日期。

4. 注册地址：填写初创科技型企业注册登记的具体地址。

（三）初创科技型企业及天使投资个人投资情况

1. 投资日期：填写初创科技型企业接受合伙创投企业投资并完成工商变更登记的日期。

2. 从业人数：填写与初创科技型企业建立劳动关系的职工及企业接受的劳务派遣人员人数。具体按照初创科技型企业接受投资前连续12个月的平均数填写，不足12个月的按实际月数平均计算填写。

3. 本科以上学历人数占比：填写初创科技型企业接受投资时本科以上学历人数占企业从业人数的比例。

4. 资产总额：填写初创科技型企业的资产总额。具体按照初创科技型企业接受投资前连续12个月的平均数填写，不足12个月的按实际月数平均计算填写。

5. 年销售收入：填写初创科技型企业的年销售收入。具体按照初创科技型企业接受投资前连续12个月的累计数填写，不足12个月的按实际月数累计计算填写。

6. 研发费用总额占成本费用支出的比例：填写企业接受投资当年及下一年两个纳税年度的研发费用总额合计占同期成本费用总额合计的比例。

7. 投资2年内与其亲属合计持股比例是否超过50%：填写“是”或“否”。

8. 投资额：填写天使投资个人以现金形式对初创科技型企业的实缴出资额。

（四）初创科技型企业注销清算情况

本栏由主管税务机关在初创科技型企业注销后纳税人有尚未抵扣完毕的投资额需要结转抵扣时填写。

**四、本表一式两份。**主管税务机关受理后，由天使投资个人和主管税务机关分别留存。

# 附件 5　天使投资个人所得税投资抵扣情况表

单位：%，人民币元（列至角分）

| 天使投资个人基本情况 | | | |
|---|---|---|---|
| 姓名 | | 国籍（地区） | |
| 联系电话 | | 投资抵扣备案编号 | |
| 联系地址 | | 可抵扣投资额 | |
| 身份证件类型 | | 投资额 | |
| 身份证件号码 | | | |
| **初创科技型企业基本情况** | | | |
| 企业名称 | | 纳税人识别号 | |
| **投资抵扣情况** | | | |
| 股权转让时间 | | 可抵扣投资额合计 | |
| 股权转让应纳税所得额 | | 累计已抵扣投资额 | |
| 从已清算企业结转待抵扣投资额 | | 本期抵扣投资额 | |
| 本企业可抵扣投资额 | | 结转抵扣投资额 | |
| 谨声明：本人知悉并保证本表填报内容及所附证明材料真实、完整，并承担因资料虚假而产生的法律和行政责任。<br><br>天使投资个人签章：　　　　年　月　日 | | | |
| 代理机构印章：<br><br>联系人：<br>填报日期： | | 主管税务机关印章：<br><br>受理人：<br>受理日期： | |

国家税务总局监制

## 填报说明

**一、适用范围**

本表适用于天使投资个人投资境内种子期、初创期科技型企业（以下简称“初创科技型企业”），享受投资抵扣税收优惠时，向主管税务机关报告有关情况并办理投资抵扣手续。

**二、报送期限**

天使投资个人应于股权转让次月15日内或在限售股转让清算时，向主管税务机关报送本表。

**三、表内各栏**

（一）天使投资个人基本情况

1. 姓名：填写天使投资个人姓名。中国境内无住所个人，其姓名应当用中、外文同时填写。

2. 身份证件类型：填写能识别天使投资个人唯一身份的身份证、军官证、士兵证、护照、港澳居民来往内地通行证、台湾居民来往大陆通行证等有效证照名称。

3. 身份证件号码：填写能识别天使投资个人唯一身份的有效证照号码。

4. 国籍（地区）：填写天使投资个人的国籍或者地区。

5. 联系电话、联系地址：填写天使投资个人的有效联系方式。

6. 投资抵扣备案编号：填写天使投资个人办理投资情况备案时，税务机关受理《天使投资个人所得税投资抵扣备案表》时赋予的备案编号。

7. 投资额：填写天使投资个人在转让初创科技型企业股权时，符合投资抵扣税收优惠条件的投资额合计。

8. 可抵扣投资额：可抵扣投资额 = 投资额 ×70%

（二）初创科技型企业基本情况

1. 企业名称：填写初创科技型企业名称全称。

2. 纳税人识别号：填写初创科技型企业的纳税人识别号或统一社会信用代码。

（三）投资抵扣情况

1. 股权转让时间：填写天使投资个人转让初创科技型企业股权的具体时间。

2. 股权转让应纳税所得额：填写天使投资个人转让初创科技型企业股权取得的应纳税所得额。

3. 从已清算企业结转待抵扣投资额：填写天使投资个人投资的其他初创科技型企业注销清算时尚未抵扣完毕的可抵扣投资额。

4. 本企业可抵扣投资额：本企业可抵扣投资额 = 可抵扣投资额（“天使投资个人基本情况”栏）

5. 可抵扣投资额合计：可抵扣投资额合计 = 从已清算企业结转待抵扣投资额＋本企业可抵扣投资额

6. 累计已抵扣投资额：填写天使投资个人前期转让初创科技型企业股权时已抵扣投资额合计。

7. 本期抵扣投资额：区别以下情况计算填写。

（1）股权转让应纳税所得额＜可抵扣投资额合计 − 累计已抵扣投资额时，

本期抵扣投资额 = 股权转让应纳税所得额

（2）股权转让应纳税所得额≥可抵扣投资额合计 − 累计已抵扣投资额时，

本期抵扣投资额 = 可抵扣投资额合计 − 累计已抵扣投资额

8. 结转抵扣投资额：结转抵扣投资额 = 可抵扣投资额合计 − 累计已抵扣投资额 − 本期抵扣投资额

**四、本表一式两份。**主管税务机关受理后，由天使投资个人和主管税务机关分别

### 14.1.4 国务院办公厅关于建设第二批大众创业万众创新示范基地的实施意见

## 国务院办公厅关于建设第二批大众创业万众创新示范基地的实施意见

国办发〔2017〕54 号

各省、自治区、直辖市人民政府，国务院各部委、各直属机构：

《国务院办公厅关于建设大众创业万众创新示范基地的实施意见》(国办发〔2016〕35 号)印发以来，首批双创示范基地结合实际，不断探索实践，持续完善创新创业生态，建设创新创业平台，厚植创新创业文化，取得了显著成效，形成了一批创新创业高地，打造了一批创新创业品牌，探索了一批创新创业制度模式。双创示范基地已经成为促进转型升级和创新发展的重要抓手。

根据 2017 年《政府工作报告》部署要求，为在更大范围、更高层次、更深程度上推进大众创业万众创新，持续打造发展新引擎，突破阻碍创新创业发展的政策障碍，形成可复制可推广的创新创业模式和典型经验，经国务院同意，决定在部分地区、高校和科研院所、企业建设第二批双创示范基地，并提出如下实施意见。

**一、总体目标**

坚持以推进供给侧结构性改革为主线，深入实施创新驱动发展战略，纵深推进大众创业万众创新，在创新创业基础较好、特色明显、具备示范带动能力的区域、高校和科研院所、企业等，再支持建设一批双创示范基地，进一步强化支撑能力，放大标杆效应，提升社会影响，形成新的创新创业经验并在全社会复制推广，推动大中小企业融通发展，拓展就业空间，为培育壮大发展新动能、促进新旧动能接续转换提供重要支撑。

**二、政策举措**

认真贯彻国务院决策部署，扎实推进落实既定改革举措和建设任务，推动创新创业资源向双创示范基地集聚，确保各项“双创”支持政策真正落地。同时，针对创新创业重点领域、主要环节、关键群体，继续探索创新、先行先试，再推出一批有效的改革举措，逐步建立完善多元化、特色化、专业化的创新创业制度体系。

(一)深化“放管服”改革。进一步减少行政审批事项，简化优化办事流程，规范改进审批行为。编制统一、规范的政务服务事项目录。鼓励双创示范基地设立专业化的行政审批机构，实行审批职责、审批事项、审批环节“三个全集中”。实施市场准入负面清单制度，出台互联网市场准入负面清单。放宽民间资本市场准入，扩大服务领域开放，推进非基本公共服务市场化、产业化和基本公共服务供给模式多元化。探索实行信用评价与税收便利服务挂钩制度，将优惠政策由备案管理和事前审批，逐渐向加强事中事后监管转变，提高中小企业优惠政策获得感。

（二）优化营商环境。深化商事制度改革，全面实施企业“五证合一、一照一码”、个体工商户“两证整合”，深入推进“多证合一”。推动整合涉企证照登记和审批备案信息，建设电子营业执照管理系统，推进无介质电子营业执照应用，实现电子营业执照发照、亮照、验照、公示、变更、注销等功能。鼓励推行商标网上申请，将网上申请由仅对商标代理机构开放扩大至对所有申请人开放。扩大商标网上申请业务范围，将网上申请由仅接受商标注册申请逐步扩大至接受续展、转让、注销、变更等商标业务申请。鼓励双创示范基地结合实际整合市场监管职能和执法力量，推进市场监管领域综合行政执法改革，着力解决重复检查、多头执法等问题。

（三）支持新兴业态发展。加快发布分享经济发展指南，推动构建适应分享经济发展的监管机制，建立健全创新创业平台型企业运营规则，明确权责边界。以新一代信息和网络技术为支撑，加强技术集成和商业模式创新，推动平台经济、众包经济、分享经济等创新发展。将鼓励创新创业发展的优惠政策面向新兴业态企业开放，符合条件的新兴业态企业均可享受相关财政、信贷等优惠政策。积极发展农产品加工、休闲农业、乡村旅游和农村电子商务等农村新产业、新业态。通过发展新兴业态，实现劳动者多元化就业。建立政府、平台、行业组织、劳动者、消费者共同参与的规则协商、利益分配和权益保障新机制。调动第三方、同业、公众、媒体等监督力量，形成社会力量共同参与的分享经济治理格局。健全适应新兴经济领域融合发展的生产核算等制度。在部分新兴经济领域探索实施新型股权管理制度。

（四）加强知识产权保护。在有条件的双创示范基地加快建设知识产权保护中心，扩大知识产权快速维权覆盖面，试点将知识产权保护中心服务业务扩展至发明、实用新型、外观设计专利申请以及专利复审、无效等，大幅缩短知识产权保护中心处理案件的审查周期。搭建集专利申请、维权援助、调解执法等于一体的一站式综合服务平台，探索建立海外知识产权维权援助机制。

（五）加快科技成果转化应用。进一步打通科研和产业之间的通道，加速双创示范基地科技成果转移转化。落实好提高科技型中小企业研发费用加计扣除比例的政策。建立有利于提升创新创业效率的科研管理、资产管理和破产清算等制度体系。出台激励国有企业加大研发投入力度、参与国家重大科技项目的措施办法。通过股权期权激励等措施，让创新人才在科技成果转化过程中得到合理回报，激发各类人才的创新创业活力。加强国家与地方科技创新政策衔接，加大普惠性科技创新政策落实力度，落实高新技术企业所得税优惠等创新政策。

（六）完善人才激励政策。鼓励双创示范基地研究制定“柔性引才”政策，吸引关键领域高素质人才。完善各类灵活就业人员参加社会保险的管理措施，制定相应的个人申报登记、个人缴费和资格审查办法。对首次创办小微企业或从事个体经营并正常经营1年以上的高校毕业生、就业困难人员，鼓励双创示范基地开展一次性创业补贴试点工作。探索适应灵活就业人员的失业、工伤保险保障方式，符合条件的可享受灵活就业、自主创业扶持政策。

（七）支持建设“双创”支撑平台。采取政府资金与社会资本相结合的方式支持双创示范基地建设，引导各类社会资源向创新创业支撑平台集聚，加快建设进度，提高服务水平。支持示范区域内的龙头骨干企业、高校和科研院所建设专业化、平台型众创空间。对条件成熟的专业化众创空间进行备案，给予精准扶持。依托科技园区、高等学校、科研院所等，加快发展“互联网+”创业网络体系，建设一批低成本、便利化、全要素、开放式的众创空间，降低创业门槛。试点推动老旧商业设施、仓储设施、闲置楼宇、过剩商业地产转为创业孵化基地。双创示范基地可根据创业孵化基地入驻实体数量和孵化效果，给予一定奖补。

（八）加快发展创业投融资。充分发挥国家新兴产业创业投资引导基金、中小企业发展基金作用，支持设立一批扶持早中期、初创期创新型企业的创业投资基金。引导和规范政府设立创业投资引导基金，建立完善引导基金运行监管机制、财政资金绩效考核机制和信用信息评价机制。加快创业投资领域信用体系建设，实现创业投资领域信用记录全覆盖。根据国务院统一部署，支持双创示范基地按照相关规定和程序开展投贷联动、专利质押融资贷款等金融改革试点。落实好创业担保贷款政策，鼓励金融机构和担保机构依托信用信息，科学评估创业者还款能力，改进风险防控，降低反担保要求，健全代偿机制，推行信贷尽职免责制度。研究建立有利于国有企业、国有资本从事创业投资的容错机制。

（九）支持农民工返乡创业。鼓励和引导返乡农民工按照法律法规和政策规定，通过承包、租赁、入股、合作等多种形式，创办领办家庭农场林场、农民合作社、农业企业、农业社会化服务组织等新型农业经营主体。通过发展农村电商平台，利用互联网思维和技术，实施“互联网+”现代农业行动，开展网上创业。返乡下乡人员可在创业地按相关规定参加各项社会保险，有条件的地方要将其纳入住房公积金缴存范围，按规定将其子女纳入城镇（城乡）居民基本医疗保险参保范围。鼓励双创示范基地设立“绿色通道”，为返乡下乡人员创新创业提供便利服务，对进入创业园区的，提供有针对性的创业辅导、政策咨询、集中办理证照等服务。

（十）支持海外人才回国（来华）创业。探索建立华侨华人回国（来华）创业综合服务体系，逐步推广已在部分地区试行的海外人才优惠便利政策。促进留学回国人员就业创业，鼓励留学人员以知识产权等无形资产入股方式创办企业。简化留学人员学历认证等手续，降低服务门槛，依法为全国重点引才计划引进人才及由政府主管部门认定的海外高层次留学人才申请永久居留提供便利。实施有效的人才引进和扶持政策，吸引更多人才回流，投身创新创业。

（十一）推动融合协同共享发展。支持双创示范基地之间建立协同机制，开展合作交流，共同完善政策环境，共享创新创业资源，共建创新创业支撑平台。支持双创示范基地“走出去”，与相关国家、地区开展合作交流。实施院所创新创业共享行动，支持科研院所创新创业，开放科研设施和资源，推动科技成果实现共享和转化，促进创业与科技创新深度融合。实施企业创新创业协同行动，鼓励行业领军企业、大型互联网企业向各类主体开放技术、开发、营销、推广等资源，推动开展内部创新创业，打造与中小微企业协同发展的格局。

（十二）营造创新创业浓厚氛围。办好全国“双创”活动周，展现各行业、各区域开展创新创业活动的丰硕成果。办好“创响中国”系列活动，开展双创示范基地政策行、导师行、科技行、投资行、宣传行等活动。实施社团创新创业融合行动，推介一批创新创业典型人物和案例，进一步引导和推动各类科技人员投身创新创业大潮。继续举办各类创新创业大赛，推动创新创业理念更加深入人心。面向双创示范基地企业等创新主体加强政策培训解读，建立双创示范基地科技创新政策落实督查机制，帮助企业更好享受优惠政策。

同时，不断增加创新创业政策供给。结合双创示范基地建设实践探索和成功经验，加快研究制定进一步推进大众创业万众创新纵深发展的政策文件，在改革政府管理方式、转化创新成果、拓展企业融资渠道、促进实体经济转型升级、完善人才流动激励机制等方面出台更加有力的政策措施，并与现有政策统筹协调、各有侧重，形成更大的政策合力。

### 三、步骤安排

2017年7月底前，第二批双创示范基地结合自身特点，研究制定工作方案，明确建设目标和重点。有关部门和地方论证、完善工作方案。工作方案要向社会公布，接受社会监督。

2017年年底前，第二批双创示范基地按照工作方案，落实和完善相关政策举措，加快推进双创示范基地建设，并取得阶段性成果。

2018年上半年，国家发展改革委会同相关部门组织对首批和第二批双创示范基地建设工作开展督促检查和第三方评估。

各地区、各部门要按照有关要求，认真抓好第二批双创示范基地建设工作。双创示范基地所在地人民政府要高度重视，加强领导，完善组织体系，把双创示范基地建设作为重要抓手和载体，认真抓好落实；要出台有针对性的政策措施，保证政策真正落地生根，进一步释放全社会创新创业活力。国家发展改革委要会同相关部门加强指导，建立地方政府、部门政策协调联动机制，为高校、科研院所、各类企业等提供政策支持、科技支撑、人才引进、公共服务等保障条件，形成强大合力，推动形成大众创业万众创新纵深发展的新局面。

附件：第二批双创示范基地名单（92个）

国务院办公厅

2017年6月15日

**附件**

## 第二批双创示范基地名单（92个）

### 一、区域示范基地（45个）

北京市顺义区

天津滨海高新技术产业开发区

河北省保定国家高新技术产业开发区

山西转型综合改革示范区学府产业园区

内蒙古自治区包头稀土高新技术产业开发区

辽宁省大连高新技术产业园区

辽宁省鞍山高新技术产业开发区

吉林长春新区
黑龙江哈尔滨新区
上海市徐汇区
江苏省南京市雨花台区
浙江省杭州经济技术开发区
浙江省宁波市鄞州区
浙江省嘉兴南湖高新技术产业园区
安徽省芜湖高新技术产业开发区
福建省厦门火炬高技术产业开发区
福建省泉州市丰泽区
江西赣江新区
山东省青岛高新技术产业开发区
山东省淄博市张店区
山东省威海火炬高技术产业开发区
河南省许昌市城乡一体化示范区
河南省鹿邑县
湖北省武汉市江岸区
湖北省荆门高新技术产业开发区
湖北省黄冈市罗田县
湖南省湘潭高新技术产业开发区
广东省深圳市福田区
广东省汕头华侨经济文化合作试验区
广东省中山火炬高技术产业开发区
广西壮族自治区南宁高新技术产业开发区
海南省海口国家高新技术产业开发区
重庆市永川区
四川天府新区
四川省巴中市平昌县
贵州省贵阳高新技术产业开发区
贵州省遵义市汇川区
云南省昆明经济技术开发区

西藏自治区拉萨市柳梧新区

陕西省杨凌农业高新技术产业示范区

甘肃省兰州市城关区

青海省青海国家高新技术产业开发区

宁夏回族自治区银川经济技术开发区

新疆维吾尔自治区乌鲁木齐高新技术产业开发区

新疆生产建设兵团石河子高新技术产业开发区

## 二、高校和科研院所示范基地（26 个）

北京大学

河北农业大学

吉林大学

哈尔滨工业大学

复旦大学

上海科技大学

南京理工大学

南京工业职业技术学院

浙江大学

山东大学

武汉大学

华中科技大学

中南大学

华南理工大学

西安电子科技大学

中国信息通信研究院

国家工业信息安全发展研究中心

中国科学院计算技术研究所

中国科学院大连化学物理研究所

中国科学院长春光学精密机械与物理研究所

中国科学院上海微系统与信息技术研究所

中国科学院苏州纳米技术与纳米仿生研究所

中国科学院宁波材料技术与工程研究所
中国科学院合肥物质科学研究院
中国科学院深圳先进技术研究院
中国科学院西安光学精密机械研究所

**三、企业示范基地（21 个）**

中国航空工业集团公司
中国船舶重工集团公司
中国电子科技集团公司
国家电网公司
中国移动通信集团公司
中国电子信息产业集团有限公司
中国宝武钢铁集团有限公司
中国钢研科技集团有限公司
北京有色金属研究总院
中国普天信息产业集团公司
三一重工股份有限公司
北京百度网讯科技有限公司
长春国信现代农业科技发展股份有限公司
万向集团公司
合肥荣事达电子电器集团有限公司
浪潮集团有限公司
迪尚集团有限公司
深圳市腾讯计算机系统有限公司
重庆猪八戒网络有限公司
四川长虹电子控股集团有限公司
新希望集团有限公司

### 14.1.5 国务院关于强化实施创新驱动发展战略进一步推进大众创业万众创新深入发展的意见

## 国务院关于强化实施创新驱动发展战略进一步推进大众创业万众创新深入发展的意见

国发〔2017〕37号

各省、自治区、直辖市人民政府，国务院各部委、各直属机构：

创新是社会进步的灵魂，创业是推进经济社会发展、改善民生的重要途径，创新和创业相连一体、共生共存。近年来，大众创业、万众创新蓬勃兴起，催生了数量众多的市场新生力量，促进了观念更新、制度创新和生产经营管理方式的深刻变革，有效提高了创新效率、缩短了创新路径，已成为稳定和扩大就业的重要支撑、推动新旧动能转换和结构转型升级的重要力量，正在成为中国经济行稳致远的活力之源。为进一步系统性优化创新创业生态环境，强化政策供给，突破发展瓶颈，充分释放全社会创新创业潜能，在更大范围、更高层次、更深程度上推进大众创业、万众创新，现提出如下意见。

**一、大众创业、万众创新深入发展是实施创新驱动发展战略的重要载体**

深入推进供给侧结构性改革，全面实施创新驱动发展战略，加快新旧动能接续转换，着力振兴实体经济，必须坚持“融合、协同、共享”，推进大众创业、万众创新深入发展。要进一步优化创新创业的生态环境，着力推动“放管服”改革，构建包容创新的审慎监管机制，有效促进政府职能转变；进一步拓展创新创业的覆盖广度，着力推动创新创业群体更加多元，发挥大企业、科研院所和高等院校的领军作用，有效促进各类市场主体融通发展；进一步提升创新创业的科技内涵，着力激发专业技术人才、高技能人才等的创造潜能，强化基础研究和应用技术研究的有机衔接，加速科技成果向现实生产力转化，有效促进创新型创业蓬勃发展；进一步增强创新创业的发展实效，着力推进创新创业与实体经济发展深度融合，结合“互联网+”“中国制造2025”和军民融合发展等重大举措，有效促进新技术、新业态、新模式加快发展和产业结构优化升级。

——创新为本、高端引领。以科技创新为基础支撑，实现创新带动创业、创业促进创新的良性循环。坚持质量效率并重，引导创新创业多元化、特色化、专业化发展，推动产业迈向中高端。坚持创新创业与实体经济相结合，实现一二三产业相互渗透，推动军民融合深入发展，创造新供给、释放新需求，增强产业活力和核心竞争力。

——改革先行、精准施策。以深化改革为核心动力，主动适应、把握、引领经济发展新常态，面向新趋势、新特征、新需求，主动作为，针对重点领域、典型区域、关键群体的特点精准发力，出实招、下实功、见实效。着力破除制约创新创业发展的体制机制障碍，促进生产、管理、分配和创新模式的深刻变革，继续深入推进“放管服”改革，积极探索包容审慎监管，为新动能的成长打开更大空间。

——人才优先、主体联动。以人才支撑为第一要素，改革人才引进、激励、发展和评价机制，激发人才创造潜能，鼓励科技人员、中高等院校毕业生、留学回国人才、农民工、退役士兵等有梦想、有意愿、有能力的群体更多投身创新创业。加强科研机构、高校、企业、创客等主体协同，促进大中小微企业优势互补，推动城镇与农村创新创业同步发展，形成创新创业多元主体合力汇聚、活力迸发的良性格局。

——市场主导、资源聚合。充分发挥市场配置资源的决定性作用，整合政府、企业、社会等多方资源，建设众创、众包、众扶、众筹支撑平台，健全创新创业服务体系，推动政策、技术、资本等各类要素向创新创业集聚，充分发挥社会资本作用，以市场化机制促进多元化供给与多样化需求更好对接，实现优化配置。

——价值创造、共享发展。以价值创造为本质内涵，大力弘扬创新文化，厚植创业沃土，营造敢为人先、宽容失败的良好氛围，推动创新创业成为生活方式和人生追求。践行共享发展理念，实现人人参与、人人尽力、人人享有，使创新创业成果更多更公平地惠及全体人民，促进社会公平正义。

## 二、加快科技成果转化

重点突破科技成果转移转化的制度障碍，保护知识产权，活跃技术交易，提升创业服务能力，优化激励机制，共享创新资源，加速科技成果向现实生产力转化。

（一）建立完善知识产权运用和快速协同保护体系，扩大知识产权快速授权、确权、维权覆盖面，加快推进快速保护由单一产业领域向多领域扩展。搭建集专利快速审查、快速确权、快速维权等于一体，审查确权、行政执法、维权援助、仲裁调解、司法衔接相联动的知识产权保护中心。探索建立海外知识产权维权援助机制。发挥国家知识产权运营公共服务平台枢纽作用，加快建设国家知识产权运营服务体系。（国家知识产权局牵头负责）

（二）推动科技成果、专利等无形资产价值市场化，促进知识产权、基金、证券、保险等新型服务模式创新发展，依法发挥资产评估的功能作用，简化资产评估备案程序，实现协议定价和挂牌、拍卖定价。促进科技成果、专利在企业的推广应用。（国家知识产权局、财政部、科技部、中国科协等单位按职责分工负责）

（三）探索在战略性新兴产业相关领域率先建立利用财政资金形成的科技成果限时转化制度。财政资金支持形成的科技成果，除涉及国防、国家安全、国家利益、重大社会公共利益外，在合理期限内未能转化的，可由国家依法强制许可实施转化。（科技部、财政部、国家发展改革委等部门按职责分工负责）

（四）引导众创空间向专业化、精细化方向升级，支持龙头骨干企业、高校、科研院所围绕优势细分领域建设平台型众创空间。探索将创投孵化器等新型孵化器纳入科技企业孵化器管理服务体系，并享受相应扶持政策。（科技部牵头负责）

（五）推动科研院所落实国家科技成果转化法律法规和政策，强化激励导向，提高科研院所成果转化效率。坚持试点先行，进一步扩大科研院所自主权，激发科研院所和科技人员创新创业积极性。（科技部、人力资源社会保障部等部门按职责分工负责）

（六）促进仪器设备开放共享，探索仪器设备所有权和经营权分离机制，对于财政资金购置的仪器设备，探索引入专业服务机构进行社会化服务等多种方式。（科技部牵头负责）

（七）实施科研院所创新创业共享行动，鼓励科研院所发挥自身优势，进一步提高科技成果转化能力和创新创业能力，进一步开放现有科研设施和资源，推动科技成果在全社会范围实现共享和转化。（国家发展改革委、中科院、科技部等单位按职责分工负责）

## 三、拓展企业融资渠道

不断完善金融财税政策，创新金融产品，扩大信贷支持，发展创业投资，优化投入方式，推动破解创新创业企业融资难题。

（八）在有效防控风险的前提下，合理赋予大型银行县支行信贷业务权限。支持地方性法人银行在符合条件的情况下在基层区域增设小微支行、社区支行，提供普惠金融服务。支持商业银行改造小微企业信贷流程和信用评价模型，提高审批效率。（银监会牵头负责）

（九）完善债权、股权等融资服务机制，为科技型中小企业提供覆盖全生命周期的投融资服务。稳妥推进投贷联动试点工作。推广专利权质押等知识产权融资模式，鼓励保险公司为科技型中小企业知识产权融资提供保证保险服务，对符合条件的由地方各级人民政府提供风险补偿或保费补贴。持续优化科技型中小企业直接融资机制，稳步扩大创新创业公司债券试点规模。支持政府性融资担保机构为科技型中小企业发债提供担保。鼓励地方各级人民政府建立政银担、政银保等不同类型的风险补偿机制。（银监会、人民银行、保监会、财政部、科技部、国家知识产权局、证监会等部门按职责分工负责）

（十）改革财政资金、国有资本参与创业投资的投入、管理与退出标准和规则，建立完善与其特点相适应的绩效评价体系。依法依规豁免国有创业投资机构和国有创业投资引导

基金国有股转持义务。（财政部、国务院国资委等部门按职责分工负责）

（十一）适时推广创业投资企业和天使投资个人有关税收试点政策，引导社会资本参与创业投资。推动创业投资企业、创业投资管理企业及其从业人员在第三方征信机构完善信用记录，实现创业投资领域信用记录全覆盖。（财政部、税务总局、国家发展改革委等部门按职责分工负责）

（十二）推动国家新兴产业创业投资引导基金、国家中小企业发展基金、国家科技成果转化引导基金设立一批创业投资子基金。引导和规范地方各级人民政府设立创业投资引导基金，建立完善对引导基金的运行监管机制、财政资金的绩效考核机制和基金管理机构的信用信息评价机制。（国家发展改革委、财政部、工业和信息化部等部门按职责分工负责）

（十三）健全完善创新券、创业券的管理制度和运行机制，在全面创新改革试验区域探索建立创新券、创业券跨区域互通互认机制。（科技部、国家发展改革委等部门按职责分工负责）

## 四、促进实体经济转型升级

深入实施“互联网 +”“中国制造 2025”、军民融合发展、新一代人工智能等重大举措，着力加强创新创业平台建设，培育新兴业态，发展分享经济，以新技术、新业态、新模式改造传统产业，增强核心竞争力，实现新兴产业与传统产业协同发展。

（十四）加强基础研究，提升原始创新能力。改革和创新科研管理、投入和经费使用方式。高校和科研院所要鼓励科研人员与创业者开展合作和互动交流，建立集群思、汇众智、解难题的众创空间。面向企业和社会创新的难点，凝练和解决科学问题，举办各种形式的创新挑战赛，通过众包共议方式，提高创新效率和水平。（科技部、财政部等部门按职责分工负责）

（十五）在战略性领域布局建设若干产业创新中心，整合利用现有创新资源形成充满活力的创新网络。依托企业、联合高校和科研院所，建设符合发展需求的制造业创新中心，开展关键共性重大技术研究和产业化应用示范。推动建立一批军民结合、产学研一体的科技协同创新平台。（国家发展改革委、工业和信息化部、科技部、教育部等部门按职责分工负责）

（十六）实施企业创新创业协同行动。支持大型企业开放供应链资源和市场渠道，推动开展内部创新创业，带动产业链上下游发展，促进大中小微企业融通发展。（国家发展改革委、工业和信息化部、国务院国资委、全国工商联等单位按职责分工负责）

（十七）鼓励大型企业全面推进“双创”工作，建设“双创”服务平台与网络，开展各类“双创”活动，推广各类大型企业“双创”典型经验，促进跨界融合和成果转化。（国家发展改革委、工业和信息化部、国务院国资委、全国工商联等单位按职责分工负责）

（十八）促进分享经济发展，合理引导预期，创新监管模式，推动构建适应分享经济发展的包容审慎监管机制和社会多方协同治理机制，完善新就业形态、消费者权益、社会保障、信用体系建设、风险控制等方面的政策法规，研究完善适应分享经济特点的税收征管措施，研究建立平台企业履职尽责与依法获得责任豁免的联动机制。（国家发展改革委、人力资源社会保障部、人民银行、工商总局、税务总局、中央网信办等单位按职责分工负责）

（十九）发布促进数字经济发展战略纲要，强化系统性设计，打破制约数字生产力发展的制度障碍，推进市场化的生产资料分享，提升市场配置资源效率，加速数字化转型，引领和适应数字经济发展。发起“一带一路”数字经济国际合作倡议，促进“一带一路”沿线国家数字经济交流与合作。（国家发展改革委、中央网信办等单位按职责分工负责）

（二十）进一步完善新产业新业态新模式统计分类，充分利用大数据等现代信息技术手段，研究制定“双创”发展统计指标体系，科学、准确、及时反映经济结构优化升级的新进展。（国家统计局牵头负责）

（二十一）加快研究制定工业互联网安全技术标准，建设工业互联网网络安全监测平台和中小企业网络安全公共服务平台，强化工业互联网安全保障支撑能力。（工业和信息化部牵头负责）

（二十二）积极落实支持大众创业、万众创新的用地政策，加大新供用地保障力度，鼓励盘活利用现有用地，引导新产业集聚发展，完善新产业用地监管制度。（国土资源部牵头负责）

（二十三）研究制定促进首台（套）重大技术装备示范应用的意见，建立健全首台（套）重大技术装备研发、检测评定、示范应用体系，完善财政、金融、保险等支持政策，明确相关招标采购要求，建立示范应用激励和保障机制，营造良好的政策和市场环境。（国家发展改革委牵头负责）

（二十四）充分利用产业投资基金支持先进制造业发展。实施新一轮技术改造升级重大工程，支持关键领域和瓶颈环节技术改造。（国家发展改革委、工业和信息化部、财政部等部门按职责分工负责）

## 五、完善人才流动激励机制

充分激发人才创新创业活力，改革分配机制，引进国际高层次人才，促进人才合理流动，健全保障体系，加快形成规模宏大、结构合理、素质优良的创新创业人才队伍。

（二十五）制定人才签证实施细则，明确外国人申请和取得人才签证的标准条件和办理程序；全面实施外国人来华工作许可制度，简化外国高层次人才办理工作许可证和居留证件的程序。开展外国高层次人才服务“一卡通”试点，建立安居保障、子女入学和医疗保健服务通道。进一步完善外国人才由工作居留向永久居留转换机制，实现工作许可、签证和居留有机衔接。（国家外专局、公安部、外交部、人力资源社会保障部等部门按职责分工负责）

（二十六）允许外国留学生凭高校毕业证书、创业计划申请加注“创业”的私人事务类居留许可。外国人依法申请注册成为企业的，可凭创办企业注册证明等材料向有关部门申请工作许可和工作类居留许可。（公安部、人力资源社会保障部、国家外专局等部门按职责分工负责）

（二十七）实施留学人员回国创新创业启动支持计划，吸引更多高素质留学人才回国创新创业。继续推进两岸青年创新创业基地建设，推动内地与港澳地区开展创新创业交流合作。深入开展“万侨创新行动”，支持建设华侨华人创新创业基地，探索建立华侨华人创新创业综合服务体系，为华侨华人高层次专业人才和企业家出入境、停居留以及申办外国人永久居留身份证件提供便利。推动来内地创业的港澳同胞、回国（来华）创业的华侨华人享受当地城镇居民同等待遇的社会公共服务。继续推进海外人才离岸创新创业基地建设。（人力资源社会保障部、外交部、公安部、国务院港澳办、国务院台办、国务院侨办、中国科协等单位按职责分工负责）

（二十八）完善高校和科研院所绩效考核办法，在核定的绩效工资总量内高校和科研院所可自主分配。事业单位引进高层次人员和招聘急需紧缺人才，可简化招录程序，没有岗位空缺的可申请设置特设岗位，并按相关规定办理人事关系，确定岗位薪资。（人力资源社会保障部、教育部、科技部等部门按职责分工负责）

（二十九）实施社团创新创业融合行动，搭建创新创业资源对接平台，推介一批创新创业典型人物和案例，推动创新精神、企业家精神和工匠精神融合，进一步引导和推动各类科技人员投身创新创业大潮。（国家发展改革委、中国科协等单位按职责分工负责）

（三十）加快将现有支持“双创”相关财政政策措施向返乡下乡人员创新创业拓展，将符合条件的返乡下乡人员创新创业项目纳入强农惠农富农政策范围。探索实施农村承包土地经营权以及农业设施、农机具抵押贷款试点。允许返乡下乡人员依法使用集体建设用地开展创新创业。返乡农民工可在创业地参加各项社会保险。鼓励有条件的地方将返乡农民工纳入住房公积金缴存范围，按规定将其子女纳入城镇（城乡）居民基本医疗保险参保范围。地方人民政府要建立协调推动机制，有条件的县级人民政府应设立“绿色通道”，为返乡下乡人员创新创业提供便利服务。（农业部、人力资源社会保障部、国土资源部等部门和有关地方人民政府按职责分工负责）

（三十一）各地区可根据实际需要制定灵活的引才引智政策，采取不改变人才的户籍、人事关系等方式，以用为本，发挥实效，解决关键领域高素质人才稀缺等问题。（各地方人民政府负责）

**六、创新政府管理方式**

持续深化“放管服”改革，加大普惠性政策支持力度，改善营商环境，放宽市场准入，推进试点示范，加强文化建设，推动形成政府、企业、社会良性互动的创新创业生态。

（三十二）出台公平竞争审查实施细则，进一步健全审查机制，明确审查程序，强化审查责任，推动全面实施公平竞争审查制度，为创新创业营造统一开放、竞争有序的市场环境。（国家发展改革委、财政部、商务部、工商总局等部门按职责分工负责）

（三十三）推进“多证合一”登记制度改革，将涉企登记、备案等有关事项和各类证照进一步整合到营业执照上。对内外资企业，在支持政策上一视同仁，推动实施一个窗口登记注册和限时办结。推动取消企业名称预先核准，推广自主申报。全面实施企业简易注销登记改革，实现市场主体退出便利化。建设全国统一的电子营业执照管理系统，推进无介质电子营业执照建设和应用。（工商总局牵头负责）

（三十四）加大事中事后监管力度，实现“双随机、一公开”监管全覆盖，开展跨部门“双随机”联合检查，提高监管效能。健全跨部门、跨地区执法协作机制，推进市场监管领域综合执法改革。（工商总局、中央编办、国务院法制办等单位按职责分工负责）

（三十五）在有条件的基层政府设立专业化的行政审批机构，实行审批职责、审批事项、审批环节“三个全集中”。（各地方人民政府、有关部门按职责分工负责）

（三十六）适时适当放宽教育等行业互联网准入条件，降低创新创业门槛，加强新兴业态领域事中事后监管。（教育部牵头负责）

（三十七）推进跨省经营企业部分涉税事项全国通办。推进银行卡受理终端、网上银行、手机银行等多元化缴税方式。加强国税、地税联合办税。建立健全市、县两级银税合作工作机制，加大基层银税合作力度，逐步扩大税务、银行信用信息共享内容。探索通过建立电子平台或在银税双方系统中互设接口等方式，实现银税信息“线上”互动。（税务总局牵头负责）

（三十八）积极有序推进试点示范，加快建设全国双创示范基地，推进小微企业创业创新基地城市示范，整合创建一批农村创新创业示范基地。推广全面创新改革试验经验。研究新设一批国家自主创新示范区、高新区，深化国家自主创新示范区政策试点。（国家发展改革委、科技部、财政部、工业和信息化部、农业部等部门按职责分工负责）

（三十九）办好全国“双创”活动周，营造创新创业良好氛围。组织实施好“创响中国”

系列活动，开展创业投资企业、院士专家、新闻媒体地方行。高质量办好创新创业赛事，推动创新创业理念更加深入人心。（国家发展改革委、中国科协等单位按职责分工负责）

各地区、各部门要认真落实本意见的各项要求，进一步细化政策措施，切实履职尽责，密切配合，勇于探索，主动作为，及时总结经验，加强监督检查，确保各项政策落到实处，推进大众创业、万众创新深入发展，为全面实施创新驱动发展战略、培育壮大新动能、改造提升传统动能和促进我国经济保持中高速增长、迈向中高端水平提供强劲支撑。

国务院

2017 年 7 月 21 日

## 14.2 2017年中国创业投资主要政策解读

### 14.2.1 关于《国家税务总局关于创业投资企业和天使投资个人税收试点政策有关问题的公告》的解读

**关于《国家税务总局关于创业投资企业和天使投资个人税收试点政策有关问题的公告》的解读**

为贯彻落实《财政部 税务总局关于创业投资企业和天使投资个人有关税收试点政策的通知》(财税〔2017〕38号，以下简称《通知》)，税务总局发布了《国家税务总局关于创业投资企业和天使投资个人税收试点政策有关问题的公告》(以下简称《公告》)。为便于纳税人、税务机关理解和执行，现对《公告》解读如下：

**一、《公告》出台背景**

创业投资和天使投资是促进大众创业、万众创新的重要资本力量，是促进科技创新成果转化的助推器，是落实新发展理念、推进供给侧结构性改革的新动能。为进一步鼓励和支持创业投资沿着健康的轨道蓬勃发展，4月19日，国务院常务会议作出决定，在京津冀、上海、广东、安徽、四川、武汉、西安、沈阳8个全面创新改革试验地区和苏州工业园区开展创业投资企业和天使投资个人税收政策试点。财政部和国家税务总局根据国务院决定，联合出台了有关创业投资企业与天使投资个人投资种子期、初创期科技型企业(以下简称"初创科技型企业")投资抵扣的税收优惠政策。此次税务总局发布《公告》，一方面是为了进一步明确相关税收征管工作流程，规范纳税人办税手续，保证相关税收优惠政策快速落地；另一方面，也是为了使纳税人更好地理解和把握政策规定，规范各地税务机关政策执行口径，保证相关税收优惠政策精准落地。

**二、《公告》主要内容**

(一)明确执行口径

为提高政策的可操作性和确定性,《公告》在《通知》的基础上进一步明确了部分执行口径：

一是明确满2年的口径及投资时间计算口径。《公告》明确,《通知》第一条称满2年是公司制创投企业、合伙创投企业、天使投资个人投资于初创科技型企业的实缴投资满2年，投资时间从初创科技型企业接受投资并完成工商变更登记的日期算起。需要注意的是，对于合伙创投企业投资初创科技型企业的，仅强调合伙创投企业投资于初创科技型企业的实缴投资满 2 年，取消了对合伙人对该合伙创投企业的实缴出资须满 2 年的要求，简化了政策条件，有利于企业准确执行政策。比如，某合伙创投企业于 2017 年 12 月投资初创科技型企业，假设其他条件均符合文件规定。合伙创投企业的某个法人合伙人于 2018 年 1 月对该合伙创投企业出资。2019 年 12 月，合伙创投企业投资初创科技型企业满 2 年时，该法人合伙人同样可享受税收试点政策。

二是明确研发费用总额占成本费用支出的比例，指企业接受投资当年及下一个纳税年度的研发费用总额合计占同期成本费用总额合计的比例。此口径参考了高新技术企业研发费用占比的计算方法，一定程度上降低了享受优惠的门槛，使更多的企业可以享受到政策红利。比如，某公司制创投企业于 2017 年 5 月投资初创科技型企业，假设其他条件均符合文件规定。初创科技型企业 2017 年发生研发费用 100 万元，成本费用 1000 万元，2017 年研发费用占比 10%，低于 20%；2018 年发生研发费用 500 万元，成本费用 1000 万元，2018 年研发费用占比 50%，高于 20%。如要求投资当年及下一年分别满足研发费用占比高于 20% 的条件，则该公司制创投企业不能享受税收试点政策。但按照《公告》明确的口径，投资当年及下一年初创科技型企业研发费用平均占比为 30%（（100+500）/（1000+1000）），该公司制创投企业可以享受税收试点政策。

三是明确合伙创投企业合伙人出资比例的计算口径。由于合伙创投企业投资初创型科技企业的，在投资满 2 年的当年就可享受试点政策，因此将计算出资比例的时点确定为投资满 2 年当年年末，对同一年满 2 年的投资统一计算，简化计算方法，减轻企业办税负担。

四是明确了从业人数、资产总额的计算方法。其计算方法参照了小型微利企业的计算方法，确保纳税人能准确理解政策、适用政策。

五是明确法人合伙人可合并计算抵扣。法人合伙人投资于多家合伙创投企业，可以合并计算可抵扣的投资额和分得的所得。考虑到法人合伙人可能会投资多家符合条件的合伙创投企业，而合伙创投企业的分配可能会有所差别，有些因创业投资活动本身具有一定的风险，可能永远没有回报。因此允许合并计算抵扣，并将所有符合现行政策规定的合伙创投企业均纳入合并范围，将使法人合伙人能充分、及时抵扣，确保税收试点政策效应得到充分发挥。

合并计算抵扣的范围既包括符合《通知》规定条件的合伙创投企业，也包括符合《国家税务总局关于有限合伙制创业投资企业法人合伙人企业所得税有关问题的公告》（国家税务总局公告 2015 年第 81 号）规定条件的合伙创投企业。

（二）明确税收优惠备案的办理

具体见下表：

| 项目 | 公司制创投企业 | 合伙创投企业法人合伙人 | | 合伙创投企业个人合伙人 | 天使投资个人 |
|---|---|---|---|---|---|
| 办理时间 | 年度申报享受优惠时 | 投资初创科技型企业满 2 年的年度以及分配所得的年度终了后 3 个月内 | 年度申报享受优惠时 | 投资初创科技型企业满 2 年的年度终了 3 个月内 | 投资初创科技型企业满 24 个月的次月 15 日内 |
| 办理主体 | 公司制创投企业 | 合伙创投企业 | 合伙创投企业法人合伙人 | 合伙创投企业 | 天使投资个人和初创科技型企业 |
| 受理机关 | 公司制创投企业主管税务机关 | 合伙创投企业主管税务机关 | 合伙创投企业法人合伙人主管税务机关 | 合伙创投企业主管税务机关 | 初创科技型企业主管税务机关 |
| 报送资料 | 1. 企业所得税优惠事项备案表；<br>2. 发展改革或证监部门出具的符合创业投资企业条件的年度证明材料复印件。 | 合伙创投企业法人合伙人所得分配情况明细表 | 企业所得税优惠事项备案表 | 合伙创投企业个人所得税投资抵扣备案表 | 1. 天使投资个人所得税投资抵扣备案表；<br>2. 天使投资个人身份证件。 |
| 留存备查资料 | 1. 发展改革或证监部门出具的符合创业投资企业条件的年度证明材料（天使投资个人无需）；<br>2. 初创科技型企业接受现金投资时的投资合同（协议）、章程、实际出资的相关证明材料；<br>3. 创业投资企业与其关联方持有初创科技型企业的股权比例的说明（天使投资个人无需）；<br>4. 被投资企业符合初创科技型企业条件的有关资料：<br>（1）接受投资时从业人数、资产总额、年销售收入和大学本科以上学历的从业人数比例的情况说明；<br>（2）接受投资时设立时间不超过 5 年的证明材料；<br>（3）接受投资时以及接受投资后 2 年内未在境内外证券交易所上市情况声明；<br>（4）研发费用总额占成本费用总额比例的情况说明。<br>5. 法人合伙人投资于合伙创投企业的出资时间、出资金额、出资比例、分配比例的相关证明材料及合伙创投企业主管税务机关受理后的《合伙创投企业法人合伙人所得分配情况明细表》（法人合伙人留存）。 | | | | |

（三）合伙创投企业个人合伙人的申报抵扣

根据《公告》规定，合伙创投企业应在投资初创科技型企业满 2 年后的每个年度终了 3 个月内，向合伙创投企业主管税务机关报送《合伙创投企业个人所得税投资抵扣情况表》。享受投资抵扣税收优惠时，个人合伙人只需正常办理纳税申报，并随申报报送上表即可。

（四）天使投资个人的申报抵扣

1. 转让未上市企业股权。天使投资个人应于股权转让次月 15 日内，向主管税务机关报送《天使投资个人所得税投资抵扣情况表》，办理抵扣手续。

2. 转让上市公司股票。天使投资个人在转让上市公司限售股税款清算时，进行投资抵扣。

（五）天使投资个人投资的初创科技型企业注销清算的税务处理

根据《通知》规定，初创科技型企业注销清算的，天使投资个人有尚未抵扣完毕的投资额的，可以在36个月内转让其他符合投资抵扣条件的初创科技型企业股权时进行抵扣。具体税务处理如下：

1. 及时持前期投资抵扣备案的《天使投资个人所得税投资抵扣备案表》，到原初创科技型企业主管税务机关办理情况登记。

2. 转让投资的其他符合投资抵扣条件的初创科技型企业股权时，持税务机关登记后的已注销清算企业的《天使投资个人所得税投资抵扣备案表》和前期办理投资抵扣时税务机关受理的《天使投资个人所得税投资抵扣情况表》办理投资抵扣手续。

（六）明确其他管理要求

一是明确转请机制。《公告》明确了税务机关在创业投资企业和合伙创投企业合伙人享受优惠政策后续管理中，对初创科技型企业是否符合规定条件有异议的，可以转请相应主管税务机关提供相关资料，主管税务机关应积极配合。

二是明确骗取抵扣的罚则。创业投资企业、合伙创投企业合伙人、天使投资个人、初创科技型企业提供虚假情况、故意隐瞒已投资抵扣情况或采取其他手段骗取投资抵扣，不缴或者少缴应纳税款的，按税收征管法有关规定处理。

三是明确企业所得税备案管理其他事项。《公告》对公司制创投企业、合伙创投企业法人合伙人的备案资料及备查资料进行了规定。其他的备案仍按照《国家税务总局关于发布〈企业所得税优惠政策事项办理办法〉的公告》（国家税务总局公告2015年第76号）规定执行。

（七）明确执行时间

执行时间与《通知》保持一致，其中企业所得税有关规定适用于2017年及以后年度企业所得税汇算清缴，个人所得税有关规定自2017年7月1日起执行。

# 附　　录

# 附录1 创业投资协会名录

| 序号 | 协会名称 | 通讯地址 | 网址 | 联系电话 |
|---|---|---|---|---|
| 1 | 北京创业投资协会 | 北京市海淀区海淀大街 3 号鼎好大厦 A 座 20 层 2002 | www.vcab.org | 010–62572150 |
| 2 | 中关村股权投资协会 | 北京市海淀区北三环西路 48 号北京科技会展中心 3 号 19A | www.zvca.org | 010–53692796 |
| 3 | 中华股权投资协会 | 北京市东长安街 1 号东方广场 E1 座 21 层 2109 室 | www.cvca.com | 010–85183584 |
| 4 | 中关村创业投资和股权投资基金协会 | 海淀区中关村南大街 3 号海淀科技大厦 11 层北翼 | www.zvcpe.org | —— |
| 5 | 天津市创业投资协会 | 天津市华苑产业区梅苑路 5 号天津科技金融大厦 13 层 | www.tjvc.org | 022–58792790 |
| 6 | 中国股权投资基金协会 | 北京市西城区金融大街甲 9 号金融街中心南楼 902 | www.chinacape.org | 010–66017894 |
| 7 | 辽宁省股权和创业投资协会 | 辽宁省沈阳市和平区市府大路 187 号 3 楼 | www.lnvcpea.org | 024–31318672 |
| 8 | 大连市股权投资业协会 | 大连市西岗区长江路 239 号西岗 PE 万达大厦 23 层 | www.dlaope.com | 0411–82354070 |
| 9 | 吉林省创业投资协会 | 吉林省长春市高新开发区蔚山路 2559 号 吉林投资大厦七层 | www.jl–vc.com | 0431 – 81959791 |
| 10 | 吉林省投资基金业协会 | 长春市净月开发区生态大街与福祉大路交汇恒丰国际 23 层 | www.jlpea.org | 0431—80889314 |
| 1 | 哈尔滨股权投资协会 | 哈尔滨市松北区世茂大道 66 号火炬金融服务港 12 号楼五层 | www.hpea.org.cn | 0451–82287807 |
| 12 | 哈尔滨市创业投资协会 | 哈尔滨市通里区友谊路 86 号 | —— | 0451–84686551 |
| 13 | 上海市创业投资行业协会 | 上海市南丹东路 60 号 502–504 室 | www.shvca.org | 021–64389130 |
| 14 | 江苏省创业投资协会 | 南京市山西路 128 号和泰国际大厦 19 楼 | www.js–vc.org | 025–83303470 |
| 15 | 苏州市创业投资协会 | 苏州市自主创新广场 1 号楼 | —— | 0512–69330075 |
| 16 | 南京市创业投资协会 | 南京市玄武区中山路 268 号汇杰广场 7 楼 | www.nj–vc.org | 025–83190626 |
| 17 | 浙江省创业风险投资行业协会 | 杭州市西湖区文一路 115 号杭州电子科技大学实验楼 3 楼（东） | www.zvca.org.cn | 0571–88062481 |
| 18 | 宁波市股权投资与创业投资行业协会 | 宁波市江东区江东北路 375 号和丰创意广场丰庭楼 1402 室 | www.npevca.org | 0574–87104896 |
| 19 | 安徽创业风险投资协会 | —— | —— | —— |
| 20 | 福建省股权与创业投资协会 | 福州东大路 8 号花开富贵 18–CDE | www.fjvca.com.cn | 0591–63129680 |

续表

| 序号 | 协会名称 | 通讯地址 | 网址 | 联系电话 |
|---|---|---|---|---|
| 21 | 山东省创业投资协会 | 济南市解放路 166 号 2 楼 | —— | 0531-6566787 |
| 22 | 河南省创业投资同业公会 | 郑州市黄河路 121 号科苑大厦 | —— | 0371-5930166 |
| 23 | 湖北省创业投资同业公会 | 武汉市洪山区珞喻路 630 号华乐商务中心 12 楼 | www.hbvca.com | 027—87158969 |
| 24 | 湖南省股权投资协会 | 长沙市五一大道 389 号华美欧大厦 1909 室 2 楼 | www.hnpea.org | 0731-88862681 |
| 25 | 广东省创业投资协会 | 广东省广州市广州大道中 289 号南方传媒大厦 B 座 23 层 | www.gdpea.com | 020-28020386 |
| 26 | 广东省风险投资促进会 | 广州市先烈中路 100 号科学院大院 60 栋 14 楼 | www.gdvca.com | 020-87681798 |
| 27 | 深圳市创业投资同业公会 | 深圳市福田中心区深南大道 4009 号投资大厦 11 层 | www.szvca.com | 0755-82912816 |
| 28 | 广州股权投资行业协会 | 广州市天河区体育西路 189 号城建大厦 17H | www.geia020.com | 020-38737696 |
| 29 | 珠海市风险投资促进会 | 珠海市拱北桂花北路桂花中心大厦 10E 座 | www.zhicc.com | 0756-8158601 |
| 30 | 柳州市创业投资协会 | 柳州市屏山大道 316 号 809 | www.bossceo.cn | 0772-3311336 |
| 31 | 海南省投资协会 | 海南省海口市海秀大道 48 号鸿泰大厦 14 层 | www.hnia.org.cn | 0898-65362335 |
| 32 | 重庆股权投资基金协会 | 重庆市北部新区星光大道 11 号 | cqpea.cn | 023-67572006 |
| 33 | 重庆市科技创业投资协会 | 重庆市渝北区新溉大道 2 号生产力大厦 2 楼 | www.cqvc.org | 023-67510268 |
| 34 | 四川省股权与创业投资协会 | 四川省成都市滨江东路 9 号香格里拉写字楼 30F | —— | 028-65018997 |
| 35 | 成都市创业投资和股权投资协会 | 成都市高新区锦城大道 539 号盈创动力大厦 403 室 | www.cdvcpe.org | 028-85978058 |
| 36 | 陕西省创业投资协会 | 西安市高新区创业广场 B901C 室 | www.westfvc.com | 029-87999016 |
| 37 | 西安市创业投资协会 | 西安市北关正街 6 号阳光报社 9 楼 | 5yctj.com | 029-86226310 |
| 38 | 香港创业及私募投资协会 | 香港中环云咸街 19-27 威信大厦 2001 室 | web.hkvca.com.hk | 00852-21677518 |
| 39 | 台湾创业投资商业同业公会 | 台北市 105 松山区民生东路四段 133 号 10 楼 C 室 | www.tvca.org.tw | 886-2-25450075 |

# 附录2　备案创业投资机构名录

## 附录 2.1　北京市备案创业投资机构名录

| 序号 | 管理机构 | 通讯地址 | 联系电话 | 所管理创业投资企业 | 备案时间 | 设立时间 |
|---|---|---|---|---|---|---|
| 1 | 万里锦程创业投资有限公司 | 北京市海淀区大柳树富海中心 3 号楼 5 层 | 62126858 | 万里锦程创业投资有限公司 | 2010/08/10 | 2008/04/03 |
| 2 | 博纳德投资有限公司 | 北京市朝阳区安贞西里三区 10 号楼 5 层 | 010−51961995 | 博纳德投资有限公司 | 2011/06/10 | 1999/06/04 |
| 3 | 北京智诚盛景创业投资有限责任公司 | 北京市海淀区中关村大街 32 号蓝天和盛大厦 2002 室 | 13911761231 | 北京智诚盛景创业投资有限责任公司 | 2012/06/28 | 2009/12/29 |
| 4 | 北京晶世时代创业投资有限公司 | 北京市朝阳区东三环北路甲 2 号京信大厦 1235 | 010−65010066 | 北京晶世时代创业投资有限公司 | 2013/05/14 | 2007/05/15 |
| 5 | 北京秉原创业投资有限责任公司 | 北京市朝阳区东三环北路 2 号南银大厦 2215 单元 | 18903815213 | 北京秉原创业投资有限责任公司 | 2013/06/30 | 2008/07/31 |
| 6 | 基金自我管理 | 未知 | 未知 | 北京麒麟华夏创业投资中心（有限合伙） | 2013/06/30 | 2010/11/04 |
| 7 | 清控创业投资有限公司 | 北京市海淀区中关村东路 1 号院 8 号楼 A702 号 | 010−82150934 | 清控创业投资有限公司 | 2013/06/30 | 2011/06/14 |
| 8 | 北京天素创业投资有限公司 | 北京市西城区德外大街 11 号 3 幢 2 楼 | 010−66188700 | 北京天素创业投资有限公司 | 2013/06/30 | 2008/11/11 |
| 9 | 富汇创业投资管理有限公司 | 北京市海淀区中关村大街 19 号新中关大厦 B508 单元 | 13601102203 | 富汇创业投资管理有限公司 | 2013/07/01 | 2008/05/05 |
| 10 | 华软投资（北京）有限公司 | 北京市东城区东直门南大街 1 号来福士办公楼 904 室 | 13521296117 | 华软投资（北京）有限公司 | 2013/07/01 | 2008/03/13 |
| 11 | 明石投资管理有限公司 | 北京市海淀区海淀北二街 10 号泰鹏大厦 0908−0916 | 010−60190799 | 北京明石信远创业投资中心（有限合伙） | 2014/06/04 | 2009/09/03 |
| 12 | 北京远望创业投资有限公司 | 北京市朝阳区慧忠路 5 号远大中心 B 座 15 层 | 13911230057 | 北京远望创业投资有限公司 | 2014/06/12 | 2001/09/27 |

续表

| 序号 | 管理机构 | 通讯地址 | 联系电话 | 所管理创业投资企业 | 备案时间 | 设立时间 |
|---|---|---|---|---|---|---|
| 13 | 融银资本投资管理有限公司 | 北京市海淀区善缘街 1 号立方庭 2 段 328 房间 | 82871118 | 融银资本投资管理有限公司 | 2014/06/12 | 2009/06/05 |
| 14 | 北京科技风险投资股份有限公司 | 北京市海淀区中关村南大街 3 号海淀科技大厦 10 层 | 010−68943780 | 北京科技风险投资股份有限公司 | 2014/06/13 | 1998/10/28 |
| 15 | 华夏信诺创业投资管理（北京）有限公司 | 北京市朝阳区北辰东路 8 号辰运大厦 2 层 | 010−84986558−134 | 信谊同和创业投资企业 | 2014/06/14 | 2010/07/13 |
| 16 | 北京联想之星创业投资有限公司 | 北京市海淀区科学院南路 2 号 A 座十层 1010、1011、1012 | 13426025032 | 北京联想之星创业投资有限公司 | 2014/06/18 | 2009/12/01 |
| 17 | 北京国泰创业投资有限公司 | 北京市西城区金融大街甲 9 号金融街中心 905 | 010−88854918 | 北京国泰创业投资有限公司 | 2014/06/18 | 2003/03/19 |
| 18 | 北京中关动力创业投资有限公司 | 科学院南路 31 号 510 室 | 13621019341 | 北京中关动力创业投资有限公司 | 2014/06/18 | 2011/01/12 |
| 19 | 基金自我管理 | 未知 | 未知 | 北京银汉兴业创业投资中心（有限合伙） | 2014/06/18 | 2011/03/10 |
| 20 | 北京环新创业投资管理有限公司 | 北京市海淀区海淀北二街 8 号 8 层 908 | 82483922 | 北京环新创业投资管理有限公司 | 2014/06/18 | 2010/11/17 |
| 21 | 北京红土嘉辉创业投资有限公司 | 北京市海淀区中关村南大街 5 号 1 区 689 楼海淀科技大厦 905 室 | 18910965216 | 北京红土嘉辉创业投资有限公司 | 2014/06/18 | 2009/03/26 |
| 22 | 中国科招高技术有限公司 | 北京市海淀区车公庄西路 29 号 7 层 | 13910408538 | 中国科招高技术有限公司 | 2015/08/05 | 1989/06/27 |
| 23 | 高能天汇创业投资有限公司 | 北京市朝阳区霞光里 15 号霄云大厦 2103 室 | 13811128961 | 高能天汇创业投资有限公司 | 2015/08/24 | 2007/01/29 |
| 24 | 北京君卿创业投资有限公司 | 北京市海淀区中关村大街 19 号新中关大厦 B 北 601 | 13691288831 | 北京君卿创业投资有限公司 | 2016/08/05 | 2007/10/07 |
| 25 | 基金自我管理 | 未知 | 未知 | 北京富汇天使高技术创投投资有限公司 | 2016/08/05 | 2010/08/24 |

续表

| 序号 | 管理机构 | 通讯地址 | 联系电话 | 所管理创业投资企业 | 备案时间 | 设立时间 |
|---|---|---|---|---|---|---|
| 26 | 北京盛信润诚投资管理有限公司 | 北京市海淀以中关村东路 18 号 1 号楼 C–805 | 85712275 | 北京盛信润诚创业投资有限公司 | 2016/08/05 | 2012/02/08 |
| 27 | 北京晨光创业投资有限公司 | 北京市昌平区超前路 9 号 | 89710922 | 北京晨光创业投资有限公司 | 2017/08/28 | 2000/12/25 |
| 28 | 中英低碳创业投资有限公司 | 北京市海淀区西直门北大街 42 号节能大厦 11 层 | 18612978120 | 中英低碳创业投资有限公司 | 2017/08/28 | 2010/03/10 |
| 29 | 北京高新成长创业投资管理有限公司 | 北京市海淀区中关村大街 19 号新中关大厦 A 座北京市海淀区莲花池西里 26 号佳弘莲花大厦 C 座 2 层 | 15101179099 | 北京高新成长创业投资管理有限公司 | 2017/08/28 | 2011/06/15 |
| 30 | 北京高新技术创业投资有限公司 | 北京市海淀区中关村南大街 32 号中关村科技发展大厦 A 座 12 层 | 62140588 | 北京高新技术创业投资有限公司 | 2017/08/28 | 1998/10/27 |
| 31 | 北京国泰创业投资基金管理有限公司北京市工商 | 北京市海淀区宝盛南路奥北科技园 11 号楼 | 1088854918 | 北京国泰嘉泽创业投资中心（有限合伙） | 2017/08/28 | 2012/08/17 |
| 32 | 北京海风联投资中心（有限合伙） | 北京市海淀区海淀北二街 8 号 6 层 710–268 室 | 62682082 | 北京海风联投资中心（有限合伙） | 2017/08/28 | 2009/11/23 |
| 33 | 北京华创盛景投资管理有限公司 | 海淀区中关村东路 1 号院 8 号楼 | 010–62602595 | 北京华创盛景创业投资中心（有限合伙） | 2017/08/28 | 2010/06/09 |
| 34 | 北京基石基金管理有限公司 | 北京市海淀区彩和坊路 10 号 1+1 大厦 1305 室 | 60190398 | 北京基石创业投资基金 | 2017/08/28 | 2011/09/08 |
| 35 | 北京嘉华汇金投资管理有限公司 | 北京市朝阳区吉祥里 208 号 243 室 | 85698024 | 北京嘉华创业投资有限公司 | 2017/08/28 | 2010/12/22 |
| 36 | 北京京西创业投资基金管理有限公司 | 北京市石景山区石景山路 20 号中铁建设大厦 14 层 | 52393961 | 北京服务新首钢股权创业投资企业 | 2017/08/28 | 2011/07/06 |
| 37 | 北京科桥投资顾问有限公司 | 北京市西城区金融大街十九号富凯大厦 B 座 15 层 | 66575509 | 北京科桥创业投资中心（有限合伙） | 2017/08/28 | 2008/06/03 |
| 38 | 北京南车创业投资有限公司 | 北京市丰台区芳城园一区 15 号楼 613 | 18701579057 | 北京南车创业投资有限公司 | 2017/08/28 | 2011/09/23 |

续表

| 序号 | 管理机构 | 通讯地址 | 联系电话 | 所管理创业投资企业 | 备案时间 | 设立时间 |
|---|---|---|---|---|---|---|
| 39 | 北京奇伦天佑创业投资有限公司 | 北京市东城区东中街 40 号 2 号楼 301 号 | 13716321716 | 北京奇伦天佑创业投资有限公司 | 2017/08/28 | 2008/08/07 |
| 40 | 北京首创创业投资有限公司 | 北京海淀区知春路 76 号北京翠宫饭店有限公司写字楼 15 层 1510 单元 | 68964658 | 北京首创创业投资有限公司 | 2017/08/28 | 1998/07/24 |
| 41 | 北京天地融创创业投资有限公司 | 北京市经济技术开发区地盛北街 1 号 B 区 18 号楼 | 13901396478 | 北京天地融创创业投资有限公司 | 2017/08/28 | 2006/02/21 |
| 42 | 北京新安财富创业投资有限责任公司 | 北京市东城区东长安街 1 号东方广场 E1 312 | 85183562 | 北京新安财富创业投资有限责任公司 | 2017/08/28 | 2000/08/02 |
| 43 | 北京信中利投资有限公司 | 北京市朝阳区金桐西路 10 号远洋光华中心写字1楼 A 座 10 层 1006 室 | 13720074998 | 北京信中达创业投资有限公司 | 2017/08/28 | 2009/06/05 |
| 44 | 北京信中利投资有限公司 | 北京市朝阳区金桐西路 10 号远洋光华中心写字1楼 A 座 10 层 1006 室 | 13720074998 | 北京信中利投资有限公司 | 2017/08/28 | 1999/05/17 |
| 45 | 北京义云清洁技术创业投资有限公司 | 北京市海淀区清华科技园科技大厦 A 座 706 室 | 82151851 | 北京义云清洁技术创业投资有限公司 | 2017/08/28 | 2009/12/09 |
| 46 | 北京银河鼎发创业投资有限公司 | 北京市西城区金融大街 35 号国际企业大厦 C 座 16 层 1616 号 | 010−83571464 | 北京银河鼎发创业投资有限公司 | 2017/08/28 | 2009/02/11 |
| 47 | 北京银河吉星创业投资有限责任公司 | 北京市西城区金融大街 35 号国际企业大厦 C 座 1246 | 010—83574611、83574615 | 北京银河吉星创业投资有限责任公司 | 2017/08/28 | 2010/08/27 |
| 48 | 北京智诚享能源科技投资管理有限公司 | 北京市昌平区科技园区白浮泉路 17 号 5 幢 308 室 | 62985677−8002 | 北京德源盛通创业投资合伙企业（有限合伙） | 2017/08/28 | 2014/07/10 |
| 49 | 北京中关村创业投资发展有限公司 | 海淀区彩和坊路 11 号华一控股大厦 503 室 | 82483051 | 北京中关村创业投资发展有限公司 | 2017/08/28 | 1998/10/07 |
| 50 | 北京中关村瞪羚投资基金管理有限公司 | 北京市海淀区中关村南大街 34 号 3 号楼 10 层 1102 号 | 62110208 | 北京中关村瞪羚创业投资中心（有限合伙） | 2017/08/28 | 2011/12/29 |

续表

| 序号 | 管理机构 | 通讯地址 | 联系电话 | 所管理创业投资企业 | 备案时间 | 设立时间 |
| --- | --- | --- | --- | --- | --- | --- |
| 51 | 北京中海创业投资有限公司 | 海淀区北四环西路 66 号中国技术交易大厦 20 层 2005 | 82488078–7035 | 北京中海创业投资有限公司 | 2017/08/28 | 2003/04/09 |
| 52 | 北京中投建华投资管理有限公司 | 北京市海淀区海淀北二街 8 号 6 层 710–73 室 | 010–85698030 | 北京建华创业投资有限公司 | 2017/08/28 | 2012/08/17 |
| 53 | 崇德弘信（北京）投资管理有限公司 | 北京市经济技术开发区地盛东路 1 号院爱普益大厦 2 座 5 层 | 13752206837 | 北京崇德弘信创业投资中心（有限合伙） | 2017/08/28 | 2013/10/08 |
| 54 | 创业乾坤（北京）投资有限公司 | 北京市海淀区中关村 E 世界 A 座 16C | 82183503 | 创业乾坤（北京）投资有限公司 | 2017/08/28 | 2006/08/22 |
| 55 | 东方邦信创业投资有限公司 | 北京建国门内大街 28 号民生金融中心 D 座 19 层 | 1066507399 | 东方邦信创业投资有限公司 | 2017/08/28 | 2011/03/17 |
| 56 | 东方华盖股权投资管理（北京）有限公司 | 北京市东城区建国门北大街 8 号华润大厦 505 | 1064001990 | 北京东方华盖创业投资有限公司 | 2017/08/28 | 2013/12/30 |
| 57 | 东方华盖股权投资管理（北京）有限公司 | 北京市东城区建国门北大街 8 号华润大厦 505 | 1064001990 | 北京东方华盖文化创业投资有限公司 | 2017/08/28 | 2016/01/27 |
| 58 | 高新投资发展有限公司 | 北京市西城区广安门外南滨河路 1 高新大厦 19 层 | 010–63283802 | 高新投资发展有限公司 | 2017/08/28 | 2000/02/17 |
| 59 | 光大三山创业投资管理有限公司 | 北京市西城区平安里西大街 28 号 1600 室 | 88009263 | 光大新产业创业投资有限公司 | 2017/08/28 | 2007/12/17 |
| 60 | 国开科技创业投资有限责任公司 | 北京市西城区金融街大街 7 号英蓝国际金融中心 8 层 F801–F805 单元 | 010–58878586 | 国开科技创业投资有限责任公司 | 2017/08/28 | 2016/11/08 |
| 61 | 国投高科技投资有限公司 | 北京市西城区南滨河路 1 号高新大厦 2202 | 010–63285652 | 国投高科技投资有限公司 | 2017/08/28 | 1996/09/12 |
| 62 | 海富产业投资基金管理有限公司 | 上海市南京西路 1266 号恒隆广场 1 号楼 4601 室 | 021–32201703 | 中国–比利时直接股权投资基金 | 2017/08/28 | 2004/11/18 |
| 63 | 航天科工创业投资有限责任公司 | 北京市石景山区实兴东街 3 号 1 号楼 | 168371249 | 航天科工创业投资有限责任公司 | 2017/08/28 | 2011/06/14 |

续表

| 序号 | 管理机构 | 通讯地址 | 联系电话 | 所管理创业投资企业 | 备案时间 | 设立时间 |
|---|---|---|---|---|---|---|
| 64 | 航天科工高新投资管理（北京）有限公司 | 北京市海淀区中关村南大街5号2区683号楼1703室 | 18910159613 | 北京航天科工军民融合科技成果转化创业投资基金（有限合伙） | 2017/08/28 | 2012/09/11 |
| 65 | 宏源汇富创业投资有限公司 | 北京市西城区太平桥大街19号 | 13611230234 | 宏源汇富创业投资有限公司 | 2017/08/28 | 2010/03/19 |
| 66 | 汇升联华创业投资管理（北京）有限公司 | 北京市东城区东直门南大街甲3号701-2号 | 1064011588 | 汇升永泰创业投资（北京）有限公司 | 2017/08/28 | 2008/04/24 |
| 67 | 基金自我管理 | 未知 | 未知 | 北京启明创科创业投资中心（有限合伙） | 2017/08/28 | 2026/10/04 |
| 68 | 基金自我管理 | 未知 | 未知 | 北京乾元盛创业投资有限责任公司 | 2017/08/28 | 2007/05/23 |
| 69 | 基金自我管理 | 未知 | 未知 | 北京信中瑞创业投资有限公司 | 2017/08/28 | 2012/02/17 |
| 70 | 基金自我管理 | 未知 | 未知 | 北京银汉创业投资有限公司 | 2017/08/28 | 2010/08/24 |
| 71 | 基金自我管理 | 未知 | 未知 | 北京至善缘创业投资有限公司 | 2017/08/28 | 2010/09/27 |
| 72 | 基金自我管理 | 未知 | 未知 | 北京中技富坤创业投资中心（有限合伙） | 2017/08/28 | 2010/09/17 |
| 73 | 基金自我管理 | 未知 | 未知 | 达晨银雷高新（北京）创业投资有限公司 | 2017/08/28 | 2009/06/15 |
| 74 | 基金自我管理 | 未知 | 未知 | 大唐高新创业投资有限公司 | 2017/08/28 | 2010/06/01 |
| 75 | 建银金辰创业投资有限公司 | 北京市西城区丰盛胡同20号楼丰铭国际大厦B座8层801 | 13693650266 | 建银金辰创业投资有限公司 | 2017/08/28 | 2011/01/07 |
| 76 | 钧天创业投资有限公司 | 朝阳区北四环中路8号R座1001 | 13590330797 | 钧天创业投资有限公司 | 2017/08/28 | 2009/04/28 |
| 77 | 开信创业投资管理（北京）有限公司 | 北京市东城区东直门南大街1号北京来福士中心办公楼22层05C单元 | 010-58023899 | 开信创业投资有限公司 | 2017/08/28 | 2008/08/01 |
| 78 | 联通创新创业投资有限公司 | 北京市西城区西单北大街乙131号 | 18601011666 | 联通创新创业投资有限公司 | 2017/08/28 | 2014/04/29 |

续表

| 序号 | 管理机构 | 通讯地址 | 联系电话 | 所管理创业投资企业 | 备案时间 | 设立时间 |
|---|---|---|---|---|---|---|
| 79 | 启迪创业投资管理（北京）有限公司 | 北京市海淀区清华科技园创业大厦 1226 室 | 010−62776611 | 北京启迪汇德创业投资有限公司 | 2017/08/28 | 2010/08/23 |
| 80 | 启迪创业投资管理（北京）有限公司 | 北京市海淀区清华科技园创业大厦 1226 室 | 010−62776611 | 北京启迪明德创业投资有限公司 | 2017/08/28 | 2009/03/19 |
| 81 | 启迪创业投资管理（北京）有限公司 | 北京市海淀区清华科技园创业大厦 1226 室 | 010−62776611 | 启迪中海创业投资有限公司 | 2017/08/28 | 2006/09/12 |
| 82 | 首科高创（北京）创业投资管理有限公司 | 朝阳区安翔北里甲 11 号创业大厦 A 座 224 | 010−64843074 | 北京首科开阳创业投资中心（有限合伙） | 2017/08/28 | 2015/09/07 |
| 83 | 通用技术创业投资有限公司 | 北京市海淀区中关村南大街乙 12 号院 1 号楼 2 层北区 A−018 | 68991659 | 北京鼎兴创业投资有限公司 | 2017/08/28 | 2014/02/26 |
| 84 | 通用技术创业投资有限公司 | 北京市海淀区中关村南大街乙 12 号院 1 号楼 2 层北区 A−018 | 68991659 | 通用技术创业投资有限公司 | 2017/08/28 | 2012/03/19 |
| 85 | 同渡势成（北京）投资管理有限责任公司 | 北京市海淀区科学院南路 2 号融科资讯中心 C 座南楼 5 层 520 室 | 18610628670 | 北京同渡信成创业投资合伙企业（有限合伙） | 2017/08/28 | 2014/09/10 |
| 86 | 同冀华成创业投资（北京）有限公司 | 北京市海淀区清华科技园 C 座 26 层 A07 | 82151969 | 同冀华成创业投资（北京）有限公司 | 2017/08/28 | 2010/10/27 |
| 87 | 央广创业投资有限公司 | 北京市海淀区什坊院 6 号 | 15110071154 | 央广创业投资有限公司 | 2017/08/28 | 2011/12/06 |
| 88 | 中关村三川（北京）股权投资管理有限公司 | 北京市东城区东直门外大街 39 号院 2 号楼 4 层 | 13811725856 | 北京中关村国盛创业投资中心（有限合伙） | 2017/08/28 | 2012/05/29 |
| 89 | 中国风险投资有限公司 | 北京市朝阳区朝外大街吉祥里 208 号 | 64685180 | 中国风险投资有限公司 | 2017/08/28 | 2000/04/03 |
| 90 | 北京晨光宏盛中小企业创业投资有限公司 | 北京市昌平区白浮泉路拓然家苑 5 号楼底商 12−10 号 | 89710922 | 北京晨光宏盛中小企业创业投资有限公司 | 2017/08/28 | 2009/03/11 |

## 附录 2.2 天津市备案创业投资机构名录

| 序号 | 管理机构 | 通讯地址 | 联系电话 | 所管理创业投资企业 | 备案时间 | 设立时间 |
|---|---|---|---|---|---|---|
| 1 | 天津虹桥科技投资集团有限公司 | 天津市红桥区勤俭道 192 号 | 022-86516966 | 天津虹桥科技投资集团有限公司 | 2011/05/18 | 2002/12/26 |
| 2 | 天津海达创业投资管理有限公司 | 天津经济技术开发区第四大街5号生物研发大厦A座6层 | 022-62002048 | 天津海达创业投资管理有限公司 | 2011/06/20 | 2007/11/29 |
| 3 | 天津市津房科技投资发展有限公司 | 天津市和平区保定道35号新华大厦702室 | 23034556 | 天津市津房科技投资发展有限公司 | 2012/05/31 | 2001/01/10 |
| 4 | 天津海泰创新投资管理有限公司 | 天津市华苑产业区华天道8号F座南楼521 | 2223707220 | 天津海泰红土创新投资有限公司 | 2013/05/23 | 2008/05/28 |
| 5 | 天津滨海财富股权投资基金有限公司 | 天津市和平区西康路赛顿中心C座705 | 23374055 | 天津滨海财富股权投资基金有限公司 | 2014/06/16 | 2007/08/21 |
| 6 | 天津燕山科技创业投资有限公司 | 北京市朝阳区霄云路甲26号海航大厦21层 | 010-57583012 | 天津燕山科技创业投资有限公司 | 2015/03/16 | 2011/04/20 |
| 7 | 天津趋势创业投资合伙企业（有限合伙） | 天津市华苑产业区工华道1号IT园211-3室 | 010-82151482 | 天津趋势创业投资合伙企业（有限合伙） | 2015/04/22 | 2011/12/02 |
| 8 | 天津科源创业投资管理有限公司 | 河西区友谊路23号232房间 | 15522922922 | 天津科源创业投资管理有限公司 | 2015/11/04 | 2010/09/13 |
| 9 | 中投财富资本管理（天津）有限公司 | 北京市朝阳区建国门外大街21号北京国际俱乐部办公楼906室 | 15810965868 | 中投财富辛卯（天津）创业投资合伙企业（有限合伙） | 2015/11/05 | 2011/07/18 |
| 10 | 基金自我管理 | 未知 | 未知 | 天津海泰优点创业投资企业 | 2015/11/11 | 2010/06/30 |
| 11 | 天津科源创业投资管理有限公司 | 河西区友谊路23号232房间 | 15522922922 | 天津市津能创业投资有限公司 | 2016/09/06 | 2012/09/26 |
| 12 | 天津滨海新区创业风险投资引导基金有限公司 | 天津经济技术开发区第二大街42号10层 | 022-65831700 | 天津滨海新区创业风险投资引导基金有限公司 | 2017/05/12 | 2008/02/04 |
| 13 | 天津创业投资管理有限公司 | 天津市南开区南开二马路中粮广场22层 | 022-86259216 | 天津天保成长创业投资有限公司 | 2017/05/22 | 2007/03/06 |
| 14 | 天津创业投资管理有限公司 | 天津市南开区南开二马路中粮广场22层 | 022-86259216 | 天津天富创业投资有限公司 | 2017/05/22 | 2007/12/04 |
| 15 | 天津创业投资管理有限公司 | 天津市南开区南开二马路中粮广场22层 | 022-86259216 | 天津天创华鑫现代服务产业创业投资合伙企业（有限合伙） | 2017/05/22 | 2012/12/04 |

续表

| 序号 | 管理机构 | 通讯地址 | 联系电话 | 所管理创业投资企业 | 备案时间 | 设立时间 |
|---|---|---|---|---|---|---|
| 16 | 天津泰达科技投资股份有限公司 | 天津经济技术开发区洞庭一街四号科技发展中心 3 号楼四层 | 66299990 | 天津泰达科技投资股份有限公司 | 2017/05/22 | 2000/08/28 |
| 17 | 天津锟桥创业投资有限公司 | 天津市南开区航天道 58 号 1 号写字楼 3 层 331 | 022-87893441 | 天津锟桥创业投资有限公司 | 2017/05/23 | 2003/08/07 |
| 18 | 天津创业投资有限公司 | 天津市河西区友谊路鑫银大厦 2001 室 | 022-58785815 | 天津滨海天使创业投资有限公司 | 2017/05/24 | 2006/09/11 |
| 19 | 天津沅渡创业投资合伙企业（有限合伙） | 江苏省宜兴市经济开发区文庄路创新研发大厦 3 楼 | 0510-87822121 | 天津沅渡创业投资合伙企业（有限合伙） | 2017/05/25 | 2010/08/11 |
| 20 | 天津开明创业投资发展有限公司 | 河西区友谊北路广银大厦五层 | 58792370 | 天津开明创业投资发展有限公司 | 2017/05/25 | 2004/02/25 |
| 21 | 天津浔渡创业投资合伙企业（有限合伙） | 江苏省宜兴市经济开发区文庄路创新研发大厦 | 0510-87822121 | 天津浔渡创业投资合伙企业（有限合伙） | 2017/05/25 | 2011/04/08 |
| 22 | 基金自我管理 | 未知 | 未知 | 光大金控（天津）创业投资有限公司 | 2017/05/26 | 2010/02/09 |
| 23 | 天津科创天使投资有限公司 | 天津市南开区科研西路 12 号 A 区 208 室（科技园） | 022-87894631 | 天津科创天使投资有限公司 | 2017/05/31 | 2006/06/07 |
| 24 | 天津科技投资集团有限公司 | 天津市河西区友谊路 23 号 801 | 022-28355150 | 天津科技投资集团有限公司 | 2017/05/31 | 1997/10/16 |
| 25 | 天津水星创业投资有限责任公司 | 天津市滨海新区响螺湾商务区滨河路 2333 号 | 59852163 | 天津水星创业投资有限责任公司 | 2017/05/31 | 2010/05/10 |
| 26 | 津富（天津）创业投资有限公司 | 天津市河西区友谊路鑫银大厦 2001 室 | 58785816 | 津富（天津）创业投资有限公司 | 2017/06/06 | 2004/10/14 |
| 27 | 天津创业投资有限公司 | 天津市河西区友谊路鑫银大厦 2001 室 | 022-58785815 | 天津创业投资有限公司 | 2017/06/06 | 2001/03/30 |
| 28 | 基金自我管理 | 未知 | 未知 | 天津海泰滨海创业投资有限公司 | 2017/08/23 | 2008/04/11 |
| 29 | 天津海泰科技投资管理有限公司 | 华苑产业园区开华道华科创业中心 601-3 | 022-83713390 | 天津海泰科技投资管理有限公司 | 2017/09/11 | 1997/05/08 |

## 附录 2.3 河北省备案创业投资机构名录

| 序号 | 管理机构 | 通讯地址 | 联系电话 | 所管理创业投资企业 | 备案时间 | 设立时间 |
|---|---|---|---|---|---|---|
| 1 | 保定市科锐特创业投资有限公司 | 保定市北二环大学科技园 8 号 504 | 0312-8919877 | 保定市科锐特创业投资有限公司 | 2016/07/30 | 2006/02/27 |
| 2 | 河北信息产业投资集团有限公司 | 河北省石家庄市联盟路 699 号 | 0311-86988199 | 河北信息产业投资集团有限公司 | 2016/09/26 | 1997/03/17 |
| 3 | 河北晨烁创业投资有限公司 | 河北省石家庄市槐安路 152 号金源商务 A 座 505 室 | 13603211168 | 河北晨烁创业投资有限公司 | 2016/09/26 | 2012/11/29 |
| 4 | 河北科润杰创业投资有限公司 | 石家庄市昆仑大街 55 号 | 0311-69053073 | 河北科润杰创业投资有限公司 | 2017/06/02 | 2013/07/25 |
| 5 | 天津创业投资管理有限公司 | 天津市南开区南开二马路中粮广场 22 层 | 022-86259216 | 河北天鑫创业投资有限公司 | 2017/06/02 | 2011/07/04 |
| 6 | 河北兴石创业投资有限公司 | 天津滨海新区响螺湾商务区滨河路 2333 号华茂中心 43 层 | 022-59852167 | 河北兴石创业投资有限公司 | 2017/06/02 | 2009/12/21 |
| 7 | 天津海达创业投资管理有限公司 | 天津经济技术开发区第四大街 5 号生物研发大厦 A 座 6 层 | 022-62002048 | 河北金冀达创业投资有限公司 | 2017/06/02 | 2009/08/31 |
| 8 | 河北科技投资集团有限公司 | 石家庄开发区（东区）昆仑大街 55 号 | 31185961611 | 河北科技投资集团有限公司 | 2017/06/02 | 2001/02/15 |
| 9 | 河北汇富亿通创业投资管理有限公司 | 石家庄市泰华街 29 号天林大厦 1107 室 | 0311-67662799 | 河北汇富亿通创业投资有限公司 | 2017/06/02 | 2010/11/18 |
| 10 | 河北金润创业投资有限公司 | 体育南大街 262 号 | 0311-85692571 | 河北金润创业投资有限公司 | 2017/06/06 | 2007/07/16 |
| 11 | 秦皇岛昌兴创业投资有限公司 | 秦皇岛市海港区秦皇东大街 184 号 | 0335-3606279 | 秦皇岛昌兴创业投资有限公司 | 2017/06/12 | 2010/12/15 |
| 12 | 基金自我管理 | 未知 | 未知 | 河北信产新材创业投资有限公司 | 2017/06/12 | 2012/05/04 |
| 13 | 秦皇岛市科技投资公司 | 秦皇岛市海港区西港北路 85 号创意坊 1 区 | 0335-3639741 | 秦皇岛市科技投资公司 | 2017/06/13 | 2000/02/14 |
| 14 | 河北国创投资管理有限公司 | 新石北路 368 号 1 号楼 409 室 | 0311-67663758 | 河北国创创业投资有限公司 | 2017/06/15 | 2012/06/18 |
| 15 | 河北汇兴创业投资有限公司 | 石家庄市裕华区槐安东路 145 号 | 13831178552 | 河北汇兴创业投资有限公司 | 2017/06/20 | 2011/12/02 |
| 16 | 荣盛创业投资有限公司 | 北京市丰台区丰台北路 18 号院恒泰中心 D 座 18 层 | 010-59232688 | 荣盛创业投资有限公司 | 2017/06/23 | 2007/09/18 |
| 17 | 大众瑞安创业投资有限公司 | 石家庄市桥西区中山西路 48 号华银大厦 1209 | 18931898757 | 大众瑞安创业投资有限公司 | 2017/07/13 | 2012/06/01 |
| 18 | 石家庄科技创业投资有限公司 | 石家庄高新区黄河大道 136 号 | 66685169 | 石家庄科技创业投资有限公司 | 2017/08/02 | 2002/09/19 |

## 附录 2.4 山西省备案创业投资机构名录

| 序号 | 管理机构 | 通讯地址 | 联系电话 | 所管理创业投资企业 | 备案时间 | 设立时间 |
|---|---|---|---|---|---|---|
| 1 | 山西天富创业投资基金管理有限公司 | 太原市小店区平阳路 186 号飞云现代城 1 单元 722 号 | 0351-7672195 | 山西天富创业投资基金管理有限公司 | 2012/05/15 | 2011/09/30 |
| 2 | 山西百业兴创业投资有限公司 | 太原市小店区体育西路亲凤苑 15 号楼二单元 1604 室 | 15034407744 | 山西百业兴创业投资有限公司 | 2012/06/29 | 2010/08/27 |
| 3 | 山西慧诚创业投资有限公司 | 山西省太原市南内环街 100 号恒地大厦 1601 室 | 13546115588 | 山西慧诚创业投资有限公司 | 2013/07/01 | 2010/10/15 |
| 4 | 山西金丰承树投资管理有限公司 | 山西省太原市肖墙路 9 号御花园假日广场 B 座 1018 室 | 0351-3343159 | 山西金智节能环保创业投资有限公司 | 2014/07/07 | 2012/05/31 |
| 5 | 山西金泰创业投资有限公司 | 太原市新建南路 118 号怡和优盘四层 | 0351-8230002 | 山西金泰创业投资有限公司 | 2015/03/11 | 2004/04/12 |
| 6 | 山西 TCL 汇融创业投资有限公司 | 太原市长治路 227 号高新国际大厦 24 层 | 13683376156 | 山西 TCL 汇融创业投资有限公司 | 2015/10/30 | 2010/09/26 |
| 7 | 山西金丰汇智创业投资有限公司 | 太原市肖墙路 9 号御花园假日广场 B 座 1511 室 | 0351-3343158 | 山西金丰汇智创业投资有限公司 | 2015/11/03 | 2009/04/10 |
| 8 | 山西财晟创业投资有限公司 | 山西省太原市新建路 9 5 号乡海大厦 1 5 0 6 室 | 0351-8225798 | 山西财晟创业投资有限公司 | 2015/11/19 | 2010/06/02 |
| 9 | 山西金中华创新投资管理顾问有限公司 | 山西太原高新区中心北街 3 号晨雨大厦 702 室 | 13934588966 | 山西金中华创新投资管理顾问有限公司 | 2016/08/24 | 2004/10/20 |
| 10 | 山西惠百川创业投资有限公司 | 太原经济技术开发区龙城街 2 号 | 0351-7560305 | 山西惠百川创业投资有限公司 | 2016/08/31 | 2009/12/20 |
| 11 | 山西国电创业投资有限公司 | 太原市高新技术开发区振兴街 11 号五峰国际 1008 室 | 3513111155 | 山西国电创业投资有限公司 | 2017/05/19 | 2011/04/14 |
| 12 | 山西金通创业投资有限公司 | 太原市迎泽区解放南路菜园广场写字楼 12 层 | 15234259455 | 山西金通创业投资有限公司 | 2017/05/24 | 2012/12/07 |
| 13 | 山西中盈洛克利创业投资有限公司 | 太原市新建路 39 号乡海写字楼 | 0351-8225532 | 山西中盈洛克利创业投资有限公司 | 2017/05/24 | 2011/03/14 |
| 14 | 山西省中小企业创业投资有限公司 | 山西省太原市迎泽区新建路 39 号乡海写字楼 8 层 | 0351-8225779 | 山西省中小企业创业投资有限公司 | 2017/05/24 | 2013/10/25 |

续表

| 序号 | 管理机构 | 通讯地址 | 联系电话 | 所管理创业投资企业 | 备案时间 | 设立时间 |
|---|---|---|---|---|---|---|
| 15 | 山西太钢创业投资有限公司 | 山西省太原市桃园北路 72 号铭鼎国际 17 层 | 13485341921 | 山西太钢创业投资有限公司 | 2017/05/27 | 2010/02/05 |
| 16 | 山西红土创新创业投资有限公司 | 太原高新区南中环街 529+ 号 A 座 0602 室 | 0351-7032998 | 山西红土创新创业投资有限公司 | 2017/06/05 | 2011/10/11 |
| 17 | 山西省科技基金发展总公司 | 太原市长治路 226 号高新动力港 9 层 | 0351-4157809 | 山西省科技基金发展总公司 | 2017/06/05 | 1993/06/04 |
| 18 | 山西易鑫创业投资有限公司 | 太原市万柏林区迎泽西大街创升大厦 C10 号 | 0351-8689151 | 山西易鑫创业投资有限公司 | 2017/06/07 | 2009/02/26 |
| 19 | 山西晨皓创业投资有限公司 | 太原市长风东街 15 号一号楼 A 座 1106 室 | 15234174946 | 山西晨皓创业投资有限公司 | 2017/06/16 | 2011/03/15 |

## 附录 2.5 内蒙古自治区备案创业投资机构名录

| 序号 | 管理机构 | 通讯地址 | 联系电话 | 所管理创业投资企业 | 备案时间 | 设立时间 |
|---|---|---|---|---|---|---|
| 1 | 乌海市融汇通创业投资有限公司 | 乌海市海勃湾区狮城东街 17 号银监局 | 0473-2045157 | 乌海市融汇通创业投资有限公司 | 2010/09/10 | 2008/01/17 |
| 2 | 乌海新益创业投资有限公司 | 乌海世纪新元酒店 | 15334733161 | 乌海新益创业投资有限公司 | 2010/09/10 | 2009/02/24 |
| 3 | 乌海市创恒创业有限责任公司 | 海勃湾区 | 15304734444 | 乌海市创恒创业有限责任公司 | 2010/09/13 | 2007/04/25 |
| 4 | 阿拉善盟元通创业投资有限责任公司 | 阿左旗额鲁特西路三中岔路口 | 0483-8352255 | 阿拉善盟元通创业投资有限责任公司 | 2011/06/14 | 2007/09/06 |
| 5 | 呼和浩特市银乾创业投资有限公司 | 呼和浩特市新城区名都枫景 15-103 | 13327121262 | 呼和浩特市银乾创业投资有限公司 | 2013/05/27 | 2010/04/20 |
| 6 | 中商融信创业投资有限公司 | 呼和浩特市如意开发区众生大厦 6109 室 | 15661062372 | 中商融信创业投资有限公司 | 2013/06/09 | 2011/04/25 |
| 7 | 阿盟信合创业投资有限责任公司 | 阿盟阿左旗巴彦浩特土尔扈特北路 | 13354832999 | 阿盟信合创业投资有限责任公司 | 2015/11/18 | 2006/08/29 |

续表

| 序号 | 管理机构 | 通讯地址 | 联系电话 | 所管理创业投资企业 | 备案时间 | 设立时间 |
|---|---|---|---|---|---|---|
| 8 | 乌海市龙泰创业投资有限 | 海勃湾区人民公园东陶然尚品A15号 | 18604737008 | 乌海市龙泰创业投资有限 | 2015/11/18 | 2007/08/10 |
| 9 | 赤峰市金昊创业投资有限责任公司 | 内蒙古赤峰市红山区长青街中段信息大楼6楼 | 13847688837 | 赤峰市金昊创业投资有限责任公司 | 2016/02/01 | 2009/12/17 |
| 10 | 内蒙古国储新能源创业投资中心（有限合伙） | 北京市海淀区阜成路2号 | 13370136265 | 内蒙古国储新能源创业投资中心（有限合伙） | 2016/04/13 | 2013/04/24 |
| 11 | 乌海市广聚创业投资有限责任公司 | 海勃湾区狮城大街漠海翠庭A3号 | 13847361358 | 乌海市广聚创业投资有限责任公司 | 2016/07/05 | 2006/02/23 |
| 12 | 乌兰察布市聚元创业投资有限公司 | 乌兰察布市集宁新区体育场 | 13947438166 | 乌兰察布市聚元创业投资有限公司 | 2016/09/02 | 2010/12/28 |
| 13 | 阿拉善盟亨泰创业投资有限责任公司 | 内蒙古阿拉善左旗巴彦浩特镇额鲁特东路008号 | 0483−8356703<br>13948003016 | 阿拉善盟亨泰创业投资有限责任公司 | 2016/09/07 | 2007/11/20 |
| 14 | 阿拉善盟润凯创业投资有限责任公司 | 阿拉善盟军分区向西100米 | 15904830651 | 阿拉善盟润凯创业投资有限责任公司 | 2016/09/28 | 2007/10/12 |
| 15 | 内蒙古金桥创业投资基金管理中心（有限合伙） | 内蒙古呼和浩特市乌兰察布路首座5楼 | 13704784283 | 内蒙古金桥创业投资基金管理中心（有限合伙） | 2016/09/29 | 2010/09/01 |
| 16 | 内蒙古中盈资产管理股份有限公司 | 呼和浩特市新城区北垣街诚华小区 | 18686075550 | 内蒙古中盈资产管理股份有限公司 | 2016/11/30 | 2007/11/19 |
| 17 | 鄂尔多斯市中小企业创业投资有限公司 | 内蒙古鄂尔多斯市东胜区伊化北路16号1号楼1至6层−101 | 13514871712 | 鄂尔多斯市中小企业创业投资有限公司 | 2017/05/27 | 2010/05/25 |
| 18 | 通辽市宇东创业投资有限公司 | 通辽经济技术开发区 | 13948134077<br>0475−8612218 | 通辽市宇东创业投资有限公司 | 2017/05/31 | 2008/12/20 |
| 19 | 内蒙古源昌创业投资有限公司 | 巴彦淖尔经济开发区 | 18647823858 | 内蒙古源昌创业投资有限公司 | 2017/05/31 | 2010/04/14 |
| 20 | 通辽市创业投资有限责任公司 | 内蒙古通辽市新城区行政中心西配楼一楼 | 0475−8836563<br>15114755566 | 通辽市创业投资有限责任公司 | 2017/05/31 | 2010/04/20 |
| 21 | 内蒙古融丰源创股权投资管理有限公司 | 内蒙古自治区包头稀土高新区留学人员创业园区B座203号 | 18600500394 | 内蒙古源创绿能节能环保产业创业投资合伙企业（有限合伙） | 2017/06/07 | 2014/12/10 |

续表

| 序号 | 管理机构 | 通讯地址 | 联系电话 | 所管理创业投资企业 | 备案时间 | 设立时间 |
|---|---|---|---|---|---|---|
| 22 | 乌海市聚兴创业投资有限责任公司 | 海勃湾区 | 13904731177 | 乌海市聚兴创业投资有限责任公司 | 2017/06/07 | 2006/09/01 |
| 23 | 内蒙古汇银中小企业投资股份有限公司 | 包头市稀土高新区创业中心软件园 C 座 | 0472—5202662<br>15164847287 | 内蒙古汇银中小企业投资股份有限公司 | 2017/06/12 | 2007/01/26 |
| 24 | 内蒙古华银创业投资股份有限公司 | 呼市回民区海西路工农兵路昌盛小区 2 号办公楼 | 3814811<br>13848108686 | 内蒙古华银创业投资股份有限公司 | 2017/06/14 | 2006/11/09 |
| 25 | 鄂尔多斯市昌盛创业投资有限公司 | 东胜区乌审东街工业园区 128 号 | 13722081337 | 鄂尔多斯市昌盛创业投资有限公司 | 2017/06/16 | 2009/12/16 |
| 26 | 内蒙古红土高新创业投资有限公司 | 包头稀土高新区创业园区 | 0472−5300055 | 内蒙古红土高新创业投资有限公司 | 2017/06/19 | 2009/11/06 |
| 27 | 内蒙古立达创业投资集团有限公司 | 东胜区松山路 2 号街坊 15 号楼 | 18947375005 | 内蒙古立达创业投资集团有限公司 | 2017/06/27 | 2007/10/29 |
| 28 | 五原县京原创业投资有限责任公司 | 五原县隆镇前进北路 2 号 | 13754081058 | 五原县京原创业投资有限责任公司 | 2017/06/29 | 2010/07/22 |
| 29 | 内蒙古生产力促进中心有限公司 | 呼和浩特市新城西街 141 号科技大厦 B 座三楼 | 6280864<br>18804710000 | 内蒙古生产力促进中心有限公司 | 2017/08/22 | 2004/12/08 |

## 附录 2.6 辽宁省备案创业投资机构名录

| 序号 | 管理机构 | 通讯地址 | 联系电话 | 所管理创业投资企业 | 备案时间 | 设立时间 |
|---|---|---|---|---|---|---|
| 1 | 丹东辰林创业投资有限公司 | 丹东市锦江街 96 号 2101−1 室 | 13358776687 | 丹东辰林创业投资有限公司 | 2012/07/04 | 2011/07/20 |
| 2 | 辽宁科技创业投资有限责任公司 | 辽宁省沈阳市和平区和平南大街 39 号嘉环大厦 | 024−23244922 | 辽宁科技创业投资有限责任公司 | 2017/06/20 | 2000/02/28 |
| 3 | 辽宁科发实业公司 | 辽宁省沈阳市皇姑区昆山中路 2 号 | 024−62265580 | 辽宁科发实业公司 | 2017/08/10 | 1993/03/20 |

续表

| 序号 | 管理机构 | 通讯地址 | 联系电话 | 所管理创业投资企业 | 备案时间 | 设立时间 |
|---|---|---|---|---|---|---|
| 4 | 沈阳科技风险投资有限公司 | 沈阳市沈河区市府大路262号甲新华科技大厦16楼 | 024-22790244 | 沈阳科技风险投资有限公司 | 2017/05/22 | 1998/11/04 |
| 5 | 北京联盟中投投资管理有限公司 | 北京市朝阳区吉祥里208号243室 | 1085698024 | 辽宁联盟中资创业投资企业（有限合伙） | 2017/05/31 | 2012/09/02 |
| 6 | 沈阳生物医药创业投资管理有限公司 | 沈阳市东陵区泗水街57号A座502室 | 18698803939 | 沈阳生物医药创业投资有限公司 | 2017/06/22 | 2013/08/13 |
| 7 | 沈阳信息产业创业投资管理有限公司 | 沈阳经济技术开发区昆明湖街50号 | 18604938392 | 沈阳信息产业创业投资有限公司 | 2017/06/23 | 2013/08/12 |
| 8 | 基金自我管理 | 未知 | 未知 | 大连高端装备制造业创业投资基金（有限合伙） | 2014/05/30 | 2012/06/20 |
| 9 | 大连科技风险投资基金有限公司 | 大连市中山区长江路38号金地中心B座35楼 | 0411-82781352 | 大连科技风险投资基金有限公司 | 2017/06/16 | 2000/02/02 |
| 10 | 大连乐利投资管理有限公司 | 辽宁省大连市沙河口区体坛路22号1607室 | 15042440674 | 大连乐利创业投资中心（有限合伙） | 2017/06/16 | 2014/12/04 |
| 11 | 基金自我管理 | 未知 | 未知 | 大连海融高新创业投资基金有限公司 | 2017/06/16 | 2007/12/29 |
| 12 | 联合创业集团有限公司 | 辽宁省大连市中山区中山路136号 | 88009333-832 | 联合创业集团有限公司 | 2017/06/16 | 2005/07/07 |
| 13 | 大连港航产业基金管理有限公司 | 大连市中山区中山路136号希望大厦29F | 13624255145 | 大连港航清洁能源创业投资基金（有限合伙） | 2017/06/16 | 2012/10/31 |
| 14 | 辽宁东软创业投资有限公司 | 辽宁省大连市软件路8-5号B2座 | 0411-82853305 | 辽宁东软创业投资有限公司 | 2017/06/20 | 2000/04/23 |

## 附录 2.7 吉林省备案创业投资机构名录

| 序号 | 管理机构 | 通讯地址 | 联系电话 | 所管理创业投资企业 | 备案时间 | 设立时间 |
|---|---|---|---|---|---|---|
| 1 | 吉林汇禾创业投资有限公司 | 长春市经济技术开发区世纪大街 2055 号 | 84646668 | 吉林汇禾创业投资有限公司 | 2013/06/27 | 2006/08/01 |
| 2 | 吉林省创新股权投资基金管理有限责任公司 | 长春市高新开发区锦湖大路 | 18004464567 | 吉林省诺金创业投资有限公司 | 2014/05/30 | 2010/09/20 |
| 3 | 吉林省创业投资引导基金有限责任公司 | 长春市蔚山路 2559 号吉林投资大厦 A 座 7 层 | 43181959791 | 吉林省创业投资引导基金有限责任公司 | 2014/06/16 | 2007/12/29 |
| 4 | 四平世鑫创业投资有限公司 | 四平市铁西区南迎宾街广电大厦 1007 房间 | 13630995600 | 四平世鑫创业投资有限公司 | 2016/08/25 | 2013/06/24 |
| 5 | 基金自我管理 | 未知 | 未知 | 吉林省国家汽车电子产业创业投资有限责任公司 | 2016/08/29 | 2010/09/03 |
| 6 | 基金自我管理 | 未知 | 未知 | 吉林省国家生物产业创业投资有限责任公司 | 2016/08/29 | 2010/09/03 |
| 7 | 深圳市创新投资集团有限公司 | 深圳市福田区深南大道 4009 号投资大厦 11 层 B 区 | 0755-82912888 | 吉林省红土创业投资有限公司 | 2017/06/08 | 2010/07/12 |
| 8 | 中投长春创业投资基金管理有限公司 | 长春市净月高新技术产业开发区福祉大路 1572 号政务服务中心 505 室 | 0431-89160529 | 中投长春国家光电信息创业投资基金（有限合伙） | 2014/06/11 | 2013/08/30 |
| 9 | 长春科技风险投资有限公司 | 长春市高新区超群街 191 号 | 0431-85186628 | 长春科技风险投资有限公司 | 2017/05/31 | 2000/04/10 |
| 10 | 长春市科技发展中心 | 高新区磐谷路 333 号 | 88578575 | 长春市科技发展中心 | 2017/05/31 | 1997/06/06 |

## 附录 2.8 黑龙江省备案创业投资机构名录

| 序号 | 管理机构 | 通讯地址 | 联系电话 | 所管理创业投资企业 | 备案时间 | 设立时间 |
|---|---|---|---|---|---|---|
| 1 | 黑龙江辰能哈工大高科技风险投资有限公司 | 哈尔滨市南岗区玉山路 22 号 | 0451–82876488 | 黑龙江辰能哈工大高科技风险投资有限公司 | 2017/06/20 | 2001/08/28 |
| 2 | 深圳市创新投资集团有限公司 | 深圳市福田区深南大道 4009 号投资大厦 11 层 B 区 | 0755–82912888 | 黑龙江红土科力创业投资有限公司 | 2017/06/20 | 2011/07/11 |
| 3 | 黑龙江省科力高科技产业投资有限公司 | 哈尔滨市松北区创新三路 600 号科技大厦 12 层 | 51920801 | 黑龙江省科力高科技产业投资有限公司 | 2017/06/21 | 2003/06/25 |
| 4 | 黑龙江省大正赛富创业投资企业（有限合伙） | 哈尔滨市高开区科技创新城创新创业广场 20 号楼（秀月街 178 号）B402 室 | 13674510921 | 黑龙江省大正赛富创业投资企业（有限合伙） | 2017/06/21 | 2010/01/18 |
| 5 | 哈尔滨君瑞投资管理有限公司 | 哈尔滨市南岗区长江里 368 号 904 室 | 18646323422 | 哈尔滨君瑞投资管理有限公司 | 2016/05/20 | 2014/11/18 |
| 6 | 哈尔滨丁香汇创业投资有限公司 | 哈尔滨高新区科技创新城创新创业广场 2 号楼科技一街 719 号 A506 室 | 18210187720 | 哈尔滨丁香汇投资合伙企业（有限合伙） | 2016/06/01 | 2014/12/17 |
| 7 | 哈尔滨创新投资有限公司 | 哈尔滨市友谊路 86 号 | 0451–84686551 | 哈尔滨创新投资有限公司 | 2017/05/26 | 2002/06/28 |
| 8 | 哈尔滨市天琪股权投资基金管理企业（有限合伙） | 哈尔滨市松北区世茂大道 66 号科技创新城 12 号楼 518 室 | 15204632577 | 哈尔滨市天琪创业投资企业（有限合伙） | 2017/05/31 | 2014/07/30 |
| 9 | 哈尔滨君瑞投资管理有限公司 | 哈尔滨市松北区世茂大道 66 号火炬金融服务港 417 室 | 18646323422 | 哈尔滨君丰创业投资企业（有限合伙） | 2017/06/01 | 2015/01/29 |
| 10 | 哈尔滨越榕阳光创业投资企业 | 哈尔滨高新区科技创新城创新创业广场 2 号楼科技一街 719 号 A 栋 609 室 | 13613665939 | 哈尔滨越榕阳光创业投资企业 | 2017/06/02 | 2014/12/25 |
| 11 | 哈尔滨华滨创业投资管理有限公司 | 哈尔滨高新区科技创新城创新创业广场 2 号楼科技一街 719 号 A 栋 606 | 15145110504 | 哈尔滨华滨光辉创业投资企业（有限合伙） | 2017/06/09 | 2014/12/29 |
| 12 | 哈尔滨创业投资集团有限公司 | 哈尔滨市道里区上海街 7 号海上银座 B 座 22 层 | 0451–82668766 | 哈尔滨创业投资集团有限公司 | 2017/06/14 | 2009/02/26 |

续表

| 序号 | 管理机构 | 通讯地址 | 联系电话 | 所管理创业投资企业 | 备案时间 | 设立时间 |
|---|---|---|---|---|---|---|
| 13 | 哈尔滨富德恒创业投资企业（有限合伙） | 哈尔滨松北区创新三路 600 号 3902 室 | 18686790885 | 哈尔滨富德恒创业投资企业（有限合伙） | 2017/06/21 | 2014/01/24 |
| 14 | 哈尔滨丁香汇创业投资有限公司 | 哈尔滨高新区科技创新城创新创业广场 2 号楼科技一街 719 号 A506 室 | 18210187720 | 哈尔滨丁香汇创业投资有限公司 | 2017/06/29 | 2014/09/18 |
| 15 | 哈尔滨哈投创业投资有限公司 | 哈尔滨市松北区创新二路 277 号 28 层 | 51845022-3206 | 哈尔滨哈投创业投资有限公司 | 2017/09/08 | 2012/08/21 |

## 附录 2.9　上海市备案创业投资机构名录

| 序号 | 管理机构 | 通讯地址 | 联系电话 | 所管理创业投资企业 | 备案时间 | 设立时间 |
|---|---|---|---|---|---|---|
| 1 | 上海张江火炬创业园投资开发有限公司 | 上海张江高科技园区春晓路 350 号北 3 楼 | 50800118-815 | 上海张江火炬创业园投资开发有限公司 | 2012/07/05 | 2008/11/03 |
| 2 | 上海银禾投资管理有限公司 | 上海徐汇田州路 159 号 15 楼 | 13611723626 | 上海博丰创业投资有限公司 | 2012/07/06 | 2007/04/27 |
| 3 | 上海弘帆创业投资有限公司 | 上海长宁遵义路 107 号安泰大厦 1905 | 2162375090 | 上海弘帆创业投资有限公司 | 2012/07/09 | 2010/04/21 |
| 4 | 上海闵行科技创业投资有限公司 | 上海市漕宝路 400 号 705 室 | 2151168681 | 上海闵行科技创业投资有限公司 | 2012/07/10 | 2005/06/14 |
| 5 | 橡子园创业投资管理（上海）有限公司 | 郭守敬路 498 号 9 号楼 2 层 | 50806686 | 上海橡子园创业投资有限公司 | 2012/07/11 | 2002/12/04 |
| 6 | 上海中孵创业投资管理有限公司 | 上海市华山路 2018 号汇银广场北楼 2503 | 021-54070999 | 中孵创业投资有限公司 | 2013/04/01 | 2010/06/24 |
| 7 | 上海中卫创业投资管理有限公司 | 上海市华山路 2018 号 25 楼 | 54070999 | 上海中卫创业投资中心（有限合伙） | 2013/04/01 | 2011/10/10 |
| 8 | 上海兴烨创业投资有限公司 | 上海市民生路 1199 弄 1 号楼 20 楼 | 021-38565757 | 上海兴烨创业投资有限公司 | 2013/06/25 | 2008/06/04 |

续表

| 序号 | 管理机构 | 通讯地址 | 联系电话 | 所管理创业投资企业 | 备案时间 | 设立时间 |
|---|---|---|---|---|---|---|
| 9 | 戈壁创赢（上海）创业投资管理有限公司 | 上海市浦东新区科苑路 399 号 7 号楼 | 021-52929729 | 戈壁盈智（上海）创业投资合伙企业（有限合伙） | 2013/06/28 | 2011/12/14 |
| 10 | 基金自我管理 | 未知 | 未知 | 上海新鑫投资有限公司 | 2013/06/28 | 2001/11/21 |
| 11 | 上海领创创业投资管理有限公司 | 上海新华路 329 弄 47 号乙 | 021-64011718 | 上海领汇创业投资有限公司 | 2013/06/28 | 2007/10/12 |
| 12 | 上海领庆创业投资管理有限公司 | 上海新华路 329 弄 47 号乙 | 021-64011718 | 上海领锐创业投资有限公司 | 2013/06/28 | 2010/04/19 |
| 13 | 上海信息技术创业投资有限公司 | 上海市澳门路 100 号 D 座 312 室 | 021-32100568 | 上海信息技术创业投资有限公司 | 2014/05/22 | 2001/09/18 |
| 14 | 基金自我管理 | 未知 | 未知 | 上海联创创业投资有限公司 | 2014/05/26 | 1999/09/23 |
| 15 | 上海慧盛创业投资有限公司 | 上海淮海西路 55 号 6A | 021-52989370 | 上海慧盛创业投资有限公司 | 2014/05/26 | 2001/12/28 |
| 16 | 上海鼎嘉创业投资管理有限公司 | 张江春晓路 350 号南三楼 | 021-50800508 | 上海欧奈而创业投资有限公司 | 2014/05/27 | 2010/03/17 |
| 17 | 上海鼎嘉创业投资管理有限公司 | 张江春晓路 350 号南三楼 | 021-50800508 | 上海张江创业投资有限公司 | 2014/05/30 | 2000/07/12 |
| 18 | 上海鼎嘉创业投资管理有限公司 | 张江春晓路 350 号南三楼 | 021-50800508 | 上海欧奈尔创业投资中心（有限合伙） | 2014/06/03 | 2011/06/28 |
| 19 | 上海诚鼎创业投资有限公司 | 上海浦东南路 500 号 | 58772830*131 | 上海诚鼎创业投资有限公司 | 2014/06/16 | 2009/12/10 |
| 20 | 上海商投创业投资有限公司 | 上海市杨浦区国泰路 11 号 1905 室 | 65650915 | 上海商投创业投资有限公司 | 2014/06/18 | 2001/06/05 |
| 21 | 上海汽车创业投资有限公司 | 中国上海静安区万航渡路 889 号悦达 889 中心 2105 室 | 021-22011219 | 上海汽车创业投资有限公司 | 2014/06/23 | 2001/06/19 |
| 22 | 上海复星化工医药创业投资有限公司 | 上海浦东南路 360 号 26 楼 C 座 | 68862466 | 上海复星化工医药创业投资有限公司 | 2014/06/24 | 2003/12/23 |
| 23 | 上海市北科技创业投资有限公司 | 上海市闸北区江场三路 238 号 1505 室 | 62509257 | 上海市北科技创业投资有限公司 | 2014/06/25 | 2011/11/23 |
| 24 | 上海磐石容银创业投资管理有限公司 | 上海茂名南路 163 弄 4 号 | 2160758990 | 上海磐石容银创业投资有限公司 | 2014/06/27 | 2010/07/08 |
| 25 | 上海科辰创业投资有限公司 | 上海市杨浦区国定路 335 号 1 号楼 7001 室 | 15821224195 | 上海科辰创业投资有限公司 | 2014/07/03 | 2012/01/11 |

续表

| 序号 | 管理机构 | 通讯地址 | 联系电话 | 所管理创业投资企业 | 备案时间 | 设立时间 |
|---|---|---|---|---|---|---|
| 26 | 基金自我管理 | 未知 | 未知 | 上海锐合创业投资中心（有限合伙） | 2015/06/03 | 2010/12/13 |
| 27 | 上海复旦量子创业投资管理有限公司 | 上海市国定东路 300 号 3 号楼 511 室 | 021-65632555 | 上海兆丰创业投资有限公司 | 2015/06/04 | 2003/12/18 |
| 28 | 上海国际集团创业投资有限公司 | 上海市昆明路 518 号 A 座 9 层 | 35963977 | 上海国际集团创业投资有限公司 | 2015/06/04 | 2011/11/30 |
| 29 | 基金自我管理 | 未知 | 未知 | 上海联升创业投资有限公司 | 2015/06/08 | 2009/12/25 |
| 30 | 上海创业投资有限公司 | 上海市淮海中路 1634 号 2 楼 | 13701907806 | 上海创业投资有限公司 | 2015/06/11 | 1999/08/06 |
| 31 | 基金自我管理 | 未知 | 未知 | 上海硅谷天堂阳光创业投资有限公司 | 2015/06/12 | 2009/03/30 |
| 32 | 上海德汇创业投资有限公司 | 上海市浦东银城中路 200 号 2908 室 | 021-50372199-388 | 上海德汇创业投资有限公司 | 2015/08/13 | 2007/07/02 |
| 33 | 上海张江火炬创业投资有限公司 | 上海浦东新区张东路 1158 号 3 号楼 6 楼 | 13524626196 | 上海张江火炬创业投资有限公司 | 2015/08/21 | 2012/10/26 |
| 34 | 上海张江生物医药产业创业投资有限公司 | 上海市张江高科技园区春晓路 350 号北 3 楼 | 50800118-861 | 上海张江生物医药产业创业投资有限公司 | 2015/09/02 | 2010/09/09 |
| 35 | 上海南翔创业投资有限公司 | 上海市沪宜公路 1188 号 7 号楼 208 室 | 33510011 | 上海南翔创业投资有限公司 | 2015/10/26 | 2013/03/07 |
| 36 | 上海浦东新星纽士达创业投资有限公司 | 上海市春晓路 439 号 11 幢 | 50276959 | 上海浦东新星纽士达创业投资有限公司 | 2015/11/12 | 2009/06/19 |
| 37 | 上海慧立创业投资有限公司 | 上海市淮海西路 55 号 6 楼 C1 座 | 52989380 | 上海慧立创业投资有限公司 | 2016/05/20 | 2000/06/19 |
| 38 | 上海张江浩成创业投资有限公司 | 浦东新区松涛路 560 号 8 楼 | 38959000 | 上海张江浩成创业投资有限公司 | 2016/05/23 | 2007/02/14 |
| 39 | 上海张江科技创业投资有限公司 | 上海张江高科技园区张东路 1387 号 16 幢 C305 室 | 13524674461 | 上海张江科技创业投资有限公司 | 2016/05/31 | 2004/10/09 |
| 40 | 上海张江科技创业投资有限公司 | 上海张江高科技园区张东路 1387 号 16 幢 C305 室 | 13524674461 | 上海张江朝阳创业投资有限公司 | 2016/05/31 | 2010/07/15 |

续表

| 序号 | 管理机构 | 通讯地址 | 联系电话 | 所管理创业投资企业 | 备案时间 | 设立时间 |
|---|---|---|---|---|---|---|
| 41 | 上海中嘉兴华创业投资管理有限公司 | 上海市徐汇区中山西路1800号16G | 64680218-802 | 上海中嘉兴华创业投资合伙企业（有限合伙） | 2016/06/01 | 2012/12/31 |
| 42 | 上海时空五星创业投资管理有限公司 | 上海市淮海西路55号申通信息广场22楼EFG座 | 021-61218708 | 上海时空五星创业投资合伙企业（有限合伙） | 2016/06/02 | 2009/12/31 |
| 43 | 上海物联网创业投资基金合伙企业（有限合伙） | 淮海中路138号上海广场2604室 | 60938100 | 上海物联网创业投资基金合伙企业（有限合伙） | 2016/06/24 | 2010/11/22 |
| 44 | 上海上创信德创业投资有限公司 | 上海淮海中路138号上海广场2604室 | 60938100 | 上海上创信德创业投资有限公司 | 2016/06/24 | 2008/03/05 |
| 45 | 上海中新技术创业投资有限公司 | 上海市淮海中路1634号 | 021-64311988-420 | 上海中新技术创业投资有限公司 | 2016/06/30 | 1996/12/09 |
| 46 | 上海科技创业投资有限公司 | 上海市淮海中路1634号316号 | 64311988-162 | 上海汇科创业投资有限公司 | 2016/06/30 | 2007/12/28 |
| 47 | 上海星杉创业投资有限公司 | 上海延安东路222号金光外滩中心3301室 | 021-63352666 | 上海星杉创业投资有限公司 | 2016/07/12 | 2007/07/18 |
| 48 | 上海诚毅新能源创业投资有限公司 | 陆家嘴东路166号2101室 | 38720880 | 上海诚毅新能源创业投资有限公司 | 2016/08/12 | 2011/07/12 |
| 49 | 基金自我管理 | 未知 | 未知 | 上海千骥创业投资中心（有限合伙） | 2016/08/26 | 2012/07/12 |
| 50 | 上海荣顾创业投资有限公司 | 上海闵行区鹤庆路398号41幢1-H1052室 | 021-61253299 | 上海荣顾创业投资有限公司 | 2016/09/22 | 2015/12/17 |
| 51 | 上海千骥创业投资管理有限公司 | 上海市高邮路53号 | 021-64662333 | 上海千骥生物医药创业投资有限公司 | 2016/09/27 | 2010/04/29 |
| 52 | 基金自我管理 | 未知 | 未知 | 上海科星创业投资有限公司 | 2016/09/27 | 2007/01/23 |
| 53 | 上海艾云创业投资管理有限公司 | 上海市淮海西路55号6A | 13817697681 | 上海艾云慧信创业投资有限公司 | 2016/09/29 | 2012/04/11 |
| 54 | 上海萧商创业投资合伙企业（有限合伙） | 上海漕河泾开发区新经济园民益路201号12幢402-305室 | 021-52989370 | 上海萧商创业投资合伙企业（有限合伙） | 2016/10/20 | 2013/02/20 |
| 55 | 上海汇龙创业投资有限公司 | 上海市嘉定区德富路1288号1501室 | 59531155 | 上海汇龙创业投资有限公司 | 2016/10/24 | 2011/11/04 |

续表

| 序号 | 管理机构 | 通讯地址 | 联系电话 | 所管理创业投资企业 | 备案时间 | 设立时间 |
|---|---|---|---|---|---|---|
| 56 | 上海千骥星鹤创业投资管理有限公司 | 上海市徐汇区高邮路 53 号 | 64662333 | 上海千骥星鹤创业投资中心（有限合伙） | 2016/12/13 | 2015/06/26 |
| 57 | 上海科技创业投资有限公司 | 上海市淮海中路 1634 号 316 号 | 64311988-162 | 上海科技创业投资有限公司 | 2017/03/07 | 1992/12/03 |
| 58 | 基金自我管理 | 未知 | 未知 | 上海浦软晨汇创业投资中心（有限合伙） | 2017/03/13 | 2014/08/27 |
| 59 | 上海浦软创业投资有限公司 | 上海浦东博霞路 22 号 102 室 | 13817909421 | 上海浦软创业投资有限公司 | 2017/03/13 | 2010/12/08 |
| 60 | 基金自我管理 | 未知 | 未知 | 上海浦软汇智创业投资合伙企业（有限合伙） | 2017/03/13 | 2013/11/21 |
| 61 | 上海汉世纪投资管理有限公司 | 上海市张江高科技园区博云路 56 号 | 50276688 | 张江汉世纪创业投资有限公司 | 2017/05/11 | 2007/05/23 |
| 62 | 上海复旦创业投资有限公司 | 邯郸路 220 号复旦大学 100 号楼 | 65642533 | 上海复旦创业投资有限公司 | 2017/07/11 | 2000/11/09 |
| 63 | 上海富欣创业投资有限公司 | 上海市浦东新区张江纳贤路 60 弄 1 号 5 楼 | 021-20599052 | 上海富欣创业投资有限公司 | 2017/07/11 | 1999/04/08 |
| 64 | 新开发创业投资管理有限责任公司 | 上海市浦东新区银城中路 68 弄时代金融中心 4206 室 | 021-51870899 | 新开发联合创业投资企业 | 2017/07/11 | 2008/07/07 |
| 65 | 上海德丰杰龙升创业投资管理中心 | 上海市静安区延安中路 596 弄 21 号 202F 室 | 021-62800580 | 上海德丰杰龙升创业投资合伙企业 | 2017/07/11 | 2012/11/01 |
| 66 | 上海正赛联创业投资管理有限公司 | 上海市徐汇区斜土路 2899 甲号 B 幢 302 室 | 021-64286339-8809 | 上海正赛联创业投资有限公司 | 2017/07/11 | 2010/10/22 |
| 67 | 上海寅嘉创业投资管理有限公司 | 上海市杨浦区国定路 335 号 2 号楼 1508 室 | 65651178 | 上海寅嘉创业投资管理有限公司 | 2017/07/11 | 2010/06/22 |
| 68 | 上海寅嘉创业投资管理有限公司 | 上海市杨浦区国定路 335 号 2 号楼 1508 室 | 65651178 | 上海寅福创业投资有限公司 | 2017/07/11 | 2010/05/06 |
| 69 | 上海寅嘉创业投资管理有限公司 | 上海市杨浦区国定路 335 号 2 号楼 1508 室 | 65651178 | 海硅（上海）创业投资合伙企业（有限合伙） | 2017/07/11 | 2011/08/05 |
| 70 | 基金自我管理 | 未知 | 未知 | 上海硅谷天堂合众创业投资有限公司 | 2017/07/11 | 2010/06/18 |

续表

| 序号 | 管理机构 | 通讯地址 | 联系电话 | 所管理创业投资企业 | 备案时间 | 设立时间 |
|---|---|---|---|---|---|---|
| 71 | 上海科技创业投资股份有限公司 | 上海建国西路 285 号 21 楼 | 64338288 | 上海科技创业投资股份有限公司 | 2017/07/11 | 1993/06/30 |
| 72 | 上海亘元创业投资有限公司 | 上海市工业综合开发区环城东路 383 号 1305 室 | 13801886312 | 上海亘元创业投资有限公司 | 2017/07/13 | 2009/03/03 |
| 73 | 上海力合清源创业投资合伙企业（有限合伙） | 上海市成都北路 333 号招商局广场东楼 1205 | 13122694886 | 上海力合清源创业投资合伙企业（有限合伙） | 2017/08/02 | 2012/09/21 |
| 74 | 上海徐汇科技创业投资有限公司 | 上海市肇嘉浜路 1065 甲号 1709 室 | 33687731 | 上海徐汇科技创业投资有限公司 | 2017/08/23 | 1998/12/02 |
| 75 | 上海武岳峰高科技创业投资管理有限公司 | 上海市浦东新区东方路 18 号保利广场 E 座 1101 | 15618676992 | 上海武岳峰创业投资合伙企业（有限合伙） | 2017/08/28 | 2011/11/25 |
| 76 | 基金自我管理 | 未知 | 未知 | 上海瑞经达创业投资有限公司 | 2017/08/28 | 2010/02/10 |
| 77 | 上海贝琛创业管理有限公司 | 上海市杨浦区昆明路 518 号 A 座 9 层 | 13585565297 | 上海贝琛网森创业投资合伙企业（有限合伙） | 2017/09/11 | 2014/12/31 |

## 附录 2.10　江苏省备案创业投资机构名录

| 序号 | 管理机构 | 通讯地址 | 联系电话 | 所管理创业投资企业 | 备案时间 | 设立时间 |
|---|---|---|---|---|---|---|
| 1 | 南京创新红土创业投资有限公司 | 南京市安德门大街 57 号 2 号商务楼 12 楼 | 58861750 | 南京创新红土创业投资有限公司 | 2017/03/16 | 2014/04/16 |
| 2 | 南京晨光高科创业投资有限公司 | 南京市秦淮区正学路一号 | 025−51885504 | 南京晨光高科创业投资有限公司 | 2017/05/19 | 2007/04/06 |
| 3 | 中科招商投资管理集团股份有限公司 | 深圳市福田中心区深南大道 4009 号投资大厦 13 层 D2−1 区 | 75582913284 | 南京中科招商创新创业投资有限公司 | 2017/05/19 | 2013/09/16 |
| 4 | 南京紫金久安投资管理有限公司 | 南京市栖霞区马群街道紫东路 2 号 12 幢 | 18551628350 | 南京紫金创赢创业投资有限公司 | 2017/05/21 | 2014/05/14 |
| 5 | 基金自我管理 | 未知 | 未知 | 江苏科泉高新创业投资有限公司 | 2017/05/21 | 2012/12/18 |
| 6 | 南京市栖霞区科技创业投资有限公司 | 南京市栖霞区甘家边东 108 号金港创业园综合楼三楼 301 室 | 85522693 | 南京市栖霞区科技创业投资有限公司 | 2017/05/22 | 2009/07/31 |

续表

| 序号 | 管理机构 | 通讯地址 | 联系电话 | 所管理创业投资企业 | 备案时间 | 设立时间 |
|---|---|---|---|---|---|---|
| 7 | 南京爱德创业投资有限公司 | 南京市鼓楼区大铜银巷 16 号爱德商务中心七楼 | 025-66776008 | 南京爱德创业投资有限公司 | 2017/05/22 | 2010/12/23 |
| 8 | 江苏泰华创业投资有限公司 | 南京市建邺区江东中路 230 号华泰证券大厦 3 号楼 7 层 | 025-87763302-8008 | 江苏泰华创业投资有限公司 | 2017/05/22 | 2008/03/08 |
| 9 | 南京英飞尼迪三胞投资管理有限公司 | 南京市江宁区天元东路 391 号 | 15951070229 | 南京英飞尼迪三胞紫金创业投资中心（有限合伙） | 2017/05/22 | 2012/09/05 |
| 10 | 江苏农垦诚鼎投资管理有限公司 | 南京市珠江路 4 号 | 025-84548165 | 江苏农垦诚鼎创业投资合伙企业（有限合伙） | 2017/05/23 | 2011/06/22 |
| 11 | 基金自我管理 | 未知 | 未知 | 南京宁昇创业投资有限公司 | 2017/05/23 | 2010/09/10 |
| 12 | 基金自我管理 | 未知 | 未知 | 江苏南大创业投资发展有限公司 | 2017/05/23 | 2013/01/29 |
| 13 | 南京天元创业投资管理有限公司 | 南京市江宁区天元东路 391 号 1 幢 307 室 | 2587189199 | 南京天元创业投资管理有限公司 | 2017/05/23 | 2013/02/08 |
| 14 | 南京江宁高新园科技创业投资管理有限公司 | 南京市江宁区诚信大道 2211 号 | 025-87180033 | 南京江宁高新园科技创业投资管理有限公司 | 2017/05/23 | 2014/04/14 |
| 15 | 南京鸿景创业投资有限公司 | 南京市中山东路 18 号 31 层 | 84722633 | 南京鸿景创业投资有限公司 | 2017/05/23 | 2003/09/19 |
| 16 | 南京六合科技创业投资有限公司 | 南京市六合区雄州街道峨嵋路 300 号 | 57109812 | 南京六合科技创业投资有限公司 | 2017/05/24 | 2013/12/16 |
| 17 | 江苏红土创业投资管理有限公司 | 南京市安德门大街 57 号楚翘城 2 号商务楼 12 楼 | 025-58861750 | 南京红土创业投资有限公司 | 2017/05/24 | 2010/05/31 |
| 18 | 南京河西中央商务区投资发展有限公司 | 建邺区河西大街 198 号同进文化广场 3 单元 1002 | 025-86377119 | 南京汇江创业投资基金有限公司 | 2017/05/24 | 2014/07/10 |
| 19 | 南京河西中央商务区投资发展有限公司 | 建邺区河西大街 198 号同进文化广场 3 单元 1002 | 025-86377119 | 南京河西新城科技创业投资引导基金有限公司 | 2017/05/24 | 2013/02/08 |
| 20 | 南京汉能投资管理中心（有限合伙） | 南京市鼓楼区渊声巷 17 号 | 18610291879 | 南京汉能创业投资中心（有限合伙）南京汉能创南京汉能创业投资中心（有限合伙） | 2017/05/25 | 2011/06/23 |
| 21 | 基金自我管理 | 未知 | 未知 | 南京中成创业投资有限公司 | 2017/05/25 | 2009/08/28 |

续表

| 序号 | 管理机构 | 通讯地址 | 联系电话 | 所管理创业投资企业 | 备案时间 | 设立时间 |
|---|---|---|---|---|---|---|
| 22 | 南京高达资本管理有限公司 | 南京市江东中路 359 号国睿大厦 2 号楼 6 楼 | 025-83153506 | 南京高达梧桐创业投资基金（有限合伙） | 2017/05/25 | 2011/10/10 |
| 23 | 南京高新创业投资有限公司 | 南京市高新区高新路 9 号 501 室 | 15951965092 | 南京高新创业投资有限公司 | 2017/05/25 | 2012/06/04 |
| 24 | 基金自我管理 | 未知 | 未知 | 南京科恒创业投资有限公司 | 2017/05/25 | 2013/11/29 |
| 25 | 南京协立投资管理有限公司 | 南京江宁区九龙湖路 1 号颐和南园颐瑞湾 03 栋 | 025-86816827 | 南京协立创业投资有限公司 | 2017/05/25 | 2009/05/11 |
| 26 | 基金自我管理 | 未知 | 未知 | 南京文化创业投资有限公司 | 2017/05/25 | 2011/02/24 |
| 27 | 南京盛景创业投资基金合伙企业（有限合伙） | 江宁开发区胜太路 68 号 | 52096875 | 南京盛景创业投资基金合伙企业（有限合伙） | 2017/05/25 | 2012/06/28 |
| 28 | 南京金茂创业投资管理合伙企业（有限合伙） | 南京市清江南路 19 号南大苏富特科技创新园 2 号楼 14 层 | 025-84730370 | 南京金茂中医药产业创业投资合伙企业（有限合伙） | 2017/05/25 | 2013/09/04 |
| 29 | 苏州高投创业投资管理有限公司 | 苏州高新区狮山路 199 号 1 幢 2608 室 | 0512-68188296 | 江苏高投宁泰创业投资合伙企业（有限合伙） | 2017/05/25 | 2012/01/03 |
| 30 | 南京红软创业投资管理有限公司 | 南京市建邺区庐山路 188 号 810 室 | 58861750 | 江苏红土软件创业投资有限公司 | 2017/05/25 | 2014/11/18 |
| 31 | 基金自我管理 | 未知 | 未知 | 南京中源创业投资有限公司 | 2017/05/25 | 2010/12/17 |
| 32 | 南京江宁科技创业投资集团有限公司 | 南京市江宁区天元东路 391 号 1 幢 307 室 | 2587189199 | 南京江宁科技创业投资集团有限公司 | 2017/05/26 | 2011/08/29 |
| 33 | 南京天奇阿米巴投资管理有限公司 | 南京市江东中路 359 号国睿大厦 1 号楼 B 区 5 楼 506 室 | 025-57718471 | 南京天奇阿米巴创业投资基金（有限合伙） | 2017/05/26 | 2013/08/28 |
| 34 | 南京高达资本管理有限公司 | 南京市江东中路 359 号国睿大厦 2 号楼 6 楼 | 025-83153506 | 南京高达汇丰创业投资有限公司 | 2017/05/26 | 2010/01/18 |
| 35 | 江苏华控创业投资有限公司 | 南京市江东中路 106 号 2504 室 | 025-87776620 | 江苏华控创业投资有限公司 | 2017/05/27 | 2008/07/01 |
| 36 | 南京紫金科技创业投资有限公司 | 南京市建邺区江东中路 269 号新城大厦 B 座 2717 室 | 86596539 | 南京紫金科技创业投资有限公司 | 2017/05/31 | 2011/08/08 |
| 37 | 中兴合创（天津）投资管理有限公司 | 深圳市南山区深南大道 9680 号大冲商务中心 1 栋 1 号楼 2603 | 15814019501 | 南京中兴合盈创业投资基金（有限合伙） | 2017/05/31 | 2012/04/09 |

续表

| 序号 | 管理机构 | 通讯地址 | 联系电话 | 所管理创业投资企业 | 备案时间 | 设立时间 |
|---|---|---|---|---|---|---|
| 38 | 南京紫金创投基金管理有限责任公司 | 南京市雨花台区玉兰路8号国资大厦3楼 | 86579655 | 南京紫金新兴产业创业投资基金有限公司 | 2017/06/01 | 2012/07/04 |
| 39 | 南京凯元创业投资管理合伙企业（有限合伙） | 南京市江宁区天元东路391号1幢 | 15251719150 | 南京凯元成长创业投资合伙企业（有限合伙） | 2017/06/05 | 2013/08/07 |
| 40 | 南京涌丰创业投资中心（有限合伙） | 南京市洪武北路188号长发数码大厦7楼 | 13905169858 | 南京涌丰创业投资中心（有限合伙） | 2017/06/07 | 2010/01/11 |
| 41 | 南京大慧合创创业投资管理有限公司 | 南京市玄武区中山路268号1-703 | 83199773 | 南京钢研创业投资合伙企业（有限合伙） | 2017/07/24 | 2013/12/24 |
| 42 | 基金自我管理 | 未知 | 未知 | 南京市高新技术风险投资股份有限公司 | 2017/09/12 | 2001/02/05 |
| 43 | 江苏兴科创业投资有限公司 | 江苏武进经济开发区腾龙路2号湖滨科技园 | 0519-86302528 | 江苏兴科创业投资有限公司 | 2017/05/17 | 2007/08/20 |
| 44 | 江苏武进绿泰创业投资有限责任公司 | 常州市武进区延政西大道18号维绿大厦607室 | 18605191511 | 江苏武进绿泰创业投资有限责任公司 | 2017/05/17 | 2013/01/18 |
| 45 | 基金自我管理 | 未知 | 未知 | 常州金陵华软创业投资合伙企业（有限合伙） | 2017/05/17 | 2010/08/05 |
| 46 | 常州力合投资管理有限公司 | 常州市武进区常武南路588号天安数码城A栋902室 | 51986220118 | 常州力合华富创业投资有限公司 | 2017/05/18 | 2010/09/27 |
| 47 | 常州龙城英才创业投资有限公司 | 常州市天宁区延陵西路23号投资广场2502 | 13606146916 | 常州龙城英才创业投资有限公司 | 2017/05/18 | 2011/09/07 |
| 48 | 常州常以创业投资管理有限公司 | 常州新北区高新科技园3号楼E座402 | 0519-89603700 | 常州常以创业投资中心（有限合伙） | 2017/05/19 | 2010/01/12 |
| 49 | 常州力合投资管理有限公司 | 常州市武进区常武南路588号天安数码城A栋902室 | 51986220118 | 常州力合创业投资有限公司 | 2017/05/19 | 2008/10/10 |
| 50 | 常州市力合清源创业投资合伙企业（有限合伙） | 常州市武进区常武南路588号天安数码城A栋902室 | 0519-86220118 | 常州市力合清源创业投资合伙企业（有限合伙） | 2017/05/19 | 2012/03/19 |
| 51 | 常州和裕创业投资有限公司 | 常州新北区常新科技楼E座502室 | 0519-85176176 | 常州和裕创业投资有限公司 | 2017/05/23 | 2011/04/27 |

续表

| 序号 | 管理机构 | 通讯地址 | 联系电话 | 所管理创业投资企业 | 备案时间 | 设立时间 |
|---|---|---|---|---|---|---|
| 52 | 江苏津通创业投资有限公司 | 江苏省常州市武进高新区西湖路 8 号 | 0519-86220888-8815 | 江苏津通创业投资有限公司 | 2017/05/23 | 2007/06/25 |
| 53 | 常州高新投创业投资管理有限公司 | 常州市新北区太湖中路 8 号 | 0519-81235028 | 常州高新投创业投资有限公司 | 2017/05/24 | 2012/08/13 |
| 54 | 常州高新投创业投资管理有限公司 | 常州市新北区太湖中路 8 号 | 0519-81235028 | 常州高新创业投资有限公司 | 2017/05/24 | 2012/01/18 |
| 55 | 常州德丰杰投资管理有限公司 | 常州新北区常新科技楼 3 号楼 E 座 401 | 0519-89189161 13372287997 | 常州德丰杰清洁技术创业投资中心（有限合伙） | 2017/05/24 | 2009/12/28 |
| 56 | 常州牡丹江南创业投资有限责任公司 | 常州市青洋北路 47 号 | 0519-68866959 | 常州牡丹江南创业投资有限责任公司 | 2017/05/24 | 2010/03/15 |
| 57 | 常州德丰杰正道投资管理有限公司 | 常州新北区常新科技楼 3 号楼 E 座 401 | 0519-89189161 | 常州德丰杰正道创业投资中心（有限合伙） | 2017/05/24 | 2012/03/09 |
| 58 | 常州高睿创业投资管理有限公司 | 常州新北区通江中路 367 号 606 室 | 0519-85150557 | 常州高投创业投资有限公司 | 2017/05/25 | 2008/07/22 |
| 59 | 常州赛富高新创业投资管理有限公司 | 常州市新北区高新科技园 3 号楼 E 座 402 室 | 51989603600 | 常州赛富高新创业投资中心（有限合伙） | 2017/05/25 | 2009/12/02 |
| 60 | 常州高睿创业投资管理有限公司 | 常州新北区通江中路 367 号 606 室 | 0519-85150557 | 江苏高晋创业投资有限公司 | 2017/05/25 | 2008/06/12 |
| 61 | 常州高睿创业投资管理有限公司 | 常州新北区通江中路 367 号 606 室 | 0519-85150557 | 常州高新技术风险投资有限公司 | 2017/05/25 | 2000/12/22 |
| 62 | 常州红土高科投资管理有限公司 | 常州市武进区科教城创研港 1 号 A1006 室 | 0519-86318332 | 常州红土创新创业投资有限公司 | 2017/05/26 | 2009/03/11 |
| 63 | 江苏九洲创业投资管理有限公司 | 常州市关河东路 66 号 2301 | 13951210998 | 江苏九洲投资集团创业投资有限公司 | 2017/05/26 | 2007/09/19 |
| 64 | 深圳市创新投资集团有限公司 | 深圳市福田区深南大道 4009 号投资大厦 11 层 B 区 | 0755-82912888 | 常州武进红土创业投资有限公司 | 2017/05/26 | 2008/08/19 |
| 65 | 常州信辉创业投资有限公司 | 常州市延陵西路 23 号投资广场 2401 室 | 0519-88137096 | 常州信辉创业投资有限公司 | 2017/05/27 | 2007/05/10 |
| 66 | 常州金茂经信创业投资管理企业（有限合伙） | 江苏南京建邺区清江南路 19 号南大苏富特科技创新园 2 期 14 层 | 025-84730307 | 江苏新材料产业创业投资企业（有限合伙） | 2017/05/31 | 2013/11/13 |

续表

| 序号 | 管理机构 | 通讯地址 | 联系电话 | 所管理创业投资企业 | 备案时间 | 设立时间 |
|---|---|---|---|---|---|---|
| 67 | 常州金码创业投资管理合伙企业（有限合伙） | 南京市清江南路19号南大苏富特科技创新园2号楼14层 | 025-84730370 | 常州金茂新兴产业创业投资合伙企业（有限合伙） | 2017/05/31 | 2011/09/05 |
| 68 | 江苏格瑞石墨烯创业投资有限公司 | 江苏省常州市武进区禾香路123号7号楼E栋4楼 | 15861198099 | 江苏格瑞石墨烯创业投资有限公司 | 2017/06/05 | 2012/04/10 |
| 69 | 常州武岳峰创业投资管理有限公司 | 武进高新技术产业开发区人民东路158号 | 0519-86220218 | 常州武岳峰创业投资合伙企业（有限合伙） | 2017/06/07 | 2011/03/23 |
| 70 | 常州国信现代创业投资中心（有限合伙） | 江苏省南京市鼓楼区中山路55号新华大厦34楼 | 18061880588 | 常州国信现代创业投资中心（有限合伙） | 2017/06/08 | 2008/08/05 |
| 71 | 基金自我管理 | 未知 | 未知 | 无锡金茂经信创业投资有限公司 | 2015/06/29 | 2010/06/17 |
| 72 | 基金自我管理 | 未知 | 未知 | 无锡高德创业投资有限公司 | 2015/07/14 | 2006/09/06 |
| 73 | 上海德汇创业投资有限公司 | 上海市浦东银城中路200号2908室 | 021-50372199-388 | 江苏德创物联网创业投资有限公司 | 2016/07/22 | 2010/06/03 |
| 74 | 江苏兆年创业投资有限公司 | 江苏省江阴市长江路152号1803室 | 0510-80627785 | 江苏兆年创业投资有限公司 | 2016/08/30 | 2011/03/17 |
| 75 | 无锡高新技术风险投资股份有限公司 | 无锡新区湘江路2-3号金源国际A座12楼 | 51085227569 | 无锡高新技术风险投资股份有限公司 | 2017/06/05 | 2000/08/01 |
| 76 | 无锡源清创业投资有限公司 | 无锡市滨湖区建筑西路777号A3幢13层 | 51081801983 | 无锡源清创业投资有限公司 | 2017/06/06 | 2012/06/28 |
| 77 | 无锡源清盛华创业投资有限公司 | 无锡市滨湖区建筑西路777号A3幢4层 | 0510-81801983 | 无锡源清盛华创业投资有限公司 | 2017/06/06 | 2013/05/20 |
| 78 | 无锡厚泽国联投资管理有限公司 | 无锡市新区清源路18号530大厦A709室 | 0510-85385873 | 无锡国联厚泽创业投资企业（有限合伙） | 2017/06/06 | 2011/10/28 |
| 79 | 基金自我管理 | 未知 | 未知 | 无锡市中科汇盈创业投资有限责任公司 | 2017/06/06 | 2008/03/07 |
| 80 | 基金自我管理 | 未知 | 未知 | 无锡瑞明博创业投资有限公司 | 2017/06/06 | 2010/12/15 |
| 81 | 基金自我管理 | 未知 | 未知 | 无锡力合清源创业投资合伙企业（有限合伙） | 2017/06/07 | 2011/09/09 |

续表

| 序号 | 管理机构 | 通讯地址 | 联系电话 | 所管理创业投资企业 | 备案时间 | 设立时间 |
|---|---|---|---|---|---|---|
| 82 | 深圳市创新投资集团有限公司 | 深圳市福田区深南大道 4009 号投资大厦 11 层 B 区 | 0755–82912888 | 无锡红土创业投资有限公司 | 2017/06/07 | 2009/04/29 |
| 83 | 江阴市高新技术创业投资有限公司 | 江阴市澄江中路 159 号 | 51081602090 | 江阴市高新技术创业投资有限公司 | 2017/06/07 | 2007/02/06 |
| 84 | 西藏金缘投资管理有限公司 | 南京市清江南路 19 号南大苏富特科技创新园 2 号楼 14 层 | 18662726798 | 江苏金茂环保产业创业投资有限公司 | 2017/06/07 | 2010/12/17 |
| 85 | 宜兴市科技创业投资有限公司 | 江苏省宜兴市环科园永安路 189 号 | 0510–87929060 | 宜兴市科技创业投资有限公司 | 2017/06/07 | 2006/12/15 |
| 86 | 无锡源渡股权投资管理有限公司 | 无锡市滨湖区建筑西路 777 号 A3 幢 1335 室 | 13861729205 | 无锡源渡一期创业投资合伙企业（有限合伙） | 2017/06/07 | 2013/06/14 |
| 87 | 无锡金茂创业投资管理中心（有限合伙） | 江苏省南京市清江南路 19 号南大苏富特科技创新园 2 号楼 14 层 | 025–84830307 | 无锡金茂二号新兴产业创业投资企业（有限合伙） | 2017/06/07 | 2011/12/21 |
| 88 | 宜兴杰宜投资管理有限公司 | 宜兴环科园新城路 256 号 | 0510–87880198 | 宜兴中禾节能环保创业投资企业（有限合伙） | 2017/06/07 | 2014/01/02 |
| 89 | 光控新能源创业投资管理（上海）有限公司 | 上海市浦东新区世纪大道 210 号 21 世纪中心大厦 25 楼 | （021）20890805 | 光大新能低碳创业投资江苏有限公司 | 2017/06/08 | 2011/01/27 |
| 90 | 无锡力合投资管理咨询有限公司 | 无锡惠山经济开发区智慧路 1 号清华创新大厦 611 室 | 0510–83590287 | 无锡力合创业投资有限公司 | 2017/06/08 | 2008/11/14 |
| 91 | 无锡新区领航创业投资有限公司 | 无锡市湘江路 2–3 号金源大厦 A 幢 12 楼 | 0510–85221352 | 无锡新区领航创业投资有限公司 | 2017/06/08 | 2009/08/03 |
| 92 | 基金自我管理 | 未知 | 未知 | 无锡国联卓成创业投资有限公司 | 2017/06/08 | 2009/12/23 |
| 93 | 无锡市金惠创业投资有限责任公司 | 无锡市惠山区惠山大道 1608 号 | 83590163 | 无锡市金惠创业投资有限责任公司 | 2017/06/12 | 2007/06/01 |
| 94 | 无锡创业投资集团有限公司 | 无锡兴源北路 401 号 | 0510–82698712 | 无锡创业投资集团有限公司 | 2017/06/12 | 2000/10/26 |
| 95 | 无锡国联浚源创业投资中心（有限合伙） | 无锡新区菱湖大道 200 号微纳传感园 B 幢 4F | 0510–82700340 | 无锡国联浚源创业投资中心（有限合伙） | 2017/06/13 | 2010/04/16 |
| 96 | 乌鲁木齐 TCL 股权投资管理有限公司 | 无锡兴源北路 401 号北创园 17F | 82800509 | 无锡 TCL 创业投资合伙企业（有限合伙） | 2017/06/13 | 2010/06/28 |

续表

| 序号 | 管理机构 | 通讯地址 | 联系电话 | 所管理创业投资企业 | 备案时间 | 设立时间 |
|---|---|---|---|---|---|---|
| 97 | 基金自我管理 | 未知 | 未知 | 光大国联创业投资有限公司 | 2017/06/13 | 2009/11/09 |
| 98 | 基金自我管理 | 未知 | 未知 | 光大创业投资江阴有限公司 | 2017/06/13 | 2009/07/28 |
| 99 | 基金自我管理 | 未知 | 未知 | 江阴周庄中科双盈创业投资有限公司 | 2017/06/14 | 2010/04/25 |
| 100 | 无锡滨湖科技创业投资有限责任公司 | 无锡蠡园经济开发区滴翠路100号A幢3号 | 0510–85898572 | 无锡滨湖科技创业投资有限责任公司 | 2017/06/14 | 2006/07/18 |
| 101 | 无锡梁溪创业投资有限公司 | 无锡市滨湖区鸿桥路879号 | 0510–85898572 | 无锡梁溪创业投资有限公司 | 2017/06/14 | 2009/09/07 |
| 102 | 无锡市锡山创业投资有限公司 | 无锡市锡山区东亭中路10号 | 0510–88705868 | 无锡市锡山创业投资有限公司 | 2017/06/14 | 2007/08/15 |
| 103 | 无锡金源创业投资有限公司 | 无锡市鸿桥路879号 | 0510–85898572 | 无锡金源创业投资有限公司 | 2017/06/15 | 2011/04/11 |
| 104 | 基金自我管理 | 未知 | 未知 | 无锡世铭国联创业投资企业 | 2017/06/15 | 2010/05/13 |
| 105 | 无锡市新区科技金融创业投资集团有限公司 | 无锡市新区湘江路2–3号 | 0510–85227569 | 无锡市新区科技金融创业投资集团有限公司 | 2017/06/22 | 2008/01/31 |
| 106 | 基金自我管理 | 未知 | 未知 | 国科瑞祺物联网创业投资有限公司 | 2017/06/22 | 2010/07/22 |
| 107 | 基金自我管理 | 未知 | 未知 | 江阴周庄中科双盈二期创业投资有限公司 | 2017/06/22 | 2010/08/19 |
| 108 | 江苏中科物联网科技创业投资有限公司 | 无锡市菱湖大道200号中国传感网创新园C幢一楼 | 0510–85383398 | 江苏中科物联网科技创业投资有限公司 | 2017/06/23 | 2010/07/14 |
| 109 | 宜兴华软投资管理有限公司 | 宜兴市环科园兴业路298号 | 13501368340 | 华软创业投资宜兴合伙企业（有限合伙） | 2017/06/23 | 2010/08/25 |
| 110 | 无锡华软投资管理有限公司 | 无锡新区震泽路18号无锡（国家）软件园射手座B座201–37室 | 13810485865 | 华软创业投资无锡合伙企业（有限合伙） | 2017/06/23 | 2009/08/13 |
| 111 | 基金自我管理 | 未知 | 未知 | 江苏火炬创业投资有限公司 | 2017/06/23 | 2010/10/19 |

续表

| 序号 | 管理机构 | 通讯地址 | 联系电话 | 所管理创业投资企业 | 备案时间 | 设立时间 |
|---|---|---|---|---|---|---|
| 112 | 无锡国联产业投资有限公司 | 无锡市金融一街 8 号 5 楼 | 0510–85186760 | 无锡国联创投基金企业（有限合伙） | 2017/06/23 | 2012/06/06 |
| 113 | 基金自我管理 | 未知 | 未知 | 无锡中科惠金创业投资企业（有限合伙） | 2017/06/29 | 2011/06/28 |
| 114 | 江苏三房巷创业投资有限公司 | 江阴市周庄镇三房巷村澄杨路 1388 号 | 51086229905 | 江苏三房巷创业投资有限公司 | 2017/07/03 | 2010/09/10 |
| 115 | 苏州松禾资本管理中心（有限合伙） | 苏州工业园区凤里街 345 号沙湖创投中心 2 座 A 区 1 层 04–2 | 0755–83290509 | 苏州松禾成长创业投资中心（有限合伙） | 2013/05/15 | 2009/11/30 |
| 116 | 苏州市澄和创业投资有限公司 | 苏州相城区永昌泾大道一号漕湖大厦 1201–1203 | 0512–66183053 | 苏州市澄和创业投资有限公司 | 2013/06/27 | 2008/08/12 |
| 117 | 基金自我管理 | 未知 | 未知 | 张家港中科长江创业投资有限公司 | 2014/03/31 | 2010/06/18 |
| 118 | 苏州博融创业投资管理有限公司 | 苏州高新区狮山路 35 号金河大厦 16 楼 1609 室 | 15951188001 | 苏州博融创业投资管理有限公司 | 2014/05/15 | 2004/02/25 |
| 119 | 苏州镁天创业投资有限公司 | 苏州工业园区金鸡湖大道 1355 号国际科技园内 203A–1 单元 | 13906133788 | 苏州镁天创业投资有限公司 | 2014/06/18 | 2009/01/15 |
| 120 | 苏州福马创业投资有限公司 | 苏州工业园区民生路 8 号 | 13358007771 | 苏州福马创业投资有限公司 | 2016/08/16 | 2009/10/21 |
| 121 | 吴江市盛吴创业投资有限公司 | 吴江经济开发区科技创业园 | 0512–80675777 | 吴江市盛吴创业投资有限公司 | 2016/08/23 | 2009/09/25 |
| 122 | 苏州凯风正德创业投资管理合伙企业（有限合伙） | 苏州工业园区凤里街 345 号沙湖创投中心 1 座 C 区 203 室 | 66969517 | 苏州凯风万盛创业投资合伙企业（有限合伙） | 2016/09/01 | 2011/08/22 |
| 123 | 苏州汇利华创业投资有限公司 | 苏州市狮山路 35 号金河国际大厦 29 楼 2905 室 | 0512–68070777 | 苏州汇利华创业投资有限公司 | 2017/03/01 | 2010/08/27 |
| 124 | 常熟市国发创业投资有限公司 | 江苏常熟金沙江路 8 号 | 0512–52895067 | 常熟市国发创业投资有限公司 | 2017/03/20 | 2010/11/25 |
| 125 | 苏州泰德创业投资有限公司 | 苏州工业园区星湖街 328 号创意产业园 C–6 国华大厦 | 18601612555 | 苏州泰德创业投资有限公司 | 2017/04/24 | 2009/10/14 |
| 126 | 常熟博瀚创业投资有限公司 | 常熟市东南经济开发区东南大道 333 号 1108 室 | 52350818 | 常熟博瀚创业投资有限公司 | 2017/05/16 | 2009/11/23 |

续表

| 序号 | 管理机构 | 通讯地址 | 联系电话 | 所管理创业投资企业 | 备案时间 | 设立时间 |
|---|---|---|---|---|---|---|
| 127 | 苏州银基创业投资有限公司 | 苏州工业园区苏雅路388号新天翔商业广场2幢2012室 | 67157446 | 苏州银基创业投资有限公司 | 2017/05/16 | 2006/05/10 |
| 128 | 森隆中投（苏州）创业投资有限责任公司 | 昆山市花桥镇商银路538号国际金融大厦401室 | 13306265555 | 森隆中投（苏州）创业投资有限责任公司 | 2017/05/22 | 2016/02/06 |
| 129 | 江苏省苏高新风险投资股份有限公司 | 苏州高新区科创路20号205室 | 0512–68240582 | 江苏省苏高新风险投资股份有限公司 | 2017/05/23 | 2000/03/31 |
| 130 | 苏州高新风投创业投资管理有限公司 | 苏州高新区金狮大厦6楼 | 51268240392 | 苏州高锦创业投资有限公司 | 2017/05/23 | 2009/03/27 |
| 131 | 苏州仁华创业投资有限公司 | 苏州吴江开发区三兴路88号 | 0512–63005999–8309 | 苏州仁华创业投资有限公司 | 2017/05/24 | 2010/04/21 |
| 132 | 苏州蔚蓝投资管理有限公司 | 苏州工业园区苏华路8号中银惠龙大厦2808 | 13913119799 | 苏州蓝壹创业投资有限公司 | 2017/05/24 | 2008/03/24 |
| 133 | 苏州景风正德创业投资管理有限公司 | 苏州工业园区凤里街345号沙湖创投中心1座D区309室 | 0512–66969517 | 苏州德睿亨风创业投资有限公司 | 2017/05/24 | 2010/04/21 |
| 134 | 苏州德晟亨风创业投资合伙企业（有限合伙） | 苏州工业园区苏虹东路183号18号楼2F | 13771887575 | 苏州德晟亨风创业投资合伙企业（有限合伙） | 2017/05/24 | 2011/09/13 |
| 135 | 苏州创元高投创业投资管理有限公司 | 苏州高新区竹园路209号 | 51268322708 | 苏州创元高新创业投资有限公司 | 2017/05/24 | 2010/11/15 |
| 136 | 红塔创新（昆山）创业投资有限公司 | 昆山市伟业路18号现代广场506室 | 13511002811 | 红塔创新（昆山）创业投资有限公司 | 2017/05/25 | 2008/07/09 |
| 137 | 苏州深蓝创业投资有限公司 | 苏州工业园区星海街198号 | 15862521586 | 苏州深蓝创业投资有限公司 | 2017/05/25 | 2007/09/04 |
| 138 | 江苏吴中高科创业投资有限公司 | 苏州市吴中区吴中大道1338号 | 66030900 | 江苏吴中高科创业投资有限公司 | 2017/05/26 | 2006/03/02 |
| 139 | 智龙（苏州）创业投资管理有限公司 | 上海市西藏中路168号1003室 | 18621093978 | 翔智创业投资企业 | 2017/05/26 | 2008/02/28 |
| 140 | 苏州美林创业投资中心（有限合伙）） | 苏州相城大道嘉园广场东21楼 | 0512–62521488 | 苏州美林创业投资中心（有限合伙）） | 2017/05/26 | 2011/05/06 |

续表

| 序号 | 管理机构 | 通讯地址 | 联系电话 | 所管理创业投资企业 | 备案时间 | 设立时间 |
|---|---|---|---|---|---|---|
| 141 | 太仓高新创业投资有限公司 | 江苏省太仓经济开发区青岛西路 38 号 | 13776292216 | 太仓高新创业投资有限公司 | 2017/05/27 | 2013/05/17 |
| 142 | 太仓市大学科技园创业投资有限公司 | 太仓市科教新城健雄路 20 号 | 0512–53401910 | 太仓市大学科技园创业投资有限公司 | 2017/05/27 | 2013/05/10 |
| 143 | 江苏鑫澳创业投资有限公司 | 江苏张家港经济开发区悦丰大厦 | 51258165928 | 江苏鑫澳创业投资有限公司 | 2017/05/27 | 2009/02/17 |
| 144 | 太仓市科技创业投资有限公司 | 太仓市经济开发区北京西路 6 号 | 0512–53206163 | 太仓市科技创业投资有限公司 | 2017/05/27 | 2008/08/15 |
| 145 | 太仓市科教新城创业投资有限公司 | 江苏省太仓市科教新城健雄路 20 号 | 0512–53401910 | 太仓市科教新城创业投资有限公司 | 2017/05/27 | 2013/03/27 |
| 146 | 张家港市金茂创业投资有限公司 | 张家港市杨舍镇港城大道 567 号金茂大厦 b3101 | 51258153016 | 张家港市金茂创业投资有限公司 | 2017/05/27 | 2008/04/15 |
| 147 | 钟鼎（上海）创业投资管理有限公司 | 上海世纪大道 1777 号 11C | 021–61652668–801 | 苏州钟鼎创业投资中心（有限合伙） | 2017/05/27 | 2010/01/14 |
| 148 | 昆山市国科创业投资有限公司 | 昆山开发区前进中路 180 号 | 0512–57367278 | 昆山市国科创业投资有限公司 | 2017/05/31 | 2001/08/31 |
| 149 | 苏州科技城创业投资有限公司 | 苏州高新区培源路 3 号软件大厦 6 号楼 2F（科技城） | 0512–62399153 | 苏州科技城创业投资有限公司 | 2017/05/31 | 2007/12/25 |
| 150 | 苏州高新新联创业投资管理有限公司 | 苏州高新区科灵路 37 号 | 0512–68313528 | 苏州高新友利创业投资有限公司 | 2017/05/31 | 2010/04/28 |
| 151 | 苏州金茂创业投资管理企业（有限合伙） | 南京市清江南路 19 号南大苏富特科技创新园 2 号楼 14 层 | 025–84730370 | 苏州金茂新兴产业创业投资企业（有限合伙） | 2017/06/01 | 2011/05/11 |
| 152 | 常熟金茂创业投资管理有限公司 | 南京市清江南路 19 号南大苏富特科技创新园 2 号楼 14 层 | 2584730370 | 江苏金茂低碳产业创业投资有限公司 | 2017/06/01 | 2010/11/19 |
| 153 | 苏州蔚蓝投资管理有限公司 | 苏州工业园区苏华路 8 号中银惠龙大厦 2808 | 13913119799 | 苏州蓝贰创业投资有限公司 | 2017/06/01 | 2010/01/25 |
| 154 | 苏州市相城创业投资管理有限责任公司 | 苏州市相城区春申湖中路 393 号采莲大厦 3 楼 | 0512–65808802 | 苏州市相城高新创业投资有限责任公司 | 2017/06/01 | 2009/03/12 |
| 155 | 苏州达泰创业投资管理有限公司 | 苏州工业园区苏虹东路 183 号东沙湖股权投资中心 13 幢 205 | 66969927 | 苏州达泰创业投资中心（有限合伙） | 2017/06/02 | 2010/08/23 |

续表

| 序号 | 管理机构 | 通讯地址 | 联系电话 | 所管理创业投资企业 | 备案时间 | 设立时间 |
|---|---|---|---|---|---|---|
| 156 | 苏州毅达创新创业投资合伙企业（有限合伙） | 苏州高新区狮山路 199 号 1 幢 2608 室 | 51268059097 | 苏州毅达创新创业投资合伙企业（有限合伙） | 2017/06/02 | 2015/03/16 |
| 157 | 苏州亿文创新资本管理有限公司 | 苏州阊胥路 77 号 | 68364700 | 苏州亿和创业投资有限公司 | 2017/06/02 | 2009/12/25 |
| 158 | 南京协立投资管理有限公司 | 南京江宁区九龙湖路 1 号颐和南园颐瑞湾 03 栋 | 025-86816827 | 苏州君实协立创业投资有限公司 | 2017/06/02 | 2014/01/06 |
| 159 | 苏州新协创业投资有限公司 | 苏州工业园区星海街 5 号 L05 室 | 0512-62620019 | 苏州新协创业投资有限公司 | 2017/06/02 | 2006/05/16 |
| 160 | 太仓生物医药创业投资有限公司 | 太仓市沙溪镇昭衍路 1 号 | 0512-33019951 | 太仓生物医药创业投资有限公司 | 2017/06/02 | 2012/09/20 |
| 161 | 苏州高投创业投资管理有限公司 | 苏州高新区狮山路 199 号 1 幢 2608 室 | 0512-68188296 | 苏州高远创业投资有限公司 | 2017/06/02 | 2007/03/12 |
| 162 | 南京协立投资管理有限公司 | 南京江宁区九龙湖路 1 号颐和南园颐瑞湾 03 栋 | 025-86816827 | 苏州协立创业投资有限公司 | 2017/06/02 | 2013/04/28 |
| 163 | 基金自我管理 | 未知 | 未知 | 吴江海博科技创业投资有限公司 | 2017/06/02 | 2010/08/20 |
| 164 | 苏州高新明鑫创业投资管理有限公司 | 苏州高新区科灵路 37 号 1 幢 | 68313299 | 苏州明鑫高投创业投资有限公司 | 2017/06/05 | 2011/02/15 |
| 165 | 苏州清研资本管理企业（有限合伙） | 吴江经济开发区联杨路 139 号清华汽车研究院 1 号楼 5 楼 | 18550390828 | 苏州清研汽车产业创业投资企业（有限合伙） | 2017/06/05 | 2014/10/08 |
| 166 | 苏州国润创业投资发展有限公司 | 江苏省苏州市园区星桂街 33 号凤凰国际大厦 2509-2510 室 | 0512-62998661 | 苏州国润创业投资发展有限公司 | 2017/06/05 | 2008/07/08 |
| 167 | 苏州市相城创业投资管理有限责任公司 | 苏州市相城区春申湖中路 393 号采莲大厦 3 楼 | 0512-65808802 | 苏州市相城创业投资有限责任公司 | 2017/06/05 | 2008/07/04 |
| 168 | 苏州吴中国发创业投资管理有限公司 | 苏州市太湖东路 290 号 | 0512-65126381 | 苏州吴中国发创业投资有限公司 | 2017/06/06 | 2008/08/28 |
| 169 | 华亿创业投资管理苏州有限公司 | 苏州工业园区凤里街 345 号 | 13338004080 | 英菲尼迪－中新创业投资企业 | 2017/06/06 | 2005/04/01 |
| 170 | 苏州国发融富创业投资管理企业（有限合伙） | 苏州市吴中区太湖东路 290 号 | 13913108562 | 苏州国发黎曼创业投资有限公司 | 2017/06/06 | 2010/05/19 |

续表

| 序号 | 管理机构 | 通讯地址 | 联系电话 | 所管理创业投资企业 | 备案时间 | 设立时间 |
| --- | --- | --- | --- | --- | --- | --- |
| 171 | 江苏昆山高特佳创业投资有限公司 | 昆山市花桥镇兆丰路 18 号亚太广场 1213 室 | 021-32515637 | 江苏昆山高特佳创业投资有限公司 | 2017/06/06 | 2007/05/16 |
| 172 | 江苏高投创新科技创业投资合伙企业（有限合伙） | 南京市山西路 128 号 | 025-85529687 | 江苏高投创新科技创业投资合伙企业（有限合伙） | 2017/06/06 | 2011/04/01 |
| 173 | 苏州银基美林创业投资管理有限公司 | 苏州工业园区苏雅路 388 号新天翔广场 A 座 2012 室 | 67157446 | 苏州银基美林创业投资合伙企业（有限合伙） | 2017/06/06 | 2012/10/23 |
| 174 | 吴江富坤赢通长三角科技创业投资中心（有限合伙） | 上海市长宁区仙霞路 345 号 11 楼 D1 | 15221111516 | 吴江富坤赢通长三角科技创业投资中心（有限合伙） | 2017/06/06 | 2011/11/08 |
| 175 | 基金自我管理 | 未知 | 未知 | 苏州工业园区国创创业投资有限公司 | 2017/06/06 | 2006/09/22 |
| 176 | 苏州国润瑞祺创业投资企业（有限合伙） | 苏州园区星桂街 33 号凤凰国际大厦 2509–2510 | 51262998661 | 苏州国润瑞祺创业投资企业（有限合伙） | 2017/06/06 | 2011/04/08 |
| 177 | 苏州景风正德创业投资管理有限公司 | 苏州工业园区凤里街 345 号沙湖创投中心 1 座 D 区 309 室 | 0512-66969517 | 江苏华成华利创业投资有限公司 | 2017/06/06 | 2009/10/21 |
| 178 | 吴江东运创业投资有限公司 | 吴江经济开发区云梨路北侧 | 63960764 | 吴江东运创业投资有限公司 | 2017/06/06 | 2008/06/24 |
| 179 | 东吴创业投资有限公司 | 苏州园区星阳街 5 号 | 51262938012 | 东吴创业投资有限公司 | 2017/06/07 | 2010/01/07 |
| 180 | 和利创业投资管理（苏州）有限公司 | 苏州工业园区翠园路 151 号 5 楼 | 0512-66969656 | 同利创业投资有限公司 | 2017/06/07 | 2007/12/19 |
| 181 | 基金自我管理 | 未知 | 未知 | 苏州工业园区鼎成天晟创业投资中心（有限合伙） | 2017/06/07 | 2011/03/12 |
| 182 | 基金自我管理 | 未知 | 未知 | 苏州清商成长创业投资企业（有限合伙） | 2017/06/07 | 2011/09/13 |
| 183 | 江苏同兴财富投资管理有限公司 | 苏州工业园区唯亭镇星澄路 9 号 B-G 幢 | 0512-69560209 | 江苏昌盛阜创业投资有限公司 | 2017/06/07 | 2008/08/22 |
| 184 | 江苏同兴财富投资管理有限公司 | 苏州工业园区唯亭镇星澄路 9 号 B-G 幢 | 0512-69560209 | 苏州工业园区弘丰创业投资有限公司 | 2017/06/07 | 2010/04/27 |

续表

| 序号 | 管理机构 | 通讯地址 | 联系电话 | 所管理创业投资企业 | 备案时间 | 设立时间 |
|---|---|---|---|---|---|---|
| 185 | 昆山红土创业投资管理有限公司 | 玉山镇祖冲之南路1699号14层1402-B | 13776301770 | 昆山红土高新创业投资有限公司 | 2017/06/07 | 2012/07/13 |
| 186 | 深圳金晟硕业资产管理股份有限公司 | 深圳市福田区金田路4028号荣超经贸中心32层3201-3202 | 0755-23607702 | 苏州金晟硕德创业投资中心（有限合伙） | 2017/06/07 | 2012/09/24 |
| 187 | 苏州高新创业投资集团新麟管理有限公司 | 苏州高新区竹园路209号财富广场2106室 | 68762977 | 苏州新麟创业投资有限公司 | 2017/06/07 | 2009/01/22 |
| 188 | 苏州高新创业投资集团新麟管理有限公司 | 苏州高新区竹园路209号财富广场2106室 | 68762977 | 苏州新麟二期创业投资企业（有限合伙） | 2017/06/07 | 2011/11/03 |
| 189 | 苏州工业园区启纳创业投资有限公司 | 苏州工业园区金鸡湖大道99号苏州纳米城中北区23幢 | 0512-69993064 | 苏州工业园区启纳创业投资有限公司 | 2017/06/07 | 2011/07/13 |
| 190 | 苏州工业园区易联投资管理有限公司 | 苏州园区凤里街345号沙湖创投1座A105 | 66969939 | 苏州工业园区易联创业投资基金有限公司 | 2017/06/07 | 2010/03/12 |
| 191 | 苏州工业园区友丰创业投资有限公司 | 苏州工业园区金海路42号 | 65285151 | 苏州工业园区友丰创业投资有限公司 | 2017/06/07 | 2008/01/30 |
| 192 | 苏州国发东方创业投资管理有限公司 | 吴江市松陵镇江陵南路77号 | 65126380 | 吴江东方国发创业投资有限公司 | 2017/06/07 | 2008/11/11 |
| 193 | 苏州国发融富创业投资管理企业（有限合伙） | 苏州市吴中区太湖东路290号 | 13913108562 | 苏州国发建富创业投资企业（有限合伙） | 2017/06/07 | 2010/06/30 |
| 194 | 苏州国发融富创业投资管理企业（有限合伙） | 苏州市吴中区太湖东路290号 | 13913108562 | 苏州国发聚富创业投资有限公司 | 2017/06/07 | 2010/03/25 |
| 195 | 苏州国发融富创业投资管理企业（有限合伙） | 苏州市吴中区太湖东路290号 | 13913108562 | 苏州国发融富创业投资企业（有限合伙） | 2017/06/07 | 2010/01/20 |
| 196 | 苏州国发融富创业投资管理企业（有限合伙） | 苏州市吴中区太湖东路290号 | 13913108562 | 苏州国发添富创业投资企业（有限合伙） | 2017/06/07 | 2012/04/23 |
| 197 | 苏州国发融富创业投资管理企业（有限合伙） | 苏州市吴中区太湖东路290号 | 13913108562 | 苏州国发智富创业投资企业（有限合伙） | 2017/06/07 | 2011/03/11 |

续表

| 序号 | 管理机构 | 通讯地址 | 联系电话 | 所管理创业投资企业 | 备案时间 | 设立时间 |
|---|---|---|---|---|---|---|
| 198 | 苏州科技创业投资公司 | 苏州市干将东路 178 号 1 号楼 2 楼 | 0512–69331193 | 苏州科技创业投资公司 | 2017/06/07 | 2003/06/10 |
| 199 | 苏州香塘创业投资有限责任公司 | 江苏省苏州太仓市城厢镇朝阳东路 3 号香塘发展大厦 2 楼 | 0512–53589758 | 苏州香塘创业投资有限责任公司 | 2017/06/07 | 2007/09/07 |
| 200 | 吴江东方融富创业投资管理企业（有限合伙） | 苏州市太湖东路 290 号 | 0512–65126380 | 苏州东方汇富创业投资企业（有限合伙） | 2017/06/07 | 2012/11/19 |
| 201 | 吴江华业创业投资管理中心（有限合伙） | 吴江经济开发区交通路 1268 号 | 18550390828 | 苏州华创赢达创业投资基金企业（有限合伙） | 2017/06/07 | 2012/01/30 |
| 202 | 中科招商投资管理集团股份有限公司 | 深圳市福田中心区深南大道 4009 号投资大厦 13 层 D2–1 区 | 75582913284 | 昆山中科昆开创业投资有限公司 | 2017/06/07 | 2011/05/05 |
| 203 | 苏州恒融创业投资有限公司 | 苏州工业园区翠薇街 9 号月亮湾国际中心大厦 17 楼 | 0512–62998857 | 苏州恒融创业投资有限公司 | 2017/06/08 | 2007/12/07 |
| 204 | 苏州国发高新创业投资管理有限公司 | 苏州市太湖东路 290 号 | 65126381 | 苏州高新国发创业投资有限公司 | 2017/06/08 | 2009/05/22 |
| 205 | 东吴创业投资有限公司 | 苏州园区星阳街 5 号 | 51262938012 | 苏州国嘉创业投资有限公司 | 2017/06/08 | 2008/01/25 |
| 206 | 苏州国发创业投资控股有限公司 | 苏州市太湖东路 290 号 | 65126624 | 苏州国发创业投资控股有限公司 | 2017/06/08 | 2008/05/08 |
| 207 | 苏州坤融创业投资有限公司 | 苏州工业园区翠薇街 9 号月亮湾国际中心 17 楼 | 0512–62998857 | 苏州坤融创业投资有限公司 | 2017/06/08 | 2010/03/15 |
| 208 | 苏州工业园区辰融创业投资有限公司 | 苏州市工业园区翠薇路 9 号月亮湾国际中心 17 楼楼 | 0512–62998857 | 苏州工业园区辰融创业投资有限公司 | 2017/06/08 | 2008/05/14 |
| 209 | 苏州高新创业投资集团有限公司 | 苏州高新区科技城科灵路 37 号 | 0512–68310566 | 苏州融联创业投资企业（有限合伙） | 2017/06/08 | 2012/03/15 |
| 210 | 苏州市吴中创业投资有限公司 | 苏州市吴中区吴中大道 1368 号综合楼 11 层 | 0512–66356670 | 苏州市吴中创业投资有限公司 | 2017/06/08 | 2007/01/12 |
| 211 | 苏州吴中科技创业投资有限公司 | 苏州吴中经济开发区越溪街道吴中大道 1368 号 3 幢 | 66356670 | 苏州吴中科技创业投资有限公司 | 2017/06/08 | 2012/10/26 |
| 212 | 苏州信慧成创业投资管理有限公司 | 南京市中山东路 300 号长发中心 A 座 23 楼 A 室 | 13505196818 | 苏州盛泉海成创业投资合伙企业（有限合伙） | 2017/06/08 | 2014/10/23 |

续表

| 序号 | 管理机构 | 通讯地址 | 联系电话 | 所管理创业投资企业 | 备案时间 | 设立时间 |
|---|---|---|---|---|---|---|
| 213 | 苏州羲融创业投资有限公司 | 苏州工业园区翠薇街 9 号月亮湾国际中心大厦 17 楼 | 0512-62998857 | 苏州羲融创业投资有限公司 | 2017/06/08 | 2010/01/30 |
| 214 | 基金自我管理 | 未知 | 未知 | 苏州华慧创业投资中心（有限合伙） | 2017/06/08 | 2010/04/30 |
| 215 | 基金自我管理 | 未知 | 未知 | 苏州华亿创业投资中心（有限合伙） | 2017/06/08 | 2008/10/19 |
| 216 | 江苏同兴财富投资管理有限公司 | 苏州工业园区唯亭镇星澄路 9 号 B-G 幢 | 0512-69560209 | 江苏通顺创业投资有限公司 | 2017/06/08 | 2009/08/25 |
| 217 | 江苏同兴财富投资管理有限公司 | 苏州工业园区唯亭镇星澄路 9 号 B-G 幢 | 0512-69560209 | 苏州工业园区南凯创业投资有限公司 | 2017/06/08 | 2011/03/23 |
| 218 | 江苏信泉创业投资管理有限公司 | 南京市中山东路 300 号长发中心 A 座 23 楼 A 室 | 025-58071698 | 江苏盛泉创业投资有限公司 | 2017/06/09 | 2007/06/21 |
| 219 | 苏州盛泉百涛创业投资管理有限公司 | 南京市白下区中山东路 300 号长发中心 A 座 2301 室 | 025-58071698 | 苏州盛泉万泽创业投资合伙企业（有限合伙） | 2017/06/09 | 2011/03/03 |
| 220 | 苏州安固创业投资有限公司 | 苏州工业园区星湖街 328 号创意产业园 2- 把 04 苏州工业园区东旺路安固工业园 | 13776038181 | 苏州安固创业投资有限公司 | 2017/06/09 | 2007/09/20 |
| 221 | 基金自我管理 | 未知 | 未知 | 苏州瑞璟创业投资企业（有限合伙） | 2017/06/09 | 2010/11/07 |
| 222 | 苏州乔景东方投资管理咨询有限公司 | 上海市黄浦区汉口路 650 号 2101 室 | 15121017803 | 苏州乔信赢合创业投资企业（有限合伙） | 2017/06/09 | 2013/10/09 |
| 223 | 苏州高新启源创业投资有限公司 | 苏州高新区科灵路 37 号 | 0512-68310566 | 苏州高新启源创业投资有限公司 | 2017/06/09 | 2011/05/20 |
| 224 | 苏州国发创新资本管理有限公司 | 苏州市工业园区苏惠路 98 号国检大厦 1203 室 | 0512-65168830 | 苏州国发创新资本投资有限公司 | 2017/06/09 | 2007/01/18 |
| 225 | 博辰创业投资管理（苏州）有限公司 | 苏州工业园区旺墩路 158 号置业商务广场 1 幢 901 室 | 0512-66969660 | 软库博辰创业投资企业 | 2017/06/09 | 2008/03/03 |
| 226 | 航天高新（苏州）创业投资管理有限公司 | 北京市西城区平安里西大街 31 号 | 13552599999 | 航天高新（苏州）创业投资有限公司 | 2017/06/12 | 2012/04/13 |

续表

| 序号 | 管理机构 | 通讯地址 | 联系电话 | 所管理创业投资企业 | 备案时间 | 设立时间 |
|---|---|---|---|---|---|---|
| 227 | 中科招商投资管理集团股份有限公司 | 深圳市福田中心区深南大道4009号投资大厦13层D2-1区 | 75582913284 | 常熟中科东南创业投资有限公司 | 2017/06/12 | 2010/02/08 |
| 228 | 基金自我管理 | 未知 | 未知 | 苏州工业园区禾源北极光合伙企业（有限合伙） | 2017/06/13 | 2011/08/09 |
| 229 | 苏州高新新联创业投资管理有限公司 | 苏州高新区科灵路37号 | 0512–68313528 | 苏州高新新联创业投资管理有限公司 | 2017/06/14 | 2009/06/24 |
| 230 | 三角洲创业投资管理（苏州）有限公司 | 苏州工业园区凤里街345号沙湖创投中心1座 | 0512–66966976 | 长三角创业投资企业 | 2017/06/15 | 2008/01/07 |
| 231 | 苏州高新创业投资集团有限公司 | 苏州高新区科技城科灵路37号 | 0512–68310566 | 苏州高新创业投资集团有限公司 | 2017/06/16 | 2008/07/30 |
| 232 | 中新苏州工业园区创业投资有限公司 | 江苏省苏州工业园苏虹东路183号东沙湖股权投资中心19幢 | 0512–669699999 | 中新苏州工业园区创业投资有限公司 | 2017/06/16 | 2001/11/28 |
| 233 | 苏州工业园区原点创业投资有限公司 | 苏州工业园区苏虹东路183号东沙湖股权投资中心19幢 | 0512–66969535 | 苏州工业园区原点创业投资有限公司 | 2017/06/16 | 2008/03/26 |
| 234 | 凯风创业投资有限公司 | 苏州市工业园区苏虹东路183号东沙湖股权投资中心19幢2楼238室 | 0512–66969999 | 凯风创业投资有限公司 | 2017/06/19 | 2006/07/10 |
| 235 | 苏州日亚创业投资管理有限公司 | 苏州工业园区翠园路151号501室 | 021–62798635 | 日亚创业投资企业 | 2017/06/20 | 2009/01/06 |
| 236 | 深圳市创东方投资有限公司 | 深圳市福田区竹子林求是大厦西座29楼 | 0755–83189608 | 苏州创东方高新创业投资企业（有限合伙） | 2017/06/20 | 2009/05/18 |
| 237 | 苏州市吴江创业投资有限公司 | 吴江区松陵镇开平路300号 | 0512–63011402 | 苏州市吴江创业投资有限公司 | 2017/09/06 | 2008/09/16 |
| 238 | 江苏高新创业投资管理有限公司 | 南京市广州路191号五环大厦20楼 | 025–51889764 | 江苏高胜科技创业投资有限公司 | 2016/08/25 | 2006/12/27 |
| 239 | 江苏中科华艺创业投资有限公司 | 海安县海安镇长江西路88号 | 88869893 | 江苏中科华艺创业投资有限公司 | 2016/08/31 | 2007/03/30 |
| 240 | 南通挚盈投资管理有限公司 | 江苏省南通市崇川区姚港路6号方天大厦701 | 0513–85050158 | 南通中欧创业投资中心（有限合伙） | 2016/09/07 | 2014/08/27 |

续表

| 序号 | 管理机构 | 通讯地址 | 联系电话 | 所管理创业投资企业 | 备案时间 | 设立时间 |
|---|---|---|---|---|---|---|
| 241 | 南通德丰杰投资管理有限公司 | 南通市工农路 486-504 | 18862803636 | 南通德升金腾创业投资中心（有限合伙） | 2017/05/19 | 2013/12/25 |
| 242 | 江苏威望创业投资有限公司 | 南通船舶工业配套园区（陈桥）荣盛路 88 号 | 0513-80108636 | 江苏威望创业投资有限公司 | 2017/05/22 | 2009/10/14 |
| 243 | 江苏省高科技产业投资股份有限公司 | 南京市鼓楼街 88 号绿地国际商务中心 711 室 | 83308120 | 江苏省高科技产业投资股份有限公司 | 2017/05/23 | 1997/04/08 |
| 244 | 南通创新资本创业投资管理有限公司 | 南通市工农路 28 号 | 0513-83562508 | 南通红土创新资本创业投资有限公司 | 2017/05/23 | 2007/09/12 |
| 245 | 南通科技创业投资管理有限公司 | 南通市崇川区崇文路 1 号启瑞广场 3123 室 | 0513-55005137 | 南通科技创业投资有限公司 | 2017/05/24 | 2011/04/22 |
| 246 | 南通国信君安创业投资管理有限公司 | 南通市工农路 33 号金融汇 2408 室 | 15901906846 | 南通国信君安创业投资有限公司 | 2017/05/27 | 2014/01/16 |
| 247 | 江苏高新创业投资管理有限公司 | 南京市广州路 191 号五环大厦 20 楼 | 025-51889764 | 南通高胜成长创业投资有限公司 | 2017/05/27 | 2008/09/10 |
| 248 | 基金自我管理 | 未知 | 未知 | 南通中欧创业投资中心（有限合伙） | 2017/06/06 | 2014/08/27 |
| 249 | 南通松禾资本管理有限公司 | 南通市人民东路 6 号王府大厦 2 号楼 8 楼 | 0513-85507236 | 南通松禾创业投资合伙企业（有限合伙） | 2017/06/12 | 2009/01/05 |
| 250 | 江苏鼎鸿创业投资有限公司 | 南通市沈家巷 15 号 | 0513-85519301 | 江苏鼎鸿创业投资有限公司 | 2017/06/13 | 2008/03/01 |
| 251 | 徐州云盛创业投资有限公司 | 徐州市云龙区帝都大厦 1#-1-3619 室 | 0516-83561266 | 徐州云盛创业投资有限公司 | 2017/01/16 | 2016/11/24 |
| 252 | 徐州博灏创业投资管理有限公司 | 邳州市福州路北侧 | 0516-86263356 | 徐州博灏创业投资管理有限公司 | 2017/05/16 | 2014/01/06 |
| 253 | 徐州中金创业投资有限公司 | 沛县经济开发区韩信路北侧 | 13805226865 | 徐州中金创业投资有限公司 | 2017/05/17 | 2016/09/29 |
| 254 | 江苏高投创业投资管理有限公司 | 南京市山西路 128 号和泰国际大厦 | 025-66009656 | 徐州高新创业投资有限公司 | 2017/05/18 | 2010/02/24 |
| 255 | 国本创业投资江苏有限公司 | 徐州市泉山区泰山路文化城 6-06 号 | 80268997 | 国本创业投资江苏有限公司 | 2017/05/24 | 2012/11/09 |

续表

| 序号 | 管理机构 | 通讯地址 | 联系电话 | 所管理创业投资企业 | 备案时间 | 设立时间 |
|---|---|---|---|---|---|---|
| 256 | 江苏红土创业投资管理有限公司 | 南京市安德门大街 57 号楚翘城 2 号商务楼 12 楼 | 025–58861750 | 徐州淮海红土创业投资有限公司 | 2017/05/25 | 2014/01/14 |
| 257 | 新沂市盛新创业投资有限公司 | 新沂市钟吾南路 18 号 | 0516–80327019 | 新沂市盛新创业投资有限公司 | 2017/05/31 | 2016/04/06 |
| 258 | 徐州国盛鸿运创业投资有限公司 | 徐州市泉山区建国西路锦绣嘉园 8#–1–2303 | 85906727 | 徐州国盛鸿运创业投资有限公司 | 2017/06/08 | 2014/01/21 |
| 259 | 江苏润钰创业投资有限公司 | 睢宁县中央大街南、小濉河东侧维景大厦 8 楼 | 13705220797 | 江苏润钰创业投资有限公司 | 2017/06/13 | 2016/10/20 |
| 260 | 中科招商投资管理集团股份有限公司 | 深圳市福田中心区深南大道 4009 号投资大厦 13 层 D2–1 区 | 75582913284 | 连云港中科黄海创业投资有限公司 | 2017/05/26 | 2010/03/22 |
| 261 | 连云港金海创业投资有限公司 | 连云港市海州区朝阳东路 32–7606 | 0518–85523512 | 连云港金海创业投资有限公司 | 2017/05/27 | 2006/07/19 |
| 262 | 连云港市润财创业投资发展有限公司 | 连云港市新浦区海连中路 76 号 | 51885523088 | 连云港市润财创业投资发展有限公司 | 2017/06/05 | 2010/10/22 |
| 263 | 江苏新顶旭科技创业投资有限公司 | 连云港经济技术开发区天山路物产大厦第 8 层 | 13912166861 | 江苏新顶旭科技创业投资有限公司 | 2017/06/06 | 2010/04/27 |
| 264 | 连云港江淼创业投资有限公司 | 江苏省赣榆经济开发区中小企业园办公楼 289 室 | 0518–87181312 | 连云港江淼创业投资有限公司 | 2017/06/08 | 2012/12/10 |
| 265 | 连云港恒鑫创业投资有限公司 | 江苏省赣榆海洋经济开发区 | 15052482328 | 连云港恒鑫创业投资有限公司 | 2017/06/12 | 2013/12/19 |
| 266 | 淮安兴和创业投资有限公司 | 淮安市北京北路 103 号 636 室 | 83643158 | 淮安兴和创业投资有限公司 | 2017/05/27 | 2012/07/25 |
| 267 | 淮安留创园创业投资有限公司 | 淮安经济开发区海口路 9 号 | 51783600209 | 淮安留创园创业投资有限公司 | 2017/05/31 | 2012/05/25 |
| 268 | 淮安经开创业投资有限公司 | 淮安市开发区富誉路 5 号 | 15061419910 | 淮安经开创业投资有限公司 | 2017/05/31 | 2013/09/11 |
| 269 | 淮安市创业投资有限公司 | 江苏省淮安市淮海北路 31 号 19 楼 | 0517–83908923 | 淮安市创业投资有限公司 | 2017/05/31 | 2010/07/02 |
| 270 | 淮安市淮上英才创业投资有限公司 | 淮安市经济技术开发区海口路 9 号 | 0517–83606153 | 淮安市淮上英才创业投资有限公司 | 2017/06/09 | 2014/07/08 |
| 271 | 淮安市华雄创业投资有限公司 | 淮安市漕运西路 100 号 | 83789500 | 淮安市华雄创业投资有限公司 | 2017/07/11 | 2016/12/06 |

续表

| 序号 | 管理机构 | 通讯地址 | 联系电话 | 所管理创业投资企业 | 备案时间 | 设立时间 |
|---|---|---|---|---|---|---|
| 272 | 滨海沿海创业投资有限公司 | 江苏滨海经济开发区沿海工业园办公楼五楼 | 18936336999 | 滨海沿海创业投资有限公司 | 2014/05/26 | 2011/03/25 |
| 273 | 中科招商投资管理集团股份有限公司 | 深圳市福田中心区深南大道4009号投资大厦13层D2-1区 | 75582913284 | 盐城市中科盐发创业投资企业（有限合伙） | 2014/05/26 | 2011/11/02 |
| 274 | 江苏滨海高石创业投资有限公司 | 江苏滨海经济开发区沿海工业园东疁大道北侧 | 18936335228 | 江苏滨海高石创业投资有限公司 | 2017/02/10 | 2011/08/03 |
| 275 | 盐城市恒利风险投资有限公司 | 盐城市青年14号A区13幢606室 | 51588581558 | 盐城市恒利风险投资有限公司 | 2017/05/24 | 2002/08/06 |
| 276 | 中科招商投资管理集团股份有限公司 | 深圳市福田中心区深南大道4009号投资大厦13层D2-1区 | 75582913284 | 盐城市中科盐发创业投资企业（有限合伙） | 2017/05/24 | 2011/11/02 |
| 277 | 江苏悦达创业投资有限公司 | 江苏省盐城经济技术开发区希望大道南路5号1#1101 | 0515-89910366 | 江苏悦达创业投资有限公司 | 2017/05/25 | 2012/03/15 |
| 278 | 江苏省苏港创业投资有限公司 | 江苏省盐城市大丰市港区海融广场4号楼二楼 | 15851018845 | 江苏省苏港创业投资有限公司 | 2017/06/07 | 2010/08/10 |
| 279 | 江苏高投创业投资管理有限公司 | 南京市山西路128号和泰国际大厦 | 025-66009656 | 盐城高投创业投资有限公司 | 2017/06/09 | 2010/08/06 |
| 280 | 江苏大丰众成科技创业投资有限公司 | 江苏省盐城市大丰区南翔西路666号 | 13912526286 | 江苏大丰众成科技创业投资有限公司 | 2017/07/04 | 2011/04/26 |
| 281 | 扬州嘉华创业投资有限公司 | 扬州市广陵区北下河23号 | 13917922911 | 扬州嘉华创业投资有限公司 | 2017/05/24 | 2013/12/10 |
| 282 | 扬州市创业投资有限公司 | 扬州市广陵区皮坊街1号琼花大厦5楼 | 0514-80789370 | 扬州市创业投资有限公司 | 2017/05/25 | 2007/05/21 |
| 283 | 江苏高新创业投资管理有限公司 | 南京市广州路191号五环大厦20楼 | 025-51889764 | 江苏高鼎科技创业投资有限公司 | 2017/05/31 | 2007/08/31 |
| 284 | 基金自我管理 | 未知 | 未知 | 扬州经信新兴产业创业投资中心（有限合伙） | 2017/06/01 | 2013/01/08 |
| 285 | 江苏华工创业投资有限公司 | 江苏省扬州市开发西路217号 | 0514-87994573 | 江苏华工创业投资有限公司 | 2017/06/01 | 2010/06/03 |

续表

| 序号 | 管理机构 | 通讯地址 | 联系电话 | 所管理创业投资企业 | 备案时间 | 设立时间 |
|---|---|---|---|---|---|---|
| 286 | 扬州英飞尼迪创业投资管理有限公司 | 扬州文昌西路 56 号公园国际大厦 412 室 | 0514–87785512 | 扬州英飞尼迪创业投资中心（有限合伙） | 2017/06/02 | 2010/11/26 |
| 287 | 扬州海圣创业投资中心（有限合伙） | 扬州市文汇西路 268 号 | 0514–87991537 | 扬州海圣创业投资中心（有限合伙） | 2017/06/02 | 2012/07/09 |
| 288 | 基金自我管理 | 未知 | 未知 | 江苏高投鑫海创业投资有限公司 | 2017/06/05 | 2011/04/27 |
| 289 | 扬州高通创业投资管理有限公司 | 江苏省高邮市海潮东路 28 号 | 13911413375 | 威通创业投资江苏有限公司 | 2017/06/06 | 2010/12/27 |
| 290 | 江苏吉星创业投资有限公司 | 江苏省丹阳市开发区迎宾路 104 号 | 13236369625 | 江苏吉星创业投资有限公司 | 2015/05/21 | 2013/07/09 |
| 291 | 镇江市创业风险投资有限责任公司 | 镇江市解放路 201 号 | 85015808 | 镇江市创业风险投资有限责任公司 | 2016/08/23 | 2001/12/13 |
| 292 | 南京协立创业投资有限公司 | 南京市江宁区九龙湖路 1 号颐和南园颐瑞湾 03 栋 | 2586816830 | 镇江君鼎协立创业投资有限公司 | 2017/05/08 | 2013/02/04 |
| 293 | 深圳力合天使创业投资管理有限公司 | 深圳市高新技术产业园深圳清华大学研究院 B301（88 号信箱） | 0755–26948970 | 镇江力合天使创业投资企业（有限合伙） | 2017/05/19 | 2012/12/13 |
| 294 | 基金自我管理 | 未知 | 未知 | 镇江中科金山创业投资企业（有限合伙） | 2017/05/22 | 2011/08/24 |
| 295 | 镇江市高校园区科技创业投资有限公司 | 镇江市丹徒区龙山路 07–22 号 | 0511–80893076 | 镇江市高校园区科技创业投资有限公司 | 2017/05/22 | 2016/05/16 |
| 296 | 江苏艾利克斯投资有限公司 | 南京市玄武区玄武大道 699–1 号 | 0511–86900887 | 江苏艾利克斯投资有限公司 | 2017/05/24 | 2006/01/19 |
| 297 | 扬中创业投资有限公司 | 扬中市三茅镇江洲南路 38 号 | 51188125688 | 扬中创业投资有限公司 | 2017/05/24 | 2011/05/26 |
| 298 | 江苏高投创业投资管理有限公司 | 南京市山西路 128 号和泰国际大厦 | 025–66009656 | 镇江高投创业投资有限公司 | 2017/05/25 | 2008/08/15 |
| 299 | 镇江银河创业投资有限公司 | 镇江新区经十二路 468 号双子楼 B 座 10 楼 | 010–83574601 | 镇江银河创业投资有限公司 | 2017/05/25 | 2012/06/11 |
| 300 | 基金自我管理 | 未知 | 未知 | 江苏盛宇丹昇创业投资有限公司 | 2017/05/25 | 2008/10/28 |
| 301 | 镇江红土创业投资有限公司 | 镇江市民营经济开发区润兴路金泰大厦北单元 207、209 | 18605115559 | 镇江红土创业投资有限公司 | 2017/05/26 | 2011/04/22 |

续表

| 序号 | 管理机构 | 通讯地址 | 联系电话 | 所管理创业投资企业 | 备案时间 | 设立时间 |
|---|---|---|---|---|---|---|
| 302 | 镇江高科创业投资有限公司 | 镇江市南徐大道60号商务A区D座13楼 | 0511–87056055 | 镇江高科创业投资有限公司 | 2017/06/05 | 2012/03/17 |
| 303 | 江苏丰鑫创业投资有限公司 | 丹阳市开发区科技创业园D2座三层 | 86301899 | 江苏丰鑫创业投资有限公司 | 2017/06/06 | 2013/06/21 |
| 304 | 江苏聚融创业投资有限公司 | 句容经济开发区华阳西路（开发建设总公司内） | 0511–87899196 | 江苏聚融创业投资有限公司 | 2017/06/06 | 2011/11/16 |
| 305 | 江苏国宗元创业投资基金（有限合伙） | 丹阳开发区齐梁路19号科技创业园H座 | 13901166590 | 江苏国宗元创业投资基金（有限合伙） | 2017/06/06 | 2014/12/31 |
| 306 | 丹阳市高新技术创业投资有限公司 | 丹阳市经济开发区兰陵路8号B区3032 | 51186922618 | 丹阳市高新技术创业投资有限公司 | 2017/06/08 | 2010/12/31 |
| 307 | 航天高新（苏州）创业投资管理有限公司 | 北京市西城区平安里西大街31号 | 13552599999 | 航天高新（镇江）创业投资有限公司 | 2017/06/09 | 2015/12/04 |
| 308 | 镇江国投创业投资有限公司 | 镇江市中山东路381号中山大厦4楼 | 13655282244 | 镇江国投创业投资有限公司 | 2017/06/12 | 2011/10/19 |
| 309 | 镇江高新创业投资有限公司 | 镇江新区港南路401号金融大厦19楼 | 13862443275 | 镇江高新创业投资有限公司 | 2017/06/14 | 2010/06/11 |
| 310 | 镇江康成亨创业投资管理有限公司 | 镇江新区丁卯智慧大道468号双子楼B座603室 | 13701519777 | 镇江康成亨创业投资合伙企业（有限合伙） | 2017/06/16 | 2013/08/12 |
| 311 | 泰州融众创业投资有限公司 | 泰州市凤凰东路50号公积金中心7楼 | 0523–86999080 | 泰州融众创业投资有限公司 | 2015/05/26 | 2008/12/23 |
| 312 | 江苏华全创业投资有限公司 | 兴化市经济开发区昭阳变电所西北侧科技创业中心108室 | 13961076917 | 江苏华全创业投资有限公司 | 2016/08/25 | 2013/01/05 |
| 313 | 靖江市高新技术创业投资有限公司 | 江苏省靖江市山南路18号华信科技创业园内 | 13812391535 | 靖江市高新技术创业投资有限公司 | 2017/05/26 | 2011/03/22 |
| 314 | 泰州中国医药城融健达创业投资有限公司 | 泰州市医药高新区海陵南路189号 | 18852608886 | 泰州中国医药城融健达创业投资有限公司 | 2017/05/26 | 2013/03/19 |

续表

| 序号 | 管理机构 | 通讯地址 | 联系电话 | 所管理创业投资企业 | 备案时间 | 设立时间 |
|---|---|---|---|---|---|---|
| 315 | 泰州健鑫创业投资有限公司 | 泰州市医药高新区海陵南路189号 | 18852608886 | 泰州健鑫创业投资有限公司 | 2017/05/26 | 2012/12/14 |
| 316 | 泰州华健创业投资有限公司 | 泰州市药城大道8号楼408室 | 18021871456 | 泰州华健创业投资有限公司 | 2017/06/12 | 2007/06/08 |
| 317 | 宿迁市开创创业投资有限公司 | 宿迁经济开发区商务中心 | 88859628 | 宿迁市开创创业投资有限公司 | 2015/05/28 | 2010/09/07 |
| 318 | 泗洪县永盛创业投资有限公司 | 泗洪县青阳镇建设北路16号 | 0527-88359669 | 泗洪县永盛创业投资有限公司 | 2016/10/09 | 2012/11/05 |
| 319 | 泗阳县三新创业投资有限公司 | 泗阳县众兴镇北京中路1号 | 13951193619 | 泗阳县三新创业投资有限公司 | 2017/06/02 | 2011/07/29 |
| 320 | 宿迁中砥创业投资有限公司 | 宿迁市宿豫区珠江路东侧 | 52782688017 | 宿迁中砥创业投资有限公司 | 2017/06/06 | 2012/01/12 |
| 321 | 宿迁科技创业投资有限公司 | 宿迁市青海湖路17号（江苏银行12楼） | 0527-87031252 | 宿迁科技创业投资有限公司 | 2017/06/08 | 2012/03/23 |
| 322 | 江苏荣建创业投资管理有限公司 | 南京市广州路188号苏宁环球大厦1206 | 025-66982818 | 江苏荣建创业投资管理有限公司 | 2011/06/13 | 2010/02/02 |
| 323 | 江苏高新创业投资管理有限公司 | 南京市广州路191号五环大厦20楼 | 025-51889764 | 江苏高新创业投资有限公司 | 2014/06/10 | 2005/08/15 |
| 324 | 江苏高达创业投资有限公司 | 南京市云南北路49号天星翠琅大厦18楼 | 83153506 | 江苏高达创业投资有限公司 | 2014/07/21 | 1998/08/03 |
| 325 | 江苏金城创业投资有限责任公司 | 南京市五台山1号丰汇大厦25E | 13801593289 | 江苏金城创业投资有限责任公司 | 2015/06/25 | 2007/04/30 |
| 326 | 江苏福鑫创业投资股份有限公司 | 南京市白下区洪武路359号707,708 | 18661201222 | 江苏福鑫创业投资股份有限公司 | 2017/05/24 | 2012/01/06 |
| 327 | 江苏高投创业投资管理有限公司 | 南京市山西路128号和泰国际大厦 | 025-66009656 | 江苏高投成长创业投资有限公司 | 2017/05/25 | 2008/01/02 |
| 328 | 江苏高投创业投资管理有限公司 | 南京市山西路128号和泰国际大厦 | 025-66009656 | 江苏鹰能创业投资有限公司 | 2017/05/26 | 2007/08/28 |
| 329 | 西藏金缘投资管理有限公司 | 南京市清江南路19号南大苏富特科技创新园2号楼14层 | 18662726798 | 江苏金茂经信创业投资有限公司 | 2017/05/31 | 2009/12/31 |

续表

| 序号 | 管理机构 | 通讯地址 | 联系电话 | 所管理创业投资企业 | 备案时间 | 设立时间 |
|---|---|---|---|---|---|---|
| 330 | 江苏高弘投资管理有限公司 | 南京市中华路 50 号弘业大厦 601 室 | 52308939 | 江苏弘瑞科技创业投资有限公司 | 2017/06/06 | 2002/09/29 |
| 331 | 江苏汇鸿创业投资有限公司 | 南京市白下路 87 号汇鸿大厦 B 座 14 楼 | 025-86770767 | 江苏汇鸿创业投资有限公司 | 2017/06/06 | 2007/06/05 |
| 332 | 江苏高科技投资集团有限公司 | 南京市山西路 128 号和泰国际大厦 | 025-85529999 | 江苏高科技投资集团有限公司 | 2017/06/06 | 1992/07/30 |
| 333 | 江苏天氏创业投资有限公司 | 南京市建邺区江东中路 215 号凤凰文化广场 B 座 19 楼 | 025-85867799 | 江苏天氏创业投资有限公司 | 2017/06/07 | 2005/10/09 |
| 334 | 江苏省信用再担保集团投资有限公司 | 南京市鼓楼区湖南路 1 号凤凰广场 B 座 28 楼 | 025-83657250-813 | 江苏再保创业投资有限公司 | 2017/06/10 | 2012/06/15 |
| 335 | 江苏高投创业投资管理有限公司 | 南京市山西路 128 号和泰国际大厦 | 025-66009656 | 江苏高投发展创业投资有限公司 | 2017/06/14 | 2010/07/16 |
| 336 | 江苏高投创业投资管理有限公司 | 南京市山西路 128 号和泰国际大厦 | 025-66009656 | 江苏高投中小企业创业投资有限公司 | 2017/06/16 | 2009/05/07 |
| 337 | 江苏南泰创业投资有限公司 | 江苏省南京市长江路 188 号德基大厦 28 层 | 13851559500 | 江苏南泰创业投资有限公司 | 2017/06/29 | 2010/02/04 |
| 338 | 高投名力成长创业投资有限公司 | 南京市鼓楼区山西路 128 号 | 15821089286 | 高投名力成长创业投资有限公司 | 2017/07/03 | 2007/04/29 |
| 339 | 江苏广电创业投资有限公司 | 江苏省南京市北京东路 4 号 | 83188142 | 江苏广电创业投资有限公司 | 2017/07/26 | 2011/03/14 |

## 附录 2.11 浙江省备案创业投资机构名录

| 序号 | 管理机构 | 通讯地址 | 联系电话 | 所管理创业投资企业 | 备案时间 | 设立时间 |
|---|---|---|---|---|---|---|
| 1 | 基金自我管理 | 未知 | 未知 | 浙江海泰丰瑞创业投资有限公司 | 2011/05/19 | 2008/01/16 |
| 2 | 浙江联盛创业投资有限公司 | 浙江省绍兴市上虞市曹娥街道白米堰村（风帆电气内） | 0575-82156298 | 浙江联盛创业投资有限公司 | 2011/06/13 | 2007/10/26 |
| 3 | 浙江赛伯乐投资管理有限公司 | 杭州市滨江区江南大道 3850 号创新大厦 20 楼 | 13385816667 | 绍兴龙山赛伯乐创业投资有限公司 | 2011/06/14 | 2008/09/03 |
| 4 | 浙江天堂硅谷股权投资管理集团有限公司 | 杭州玉皇山路 76 号 | 0571-87083018 | 浙江天堂硅谷合众创业投资有限公司 | 2012/07/06 | 2007/10/24 |
| 5 | 浙江天堂硅谷股权投资管理集团有限公司 | 杭州玉皇山路 76 号 | 0571-87083018 | 浙江天堂硅谷阳光创业投资有限公司 | 2012/07/06 | 2006/06/20 |
| 6 | 浙江天堂硅谷股权投资管理集团有限公司 | 杭州玉皇山路 76 号 | 0571-87083018 | 浙江天堂硅谷晨曦创业投资有限公司 | 2012/07/06 | 2007/10/16 |
| 7 | 浙江天堂硅谷股权投资管理集团有限公司 | 杭州玉皇山路 76 号 | 0571-87083018 | 浙江天堂硅谷朝阳创业投资有限公司 | 2012/07/06 | 2007/04/16 |
| 8 | 浙江银家创业投资有限公司 | 杭州市莲花峰路 12 号 | 88999681 | 浙江银家创业投资有限公司 | 2012/07/09 | 2009/12/24 |
| 9 | 诸暨鼎信创业投资有限公司 | 浙江省诸暨市店口镇工业区 | 0575-87660802 | 诸暨鼎信创业投资有限公司 | 2012/07/09 | 2008/07/29 |
| 10 | 浙江宏城创业投资有限公司 | 浙江诸暨市东二路 45 号第六层 | 13806777688 | 浙江宏城创业投资有限公司 | 2012/08/27 | 2011/04/27 |
| 11 | 浙江德清科技创业投资有限公司 | 武康镇府西弄 18-28 号 | 5728068538 | 浙江德清科技创业投资有限公司 | 2013/05/29 | 2007/04/03 |
| 12 | 通联创业投资股份有限公司 | 杭州市钱江新城新业路 8 号华联时代大厦 B 幢 25 层 | 0571-87153717 | 通联创业投资股份有限公司 | 2013/07/10 | 2000/12/11 |
| 13 | 浙江时代创业投资有限公司 | 永康市东城城北东路 381 号 | 0579-87151888 | 浙江时代创业投资有限公司 | 2013/07/10 | 2006/12/25 |
| 14 | 浙江华严创业投资有限公司 | 嘉兴市永高路 29 号 | 0573-82615555 | 浙江华严创业投资有限公司 | 2013/07/10 | 2011/03/22 |
| 15 | 嘉兴建元善达创业投资合伙企业（有限合伙） | 嘉兴市广益路 1319 号中创电气商贸园 1 幢 604-6 室 | 18616572368 | 嘉兴建元善达创业投资合伙企业（有限合伙） | 2013/11/01 | 2013/04/16 |
| 16 | 浙江天堂硅谷股权投资管理集团有限公司 | 杭州玉皇山路 76 号 | 0571-87083018 | 浙江天堂硅谷合丰创业投资有限公司 | 2014/01/03 | 2009/10/13 |

续表

| 序号 | 管理机构 | 通讯地址 | 联系电话 | 所管理创业投资企业 | 备案时间 | 设立时间 |
|---|---|---|---|---|---|---|
| 17 | 浙江天堂硅谷股权投资管理集团有限公司 | 杭州玉皇山路 76 号 | 0571-87083018 | 浙江天堂硅谷盈通创业投资有限公司 | 2014/01/03 | 2010/06/02 |
| 18 | 浙江天堂硅谷股权投资管理集团有限公司 | 杭州玉皇山路 76 号 | 0571-87083018 | 浙江台州天堂硅谷合盈创业投资有限公司 | 2014/01/03 | 1999/05/01 |
| 19 | 浙江天堂硅谷股权投资管理集团有限公司 | 杭州玉皇山路 76 号 | 0571-87083018 | 浙江天堂硅谷长泰创业投资合伙企业（有限合伙） | 2014/01/03 | 2011/07/15 |
| 20 | 浙江天堂硅谷股权投资管理集团有限公司 | 杭州玉皇山路 76 号 | 0571-87083018 | 浙江天堂硅谷合胜创业投资有限公司 | 2014/01/03 | 2009/10/20 |
| 21 | 浙江春晖创业投资有限公司 | 浙江省上虞市春晖工业大道 286 号 | 13905850824 | 浙江春晖创业投资有限公司 | 2014/10/20 | 2007/10/17 |
| 22 | 浙江亚欧创业投资有限公司 | 杭州望江东路 299 号冠盛大厦 20 层 | 89880008 | 浙江亚欧创业投资有限公司 | 2014/12/31 | 2010/12/17 |
| 23 | 浙江君越创业投资有限公司 | 浙江省杭州市江干区富春路 308 号华成国际发展大厦 3803 室 | 0571-86576393 | 浙江君越创业投资有限公司 | 2015/04/24 | 2011/03/14 |
| 24 | 浙江华睿控股有限公司 | 杭州市西湖区灵溪南路 5 号 | 57188163183 | 浙江华睿睿银创业投资有限公司 | 2015/06/09 | 2007/03/28 |
| 25 | 电联创业投资有限公司 | 杭州市江干区杭海路 238 号森禾商务广场 B 座 1803 室 | 0571-86049029 | 电联创业投资有限公司 | 2015/06/19 | 2005/10/12 |
| 26 | 浙江金桥创业投资有限公司 | 浙江省杭州市余杭区临平南苑街道玩月街 88 号余杭区临平南苑街道玩月街 88 号国贸大厦 10 楼 | 0571-89180781 | 浙江金桥创业投资有限公司 | 2015/06/19 | 2007/08/14 |
| 27 | 浙江红榕创业投资有限公司 | 杭州市江干区钱江新城丹桂街 19 号迪凯国际中心 1601 室 | 57181101060 | 浙江红榕创业投资有限公司 | 2015/07/03 | 2010/07/16 |
| 28 | 基金自我管理 | 未知 | 未知 | 光大金控创业投资有限公司 | 2015/10/08 | 2011/01/25 |
| 29 | 浙江国源创业投资有限公司 | 浙江省诸暨市暨阳街道新光村 | 87186957 | 浙江国源创业投资有限公司 | 2016/08/23 | 2008/11/01 |
| 30 | 浙江新干线传媒投资有限公司 | 杭州体育场路 178 号 | 85310058 | 浙江亿品创业投资有限公司 | 2016/08/23 | 2012/03/27 |
| 31 | 浙江新干线传媒投资有限公司 | 杭州体育场路 178 号 | 85310058 | 浙江亿诚创业投资有限公司 | 2016/08/23 | 2010/05/06 |

续表

| 序号 | 管理机构 | 通讯地址 | 联系电话 | 所管理创业投资企业 | 备案时间 | 设立时间 |
|---|---|---|---|---|---|---|
| 32 | 浙江卧龙创业投资有限公司 | 上虞市曹娥街道舜江西路 368 号 | 0575–89289355 | 浙江卧龙创业投资有限公司 | 2016/08/23 | 2009/04/16 |
| 33 | 浙江兰德创业投资有限公司 | 杭州市西湖区西园八路 1 号浙大网新软件园 A 座 13 层 | 0571–86963977 | 浙江兰德创业投资有限公司 | 2016/08/23 | 2010/07/28 |
| 34 | 湖州市创业投资有限责任公司 | 湖州市南太湖科技创新中心 11 楼 | 15857204198 | 湖州市创业投资有限责任公司 | 2016/08/23 | 2008/09/09 |
| 35 | 温商创业投资有限公司 | 浙江瑞安万松路 6 弄 2 幢 | 0577–65625499 | 温商创业投资有限公司 | 2016/08/23 | 2007/06/21 |
| 36 | 浙江卓景创业投资有限公司 | 浙江省诸暨市店口镇解放路 386 号 | 0575–87637295 | 浙江卓景创业投资有限公司 | 2016/08/23 | 2010/08/27 |
| 37 | 浙江正茂创业投资有限公司 | 浙江省诸暨市店口镇解放路 386 号 | 0575–87637295 | 浙江正茂创业投资有限公司 | 2016/08/24 | 2010/06/07 |
| 38 | 浙江德清博大创业投资有限公司 | 德清县武康镇中兴路宇恒财富国际大厦 16 楼 A 座 | 0572–8076657 | 浙江德清博大创业投资有限公司 | 2016/08/24 | 2006/11/23 |
| 39 | 东方星空创业投资有限公司 | 杭州体育场路 178 号 | 85311341 | 东方星空创业投资有限公司 | 2016/08/24 | 2008/10/29 |
| 40 | 桐乡桐创投资管理有限公司 | 桐乡市梧桐街道世纪大道 2633 号 | 13819078466 | 桐乡图灵创业投资合伙企业（有限合伙） | 2016/09/08 | 2015/07/01 |
| 41 | 德华创业投资有限公司 | 浙江省德清县武康镇 1 临溪街 588 号 | 0572–8067823 | 德华创业投资有限公司 | 2016/10/31 | 2005/06/20 |
| 42 | 杭州浙科友业投资管理有限公司 | 杭州市文一路 115 号杭电实验楼三楼东 | 88869317 | 浙江悦海创业投资有限公司 | 2017/05/25 | 2008/05/19 |
| 43 | 浙江浙科美林创业投资有限公司 | 杭州市文一路 115 号杭电实验楼三楼东 | 88869317 | 浙江浙科美林创业投资有限公司 | 2017/05/25 | 2011/04/19 |
| 44 | 杭州浙科友业投资管理有限公司 | 杭州市文一路 115 号杭电实验楼三楼东 | 88869317 | 浙江浙科银江创业投资有限公司 | 2017/05/25 | 2010/10/14 |
| 45 | 杭州浙科友业投资管理有限公司 | 杭州市文一路 115 号杭电实验楼三楼东 | 88869317 | 浙江浙科汇丰创业投资有限公司 | 2017/05/25 | 2010/09/14 |
| 46 | 杭州浙科友业投资管理有限公司 | 杭州市文一路 115 号杭电实验楼三楼东 | 88869317 | 浙江浙科汇利创业投资有限公司 | 2017/05/25 | 2010/05/04 |

续表

| 序号 | 管理机构 | 通讯地址 | 联系电话 | 所管理创业投资企业 | 备案时间 | 设立时间 |
|---|---|---|---|---|---|---|
| 47 | 杭州浙科友业投资管理有限公司 | 杭州市文一路 115 号杭电实验楼三楼东 | 88869317 | 浙江浙科汇盈创业投资有限公司 | 2017/05/25 | 2009/09/15 |
| 48 | 浙江省科技风险投资有限公司 | 杭州市文一路 115 号杭电实验楼 3 楼东 | 13588817235 | 浙江省科技风险投资有限公司 | 2017/05/27 | 1993/06/01 |
| 49 | 浙江维科创业投资有限公司 | 杭州市文三路 398 号东方通信 1917 室 | 87207616 | 浙江维科创业投资有限公司 | 2017/05/27 | 2008/02/28 |
| 50 | 浙江红土创业投资管理有限公司 | 嘉兴市亚太路 705 号浙江清华长三角研究院总部创新大厦 19 楼 1901 室 | 0573-83710185 | 浙江红土创业投资有限公司 | 2017/05/27 | 2010/04/21 |
| 51 | 杭州浙科友业投资管理有限公司 | 杭州市文一路 115 号杭电实验楼三楼东 | 88869317 | 浙江浙科升华创业投资有限公司 | 2017/05/31 | 2010/10/12 |
| 52 | 浙江瓯联创业投资有限公司 | 杭州市灵隐路 8 号 | 0571-88301885 | 浙江瓯联创业投资有限公司 | 2017/05/31 | 2009/05/12 |
| 53 | 浙江瓯信创业投资有限公司 | 杭州市灵隐路 8 号 | 88301885 | 浙江瓯信创业投资有限公司 | 2017/05/31 | 2009/04/02 |
| 54 | 浙江华睿控股有限公司 | 杭州市西湖区灵溪南路 5 号 | 57188163183 | 浙江华睿盛银创业投资有限公司 | 2017/05/31 | 2009/08/11 |
| 55 | 浙江华瓯创业投资有限公司 | 杭州市灵隐路 8 号 | 88301885 | 浙江华瓯创业投资有限公司 | 2017/05/31 | 2007/11/16 |
| 56 | 浙江领庆创业投资有限公司 | 浙江省杭州市余杭文一西路 998 号海创园 1-1101 室 | 13588031771 | 浙江领庆创业投资有限公司 | 2017/06/04 | 2011/03/14 |
| 57 | 嘉兴领汇创业投资管理有限公司 | 杭州市余杭区文一西路 998 号海创园 1-1101 室 | 13588031771 | 嘉兴领汇创业投资管理有限公司 | 2017/06/04 | 2011/03/14 |
| 58 | 台州市金控基金管理有限公司 | 台州市市府大道 489 号六楼 63 | 13958648655 | 台州市创业投资有限公司 | 2017/06/04 | 2015/07/08 |
| 59 | 浙江蓝桂资产管理有限公司 | 杭州市丹桂街 19 号迪凯国际中心 38 楼 | 87225418 | 浙江信德丰创业投资有限公司 | 2017/06/05 | 2010/05/27 |
| 60 | 浙江华睿控股有限公司 | 杭州市西湖区灵溪南路 5 号 | 57188163183 | 浙江蓝石创业投资有限公司 | 2017/06/05 | 2008/05/15 |
| 61 | 浙江华瓯创业投资有限公司 | 杭州市灵隐路 8 号 | 88301885 | 浙江合力创业投资有限公司 | 2017/06/05 | 2011/03/09 |
| 62 | 浙江诸暨惠风创业投资有限公司 | 诸暨市暨阳街道苎萝东路 60 号 | 13575579518 | 浙江诸暨惠风创业投资有限公司 | 2017/06/05 | 2008/08/28 |

续表

| 序号 | 管理机构 | 通讯地址 | 联系电话 | 所管理创业投资企业 | 备案时间 | 设立时间 |
|---|---|---|---|---|---|---|
| 63 | 浙江华睿控股有限公司 | 杭州市西湖区灵溪南路 5 号 | 57188163183 | 浙江华睿祥生环境产业创业投资有限公司 | 2017/06/06 | 2010/11/15 |
| 64 | 浙江华睿控股有限公司 | 杭州市西湖区灵溪南路 5 号 | 57188163183 | 浙江华睿德银创业投资有限公司 | 2017/06/06 | 2010/05/04 |
| 65 | 浙江大学科技创业投资有限公司 | 杭州市玉古路 147 号黄鸿年科技综合楼二楼 228 室 | 87397926 | 浙江大学科技创业投资有限公司 | 2017/06/06 | 2008/10/29 |
| 66 | 浙江华睿控股有限公司 | 杭州市西湖区灵溪南路 5 号 | 57188163183 | 浙江泰银创业投资有限公司 | 2017/06/06 | 2007/10/16 |
| 67 | 浙江华睿控股有限公司 | 杭州市西湖区灵溪南路 5 号 | 57188163183 | 浙江红石创业投资有限公司 | 2017/06/06 | 2007/11/27 |
| 68 | 浙江华睿控股有限公司 | 杭州市西湖区灵溪南路 5 号 | 57188163183 | 浙江华睿如山创业投资有限公司 | 2017/06/07 | 2010/12/07 |
| 69 | 浙江华睿控股有限公司 | 杭州市西湖区灵溪南路 5 号 | 57188163183 | 浙江华睿中科创业投资有限公司 | 2017/06/07 | 2010/07/04 |
| 70 | 浙江华睿控股有限公司 | 杭州市西湖区灵溪南路 5 号 | 57188163183 | 浙江鑫华丰盈创业投资有限公司 | 2017/06/08 | 2010/02/03 |
| 71 | 浙江华睿控股有限公司 | 杭州市西湖区灵溪南路 5 号 | 57188163183 | 浙江华睿海越现代服务业创业投资有限公司 | 2017/06/08 | 2009/12/28 |
| 72 | 浙江华睿控股有限公司 | 杭州市西湖区灵溪南路 5 号 | 57188163183 | 浙江华睿裕人创业投资合伙企业（有限合伙） | 2017/06/12 | 2012/01/05 |
| 73 | 浙江华睿控股有限公司 | 杭州市西湖区灵溪南路 5 号 | 57188163183 | 浙江华睿庆余创业投资有限公司 | 2017/06/12 | 2013/12/30 |
| 74 | 浙江华睿控股有限公司 | 杭州市西湖区灵溪南路 5 号 | 57188163183 | 浙江华睿蓝石创业投资有限公司 | 2017/06/12 | 2014/09/02 |
| 75 | 浙江华睿控股有限公司 | 杭州市西湖区灵溪南路 5 号 | 57188163183 | 浙江华睿富华创业投资合伙企业（有限合伙） | 2017/06/12 | 2012/07/03 |
| 76 | 浙江华睿控股有限公司 | 杭州市西湖区灵溪南路 5 号 | 57188163183 | 浙江华睿海越光电产业创业投资有限公司 | 2017/06/12 | 2009/12/23 |
| 77 | 浙江华睿控股有限公司 | 杭州市西湖区灵溪南路 5 号 | 57188163183 | 浙江华睿弘源智能产业创业投资有限公司 | 2017/06/12 | 2010/03/22 |
| 78 | 浙江华睿控股有限公司 | 西湖区灵溪南路 5 号 | 88163183 | 嘉兴华睿布谷鸟创业投资合伙企业（有限合伙） | 2017/06/12 | 2014/08/14 |
| 79 | 安丰创业投资有限公司 | 浙江省杭州市上城区甘水巷 141 号 101 室 | 0571−87633583 | 安丰创业投资有限公司 | 2017/06/12 | 2008/02/28 |

续表

| 序号 | 管理机构 | 通讯地址 | 联系电话 | 所管理创业投资企业 | 备案时间 | 设立时间 |
|---|---|---|---|---|---|---|
| 80 | 浙江华睿控股有限公司 | 杭州市西湖区灵溪南路 5 号 | 57188163183 | 浙江华睿点金创业投资有限公司 | 2017/06/12 | 2009/08/10 |
| 81 | 浙江浙华投资有限公司 | 嘉兴市亚太路 705 号 8F | 0573–82582616 | 浙江浙华投资有限公司 | 2017/06/13 | 2005/06/18 |
| 82 | 浙江华睿控股有限公司 | 杭州市西湖区灵溪南路 5 号 | 57188163183 | 诸暨华睿嘉银创业投资合伙企业（有限合伙） | 2017/06/15 | 2014/11/21 |
| 83 | 浙江弘帆创业投资有限公司 | 杭州市江干区室九盛路 9 号 24 幢 2 楼 2050 室 | 13396818860 | 浙江弘帆创业投资有限公司 | 2017/06/19 | 2010/10/08 |
| 84 | 浙江天越创业投资有限公司 | 浙江省诸暨市暨阳街道西施大街 59 号 15 楼 | 0575–87011538 | 浙江天越创业投资有限公司 | 2017/06/19 | 2009/05/04 |
| 85 | 浙江省创业投资集团有限公司 | 杭州市文二路 207 号文欣大厦 16 楼 | 0571–88259216 | 浙江省创业投资集团有限公司 | 2017/06/19 | 2000/09/30 |
| 86 | 浙江华协创业投资有限公司 | 杭州市白石巷 258 号 10 楼 1007 室 | 0571–88393715 | 浙江华协创业投资有限公司 | 2017/06/19 | 2008/02/29 |
| 87 | 浙江联德创业投资有限公司 | 浙江杭州西湖区求是路公元大厦北楼 1502 | 87999682 | 浙江联德创业投资有限公司 | 2017/06/23 | 2010/05/31 |
| 88 | 浙江如山高新创业投资有限公司 | 杭州市滨江区泰安路 239 号盾安发展大厦 19 楼 | 13857162347 | 浙江如山高新创业投资有限公司 | 2017/06/23 | 2010/11/10 |
| 89 | 浙江如山成长创投投资有限公司 | 杭州市滨江区泰安路 239 号盾安发展大厦 19 楼 | 15906642540 | 浙江如山成长创投投资有限公司 | 2017/06/27 | 2008/08/18 |
| 90 | 浙江如山新兴创业投资有限公司 | 杭州市滨江区泰安路 239 号盾安发展大厦 19 楼 | 13857162347 | 浙江如山新兴创业投资有限公司 | 2017/06/27 | 2012/09/11 |
| 91 | 基金自我管理 | 未知 | 未知 | 浙江嘉海创业投资有限公司 | 2017/07/10 | 2010/01/13 |
| 92 | 浙商创投股份有限公司 | 杭州市求是路 8 号公元大厦北楼 1001 | 0571–89922222 | 浙江浙商创业投资股份有限公司 | 2017/07/10 | 2007/11/16 |
| 93 | 浙江新干线传媒投资有限公司 | 杭州体育场路 178 号 | 85310058 | 浙江亿都创业投资有限公司 | 2017/07/17 | 2007/11/20 |
| 94 | 浙江美林创业投资有限公司 | 杭州市上城区大名空间商务大厦 910 室 | 0571–85450699 | 浙江美林创业投资有限公司 | 2017/08/01 | 2008/07/11 |

续表

| 序号 | 管理机构 | 通讯地址 | 联系电话 | 所管理创业投资企业 | 备案时间 | 设立时间 |
|---|---|---|---|---|---|---|
| 95 | 浙江海鹏投资咨询有限公司 | 杭州市求是路 8 号公元大厦北楼 1001 | 57189922222 | 浙江浙商海鹏创业投资合伙企业（有限合伙） | 2017/08/11 | 2008/06/03 |
| 96 | 杭商资产管理（杭州）有限公司 | 上城区山南创意园白云路 18 号 102 室 | 13372558726 | 杭州杭商宝石创业投资合伙企业（有限合伙） | 2016/04/05 | 2011/02/21 |
| 97 | 浙江科发资本管理有限公司 | 杭州市庆春路 38 号金龙财富中心 15 楼 | 57185775070 | 杭州科发创业投资合伙企业（有限合伙） | 2016/06/21 | 2013/01/09 |
| 98 | 杭州万豪创业投资有限公司 | 杭州滨江区江南大道 288 号康恩贝大厦 A 座 702 | 0571–87701517 | 杭州万豪创业投资有限公司 | 2016/06/21 | 2006/01/09 |
| 99 | 杭州敦和创业投资有限公司 | 杭州滨江区江南大道 3850 号创新大厦 2011 | 0571–87789056 | 杭州敦和创业投资有限公司 | 2016/06/21 | 2011/04/11 |
| 100 | 杭州诚和创业投资有限公司 | 杭州市古墩路 701 号紫金广场 A 区 16 楼南区 | 0571–88219849 | 杭州诚和创业投资有限公司 | 2016/06/24 | 2006/06/01 |
| 101 | 杭州旗银创业投资有限公司 | 滨江区长河街道晶都路 115 号 342 室 | 86807187 | 杭州旗银创业投资有限公司 | 2016/06/27 | 2010/08/25 |
| 102 | 杭州士兰创业投资有限公司 | 杭州市翁家山 289 号 | 0571–87174979 | 杭州士兰创业投资有限公司 | 2016/07/21 | 2007/07/25 |
| 103 | 杭州创东方富邦创业投资企业（有限合伙） | 杭州市下城区华丰路 317 号 3 幢 1 楼 A 室 | 0571–89716640 | 杭州创东方富邦创业投资企业（有限合伙） | 2016/07/21 | 2010/12/19 |
| 104 | 杭州联创投资管理有限公司 | 杭州市西湖区文一西路 778 号 | 0571–28137900 | 杭州联创永津创业投资合伙企业（有限合伙） | 2016/07/27 | 2009/09/01 |
| 105 | 浙江盈瓯创业投资有限公司 | 杭州市灵隐路 8 号 | 88301885 | 浙江盈瓯创业投资有限公司 | 2017/06/06 | 2010/11/05 |
| 106 | 浙江浙大大晶创业投资有限公司 | 杭州市西湖区求是路 8 号公元大厦南楼 1201 室 | 0571–87382898 | 浙江浙大大晶创业投资有限公司 | 2017/06/06 | 2001/01/03 |
| 107 | 杭州泰恒投资管理有限公司 | 杭州市江干区新塘路 33 号三新大厦 1969 室 | 0571–87155993 | 杭州钱江中小企业创业投资有限公司 | 2017/06/06 | 2010/09/25 |
| 108 | 杭州浙科友业投资管理有限公司 | 杭州市文一路 115 号杭电实验楼三楼东 | 13588817235 | 杭州浙科汇庆创业投资合伙企业（有限合伙） | 2017/06/13 | 2013/04/10 |
| 109 | 浙江国信创业投资有限公司 | 杭州市延安路 515 号 10 楼 | 0571–86679037 | 浙江国信创业投资有限公司 | 2017/06/14 | 2003/03/22 |

续表

| 序号 | 管理机构 | 通讯地址 | 联系电话 | 所管理创业投资企业 | 备案时间 | 设立时间 |
|---|---|---|---|---|---|---|
| 110 | 基金自我管理 | 未知 | 未知 | 浙江中科和银创业投资有限公司 | 2017/06/14 | 2011/06/01 |
| 111 | 杭州立元创业投资股份有限公司 | 杭州市西湖区教工路 88 号 | 0571-87974698 | 杭州立元创业投资股份有限公司 | 2017/06/15 | 2006/12/08 |
| 112 | 杭州市高科技投资有限公司 | 上城区惠兴路 2 号 | 0571-87062232 | 杭州市高科技投资有限公司 | 2017/06/15 | 2000/08/01 |
| 113 | 浙江华睿控股有限公司 | 杭州市西湖区灵溪南路 5 号 | 57188163183 | 浙江华睿医疗创业投资有限公司 | 2017/06/15 | 2011/01/24 |
| 114 | 杭州广润创业投资有限公司 | 杭州市江干区杭海路 238 号森禾商务广场 A 座 1804 室 | 0571-81101916 | 杭州广润创业投资有限公司 | 2017/06/20 | 2007/11/28 |
| 115 | 杭州如山创业投资有限公司 | 杭州市滨江区泰安路 239 号盾安发展大厦 19 楼 | 13857162347 | 杭州如山创业投资有限公司 | 2017/06/26 | 2007/07/10 |
| 116 | 杭州泰恒投资管理有限公司 | 杭州市江干区新塘路 33 号三新大厦 1969 室 | 0571-87155993 | 杭州金投智汇创业投资合伙企业（有限合伙） | 2017/06/28 | 2015/10/10 |
| 117 | 杭州文投创业投资有限公司 | 杭州市转塘街道双流 643 号 D1-2-109 | 0571-86535505 | 杭州文投创业投资有限公司 | 2017/06/28 | 2011/01/05 |
| 118 | 杭州电魂创业投资有限公司 | 杭州市滨江区伟业路 298 号先锋科技大厦 9 楼 | 56683940 | 杭州电魂创业投资有限公司 | 2017/06/29 | 2014/12/08 |
| 119 | 杭州经济技术开发区创业投资有限公司 | 杭州经济技术开发区白杨街道 6 号大街 452 号 1 幢 2 楼 2A04 室 | 13656640353 | 杭州经济技术开发区创业投资有限公司 | 2017/06/29 | 2008/10/09 |
| 120 | 浙江大学科技园发展有限公司 | 西湖区西溪路 525 号浙江大学国家大学科技园 C 楼 | 0571-87658128 | 浙江大学科技园发展有限公司 | 2017/06/29 | 2000/10/28 |
| 121 | 杭州和港创业投资有限公司 | 杭州经济技术开发区白杨街道 6 号大街 452 号 2 幢 B2405 室 | 13656640353 | 杭州和港创业投资有限公司 | 2017/06/30 | 2014/11/27 |
| 122 | 杭州滨江创业投资有限公司 | 杭州市江干区太平门直街 260-276 号三新银座大厦 2203 室 | 0571-86506515 | 杭州滨江创业投资有限公司 | 2017/07/03 | 2011/05/26 |
| 123 | 浙江三生石创业投资有限公司 | 西湖区文三路 539 号 | 0571-28886777 | 浙江三生石创业投资有限公司 | 2017/07/04 | 2007/03/14 |
| 124 | 浙江全德富创业投资有限公司 | 萧山区市心北路 297 号 4 幢 1301 室 | 83783276 | 浙江全德富创业投资有限公司 | 2017/07/05 | 2008/01/21 |
| 125 | 基金自我管理 | 未知 | 未知 | 浙江华睿泰信创业投资有限公司 | 2017/07/06 | 2008/07/21 |

续表

| 序号 | 管理机构 | 通讯地址 | 联系电话 | 所管理创业投资企业 | 备案时间 | 设立时间 |
|---|---|---|---|---|---|---|
| 126 | 杭州红土创业投资有限公司 | 杭州市江干区解放东路 37 号财富金融中心 2 幢 2006 室 | 57188860693 | 杭州红土创业投资有限公司 | 2017/07/07 | 2009/05/22 |
| 127 | 杭州高新风险投资有限公司 | 杭州文三路 199 号创业大厦 707 | 88212247 | 杭州高新风险投资有限公司 | 2017/07/31 | 2005/12/29 |
| 128 | 杭州文广股权投资管理有限公司 | 上城区之江路 888 号 1014 室 | 0571–89833993 | 杭州文广创业投资有限公司 | 2017/07/31 | 2010/12/29 |
| 129 | 杭州金色未来创业投资有限公司 | 杭州市滨江区南环路 3730 号源越大厦 1002 室 | 13735431141 | 杭州金色未来创业投资有限公司 | 2017/07/31 | 2009/11/23 |
| 130 | 杭州文广股权投资管理有限公司 | 上城区之江路 888 号 1014 室 | 0571–89833993 | 杭州文诚创业投资有限公司 | 2017/07/31 | 2012/07/09 |
| 131 | 杭州浩联创业投资有限公司 | 上海市长宁区虹桥路 1591 号 22 号办公楼 | 15618637377 | 杭州浩联创业投资有限公司 | 2017/07/31 | 2013/02/01 |
| 132 | 维美创业投资有限公司 | 萧山新螺路 51 号 | 0571–82737700 | 维美创业投资有限公司 | 2017/08/01 | 2001/10/10 |
| 133 | 宁波鼎晟天秤投资管理有限公司 | 浙江省宁波市北仑区梅山盐场 1 号办公楼八号 966 室 | 0574–87627658 | 宁波鼎晟天成创业投资合伙企业（有限合伙） | 2014/03/18 | 2012/11/09 |
| 134 | 宁波高新创业资产经营管理有限公司 | 深圳市南山区汉唐大厦 2302A | 0755–26935621 | 宁波高新创业资产经营管理有限公司 | 2014/05/04 | 1999/06/25 |
| 135 | 宁波市伯乐遇马投资管理有限公司 | 浙江省宁波市高新区扬帆路 999 弄研发园 B3 座 6 楼金融服务中心 | 15824283024 | 宁波市伯乐开图创业投资合伙企业（有限合伙） | 2014/05/16 | 2013/06/19 |
| 136 | 宁波中融盛投资中心（有限合伙） | 宁波市鄞州区钟公庙街道吴陆周工业区 | 13910275122 | 宁波中融盛投资中心（有限合伙） | 2014/05/22 | 2010/05/04 |
| 137 | 宁波保税区嘉信麒越股权投资管理有限公司 | 上海市延安西路 500 号万宝国际广场 2101–2102 单元 | 021–52675899 | 宁波麒越股权投资基金合伙企业（有限合伙） | 2014/05/27 | 2012/06/06 |
| 138 | 宁波高新区嘉信股权投资管理有限公司 | 上海市徐汇区淮海中路 1010 号嘉华中心 3703 室 | 13817553125 | 宁波嘉信上凯股权投资合伙企业（有限合伙） | 2014/05/29 | 2009/12/18 |
| 139 | 基金自我管理 | 未知 | 未知 | 宁波创业加速器投资有限公司 | 2014/06/04 | 2010/12/10 |
| 140 | 宁波杭州湾新区新兴产业创业投资有限公司 | 宁波杭州湾新区兴慈一路 1 号北三楼 17–20 室 | 0574–63070272 | 宁波杭州湾新区新兴产业创业投资有限公司 | 2014/06/11 | 2011/09/09 |

续表

| 序号 | 管理机构 | 通讯地址 | 联系电话 | 所管理创业投资企业 | 备案时间 | 设立时间 |
|---|---|---|---|---|---|---|
| 141 | 浙江国懿资产管理有限公司 | 浙江省宁波市鄞州区天童南路700号1401室 | 57489066398 | 宁波国懿招宝创业投资合伙企业（有限合伙） | 2014/06/20 | 2014/03/18 |
| 142 | 宁波市新视野创业投资管理有限公司 | 浙江省宁波市高新区扬帆路999弄研发园B3座6楼 | 0574-88182299 | 宁波市新视野创业投资合伙企业（有限合伙） | 2014/06/25 | 2014/05/27 |
| 143 | 宁波鼎晟天秤投资管理有限公司 | 浙江省宁波市北仑区梅山盐场1号办公楼八号966室 | 0574-87627658 | 宁波鼎晟励合创业投资合伙企业（有限合伙） | 2014/08/26 | 2014/01/16 |
| 144 | 宁波宏康投资有限公司 | 奉化市经济开发区汇明路98号2-3 | 88951555 | 宁波宏康投资有限公司 | 2015/01/12 | 2013/09/06 |
| 145 | 宁海盛世鸿升投资管理有限公司 | 宁波市鄞州区日丽中路757号奥克斯中央大厦1503室 | 0574-28830033 | 宁波盛世合鼎创业投资中心（有限合伙） | 2015/01/28 | 2014/06/03 |
| 146 | 宁海盛世鸿升投资管理有限公司 | 宁波市鄞州区日丽中路757号奥克斯中央大厦1503室 | 0574-28830033 | 宁波盛阗创业投资中心（有限合伙） | 2015/01/28 | 2014/09/15 |
| 147 | 宁波成捷华盈股权投资管理有限公司 | 宁波市高新区光华路299弄研发园12幢30号 | 0574-27904980 | 宁波道生一股权投资合伙企业（有限合伙） | 2015/01/29 | 2014/07/14 |
| 148 | 浙江天堂硅谷资产管理集团有限公司 | 杭州市天目山路西溪湿地（高庄入口）福堤8号 | 15958108235 | 宁波天堂硅谷合众股权投资合伙企业（有限合伙） | 2015/02/16 | 2012/02/17 |
| 149 | 宁波青鸟正元投资管理有限公司 | 宁波高新区光华路299弄9幢19第14层001室 | 13716689455 | 宁波青鸟创业投资有限公司 | 2015/02/28 | 2014/04/24 |
| 150 | 伯乐遇马天使投资有限公司 | 宁波市江东区启新路128号八骏湾A座1009 | 15257894383 | 宁波伯乐沃元创业投资合伙企业（有限合伙） | 2015/04/03 | 2014/12/24 |
| 151 | 宁波杉杉望新科技创业投资有限公司 | 宁波市望春工业园区杉杉路1号 | 0574-88133995 | 宁波杉杉望新科技创业投资有限公司 | 2015/04/20 | 2009/12/14 |
| 152 | 宁波赛伯乐甬科股权投资合伙企业（有限合伙） | 宁波市鄞州区钟公庙街道贸城西路157号联盛广场城市新贵大楼1605室 | 13884433843 | 宁波赛伯乐甬科股权投资合伙企业（有限合伙） | 2015/04/20 | 2011/11/28 |
| 153 | 宁波经济技术开发区创业投资有限公司 | 宁波市经济技术开发区四明山路太河商务楼9F | 86789011 | 宁波经济技术开发区创业投资有限公司 | 2015/04/20 | 2011/05/05 |

续表

| 序号 | 管理机构 | 通讯地址 | 联系电话 | 所管理创业投资企业 | 备案时间 | 设立时间 |
|---|---|---|---|---|---|---|
| 154 | 基金自我管理 | 未知 | 未知 | 宁波杭州湾新区软银天启创业投资合伙企业（有限合伙） | 2015/05/12 | 2011/11/14 |
| 155 | 基金自我管理 | 未知 | 未知 | 宁波杭州湾新区软银天源创业投资合伙企业（有限合伙） | 2015/05/12 | 2011/09/23 |
| 156 | 杭州复聚投资管理有限公司 | 杭州市西湖区万塘路 18 号黄龙时代广场 A 幢 1505 | 13967179949 | 宁波复聚复盛投资合伙企业（有限合伙） | 2015/05/14 | 2014/09/29 |
| 157 | 浙江莱沃创业投资有限公司 | 宁波市鄞州区天童南路 535 号红巨大厦 1102 室 | 0574–82815773 | 浙江莱沃创业投资有限公司 | 2015/05/15 | 2009/07/08 |
| 158 | 宁波市赛伯乐招宝创业投资管理有限公司 | 宁波市鄞州区鄞州商会南楼 510 | 13884433843 | 宁波赛宝创业投资合伙企业（有限合伙） | 2015/05/15 | 2013/09/30 |
| 159 | 宁海盛世鸿升投资管理有限公司 | 宁波市鄞州区日丽中路 757 号奥克斯中央大厦 1503 室 | 0574–28830033 | 宁波盛世镭厉创业投资中心（有限合伙） | 2015/05/18 | 2014/06/13 |
| 160 | 杭州复聚投资管理有限公司 | 杭州市西湖区万塘路 18 号黄龙时代广场 A 幢 1505 | 13967179949 | 宁波复信创业投资合伙企业（有限合伙） | 2015/05/19 | 2014/10/30 |
| 161 | 宁波明德坤鼎股权投资合伙企业（有限合伙） | 宁波市沧海路 588 号 13–6 | 89078807 | 宁波明德坤鼎股权投资合伙企业（有限合伙） | 2015/05/21 | 2012/10/29 |
| 162 | 宁波坤鼎股权投资合伙企业（有限合伙） | 宁波市通途路 1185 号绿园大厦 12A–6 | 0574–87373818 | 宁波坤鼎股权投资合伙企业（有限合伙） | 2015/06/02 | 2011/10/14 |
| 163 | 宁波利元泰创业投资管理有限公司 | 浙江省宁波市高新区创苑路 750 号 005 幢 406–1 室 | 13716689455 | 宁波利元泰创业投资管理有限公司 | 2015/06/04 | 2014/03/31 |
| 164 | 宁波海达鼎兴投资管理有限公司 | 宁海县人民大道 181 号 4 楼 | 87904756 | 宁波海达鼎兴创业投资有限公司 | 2015/06/09 | 2011/12/07 |
| 165 | 宁波旭晨股权投资中心（有限合伙） | 宁波市鄞州区鄞县大道东段 1299 号 2403 室 | 28827637 | 宁波旭晨股权投资中心（有限合伙） | 2015/06/10 | 2010/09/20 |
| 166 | 宁波旭晨股权投资中心（有限合伙） | 宁波市鄞州区鄞县大道东段 1299 号 2403 室 | 28827637 | 宁波晨洋股权投资合伙企业（有限合伙） | 2015/06/10 | 2011/07/15 |
| 167 | 宁波旭阳股权投资合伙企业（有限合伙） | 宁波市鄞州区首南街道鄞县大道中段 1357 号 2501 室 | 0574–28827689 | 宁波旭阳股权投资合伙企业（有限合伙） | 2015/06/10 | 2011/06/28 |

续表

| 序号 | 管理机构 | 通讯地址 | 联系电话 | 所管理创业投资企业 | 备案时间 | 设立时间 |
|---|---|---|---|---|---|---|
| 168 | 宁波鸿元利丰股权投资基金管理有限公司 | 宁波市高新区江南路666号宁兴大厦504室 | 0574-87461721 | 宁波鸿元一期创业投资合伙企业 | 2015/06/19 | 2012/07/02 |
| 169 | 远瞻股权投资管理（上海）有限公司 | 上海市黄浦区斜土路768号1506室A室 | 13801902098 | 宁波远瞻丰源股权投资基金合伙企业（有限合伙） | 2015/06/30 | 2012/06/13 |
| 170 | 北京华扬普泰投资管理有限公司 | 北京市海淀区中关村东路18号1号楼C-1808 | 15910693122 | 宁波宏创股权投资合伙企业（有限合伙） | 2015/09/10 | 2014/07/08 |
| 171 | 宁海奉天股权投资管理有限公司 | 宁海世贸中心1幢1号1803 | 13805858830 | 宁海天使创业投资合伙企业（有限合伙） | 2015/10/20 | 2014/08/13 |
| 172 | 宁波开云股权投资管理有限公司 | 宁波市高新区扬帆路999弄研发园B3座6楼 | 0574-88182299 | 宁波开云融汇创业投资合伙企业（有限合伙） | 2016/02/15 | 2015/05/18 |
| 173 | 宁波博润创业投资股份有限公司 | 浙江省慈溪市科技路777号三楼 | 0574-63046140 | 宁波博润创业投资股份有限公司 | 2016/05/06 | 2007/09/26 |
| 174 | 宁波君润恒旭股权投资合伙企业（有限合伙） | 宁波市高新区聚贤路587弄研发园A3幢15楼 | 0574-87863106 | 宁波君润恒旭股权投资合伙企业（有限合伙） | 2016/05/10 | 2011/06/16 |
| 175 | 宁波金开股权投资合伙企业（有限合伙） | 宁波市鄞州区鄞县大道1299号商会大厦北楼21楼 | 0574-87863106 | 宁波金开股权投资合伙企业（有限合伙） | 2016/05/10 | 2011/08/16 |
| 176 | 宁波君润创业投资管理有限公司 | 宁波市鄞州区鄞县大道1299号商会大厦北楼21楼 | 57487863106 | 宁波君润恒睿股权投资合伙企业（有限合伙） | 2016/05/10 | 2011/08/19 |
| 177 | 宁波君润创业投资管理有限公司 | 宁波市鄞州区鄞县大道1299号商会大厦北楼21楼 | 57487863106 | 宁波北仑民创股权投资合伙企业（有限合伙） | 2016/05/11 | 2011/01/04 |
| 178 | 宁波金润股权投资合伙企业（有限合伙） | 宁波鄞州区鄞县大道1299号商会大厦北楼21楼 | 57487863106 | 宁波金润股权投资合伙企业（有限合伙） | 2016/05/11 | 2011/01/14 |
| 179 | 宁波丹诚创业投资管理有限公司 | 宁波市鄞州区天童南路707号明创大楼四楼 | 18957828126 | 宁波友胜创业投资中心（有限合伙） | 2016/05/11 | 2015/03/05 |
| 180 | 宁波君润创业投资管理有限公司 | 宁波市鄞州区鄞县大道1299号商会大厦北楼21楼 | 57487863106 | 宁波金瀚股权投资合伙企业（有限合伙） | 2016/05/11 | 2012/06/13 |
| 181 | 宁波君润创业投资管理有限公司 | 宁波市鄞州区鄞县大道1299号商会大厦北楼21楼 | 57487863106 | 宁波君润科元股权投资合伙企业（有限合伙） | 2016/05/11 | 2015/09/02 |

续表

| 序号 | 管理机构 | 通讯地址 | 联系电话 | 所管理创业投资企业 | 备案时间 | 设立时间 |
|---|---|---|---|---|---|---|
| 182 | 宁波君润创业投资管理有限公司 | 宁波市鄞州区鄞县大道 1299 号商会大厦北楼 21 楼 | 57487863106 | 宁波君润恒信股权投资合伙企业（有限合伙） | 2016/05/11 | 2012/05/02 |
| 183 | 宁波君润创业投资管理有限公司 | 宁波市鄞州区鄞县大道 1299 号商会大厦北楼 21 楼 | 57487863106 | 宁波金投股权投资合伙企业（有限合伙） | 2016/05/11 | 2012/06/18 |
| 184 | 宁波君润创业投资管理有限公司 | 宁波市鄞州区鄞县大道 1299 号商会大厦北楼 21 楼 | 57487863106 | 宁波金仑股权投资合伙企业（有限合伙） | 2016/05/11 | 2011/01/14 |
| 185 | 宁波君润创业投资管理有限公司 | 宁波市鄞州区鄞县大道 1299 号商会大厦北楼 21 楼 | 57487863106 | 宁波金杰股权投资合伙企业（有限合伙） | 2016/05/11 | 2012/06/11 |
| 186 | 宁波君润创业投资管理有限公司 | 宁波市鄞州区鄞县大道 1299 号商会大厦北楼 21 楼 | 57487863106 | 宁波金丰股权投资合伙企业（有限合伙） | 2016/05/11 | 2011/08/08 |
| 187 | 宁波君润创业投资管理有限公司 | 宁波市鄞州区鄞县大道 1299 号商会大厦北楼 21 楼 | 57487863106 | 宁波才富君润一期创业投资合伙企业（有限合伙） | 2016/05/12 | 2015/11/09 |
| 188 | 宁波君润创业投资管理有限公司 | 宁波市鄞州区鄞县大道 1299 号商会大厦北楼 21 楼 | 57487863106 | 宁波君润科胜股权投资合伙企业（有限合伙） | 2016/05/12 | 2015/04/29 |
| 189 | 宁波君润创业投资管理有限公司 | 宁波市鄞州区鄞县大道 1299 号商会大厦北楼 21 楼 | 57487863106 | 宁波君润恒隆创业权投资合伙企业（有限合伙） | 2016/05/13 | 2012/11/05 |
| 190 | 宁波海达蓝源投资管理有限公司 | 象山县丹城天安路 135 弄 1 号 7 楼 | 87904756 | 宁波海达蓝源创业投资有限公司 | 2016/05/31 | 2011/12/12 |
| 191 | 宁波成捷创业投资有限公司 | 宁波市高新区光华路 299 号研发园 C12 幢 2 楼 | 27904980 | 宁波成捷创业投资有限公司 | 2016/05/31 | 2012/06/29 |
| 192 | 宁波市丰海信息科技开发有限公司 | 宁波高新区清水桥路 535 号 802 室 | 13056974083 | 宁波市科鼎创业投资合伙企业（有限合伙） | 2016/06/20 | 2013/04/19 |
| 193 | 宁波市科发股权投资基金合伙企业（有限合伙） | 杭州市庆春路 38 号金龙财富中心 15 楼浙大科发 | 57189939939 | 宁波市科发股权投资基金合伙企业（有限合伙） | 2016/06/27 | 2012/03/01 |
| 194 | 浙江科发资本管理有限公司 | 杭州市庆春路 38 号金龙财富中心 15 楼 | 57185775070 | 宁波科发海鼎创业投资合伙企业（有限合伙） | 2016/06/27 | 2014/05/30 |
| 195 | 海德创业投资（浙江）有限公司 | 宁波镇海中关西路 1818 号 | 13456164366 | 海德创业投资（浙江）有限公司 | 2016/07/05 | 2015/11/10 |

续表

| 序号 | 管理机构 | 通讯地址 | 联系电话 | 所管理创业投资企业 | 备案时间 | 设立时间 |
|---|---|---|---|---|---|---|
| 196 | 宁波首科燕园投资管理有限公司 | 浙江省宁波市高新区研发园 A 区 2 幢 10 层 | 18258778495 | 宁波丰晨世纪创业投资合伙企业（有限合伙） | 2016/08/03 | 2016/03/31 |
| 197 | 宁波君润科创创业投资管理合伙企业（有限合伙） | 宁波高新区聚贤路 587 弄研发园 A3 幢 15F | 18658200820 | 宁波梅山保税港区君润科智股权投资合伙企业（有限合伙） | 2016/11/03 | 2016/04/29 |
| 198 | 宁波君润科元股权投资合伙企业（有限合伙） | 宁波高新区聚贤路 587 弄研发园 A3 幢 15 楼 | 0574–87863106 | 余姚才富君润创业投资合伙企业（有限合伙） | 2016/11/03 | 2016/05/10 |
| 199 | 浙江利达首品投资管理有限公司 | 浙江省杭州市滨江区建业路 511 号 | 15088717699 | 宁波梅山保税港区汇云首品创业投资合伙企业（有限合伙） | 2016/12/20 | 2016/01/26 |
| 200 | 浙江科发资本管理有限公司 | 杭州市庆春路 38 号金龙财富中心 15 楼 | 57185775070 | 宁波科发宝鼎创业投资合伙企业（有限合伙） | 2017/01/06 | 2016/11/16 |
| 201 | 宁波芝荣创业投资管理有限公司 | 宁波镇海区庄市街道中官西路 777 号国家大学科技园 315 室 | 18600640566 | 宁波芝荣汇和创业投资合伙企业（有限合伙） | 2017/04/08 | 2014/06/13 |
| 202 | 宁波东来股权投资有限公司 | 宁波市江东区民安东路 268 号（宁波国际金融服务中心 B 栋 12 楼） | 0574–81878805 | 宁波东来股权投资有限公司 | 2017/04/13 | 2010/05/24 |
| 203 | 宁波谦石股权投资管理有限公司 | 宁波高新区聚贤路 587 弄 15 幢 3 号楼 810 室 | 13586942996 | 宁波谦石高新创业投资合伙企业（有限合伙） | 2017/04/13 | 2012/09/21 |
| 204 | 宁波富博睿祺创业投资中心（有限合伙） | 浙江省宁波市海曙区东渡路 55 号华联写字楼 1323 室 | 0574–87093268 | 宁波富博睿祺创业投资中心（有限合伙） | 2017/04/21 | 2011/01/07 |
| 205 | 浙江银泰睿祺创业投资有限公司 | 宁波市海曙区东渡路 55 号华联写字楼 1323 | 0574–87093268 | 浙江银泰睿祺创业投资有限公司 | 2017/04/21 | 2009/11/09 |
| 206 | 宁波华慈蓝海投资管理有限公司 | 慈溪市文化商务区人和路 515 号浪沐大厦 1406 室 | 0574–63903037 | 宁波华慈蓝海创业投资有限公司 | 2017/05/04 | 2011/03/15 |
| 207 | 南京协立投资管理有限公司 | 南京江宁区九龙湖路 1 号颐和南园颐瑞湾 03 栋 | 025–86816827 | 宁波镇海君鼎协立创业投资有限公司 | 2017/05/08 | 2014/12/22 |
| 208 | 宁波千茂创业投资管理有限公司 | 宁波高新区星海北路 35 号 009 幢 23–1–15 室 | 13586514131 | 宁波厚土创业投资合伙企业（有限合伙） | 2017/05/09 | 2015/04/15 |
| 209 | 宁波新以创业投资管理有限公司 | 宁波市高新区扬帆路 999 弄 5 号 205 室 | 87993883 | 宁波新以创业投资合伙企业（有限合伙） | 2017/05/09 | 2010/01/29 |

续表

| 序号 | 管理机构 | 通讯地址 | 联系电话 | 所管理创业投资企业 | 备案时间 | 设立时间 |
|---|---|---|---|---|---|---|
| 210 | 宁波英飞伯乐创业投资管理有限公司 | 宁波高新区研发园聚贤路587弄A2号楼7-4号 | 87993883 | 宁波英飞伯乐创业投资合伙企业（有限合伙） | 2017/05/09 | 2015/09/10 |
| 211 | 宁波杉杉创业投资有限公司 | 浙江省宁波市望春工业园区云林中路218号A1区3楼 | 0574-88133981 | 宁波杉杉创业投资有限公司 | 2017/05/11 | 2007/03/30 |
| 212 | 宁波欧迅创业投资有限公司 | 宁波高新区光华路299弄26-31号12幢3楼 | 57483887739 | 宁波欧迅创业投资有限公司 | 2017/05/16 | 2010/09/28 |
| 213 | 宁波创业风险投资有限公司 | 宁波保税西区鸿海商贸楼508室 | 0574-86896339 | 宁波创业风险投资有限公司 | 2017/05/16 | 1999/05/06 |
| 214 | 宁波浙华投资管理有限公司 | 宁波市鄞州区天童北路933号和邦大厦A座19层1908室 | 0574-88310782 | 宁波海汇创业投资有限公司 | 2017/05/19 | 2013/06/28 |
| 215 | 宁波东元创业投资有限公司 | 宁波市高新区光华路299弄29号C12幢21楼 | 0574-87747281 | 宁波东元创业投资有限公司 | 2017/05/19 | 2005/05/16 |
| 216 | 宁波东方智创投资有限公司 | 宁波人民路132号外滩大厦525室 | 13705748542 | 宁波东方智创投资有限公司 | 2017/05/23 | 2011/06/15 |
| 217 | 宁波华建投资管理有限公司 | 宁波市百丈路168号会展中心大厦17楼E | 15888192862 | 宁波华建汇富创业投资有限公司 | 2017/06/01 | 2011/07/08 |
| 218 | 宁波华建投资管理有限公司 | 宁波市百丈路168号会展中心大厦17楼E | 15888192862 | 宁波华建风险投资有限公司 | 2017/06/01 | 2010/07/12 |
| 219 | 宁波海邦财智投资管理有限公司 | 宁波市高新区聚贤路587弄A区2幢10层1009 | 13857197531 | 宁波海邦人才创业投资合伙企业（有限合伙） | 2017/06/02 | 2011/09/28 |
| 220 | 安丰创业投资有限公司 | 浙江省杭州市上城区甘水巷141号101室 | 0571-87633583 | 浙江安丰进取创业投资有限公司 | 2017/06/06 | 2009/03/25 |
| 221 | 宁波涌盛行创业投资管理有限公司 | 宁波镇海区庄市街道中官西路777号317室 | 13505889282 | 宁波复生创业投资合伙企业（有限合伙） | 2017/06/12 | 2014/08/13 |
| 222 | 宁波和丰创业投资有限公司 | 宁波市永丰西路221号 | 87298234 | 宁波和丰创业投资有限公司 | 2017/06/16 | 2015/09/16 |
| 223 | 宁波千创投资管理合伙企业（有限合伙） | 浙江省奉化市汇明路98号 | 15061583883 | 宁波海禾创业投资合伙企业（有限合伙） | 2017/07/24 | 2014/11/24 |

## 附录 2.12　安徽省备案创业投资机构名录

| 序号 | 管理机构 | 通讯地址 | 联系电话 | 所管理创业投资企业 | 备案时间 | 设立时间 |
|---|---|---|---|---|---|---|
| 1 | 上海瑞业投资管理中心（有限合伙） | 上海市茂名南路 59 号锦江饭店贵宾楼西五层 | 021-54663981 | 芜湖瑞业股权投资基金（有限合伙） | 2013/06/21 | 2009/12/21 |
| 2 | 安徽省创业投资有限公司 | 安徽省合肥市望江东路 46 号投资大厦 | 0551-63677123 | 安徽省创业投资有限公司 | 2013/06/21 | 2008/07/10 |
| 3 | 安徽省高新创业投资有限责任公司 | 安徽省马鞍山市太白大道 699-1 号 | 0555-2210837 | 安徽省高新创业投资有限责任公司 | 2013/06/21 | 2009/12/23 |
| 4 | 深圳市同威创业投资有限公司 | 深圳市南山区华侨城汉唐大厦 1104 室 | 0755-26935226 | 合肥同安创业投资基金行（有限合伙） | 2013/06/21 | 2010/09/06 |
| 5 | 蚌埠盛世金牛创业投资管理有限公司 | 蚌埠市经济开发区兴业街 800 号 | 18900522178 | 蚌埠皖北金牛创业投资有限公司 | 2013/06/23 | 2011/05/17 |
| 6 | 合肥信息投资有限公司 | 合肥市肥西路 66 号汇金大厦 24 楼 | 65378859 | 合肥信息投资有限公司 | 2013/06/24 | 2002/12/30 |
| 7 | 华晟创业投资管理有限公司 | 合肥市圣泉路 1118 号 | 18019903669 | 华晟创业投资管理有限公司 | 2013/06/24 | 2012/05/14 |
| 8 | 安徽云松投资管理有限公司 | 合肥市高新区黄山路 601 号省科创服务中心 607 | 0551-63677159 | 安徽兴皖创业投资有限公司 | 2013/06/24 | 2010/08/20 |
| 9 | 安徽徽商产业投资基金管理有限公司 | 合肥市高新区科学大道与海棠路交叉口创新大厦 16F | 13955110207 | 安徽徽商创业投资基金行（有限合伙） | 2013/06/26 | 2008/09/25 |
| 10 | 合肥汇智基金管理有限公司 | 合肥市黄山路 602 号大学科技园 C-308 室 | 13866157165 | 汇智创业投资有限公司 | 2013/06/27 | 2009/04/29 |
| 11 | 安徽国元创投有限责任公司 | 合肥市经开区翠微路 6 号海恒大厦 8 楼 | 0551-63699389 | 安徽国元创投有限责任公司 | 2017/06/05 | 2010/06/13 |
| 12 | 六安高科创业投资有限公司 | 六安市长安南路环保大厦 | 18226492658 | 六安高科创业投资有限公司 | 2017/06/06 | 2011/10/20 |
| 13 | 合肥市创新科技风险投资有限公司 | 合肥市高新区望江西路 860 号高新区管委会 5 楼 D 座 | 0551-62616563 | 合肥市创新科技风险投资有限公司 | 2017/07/20 | 2000/08/28 |
| 14 | 淮南市创业风险投资有限公司 | 淮南市田家庵区陈洞路 56 号 | 0554-6881339 | 淮南市创业风险投资有限公司 | 2017/07/20 | 2011/11/28 |

续表

| 序号 | 管理机构 | 通讯地址 | 联系电话 | 所管理创业投资企业 | 备案时间 | 设立时间 |
|---|---|---|---|---|---|---|
| 15 | 中科大资产经营有限责任公司 | 合肥市金寨路高科技广场 92 号北一座 17 号 | 0551-63601770-8501 | 中科大资产经营有限责任公司 | 2017/07/20 | 1988/03/23 |
| 16 | 安徽纪元时代创业投资管理有限公司 | 合肥市高新区黄山路 626 号 1 幢 518 室 | 0551-65323126 | 安徽鼎信创业投资有限公司 | 2017/08/23 | 2012/06/05 |
| 17 | 安徽国耀创业投资管理有限公司 | 合肥市望江西路 860 号高新区管委会 5 楼 D 座 | 0551-62625578 | 安徽国耀创业投资有限公司 | 2017/08/23 | 2014/03/05 |
| 18 | 安徽纪元时代创业投资管理有限公司 | 合肥市高新区黄山路 626 号 1 幢 518 室 | 0551-65323126 | 安徽高科创业投资有限公司 | 2017/08/28 | 2010/01/28 |
| 19 | 合肥市高科技风险投资有限公司 | 合肥市政务新区总商会大厦 25 层 | 0551-63535831 | 合肥市高科技风险投资有限公司 | 2017/08/31 | 2000/04/18 |
| 20 | 蚌埠中城创业投资有限公司 | 蚌埠市涂山东路 1757 号投资大厦 1510 室 | 0552-3181967 | 蚌埠中城创业投资有限公司 | 2017/09/01 | 2009/03/16 |
| 21 | 安徽省创业投资有限公司 | 安徽省合肥市望江东路 46 号投资大厦 | 0551-63677123 | 安徽国安创业投资有限公司 | 2017/09/01 | 2010/09/15 |
| 22 | 安徽云松投资管理有限公司 | 合肥市黄山路 601 号科技创新服务中心 607 室 | 65732844 | 安徽兴皖创业投资有限公司 | 2017/09/01 | 2010/08/20 |
| 23 | 安徽省科技产业投资有限公司 | 安徽省合肥市蜀山区怀宁路 288 号 | 0551-66195717 | 安徽省科技产业投资有限公司 | 2017/09/04 | 1999/07/20 |
| 24 | 合肥火花创业投资管理有限公司 | 安徽省合肥市祁门路 1688 号兴泰金融广场 6 楼 | 15855105750 | 安徽火花科技创业投资有限公司 | 2017/09/04 | 2013/06/25 |
| 25 | 芜湖远大创业投资有限公司 | 芜湖市鸠江区皖江财富广场 A1 座 10 楼 | 13505598630 | 芜湖远大创业投资有限公司 | 2017/09/04 | 2009/04/23 |
| 26 | 安徽国元创投有限责任公司 | 合肥经济技术开发区翠微路 6 号海恒大厦 8 楼 | 0551-63699389 | 安徽国元创投有限责任公司 | 2017/09/05 | 2010/06/13 |
| 27 | 合肥兴泰股权投资管理有限公司 | 安徽省合肥市政务区祁门路 1688 号兴泰金融广场 12 楼 | 0551-63753776 | 庐江兴泰创业投资有限公司 | 2017/09/05 | 2013/09/17 |
| 28 | 安徽省创业投资有限公司 | 安徽省合肥市望江东路 46 号投资大厦 | 18655158801 | 安徽省创业投资有限公司 | 2017/09/05 | 2008/07/09 |

续表

| 序号 | 管理机构 | 通讯地址 | 联系电话 | 所管理创业投资企业 | 备案时间 | 设立时间 |
|---|---|---|---|---|---|---|
| 29 | 马鞍山经济技术开发区创业投资有限公司 | 马鞍山市红旗南路 2 号 | 0555-8323717 | 马鞍山经济技术开发区创业投资有限公司 | 2017/09/15 | 2013/08/23 |
| 30 | 合肥吉富投资管理有限公司 | 安徽省合肥市高新区望江西路 860 号创新大厦 B 合肥市高新区望江西路 860 号创新大厦 1103 | 0551-65383158 | 安徽汇智富创业投资有限公司 | 2017/09/15 | 2013/03/26 |
| 31 | 合肥高新科技创业投资有限公司 | 合肥市望江西路 860 号 D 区 6 楼 607 室 | 0551-65326361 | 合肥高新科技创业投资有限公司 | 2017/09/15 | 2012/10/19 |
| 32 | 安徽誉华投资管理有限公司 | 安徽省合肥市濉溪路 310 号祥源广场 A 座 23 楼 | 0551-67119515 | 安徽省创投资本基金有限公司 | 2017/09/15 | 2010/07/27 |
| 33 | 安徽红土创业投资管理有限公司 | 安徽省合肥市濉溪路财富广场 C1206 室 | 0551-5773595 | 安徽红土创业投资有限公司 | 2017/09/15 | 2010/08/10 |
| 34 | 安庆发投创业投资有限公司 | 安庆市菱湖北路 32 号 14 楼 | 0556-5289108 | 安庆发投创业投资有限公司 | 2017/09/15 | 2012/09/28 |
| 35 | 安徽省高新创业投资有限责任公司 | 马鞍山市花山区金溪路 456 号 | 0555-8330507 | 安徽省高新创业投资有限责任公司 | 2017/09/18 | 2009/12/23 |

## 附录 2.13 福建省备案创业投资机构名录

| 序号 | 管理机构 | 通讯地址 | 联系电话 | 所管理创业投资企业 | 备案时间 | 设立时间 |
|---|---|---|---|---|---|---|
| 1 | 福建省中投隆创创业投资有限公司 | 福州市五四路 158 号环球广场 B 区 1501 室 | 0591-87377777 | 福建省中投隆创创业投资有限公司 | 2012/07/05 | 2008/08/19 |
| 2 | 福建迅成创业投资有限公司 | 福州市鼓楼区工业路 611 号福建火炬高新技术创业园 1 号楼 7 层 | 0591-22855302 | 福建迅成创业投资有限公司 | 2013/05/22 | 2007/07/31 |
| 3 | 福鼎市创业投资有限公司 | 福鼎市太姥大道 50 号（新华书店大楼五层） | 13816732218 | 福鼎市创业投资有限公司 | 2013/05/22 | 2008/09/03 |
| 4 | 深圳市中科招商创业投资有限公司 | 深圳市福田区深南大道 4009 号投资大厦 13 层 C1 区 | 75582913284 | 福州中科精英创业投资有限公司 | 2013/05/22 | 2008/03/15 |

续表

| 序号 | 管理机构 | 通讯地址 | 联系电话 | 所管理创业投资企业 | 备案时间 | 设立时间 |
|---|---|---|---|---|---|---|
| 5 | 福建中盛创业投资有限公司 | 福州市鼓楼区五四路159号世界金龙大厦10层 | 0591-88010388 | 福建中盛创业投资有限公司 | 2013/05/22 | 2008/08/06 |
| 6 | 福建嘉诺创业投资有限公司 | 福州市晋安区五四北利嘉路秀山区1号三层 | 87955916 | 福建嘉诺创业投资有限公司 | 2013/05/24 | 2007/11/07 |
| 7 | 龙岩市天路创业投资有限公司 | 龙岩市新罗区南城隔后工行龙兴大院2幢704室 | 0597-6811222 | 龙岩市天路创业投资有限公司 | 2013/05/29 | 2009/08/12 |
| 8 | 福建弘凯创业投资有限公司 | 福建省福安市阳春小区2幢 | 13950589199 | 福建弘凯创业投资有限公司 | 2013/05/29 | 2010/03/18 |
| 9 | 福建中保创业投资股份有限公司 | 福州市软件园A区22号楼2层 | 0591-88085193 | 福建中保创业投资股份有限公司 | 2013/06/18 | 2008/11/05 |
| 10 | 福建劲达创业投资有限公司 | 北京市西成区阜外大街1号四川大厦东塔2319 | 010-68364831 | 福建劲达创业投资有限公司 | 2013/06/19 | 2007/10/10 |
| 11 | 福建金石开创业投资有限公司 | 福州市新店镇秀峰路233号居住主题公园467座 | 88085133 | 福建金石开创业投资有限公司 | 2013/06/20 | 2011/10/13 |
| 12 | 泉州市同方创业投资有限公司 | 泉州市丰泽区泉秀路中段阳光巴黎名流办公大楼4楼 | 0595-22191930 | 泉州市同方创业投资有限公司 | 2014/07/04 | 2010/09/08 |
| 13 | 福建华兴龙腾创业投资有限公司 | 福州市鼓楼区湖东路268号证券大厦8楼 | 0591-88524881 | 福建华兴龙腾创业投资有限公司 | 2014/07/04 | 2009/12/18 |
| 14 | 福建红桥创业投资管理有限公司 | 厦门市斗西路183号光明大厦东塔34A | 15259154955 | 泉州市红桥民间资本管理股份有限公司 | 2015/06/05 | 2008/10/29 |
| 15 | 华讯（福建）创业投资集团股份有限公司 | 福州市鼓楼区软件大道89号福州软件园A区32号楼五层 | 88302370 | 华讯（福建）创业投资集团股份有限公司 | 2015/06/05 | 2010/05/25 |
| 16 | 福建红桥创业投资管理有限公司 | 厦门市斗西路183号光明大厦东塔34A | 15259154955 | 泉州市红桥创业投资有限公司 | 2015/06/17 | 2010/02/19 |
| 17 | 福建红桥创业投资管理有限公司 | 厦门市斗西路183号光明大厦东塔34A | 15259154955 | 南安市红桥创业投资有限公司 | 2015/06/17 | 2010/12/21 |
| 18 | 福州开发区新城发展投资有限公司 | 福州市马尾区罗星街道名成水产大厦706 | 83686228 | 福州开发区新城发展投资有限公司 | 2015/07/07 | 2013/10/25 |
| 19 | 南平实业集团新城创业投资有限公司 | 南平市八一路338号汇丰大厦北楼三楼 | 5998891081 | 南平实业集团新城创业投资有限公司 | 2016/07/21 | 2014/09/12 |

续表

| 序号 | 管理机构 | 通讯地址 | 联系电话 | 所管理创业投资企业 | 备案时间 | 设立时间 |
|---|---|---|---|---|---|---|
| 20 | 福建红桥创业投资管理有限公司 | 厦门市斗西路 183 号光明大厦东塔 34A | 15259154955 | 福建红桥新能源发展创业投资有限公司 | 2016/10/17 | 2012/04/12 |
| 21 | 福建红桥创业投资管理有限公司 | 厦门市斗西路 183 号光明大厦东塔 34A | 15259154955 | 泉州丰泽红桥创业投资有限公司 | 2016/10/17 | 2011/09/20 |
| 22 | 福建和君盛观投资管理有限公司 | 福建省福州市马尾区儒江西路 1 号新大陆科技园 | 59183979771 | 福建永益物联网产业创业投资有限公司 | 2017/05/22 | 2012/02/27 |
| 23 | 福建金骏创业投资有限公司 | 福州市仓山区六一南路中庚红鼎天下 1#9 层 | 0591–87814079 | 福建金骏创业投资有限公司 | 2017/05/27 | 2013/02/07 |
| 24 | 福建省大同创业投资有限公司 | 福建省福州市鼓楼区湖东路 99 号标力大厦 17 层 | 88524881 | 福建省大同创业投资有限公司 | 2017/06/09 | 2009/07/20 |
| 25 | 福建华兴漳发创业投资有限公司 | 福建省福州市鼓楼区湖东路 99 号标力大厦 17 层 | 59188524881 | 福建华兴漳发创业投资有限公司 | 2017/06/09 | 2010/11/05 |
| 26 | 福建华兴创业投资有限公司 | 福建省福州市鼓楼区湖东路 99 号 17 层 | 88524881 | 福建华兴创业投资有限公司 | 2017/06/09 | 2000/12/26 |
| 27 | 福建华兴新兴创业投资有限公司 | 福建省鼓楼区湖东路 99 号证券大厦 17 层 | 0591–88524881 | 福建华兴新兴创业投资有限公司 | 2017/06/16 | 2013/04/03 |
| 28 | 福建华兴润明创业投资有限公司 | 福州市鼓楼区湖东路 99 号 17 层 | 59188524881 | 福建华兴润明创业投资有限公司 | 2017/06/16 | 2009/12/29 |
| 29 | 福建省华科创业投资有限公司 | 福建省福州市鼓楼区湖东路 99 号标力大厦 17 层 | 88524881 | 福建省华科创业投资有限公司 | 2017/06/16 | 2010/03/24 |
| 30 | 厦门高新软投创业投资有限公司 | 厦门市东渡路 258 号银龙大厦 12 楼 | 13599501825 | 厦门高新软投创业投资有限公司 | 2012/05/23 | 2010/08/16 |
| 31 | 厦门鑫东森创业投资有限公司 | 厦门市思明区金新河 16 号二楼 236 室 | 5928066532 | 厦门鑫东森创业投资有限公司 | 2012/05/28 | 2007/10/11 |
| 32 | 世盈（厦门）创业投资有限公司 | 厦门莲岳路 1 号磐基中心商务楼 2102 单元 | 1059568771 | 世盈（厦门）创业投资有限公司 | 2013/04/28 | 2007/09/12 |
| 33 | 厦门永红创业投资有限公司 | 厦门市观音山营运中心 2 号楼 6 层 | 5081798 | 厦门永红创业投资有限公司 | 2013/05/10 | 2007/08/07 |
| 34 | 厦门科莱益创业投资有限公司 | 厦门市思明区厦禾路 666 号海翼大厦 A 栋 20 层 01 单元之二 | 5922111511 | 厦门科莱益创业投资有限公司 | 2013/05/15 | 2008/07/07 |

续表

| 序号 | 管理机构 | 通讯地址 | 联系电话 | 所管理创业投资企业 | 备案时间 | 设立时间 |
|---|---|---|---|---|---|---|
| 35 | 厦门三微创业投资有限公司 | 厦门市思明区厦禾路 844 号中厦国际大厦十层 A 区 | 2918952 | 厦门三微创业投资有限公司 | 2013/05/15 | 2008/09/22 |
| 36 | 厦门鑫东森创业投资有限公司 | 厦门市思明区金新河 16 号二楼 236 室 | 8066976 | 厦门鑫东森创业投资有限公司 | 2013/05/23 | 2007/10/11 |
| 37 | 厦门恒一创业投资管理有限公司 | 厦门市思明区湖滨南路 388 号国贸大厦 43 层 | 5892260 | 厦门市软件信息产业创业投资有限公司 | 2013/05/24 | 2012/04/18 |
| 38 | 厦门迅誉达创业投资有限公司 | 厦门市厦禾路 189 号银行中心 6 楼 0605 单元 | 2992515<br>2992512 | 厦门迅誉达创业投资有限公司 | 2013/05/27 | 2011/09/09 |
| 39 | 博楷（福建）创业投资有限公司 | 厦门市思明区仙岳路 458 号邮政大楼八层 C1C3 单元 | 13860152818 | 博楷（福建）创业投资有限公司 | 2013/05/30 | 2010/04/09 |
| 40 | 基金自我管理 | 未知 | 未知 | 厦门赛富创业投资合伙企业（有限合伙） | 2013/08/15 | 2012/11/28 |
| 41 | 厦门海银生物医药产业创业投资合伙企业（有限合伙） | 厦门市海沧区海沧街道钟林路 8 号海投大厦 21 楼 | 0592–6806785 | 厦门海银生物医药产业创业投资合伙企业（有限合伙） | 2014/06/21 | 2011/05/16 |
| 42 | 厦门华登创业投资有限公司 | 厦门市思明区湖滨南路 86 号之一 9 楼 | 13859919558 | 厦门华登创业投资有限公司 | 2014/06/23 | 2008/08/13 |
| 43 | 福建东润投资有限公司 | 厦门市集美区同集南路 90 号凤林美办公综合楼 408 室 | 13625955079 | 福建东润投资有限公司 | 2014/06/24 | 2000/08/18 |
| 44 | 厦门致德创业投资有限公司 | 厦门市思明区厦禾路 666 号海翼大厦 A 栋 901 | 2109717 | 厦门致德创业投资有限公司 | 2014/06/24 | 2010/12/15 |
| 45 | 厦门红土创业投资有限公司 | 厦门市火炬高新区创业园创业大厦 227A 室 | 0592–5778290 | 厦门红土创业投资有限公司 | 2014/06/25 | 2010/06/08 |
| 46 | 厦门京道联萃创业投资管理有限公司 | 厦门火炬高新区软件园曾厝垵北路 1 号 –302A 单元 | 0592–3869888 | 厦门京道联萃天和创业投资基金合伙企业（有限合伙） | 2014/06/25 | 2013/01/28 |
| 47 | 厦门中红石创业投资有限公司 | 厦门软件园火炬软件大厦观日路 22 号 102 室 | 13718808889 | 厦门中红石创业投资有限公司 | 2014/06/28 | 2010/03/08 |
| 48 | 厦门轻工集团创业投资有限公司 | 厦门市思明区后埭溪路 28 号皇达大厦 18 楼 A 单元 | 0592–5820072 | 厦门轻工集团创业投资有限公司 | 2014/06/28 | 2012/04/25 |

续表

| 序号 | 管理机构 | 通讯地址 | 联系电话 | 所管理创业投资企业 | 备案时间 | 设立时间 |
|---|---|---|---|---|---|---|
| 49 | 厦门弘信创业工场投资集团股份有限公司 | 厦门东渡路258号银龙大厦12楼 | 0592-5670106 | 厦门弘信创业工场投资集团股份有限公司 | 2014/06/30 | 1996/10/30 |
| 50 | 厦门国海坚果投资管理有限公司 | 福建省厦门市思明区珍珠湾软件园创新大厦A区一楼102B坚果资本 | 18906015657 | 厦门国海坚果创业投资合伙企业（有限合伙） | 2014/06/30 | 2013/05/06 |
| 51 | 厦门七匹狼创业投资有限公司 | 厦门思明区观音山汇金国际中心31层楼 | 0592-5957235 | 厦门七匹狼创业投资有限公司 | 2014/07/03 | 2009/07/03 |
| 52 | 厦门火炬集团创业投资有限公司 | 厦门火炬高新区火炬园火炬路56-58火炬广场南三楼313室 | 0592-5719929 | 厦门科技创业投资有限公司 | 2014/07/07 | 2011/04/06 |
| 53 | 中汇融（厦门）创业投资有限公司 | 厦门市思明区塔埔东路（观音山国际商务营运中心）170号18层1802单元之一 | 13950135066 | 中汇融（厦门）创业投资有限公司 | 2014/08/04 | 2010/03/15 |
| 54 | 福建阳明创业投资有限公司 | 福州市仓山区六一南路3号中庚红鼎天下1#906 | 0591-87814075-801 | 福建阳明创业投资有限公司 | 2017/05/24 | 2013/02/18 |
| 55 | 厦门创翼创业投资有限公司 | 福建省厦门市思明区厦禾路668号海翼大厦B座26层 | 13599905318 | 厦门创翼创业投资有限公司 | 2017/05/25 | 2008/06/20 |
| 56 | 厦门高新技术创业中心 | 厦门火炬高新区创业园诚业楼一层101室 | 0592-3923826 | 厦门高新技术创业中心 | 2017/05/25 | 1996/12/01 |
| 57 | 厦门高新技术风险投资有限公司 | 厦门市思明区厦禾路668号海翼大厦B栋楼第二十二层04-3单元（电梯编号楼层第24层） | 0592-2078632 | 厦门高新技术风险投资有限公司 | 2017/05/26 | 1998/12/28 |
| 58 | 厦门火炬集团创业投资有限公司 | 厦门火炬高新区火炬园火炬路56-58火炬广场南三楼313室 | 0592-8317777 | 厦门火炬集团创业投资有限公司 | 2017/05/31 | 2004/04/05 |
| 59 | 厦门高新科创天使创业投资有限公司 | 厦门留学人员创业园诚业楼一层 | 0592-3923926 | 厦门高新科创天使创业投资有限公司 | 2017/06/05 | 2013/03/11 |
| 60 | 福建红桥创业投资管理有限公司 | 厦门市斗西路183号光明大厦东塔34A | 15259154955 | 厦门携合创业投资合伙企业（有限合伙） | 2017/06/12 | 2013/08/01 |
| 61 | 厦门铭源红桥高科创业投资有限合伙企业 | 厦门斗西路183号光明大厦东塔34A | 13959797110 | 厦门铭源红桥高科创业投资有限合伙企业 | 2017/06/14 | 2011/10/19 |

## 附录 2.14　江西省备案创业投资机构名录

| 序号 | 管理机构 | 通讯地址 | 联系电话 | 所管理创业投资企业 | 备案时间 | 设立时间 |
|---|---|---|---|---|---|---|
| 1 | 江西联邦华盈投资有限公司 | 南昌市西湖区广场南路 205 号恒茂国际华城 16 栋 A 座 803 室 | 13767137682 | 江西联邦华盈投资有限公司 | 2013/06/14 | 2008/09/25 |
| 2 | 江西高技术产业投资股份有限公司 | 江西南昌高新开发区火炬大街 199 号 | 0791−8112096 | 江西高技术产业投资股份有限公司 | 2017/05/24 | 2002/03/15 |
| 3 | 华章天地传媒投资控股集团有限公司 | 江西省南昌市红谷滩新区绿茵路 129 号 39 层 | 0791−86895353 | 华章天地传媒投资控股集团有限公司 | 2017/05/25 | 2013/04/28 |
| 4 | 基金自我管理 | 未知 | 未知 | 南昌中科创业投资有限责任公司 | 2017/05/26 | 2009/06/12 |
| 5 | 南昌新世纪创业投资有限责任公司 | 南昌市红谷滩新区红角洲学府大道 899 号慧谷创意创业园 2 号楼 1 楼 | 18607910923 | 南昌新世纪创业投资有限责任公司 | 2017/05/26 | 2009/02/08 |
| 6 | 赣州盛虔投资管理有限公司 | 赣州市章贡区黄屋坪路 25 号 | 0797−8153598 | 赣州虔盛创业投资中心（有限合伙） | 2017/06/01 | 2010/07/27 |
| 7 | 南昌创业投资有限公司 | 南昌市高新开发区泰豪信息大厦 B 座 5 楼 | 0791−88110618 | 南昌创业投资有限公司 | 2017/06/05 | 2005/12/09 |
| 8 | 赣州高能创业投资管理有限公司 | 江西省赣州市章贡区张家围路七号 | 13776710050 | 赣州红石矿业创业投资中心（有限合伙） | 2017/06/12 | 2010/02/03 |
| 9 | 江西鄱阳湖产业投资管理有限公司 | 北京西城区宣武门东大街 24 号宣武门商务酒店 809 房 | 010−63014499 | 江西鄱阳湖产业投资管理有限公司 | 2017/06/13 | 2008/12/31 |
| 10 | 江西裕润立达股权投资管理有限公司 | 南昌市高新区紫阳大道 115 号行政楼 411−06 | 13707090299 | 江西立达新材料产业创业投资中心（有限合伙） | 2017/06/16 | 2011/08/03 |

## 附录 2.15 山东省备案创业投资机构名录

| 序号 | 管理机构 | 通讯地址 | 联系电话 | 所管理创业投资企业 | 备案时间 | 设立时间 |
|---|---|---|---|---|---|---|
| 1 | 山东东科源泰科技创业投资有限公司 | 东营市府前大街 59 号孵化大厦 | 13505462006 | 山东东科源泰科技创业投资有限公司 | 2013/05/30 | 2009/01/21 |
| 2 | 山东银团创业投资有限公司 | 山东省滨州市无棣县中心大街 58 号 | 0543-6335001 | 山东银团创业投资有限公司 | 2013/05/30 | 2006/12/30 |
| 3 | 山东五岳创业投资有限公司 | 济南市高新区新宇路 750 号 5 号楼 2-401-3 | 18605320640 | 山东五岳创业投资有限公司 | 2013/05/31 | 2012/06/04 |
| 4 | 滨州市北海新区宝利来创业投资有限公司 | 滨州市北海新区滨港路以西 450 处 | 15065433666 | 滨州市北海新区宝利来创业投资有限公司 | 2013/06/03 | 2011/04/13 |
| 5 | 山东华融创业投资股份有限公司 | 济南市经十路 38 号海兰德大厦 1203、1204 | 82912988 | 山东华融创业投资股份有限公司 | 2013/06/26 | 2006/10/23 |
| 6 | 山东省创新创业投资有限公司 | 济南市千佛山南路 9 号 | 18653180011 | 山东省创新创业投资有限公司 | 2013/06/26 | 2004/12/30 |
| 7 | 烟台科纳尔创业投资有限公司 | 烟台市芝罘区南山路 53 号天鸿大厦 4 号楼 15 楼 | 6223766 | 烟台科纳尔创业投资有限公司 | 2013/06/27 | 2010/06/24 |
| 8 | 山东富斯隆创业投资有限公司 | 淄博高新区柳泉路 105 号新世纪广场 2 号楼 18 层 1810 号 | 0533-6219366 | 山东富斯隆创业投资有限公司 | 2013/06/27 | 2011/10/20 |
| 9 | 山东金茂创业投资有限公司 | 东营市东营区府前大街 70 号 | 0546-8056628 | 山东金茂创业投资有限公司 | 2013/06/27 | 2008/12/24 |
| 10 | 山东华源创业投资有限公司 | 山东省泰安市宁阳县堽城镇项目聚集区 | 5385752777 | 山东华源创业投资有限公司 | 2014/05/30 | 2007/03/09 |
| 11 | 福建红桥创业投资管理有限公司 | 厦门市斗西路 183 号光明大厦东塔 34A | 15259154955 | 济宁红桥科技创业投资有限公司 | 2014/06/03 | 2009/12/10 |
| 12 | 威海市大有正颐创业投资有限公司 | 山东省威海市新威路 11 号北洋大厦 11 楼 | 0631-5273705 | 威海市大有正颐创业投资有限公司 | 2014/06/03 | 2010/06/22 |
| 13 | 山东利泰投资有限公司 | 山东省沂南县苏村镇 | 0539-3851048 | 山东利泰投资有限公司 | 2014/06/17 | 2009/04/28 |
| 14 | 济宁博大创业投资有限公司 | 济宁市益民小区西区 | 15963040211 | 济宁博大创业投资有限公司 | 2014/06/18 | 2009/10/27 |
| 15 | 莱芜创业投资有限公司 | 山东省莱芜市龙潭东大街 29 号 | 0634-8891156 | 莱芜创业投资有限公司 | 2014/06/27 | 2009/12/28 |

续表

| 序号 | 管理机构 | 通讯地址 | 联系电话 | 所管理创业投资企业 | 备案时间 | 设立时间 |
|---|---|---|---|---|---|---|
| 16 | 山东金正创业投资有限公司 | 东营垦利县董集镇政府驻地博新路北 | 15066041501 | 山东金正创业投资有限公司 | 2014/06/27 | 2010/10/14 |
| 17 | 烟台昭宣元泰九鼎创业投资中心（有限合伙） | 北京市西城区金融大街7号英蓝大厦D座6层 | 13910163769 | 烟台昭宣元泰九鼎创业投资中心（有限合伙） | 2014/06/27 | 2012/05/14 |
| 18 | 山东科信创业投资有限责任公司 | 滨州市黄河六路渤海十八路669号 | 13181026777 | 山东科信创业投资有限责任公司 | 2014/06/27 | 2006/11/03 |
| 19 | 山东江诣创业投资有限公司 | 烟台市莱山区迎春大街131号 | 13376384488 | 山东江诣创业投资有限公司 | 2014/06/27 | 2010/08/12 |
| 20 | 烟台市富泉创业投资有限公司 | 烟台市芝罘区世回尧路129号 | 0535 6023000 | 烟台市富泉创业投资有限公司 | 2014/06/30 | 2010/04/13 |
| 21 | 山东蓝色经济创业投资有限公司 | 济南高新区舜华路2000号舜泰广场6号楼19层 | 15854181875 | 山东蓝色经济创业投资有限公司 | 2014/07/08 | 2011/02/16 |
| 22 | 威海火炬创业投资有限公司 | 威海火炬高技术产业开发区火炬大厦1311室 | 5623068 | 威海火炬创业投资有限公司 | 2014/07/08 | 2010/09/15 |
| 23 | 威海蓝海创业投资中心（有限合伙） | 山东省文登市龙山路66号 | 6318452366 | 威海蓝海创业投资中心（有限合伙） | 2014/07/11 | 2011/08/25 |
| 24 | 巨野汇通创业投资有限公司 | 巨野县招商街北段路东 | 13515308399 | 巨野汇通创业投资有限公司 | 2014/07/12 | 2008/11/05 |
| 25 | 山东金土地创业投资有限责任公司 | 威海市高区沈阳路108号创业大厦1011、1012室 | 13561899663 | 山东金土地创业投资有限责任公司 | 2014/07/15 | 2011/11/04 |
| 26 | 山东宇田创业投资有限公司 | 烟台市芝罘区机场路208号 | 6696358 | 山东宇田创业投资有限公司 | 2014/07/18 | 2012/01/09 |
| 27 | 烟台建信股权投资管理有限公司 | 烟台市南大街11号壹通国际大厦2511室 | 18621936298 | 烟台建信蓝色经济创业投资有限公司 | 2015/07/14 | 2011/12/15 |
| 28 | 山东弘利创业投资有限公司 | 临沂市河东区人民路369号宏艺科技园 | 0539−8389055 | 山东弘利创业投资有限公司 | 2015/07/14 | 2009/12/31 |
| 29 | 山东大众创业投资有限公司 | 山东省济南市经十路16122号山东报业大厦4楼 | 0531−85196587 | 山东大众创业投资有限公司 | 2015/07/14 | 2013/03/01 |
| 30 | 滨州北海新区汇通创业投资有限公司 | 滨州北海新区富民路中段路北 | 0543−2151888 | 滨州北海新区汇通创业投资有限公司 | 2015/07/16 | 2011/05/13 |
| 31 | 山东正金源泰创业投资有限公司 | 东营市东营区沂河路189号 | 15854106197 | 山东正金源泰创业投资有限公司 | 2015/08/03 | 2012/05/15 |

续表

| 序号 | 管理机构 | 通讯地址 | 联系电话 | 所管理创业投资企业 | 备案时间 | 设立时间 |
|---|---|---|---|---|---|---|
| 32 | 东营市世丰创业投资有限公司 | 山东省垦利县万光花园 D1 区 42 号 | 13176628988 | 东营市世丰创业投资有限公司 | 2015/08/10 | 2010/01/11 |
| 33 | 山东滨州长江创业投资有限公司 | 滨州市黄河二路渤海十二路 586 号 | 13905433888 | 山东滨州长江创业投资有限公司 | 2015/11/05 | 2007/12/20 |
| 34 | 中喜瑞富（北京）投资基金管理有限公司 | 滨州市滨城区黄河五路 338 号 | 0543–3082107 | 黄蓝创业投资有限公司 | 2015/11/23 | 2012/08/06 |
| 35 | 滨州市创业发展投资有限公司 | 滨州市渤海十六路滨州海关 512 室 | 0543–5085186 | 滨州市创业发展投资有限公司 | 2015/11/24 | 2006/01/17 |
| 36 | 济宁海达信科技创业投资有限公司 | 济南经十路 9999 号黄金时代广场 C 座 408 | 18615187383 | 济宁海达信科技创业投资有限公司 | 2016/05/06 | 2012/04/24 |
| 37 | 山东省高新技术创业投资有限公司 | 济南市解放路 166 号 | 0531–86566770 | 山东鲁信投资管理有限公司 | 2016/09/22 | 2004/07/15 |
| 38 | 威海蓝海创业投资中心（有限合伙） | 威海市文登区文山东路 88 号 | 15263119093 | 威海蓝海创业投资中心（有限合伙） | 2016/09/23 | 2011/08/25 |
| 39 | 山东省高新技术创业投资有限公司 | 济南市解放路 166 号 | 0531–86566770 | 山东省科技创业投资有限公司 | 2016/09/26 | 2009/07/17 |
| 40 | 滨州北海创业投资有限公司 | 滨州市北海经济开发区北海大街 1 号 | 0543–2258272 | 滨州北海创业投资有限公司 | 2016/10/12 | 2011/12/26 |
| 41 | 烟台盈智创业投资有限公司 | 烟台市莱山区港城东大街 289 号南山世纪大厦 B 座 3209 室 | 5356293092 | 烟台盈智创业投资有限公司 | 2016/10/12 | 2014/03/11 |
| 42 | 山东乐赛新能源创业投资基金有限合伙企业 | 淄博市高新区鲁泰大道 51 号高分子创新园 b 座 | 0533–2073333 | 山东乐赛新能源创业投资基金有限合伙企业 | 2017/01/20 | 2012/05/16 |
| 43 | 烟台国鑫创业投资有限公司 | 烟台市牟平区通海路 308 号 | 0535–6606872 | 烟台国鑫创业投资有限公司 | 2017/01/20 | 2016/04/10 |
| 44 | 山东嘉华盛裕创业投资股份有限公司 | 山东省烟台市高新区科技大道 69 号创业大厦西塔 28 层 | 18865669999 | 山东嘉华盛裕创业投资股份有限公司 | 2017/02/14 | 2009/08/27 |
| 45 | 山东省新兴产业创业投资有限公司 | 济南市英雄山路祥泰广场 1 号楼 3010 室 | 81955216 | 山东省新兴产业创业投资有限公司 | 2017/03/14 | 2013/12/26 |
| 46 | 山东科创投资有限公司 | 山东省济宁市金宇路 52 号创新大厦西区 | 15965373693 | 山东科创投资有限公司 | 2017/05/24 | 2010/10/22 |

续表

| 序号 | 管理机构 | 通讯地址 | 联系电话 | 所管理创业投资企业 | 备案时间 | 设立时间 |
|---|---|---|---|---|---|---|
| 47 | 山东东原创业投资有限责任公司 | 东平县东平镇汶河街西段 | 2839919<br>13153897886 | 山东东原创业投资有限责任公司 | 2017/06/09 | 2010/07/01 |
| 48 | 山东华峰创业投资有限公司 | 滨州市渤海十七路、黄河五路 -1 阳光大厦 | 13210716777 | 山东华峰创业投资有限公司 | 2017/06/09 | 2012/07/23 |
| 49 | 鲁资创业投资有限公司 | 山东省济南市高新区舜华东路 13 号 | 82667081 | 鲁资创业投资有限公司 | 2017/06/09 | 2012/09/12 |
| 50 | 山东泰山创业投资股份有限公司 | 泰安市府前街 8 号 | 0538−8261791 | 山东东岳创业投资有限公司 | 2017/06/14 | 2012/11/28 |
| 51 | 烟台市创业投资有限公司 | 烟台市芝罘区南大街 11 号壹通国际 1106 | 0535−6656505 | 烟台市创业投资有限公司 | 2017/06/14 | 2008/08/15 |
| 52 | 山东泰山创业投资股份有限公司 | 泰安市府前街 8 号 | 0538−8261791 | 山东泰山创业投资股份有限公司 | 2017/06/14 | 2008/08/27 |
| 53 | 山东旗城科技创业投资股份有限公司 | 山东省潍坊市青州市益都西路 89 号 | 13806365102 | 山东旗城科技创业投资股份有限公司 | 2017/06/15 | 2009/08/19 |
| 54 | 烟台华升创业投资有限公司 | 烟台市芝罘区青年路 13 号凯旋大厦 B 座 1507 | 0535−6663009 | 烟台华升创业投资有限公司 | 2017/06/16 | 2007/03/16 |
| 55 | 山东红桥股权投资管理有限公司 | 济南市高新区舜华路 747 号 | 15605315103 | 山东红桥创业投资有限公司 | 2017/06/22 | 2011/12/22 |
| 56 | 潍坊万通创业投资有限公司 | 潍坊市东风东街 6222 号投资大厦 1305 室 | 0536−8101056 | 潍坊万通创业投资有限公司 | 2017/06/22 | 2009/09/28 |
| 57 | 山东昌润创业投资股份有限公司 | 聊城市经济开发区黄山南路 60 号 | 0635−2119071 | 山东昌润创业投资股份有限公司 | 2017/06/22 | 2008/08/28 |
| 58 | 烟台市蓝海创业投资有限公司 | 莱山区祥隆国家 1323 室 | 15288793932 | 烟台市蓝海创业投资有限公司 | 2017/06/22 | 2011/12/15 |
| 59 | 黄河三角洲投资管理有限公司 | 山东省东营市东营区府前大街 59 号新孵化大厦（B 楼）512 房间 | 0546−7768883 | 东营经济开发区斯博特创业投资有限公司 | 2017/06/22 | 2012/06/04 |
| 60 | 德州市创业投资有限公司 | 德州市经济开发区康博大道 368 号 | 15905342288 | 德州市创业投资有限公司 | 2017/06/22 | 2009/12/31 |
| 61 | 烟台源创投资管理有限公司 | 北京市西城区金融街 1 号金亚光大厦 A 座 1702 | 13911674054 | 烟台源创科技投资中心（有限合伙） | 2017/06/22 | 2014/07/17 |

续表

| 序号 | 管理机构 | 通讯地址 | 联系电话 | 所管理创业投资企业 | 备案时间 | 设立时间 |
|---|---|---|---|---|---|---|
| 62 | 济宁英飞尼迪创业投资管理有限公司 | 山东省济宁市金宇路 52 号创新大厦西 414 室 | 5373281509 | 济宁英飞尼迪创业投资中心（有限合伙） | 2017/06/23 | 2011/04/21 |
| 63 | 东营市金凯高新投资有限公司 | 东营市东营区府前大街 59 号新孵化大厦 (B 楼 )541 房间 | 0546–8300909 | 东营市金凯高新投资有限公司 | 2017/06/23 | 2009/02/16 |
| 64 | 济宁市惠达投资有限公司 | 济宁市洸河路 16 号 | 0537–5667266 | 济宁市惠达投资有限公司 | 2017/06/26 | 2012/01/21 |
| 65 | 济宁市惠达财丰创业投资有限公司 | 济宁市洸河路 16 号 | 0537–5667277 | 济宁市惠达财丰创业投资有限公司 | 2017/06/26 | 2014/03/11 |
| 66 | 滨州市阳光创业投资有限公司 | 山东省滨州市黄河六路 524 号 | 0543–3211966 | 滨州市阳光创业投资有限公司 | 2017/06/26 | 2010/08/31 |
| 67 | 烟台市双兴创业投资有限公司 | 烟台市高新区创业大厦西塔 9 楼 906 室 | 13695451288 | 烟台市双兴创业投资有限公司 | 2017/06/26 | 2010/08/04 |
| 68 | 淄博市高新技术创业投资有限公司 | 淄博市高新区政通路 135 号 D 座 510 室 | 0533–6206610 | 淄博市高新技术创业投资有限公司 | 2017/06/27 | 2007/07/25 |
| 69 | 淄博齐鲁创业投资有限责任公司 | 淄博开发区政通路 135 号 D 座 504 室 | 0533–6206606 | 淄博齐鲁创业投资有限责任公司 | 2017/06/28 | 2002/12/06 |
| 70 | 滨州市慧立创业投资有限公司 | 滨州高新区高创服务中心 1 号楼 | 0543–3160189 | 滨州市慧立创业投资有限公司 | 2017/06/29 | 2011/06/20 |
| 71 | 美世联合创业投资股份有限公司 | 山东省滨州市黄河五路 352 号国际金融中心 18 楼 | 0543—5164777 | 美世联合创业投资股份有限公司 | 2017/06/29 | 2007/04/04 |
| 72 | 山东省方正创投有限责任公司 | 山东省无棣县府前大街（财政大厦 7 楼） | 0543–6782271 | 山东省方正创投有限责任公司 | 2017/06/29 | 2010/10/29 |
| 73 | 滨州高新技术创业投资有限公司 | 山东省滨州市滨城区小营办事处龙腾二路 1 号 | 0543–8191188 | 滨州高新技术创业投资有限公司 | 2017/06/29 | 2010/05/07 |
| 74 | 潍坊市国信创业投资有限公司 | 潍坊市奎文区文化路 439 号一号楼 218 号 | 5166702 | 潍坊市国信创业投资有限公司 | 2017/06/29 | 2012/07/17 |
| 75 | 山东恒发创业投资有限公司 | 无棣县棣州大街西首国土大厦 | 5435077698 | 山东恒发创业投资有限公司 | 2017/06/30 | 2012/02/28 |
| 76 | 山东齐星创业投资有限公司 | 山东省邹平县经济开发区 | 0543–4309089 | 山东齐星创业投资有限公司 | 2017/06/30 | 2007/01/30 |
| 77 | 山东府新创业投资有限公司 | 滨州高新区青田办事处驻地 | 5433199899 | 山东府新创业投资有限公司 | 2017/06/30 | 2012/10/23 |

续表

| 序号 | 管理机构 | 通讯地址 | 联系电话 | 所管理创业投资企业 | 备案时间 | 设立时间 |
|---|---|---|---|---|---|---|
| 78 | 日照华和科技创业投资有限责任公司 | 日照市天津路 61 号 | 0633-8336990 | 日照华和科技创业投资有限责任公司 | 2017/06/30 | 2010/05/28 |
| 79 | 临沂经开创业投资有限公司 | 山东省临沂市兰山区沂州路 201 号 | 0539-8053388 | 临沂经开创业投资有限公司 | 2017/07/04 | 2010/09/03 |
| 80 | 淄博高新技术风险投资股份有限公司 | 淄博市高新区鲁泰大道 51 号 | 0531-3586338 | 淄博高新技术风险投资股份有限公司 | 2017/07/10 | 2003/07/10 |
| 81 | 淄博创新资本创业投资有限公司 | 淄博市高新区政通路 135 号 | 0533-3583388 | 淄博创新资本创业投资有限公司 | 2017/07/10 | 2007/05/15 |
| 82 | 烟台红土创业投资管理有限公司 | 山东省烟台市开发区珠江路 28 号 | 18660092431 | 烟台创新创业投资有限公司 | 2017/07/11 | 2014/05/08 |
| 83 | 山东省高新技术创业投资有限公司 | 济南市解放路 166 号 | 0531-86566770 | 山东省高新技术创业投资有限公司 | 2017/07/14 | 2000/06/16 |
| 84 | 烟台联丰创业投资有限公司 | 烟台市莱山区观海路观海大厦 267 号 | 0535-6618263 | 烟台联丰创业投资有限公司 | 2017/07/19 | 2013/03/18 |
| 85 | 山东省高新技术创业投资有限公司 | 济南市解放路 166 号 | 0531-86566770 | 烟台鲁信创业投资有限公司 | 2017/07/20 | 2012/12/07 |
| 86 | 山东省高新技术创业投资有限公司 | 济南市解放路 166 号 | 0531-86566770 | 烟台鲁创恒富创业投资中心（有限合伙） | 2017/08/01 | 2012/06/06 |
| 87 | 山东德泰创业投资有限公司 | 烟台市高新区科技大道 69 号创业大厦西塔 1905 | 13583505616 | 山东德泰创业投资有限公司 | 2017/08/07 | 2010/03/29 |
| 88 | 济南华科创业投资合伙企业（有限合伙） | 济南市高新区新宇路 750 号 5 号楼 2-201-3 | 88880699 | 济南华科创业投资合伙企业（有限合伙） | 2014/06/16 | 2013/11/12 |
| 89 | 山东吉富创业投资合伙企业（有限合伙） | 济南高新区新宇路 750 号 | 13706413078 | 山东吉富创业投资合伙企业（有限合伙） | 2016/09/21 | 2013/06/04 |
| 90 | 济南云海创业投资有限公司 | 济南市高新区浪潮路 1036 号浪潮科技园 S05 楼　济南市高新区浪潮路 1036 号浪潮科技园 S05 楼 507 | 0531-85102255 | 济南云海创业投资有限公司 | 2016/09/30 | 2013/05/24 |
| 91 | 济南科技风险投资有限公司 | 济南高新区舜风路 322 号 | 0531-88879287 | 济南科技风险投资有限公司 | 2017/06/05 | 2001/04/28 |
| 92 | 济南科技风险投资有限公司 | 济南高新区舜风路 322 号 | 0531-88879287 | 济南科信创业投资有限公司 | 2017/06/08 | 2011/10/13 |

续表

| 序号 | 管理机构 | 通讯地址 | 联系电话 | 所管理创业投资企业 | 备案时间 | 设立时间 |
|---|---|---|---|---|---|---|
| 93 | 深圳市创新投资集团有限公司 | 深圳市福田区深南大道 4009 号投资大厦 11 层 B 区 | 0755-82912888 | 山东红土创业投资有限公司 | 2017/06/08 | 2012/01/19 |
| 94 | 山东红桥股权投资管理有限公司 | 济南市高新区舜华路 747 号 | 15605315103 | 山东科融天使创业投资合伙企业（有限合伙） | 2017/07/05 | 2015/02/06 |
| 95 | 山东天齐创业投资有限公司 | 济南市高新区世纪大道西首理想新城 1 号 2411 室 | 13606437953 | 山东天齐创业投资有限公司 | 2017/07/05 | 2010/03/24 |
| 96 | 济南华科创业投资合伙企业（有限合伙） | 山东省济南市高新区经十路 8000 号龙奥金座 1 号楼 2101 室 | 0531 88880699 | 济南华科创业投资合伙企业（有限合伙） | 2017/08/07 | 2013/11/12 |
| 97 | 山东汇益创业投资有限公司 | 济南高新区舜华路 2000 号舜泰广场 B5B 号楼 11 层 | 0531-68654798 | 山东汇益创业投资有限公司 | 2017/08/29 | 2014/01/13 |
| 98 | 融银资本投资管理有限公司 | 北京市海淀区善缘街 1 号立方庭 2 段 328 房间 | 82871118 | 融银黄海创业投资有限公司 | 2014/05/19 | 2011/08/04 |
| 99 | 青岛海洋基石创业投资企业（有限合伙） | 青岛市高新技术产业开发区创业中心 141-B 室 | 18811189935 | 青岛海洋基石创业投资企业（有限合伙） | 2014/05/26 | 2011/09/22 |
| 100 | 青岛蓝桉投资管理咨询有限公司 | 青岛东海东路 87 号 6 号楼 | 13905320822 | 青岛安芙兰创业投资有限公司 | 2014/05/28 | 2006/01/01 |
| 101 | 青岛鲁信驰骋创业投资管理有限公司 | 青岛市崂山区科苑纬一路 1 号青岛国际创新园 B 座 2203 室 | 0532-66750603 | 青岛鲁信驰骋创业投资管理有限公司 | 2015/06/02 | 2014/06/26 |
| 102 | 青岛华耀资本管理中心（有限合伙） | 青岛市市北区辽阳西路 18 号兴业大厦 903 | 18953153163 | 青岛华耀资本创业投资企业（有限合伙） | 2016/12/19 | 2012/12/11 |
| 103 | 青岛厚土创业投资有限公司 | 青岛市崂山区株洲路 153 号 2 号楼 1503 室 | 13969800039 | 青岛厚土创业投资有限公司 | 2017/03/16 | 2005/07/28 |
| 104 | 青岛静远投资管理有限公司 | 青岛开发区长江西路 159 号凤凰广场 15 楼 | 18554878659 | 青岛静远创业投资有限公司 | 2017/08/22 | 2011/10/19 |
| 105 | 青岛常春藤投资管理中心（有限合伙） | 上海市浦东新区芳甸路 1155 号嘉里城 3803 室 | 021-61908981 | 青岛常春藤创业投资中心（有限合伙） | 2017/08/22 | 2012/04/17 |
| 106 | 青岛高新创业投资有限公司 | 青岛高新区智力岛路一号创业大厦 B 座 1201 室 | 58882882 | 青岛高新创业投资有限公司 | 2017/08/22 | 2011/06/24 |

续表

| 序号 | 管理机构 | 通讯地址 | 联系电话 | 所管理创业投资企业 | 备案时间 | 设立时间 |
|---|---|---|---|---|---|---|
| 107 | 青岛市市北区创业投资有限公司 | 青岛市市北区山东路 168 号时代国际广场 2201 室 | 13969771057 | 青岛市市北区创业投资有限公司 | 2017/08/22 | 2011/03/03 |
| 108 | 青岛市科技风险投资有限公司 | 青岛市崂山区海口路 66 号华通集团大厦 | 18660277968 | 青岛市科技风险投资有限公司 | 2017/08/22 | 2000/08/17 |
| 109 | 青岛拥湾资产管理有限责任公司 | 青岛市海尔路 182 号青岛公馆 3 号楼 2101 | 0532–88728003 | 青岛拥湾成长创业投资有限公司 | 2017/09/04 | 2011/08/04 |
| 110 | 青岛华仁创业投资有限公司 | 山东青岛华仁国际大厦辅楼 3 层 | 15376770116 | 青岛华仁创业投资有限公司 | 2017/09/05 | 2010/12/27 |
| 111 | 青岛巨峰科技创业投资有限公司 | 崂山区苗岭路 52 号巨峰创业大厦 901 | 88958790 | 青岛巨峰科技创业投资有限公司 | 2017/09/05 | 2008/12/04 |
| 112 | 青岛市科技风险投资有限公司 | 青岛市崂山区海口路 66 号华通集团大厦 | 18660277968 | 青岛知灼创业投资有限公司 | 2017/09/06 | 2010/11/02 |
| 113 | 青岛海尔创业投资有限责任公司 | 青岛市崂山区海尔路 1 号海尔工业园内 | 0532–88931286 | 青岛海尔创业投资有限责任公司 | 2017/09/07 | 2010/04/16 |

## 附录 2.16　河南省备案创业投资机构名录

| 序号 | 管理机构 | 通讯地址 | 联系电话 | 所管理创业投资企业 | 备案时间 | 设立时间 |
|---|---|---|---|---|---|---|
| 1 | 河南开创创业投资有限公司 | 郑州市郑东新区商务外环路 19 号楼 19 层 1902 号 | 13839035883 | 河南开创创业投资有限公司 | 2014/08/28 | 2009/05/15 |
| 2 | 河南龙裕创业投资有限公司 | 郑州市郑东新区商务外环路 29 号 13 层 1305 号 | 18637909211 | 河南龙裕创业投资有限公司 | 2016/09/13 | 2013/05/28 |
| 3 | 河南元化创业投资有限公司 | 许昌经济开发区屯里路中段 | 0374–3185066 | 河南元化创业投资有限公司 | 2017/05/24 | 2003/08/15 |
| 4 | 河南宝祥民营科技创业投资有限公司 | 郑州市金水区花园路 27 号 16 层 | 0371–55011760 | 河南宝祥民营科技创业投资有限公司 | 2017/05/26 | 2012/12/05 |
| 5 | 河南联创华凯先进装备制造创业投资基金（有限合伙） | 郑州市郑东新区正光路北、众旺路西 5 幢 15 层 1508 号 | 13608429118 | 河南联创华凯先进装备制造创业投资基金（有限合伙） | 2017/05/26 | 2014/06/18 |
| 6 | 许昌市发展创业投资有限公司 | 许昌市毓秀路 33 号 | 0374–2783269 | 许昌市发展创业投资有限公司 | 2017/05/26 | 2006/06/20 |

续表

| 序号 | 管理机构 | 通讯地址 | 联系电话 | 所管理创业投资企业 | 备案时间 | 设立时间 |
|---|---|---|---|---|---|---|
| 7 | 河南华夏海纳创业投资集团有限公司 | 河南省郑州市高新区长椿路 11 号 Y06 独栋 | 0371-86068166 | 河南华夏海纳创业投资集团有限公司 | 2017/06/05 | 2009/06/18 |
| 8 | 洛阳红土创新资本创业投资有限公司 | 洛阳高新区滨河路 24 号火炬大厦 C401 | 0379-64902650 | 洛阳红土创新资本创业投资有限公司 | 2017/06/07 | 2009/04/18 |
| 9 | 河南华祺节能环保创业投资有限公司 | 郑州市高新技术开发区长椿路 11 号 y06 栋 | 0371-86684801 | 河南华祺节能环保创业投资有限公司 | 2017/06/07 | 2013/06/20 |
| 10 | 河南中财创业投资管理有限公司 | 郑州市红专路 109 号 7 层 712 | 13323813106 | 河南中财创业投资管理有限公司 | 2017/06/07 | 2011/03/02 |
| 11 | 河南创业投资股份有限公司 | 郑州高新区国槐街 8 号火炬大厦 A 座五楼 | 0371-67897008 | 河南创业投资股份有限公司 | 2017/06/12 | 2002/09/09 |
| 12 | 郑州百瑞创新投资管理有限公司 | 郑州商务外环路 10 号中原广发金融大厦 29 层 | 0371-69177632 | 郑州百瑞创新资本创业投资有限公司 | 2017/06/12 | 2007/07/31 |
| 13 | 河南平能创业投资股份有限公司 | 河南省郑东新区 CBD 商务外环路南 A-25 | 13183356990 | 河南平能创业投资股份有限公司 | 2017/06/13 | 2007/04/26 |
| 14 | 中原文产创业投资有限公司 | 河南省新乡市金穗大道 688 号新乡商会大厦 A 座 12 层 | 0373-3523291 | 中原文产创业投资有限公司 | 2017/06/14 | 2009/01/16 |
| 15 | 河南益瑞创业投资有限公司 | 郑州市郑东新区商务外环路 12 号 21 层 5 号 | 0371-86082366 | 河南益瑞创业投资有限公司 | 2017/06/23 | 2013/06/14 |
| 16 | 河南中证开元创业投资基金（有限合伙） | 洛阳市洛阳新区开元大道伊川农商行科研大楼 5 层 | 0379-60662802 | 河南中证开元创业投资基金（有限合伙） | 2017/07/20 | 2013/09/17 |
| 17 | 安阳惠通高创新材料创业投资合伙企业（有限合伙） | 安阳市文峰区永明路财政综合办公大楼 2 楼 2613 室 | 37186615679 | 安阳惠通高创新材料创业投资合伙企业（有限合伙） | 2017/08/01 | 2012/07/25 |
| 18 | 河南中安创业投资有限公司 | 漯河市喜来登大酒店三楼 | 0395-3566699 | 河南中安创业投资有限公司 | 2017/08/02 | 2015/02/28 |
| 19 | 焦作通财创业投资有限责任公司 | 河南省焦作市建设东路 88 号 | 0391-3121382 | 焦作通财创业投资有限责任公司 | 2017/08/02 | 2007/09/24 |
| 20 | 河南秉鸿生物高新技术创业投资有限公司 | 郑州市郑东新区金水东路 49 号 1 号楼 11 层 46 号 | 13703956274 | 河南秉鸿生物高新技术创业投资有限公司 | 2017/08/16 | 2012/11/05 |
| 21 | 河南兴豫生物医药创业投资基金（有限合伙） | 郑州市金水路 226 号楷林国际 1403 室 | 13783623459 | 河南兴豫生物医药创业投资基金（有限合伙） | 2017/08/22 | 2014/05/26 |
| 22 | 河南高科技创业投资股份有限公司 | 郑州市和顺街 6 号广地和顺中心 A 座 18 层 | 0371-67895091 | 河南高科技创业投资股份有限公司 | 2017/08/22 | 2001/04/29 |

续表

| 序号 | 管理机构 | 通讯地址 | 联系电话 | 所管理创业投资企业 | 备案时间 | 设立时间 |
|---|---|---|---|---|---|---|
| 23 | 河南深蓝远航创业投资有限公司 | 洛阳市洛龙区开元大道 224 号 00 幢 2–201 | 0379–65507666 | 河南深蓝远航创业投资有限公司 | 2017/08/23 | 2011/04/11 |
| 24 | 河南长源创业投资股份有限公司 | 河南省长垣县人民路 80 号 | 3738820888 | 河南长源创业投资股份有限公司 | 2017/08/23 | 2009/09/02 |
| 25 | 河南德瑞恒通高端装备创业投资基金有限公司 | 河南省郑州市郑东新区商务外环 12 号世纪峰会 2301 | 15037152157 | 河南德瑞恒通高端装备创业投资基金有限公司 | 2017/08/30 | 2013/05/15 |

## 附录 2.17　湖北省备案创业投资机构名录

| 序号 | 管理机构 | 通讯地址 | 联系电话 | 所管理创业投资企业 | 备案时间 | 设立时间 |
|---|---|---|---|---|---|---|
| 1 | 基金自我管理 | 未知 | 未知 | 武汉普洛顿创业投资基金（有限合伙） | 2013/05/31 | 2010/06/18 |
| 2 | 恩施金凯路创业投资有限公司 | 湖北省恩施市 | 15327895111 | 恩施金凯路创业投资有限公司 | 2013/06/03 | 2011/10/09 |
| 3 | 基金自我管理 | 未知 | 未知 | 武汉中部万农成长企业投资中心（有限合伙） | 2013/06/17 | 2011/04/19 |
| 4 | 襄阳信诚阳光创业投资有限公司 | 襄阳市襄城区麒麟村麒麟路 1 号 301 室 | 0710–3539683 | 襄阳信诚阳光创业投资有限公司 | 2014/05/30 | 2012/07/10 |
| 5 | 基金自我管理 | 未知 | 未知 | 襄阳创新资本创业投资有限公司 | 2015/04/24 | 2008/09/18 |
| 6 | 基金自我管理 | 未知 | 未知 | 湖北九派创业投资有限公司 | 2015/05/11 | 2010/09/09 |
| 7 | 华人创新集团有限公司 | 武汉经济技术开发区东风三路 1 号东合中心 B 座二层 1 号 | 027–87138836 | 华人创新集团有限公司 | 2015/07/27 | 2000/03/06 |
| 8 | 湖北省高新技术产业投资有限公司 | 武汉市洪山区珞瑜路 716 号华乐商务中心 12 楼 | 2787440549 | 湖北省高新技术产业投资有限公司 | 2015/10/14 | 2005/10/25 |
| 9 | 基金自我管理 | 未知 | 未知 | 湖北红土创业投资有限公司 | 2017/05/26 | 2009/12/15 |
| 10 | 基金自我管理 | 未知 | 未知 | 科华银赛创业投资有限公司 | 2017/09/12 | 2009/07/30 |

续表

| 序号 | 管理机构 | 通讯地址 | 联系电话 | 所管理创业投资企业 | 备案时间 | 设立时间 |
|---|---|---|---|---|---|---|
| 11 | 武汉华工创业投资有限责任公司 | 武汉市东湖高新区华工科技园创新基地 5 号楼 | 81338731 | 武汉华工创业投资有限责任公司 | 2016/05/03 | 2000/09/11 |
| 12 | 基金自我管理 | 未知 | 未知 | 湖北新能源创业投资基金有限公司 | 2017/07/21 | 2012/01/21 |
| 13 | 基金自我管理 | 未知 | 未知 | 武汉东湖百兴创业投资中心（有限合伙） | 2017/07/21 | 2012/03/20 |
| 14 | 基金自我管理 | 未知 | 未知 | 武汉东湖创新创业投资基金有限公司 | 2017/07/21 | 2011/06/14 |
| 15 | 基金自我管理 | 未知 | 未知 | 武汉光谷生物产业创业投资基金有限公司 | 2017/07/21 | 2009/07/24 |
| 16 | 武汉智慧产业股权投资基金管理有限公司 | 湖北省武汉市关山大道光谷创意产业基地光谷创意大厦 C 座 1204 | 027-87517037 | 武汉智慧城市创业投资基金合伙企业（有限合伙） | 2017/07/21 | 2014/09/10 |
| 17 | 武汉东湖创新科技投资有限公司 | 汉口唐家墩路 32 号国资大厦 B 座 4 楼 | 027-85613217 | 武汉东湖创新科技投资有限公司 | 2017/07/21 | 1999/12/26 |
| 18 | 武汉光谷烽火科技创业投资有限公司 | 武汉市江夏区高新 4 路烽火研发中心 1 号楼 30 层 | 13647205019 | 武汉光谷烽火科技创业投资有限公司 | 2017/07/21 | 2008/09/23 |
| 19 | 武汉武大创新投资有限公司 | 武昌洪山区鲁磨路 399 号金域广场 411 室 | 18702754116 | 武汉武大创新投资有限公司 | 2017/07/21 | 2002/02/09 |
| 20 | 基金自我管理 | 未知 | 未知 | 湖北量科高投创业投资有限公司 | 2017/07/21 | 2010/11/26 |
| 21 | 基金自我管理 | 未知 | 未知 | 武汉科技创新朝阳创业投资有限公司 | 2017/07/21 | 2010/12/22 |

## 附录 2.18 湖南省备案创业投资机构名录

| 序号 | 管理机构 | 通讯地址 | 联系电话 | 所管理创业投资企业 | 备案时间 | 设立时间 |
|---|---|---|---|---|---|---|
| 1 | 基金自我管理 | 未知 | 未知 | 湖南省广信创投投资基金有限公司 | 2013/05/23 | 2012/06/05 |
| 2 | 基金自我管理 | 未知 | 未知 | 长沙华鸿芙蓉创业投资合伙企业（有限合伙） | 2013/06/13 | 2011/07/18 |
| 3 | 基金自我管理 | 未知 | 未知 | 华菱津杉（湖南）信息产业创业投资基金企业（有限合伙） | 2013/06/17 | 2010/12/09 |
| 4 | 湖南中联传怡创业投资有限公司 | 长沙市芙蓉区五一大道 826 号新华大厦 20 楼 | 85582005 | 湖南中联传怡创业投资有限公司 | 2013/06/17 | 2010/12/24 |
| 5 | 湖南晟果创业投资有限公司 | 长沙开福区芙蓉中路一段 478 号运达国际广场 2403 | 13874892949 | 湖南晟果创业投资有限公司 | 2013/06/28 | 2010/03/18 |
| 6 | 长沙汉红股权投资有限公司 | 长沙市雨花区湘府中路 9 号融程国际广场 2010 室 | 18711138001 | 长沙汉红股权投资有限公司 | 2013/08/15 | 2012/04/01 |
| 7 | 湖南财信创业投资有限责任公司 | 长沙市城南西路 1 号财信大厦 701 室 | 0731–85196821 | 湖南财信创业投资有限责任公司 | 2014/04/25 | 2001/01/17 |
| 8 | 湖南高新创业投资集团有限公司 | 长沙市天心区城南西路 1 号 | 0731–89761697 | 湖南高新创业投资集团有限公司 | 2014/05/26 | 2007/06/28 |
| 9 | 基金自我管理 | 未知 | 未知 | 长沙先导硅谷天堂创业投资有限公司 | 2014/06/05 | 2010/04/21 |
| 10 | 湖南赢联中小企业创业投资集有限公司 | 长沙市芙蓉区五一大道 618 号 | 13907316251 | 湖南赢联中小企业创业投资集有限公司 | 2014/06/05 | 2004/02/13 |
| 11 | 深圳市达晨财智创业投资管理有限公司 | 深圳市福田区深南大道特区报业大厦 2303 | 83515108 | 湖南达晨财鑫创业投资有限公司 | 2014/06/10 | 2011/03/27 |
| 12 | 基金自我管理 | 未知 | 未知 | 株洲兆富成长企业创业投资有限公司 | 2014/06/16 | 2010/10/13 |
| 13 | 湖南高科时代发创投资管理有限公司 | 株洲市天元区株洲大道高新大厦政务中心三楼 | 15073349185 | 湖南高科发创智能制造装备创业投资有限公司 | 2014/06/23 | 2013/02/05 |

续表

| 序号 | 管理机构 | 通讯地址 | 联系电话 | 所管理创业投资企业 | 备案时间 | 设立时间 |
|---|---|---|---|---|---|---|
| 14 | 湖南迪策创业投资有限公司 | 长沙市湘府西路 222 号华菱园主楼 701 室 | 73189952741 | 湖南迪策创业投资有限公司 | 2016/08/16 | 2002/12/05 |
| 15 | 湖南湘投高科技创业投资有限公司 | 湖南长沙市岳麓区含浦北路 999 号湘投控股集团办公大楼 A 栋 3 楼 | 0731–85188641 | 湖南湘投高科技创业投资有限公司 | 2016/08/26 | 2000/02/23 |
| 16 | 基金自我管理 | 未知 | 未知 | 常德中科芙蓉创业投资有限责任公司 | 2016/08/26 | 2011/01/12 |
| 17 | 基金自我管理 | 未知 | 未知 | 湖南新能源创业投资基金企业（有限合伙） | 2016/08/30 | 2010/05/14 |
| 18 | 长沙麓谷创业投资管理有限公司 | 长沙高新区麓景路 8 号巨星创业基地 712 室 | 88820100 | 长沙麓谷创业投资管理有限公司 | 2016/11/02 | 2007/12/18 |
| 19 | 长沙先导产业投资有限公司 | 湖南省长沙市高新区麓天路 2 号五强工业园 606 | 18774858234 | 长沙先导产业投资有限公司 | 2017/05/24 | 2009/05/15 |
| 20 | 基金自我管理 | 未知 | 未知 | 湖南文化旅游投资基金企业（有限合伙） | 2017/07/11 | 2010/12/21 |
| 21 | 基金自我管理 | 未知 | 未知 | 华菱津杉（湖南）创业投资有限公司 | 2017/07/11 | 2011/01/04 |
| 22 | 长沙高新技术创业投资管理有限公司 | 长沙市湘江大道 101 号汇源大厦 5F | 73188286868 | 长沙高新技术创业投资管理有限公司 | 2017/07/11 | 2000/09/09 |
| 23 | 基金自我管理 | 未知 | 未知 | 华菱津杉（湖南）信息产业创业投资基金企业（有限合伙） | 2017/07/11 | 2010/12/09 |
| 24 | 湖南博云投资管理有限公司 | 湖南省长沙市岳麓区雷锋大道 346 号博云新材创湖南省长沙市岳麓区雷锋大道 346 号博云新材创 346 号博云新材创新工业园 209 | 88122755 | 湖南新材料产业创业投资基金企业（有限合伙） | 2017/07/11 | 2011/05/10 |
| 25 | 三泽创业投资管理有限公司 | 长沙市湘府路 198 号标志商务中心 A 栋 1324 房 | 0731–82768610 | 三泽创业投资管理有限公司 | 2017/07/11 | 2008/02/28 |

续表

| 序号 | 管理机构 | 通讯地址 | 联系电话 | 所管理创业投资企业 | 备案时间 | 设立时间 |
|---|---|---|---|---|---|---|
| 26 | 湖南华鸿景开投资管理有限公司 | 长沙市芙蓉中路二段80号顺天国际财富中心702 | 0731-88186797 | 湖南瑞景创业投资企业（有限合伙） | 2017/07/11 | 2010/11/25 |
| 27 | 基金自我管理 | 未知 | 未知 | 湖南三泽生物医药创业投资企业（有限合伙） | 2017/07/11 | 2012/07/23 |
| 28 | 基金自我管理 | 未知 | 未知 | 湖南湖大海捷津杉创业投资有限公司 | 2017/07/11 | 2011/04/29 |
| 29 | 基金自我管理 | 未知 | 未知 | 湖南富坤文化传媒投资中心（有限合伙） | 2017/07/11 | 2011/04/28 |
| 30 | 湖南浙商嘉立创业投资有限公司 | 长沙市岳麓区银杉路529号阳光丽城营销中心三楼 | 0731-85696976 | 湖南浙商嘉立创业投资有限公司 | 2017/07/11 | 2010/08/06 |
| 31 | 长沙市科技风险投资管理有限公司 | 长沙市解放西路口湘江大道101号汇源大厦5楼 | 73188286862 | 长沙市科技风险投资管理有限公司 | 2017/07/11 | 2000/05/18 |

# 附录 2.19　广东省备案创业投资机构名录

| 序号 | 管理机构 | 通讯地址 | 联系电话 | 所管理创业投资企业 | 备案时间 | 设立时间 |
|---|---|---|---|---|---|---|
| 1 | 东方汇银（广东）资本管理有限公司 | 佛山市南海区桂城南平西路13号承业大厦第九层05-08室 | 0757-81230880 | 佛山南海区东方高新创业投资合伙企业（有限合伙） | 2017/08/01 | 2011/05/27 |
| 2 | 东方汇银（广东）资本管理有限公司 | 佛山市南海区桂城南平西路13号承业大厦第九层05-08室 | 0757-81230880 | 佛山市东方禅控创业投资企业（有限合伙） | 2017/08/01 | 2011/08/23 |
| 3 | 珠海清华科技园创业投资有限公司 | 珠海唐家大学路101号力合大厦B10楼 | 0756-3612500 | 珠海清华科技园创业投资有限公司 | 2017/08/01 | 2001/07/09 |
| 4 | 广东粤财创业投资有限公司 | 广州市东风中路481号粤财大厦11楼 | 83063164 | 广东粤财创业投资有限公司 | 2017/08/01 | 1995/06/22 |
| 5 | 广东粤科创业投资管理有限公司 | 广东省广州市天河区珠江新城珠江西路17号4301房自编5号房 | 020-87682328 | 广东省科技创业投资有限公司 | 2017/08/02 | 1992/11/05 |

续表

| 序号 | 管理机构 | 通讯地址 | 联系电话 | 所管理创业投资企业 | 备案时间 | 设立时间 |
|---|---|---|---|---|---|---|
| 6 | 广东通盈创业投资有限公司 | 广州市越秀区寺右新马路 111–115 号 2418 房 | 13699713469 | 广东通盈创业投资有限公司 | 2017/08/02 | 2007/06/11 |
| 7 | 广东省粤科金融集团有限公司 | 广州市天河区珠江西路广晟国际大厦 45 楼 | 020–38206231 | 广东省粤科金融集团有限公司 | 2017/08/02 | 2000/09/21 |
| 8 | 佛山市科技风险投资有限公司 | 佛山市禅城区华宝南路 13 号创新创业火炬园 B 座二楼 | 13823416279 | 佛山市科技风险投资有限公司 | 2017/08/02 | 2010/09/10 |
| 9 | 广东红土创业投资管理有限公司 | 广州市天河区天河北路 233 号中信广场 6803 室 | 38773139–216 | 广东红土创业投资有限公司 | 2017/08/02 | 2012/03/27 |
| 10 | 广东德运创业投资有限公司 | 佛山市顺德区容桂街道容里建丰路 7 号（首层三室）（公司住所仅供办公用途） | 15919014278 | 广东德运创业投资有限公司 | 2017/08/02 | 2013/05/03 |
| 11 | 佛山市红土创新创业产业引导基金投资管理有限公司 | 佛山市禅城区季华五路 18 号十六层 B 室 | 18565293916 | 佛山市创新创业产业引导基金投资有限公司 | 2017/08/03 | 2015/12/24 |
| 12 | 广东粤科创业投资管理有限公司 | 广东省广州市天河区珠江新城珠江西路 17 号 4301 房自编 5 号房 | 020–87682328 | 广东粤科钜华创业投资有限公司 | 2017/08/03 | 2010/10/11 |
| 13 | 广东粤科创业投资管理有限公司 | 广东省广州市天河区珠江新城珠江西路 17 号 4301 房自编 5 号房 | 020–87682328 | 广东粤科惠华电子信息产业创业投资有限公司 | 2017/08/03 | 2013/12/20 |
| 14 | 江门市科创润华投资管理有限公司 | 江门市篁庄大道西 10 号 7 幢 2–515 | 0750–3882729 | 广东粤科润华创业投资有限公司 | 2017/08/03 | 2012/10/18 |
| 15 | 佛山市科海创业投资有限公司 | 佛山市南海区狮山镇南海软件科技园崇贤楼 A201–1 | 0757–86683130 | 佛山市科海创业投资有限公司 | 2017/08/04 | 2002/05/15 |
| 16 | 珠海市锐盛创业投资企业（有限合伙） | 珠海市横琴新区宝华路 6 号 105 室 –10761 | 13380092290 | 珠海市锐盛创业投资企业（有限合伙） | 2017/08/04 | 2015/12/17 |
| 17 | 广东博源创业投资有限公司 | 东莞松山湖高新技术产业开发区创新科技园 12 号楼 4 楼 413A 室 | 76923022118 | 广东博源创业投资有限公司 | 2017/08/04 | 2009/09/24 |
| 18 | 广东南方星辰创业投资有限公司 | 广州市越秀区广州大道中 289 号 | 020–87329436 | 广东南方星辰创业投资有限公司 | 2017/08/04 | 2009/05/26 |

续表

| 序号 | 管理机构 | 通讯地址 | 联系电话 | 所管理创业投资企业 | 备案时间 | 设立时间 |
|---|---|---|---|---|---|---|
| 19 | 广东中科招商创业投资管理有限责任公司 | 广东省广州市天河区珠江新城珠江西路5号广州国际金融中心西塔21层 | 15920357683 | 中山中科创业投资有限公司 | 2017/08/04 | 2010/10/26 |
| 20 | 东莞市博源凯德创业投资合伙企业（有限合伙） | 东莞松山湖高新技术产业开发区创新科技园12号楼4楼413E室 | 76923022118 | 东莞市博源凯德创业投资合伙企业（有限合伙） | 2017/08/04 | 2011/01/24 |
| 21 | 广东广弘创业投资有限公司 | 广州市天河区广州大道北680号广弘大院自编1栋办公楼215房 | 020−87638233 | 广东广弘创业投资有限公司 | 2017/08/04 | 2011/10/11 |
| 22 | 广东粤科风险投资管理有限公司 | 广州市珠江西路17号广晟国际大厦43楼 | 020−87686355 | 广东省科技风险投资有限公司 | 2017/08/07 | 1998/01/08 |
| 23 | 东莞市东实投资管理有限公司 | 东莞市莞城区汇峰路1号汇峰中心A区10楼 | 0769−28820249 | 东莞市东实创业投资有限公司 | 2017/08/09 | 2014/12/05 |
| 24 | 广东恒健创业投资有限公司 | 广州市越秀区天河路45号17楼 | 13822220084 | 广东恒健创业投资有限公司 | 2017/08/09 | 2011/04/12 |
| 25 | 广东粤科风险投资管理有限公司 | 广州市珠江西路17号广晟国际大厦43楼 | 020−87686355 | 广东粤科天使一号创业投资有限公司 | 2017/08/09 | 2013/12/09 |
| 26 | 东莞市融易分享创业投资管理有限公司 | 东莞市松山湖科技产业园区创意生活城D222号商铺 | 13686691670 | 广东融易创业投资有限公司 | 2017/08/14 | 2011/02/14 |
| 27 | 惠州市TCL恺创企业管理有限公司 | 深圳市南山区高新南一路TCL大厦B座18楼 | 18688979795 | 惠州市恺创创业投资合伙企业（有限合伙） | 2017/08/14 | 2010/08/05 |
| 28 | 广州至尚股权投资中心（普通合伙） | 广州高新技术产业开发区科学城科学大道191号商业广场A1栋503单元 | 13926014168 | 广州至善创业投资合伙企业（有限合伙） | 2013/05/10 | 2011/02/24 |
| 29 | 广东合银创业投资有限公司 | 广州天河区珠江东路11号F1302单元 | 2083983568 | 广东合银创业投资有限公司 | 2015/05/28 | 2010/06/27 |
| 30 | 广州凯得科技创业投资有限公司 | 广州科学城科学大道237号A2座10楼 | 020−82116611 | 广州凯得科技创业投资有限公司 | 2016/05/30 | 2008/11/06 |
| 31 | 广东盛世润都股权投资管理有限公司 | 广州市天河区珠江西路5号国际金融中心23楼 | 13602455998 | 广东财富润都创业投资合伙企业（有限合伙） | 2016/06/17 | 2012/01/11 |

续表

| 序号 | 管理机构 | 通讯地址 | 联系电话 | 所管理创业投资企业 | 备案时间 | 设立时间 |
|---|---|---|---|---|---|---|
| 32 | 广东盛世润都股权投资管理有限公司 | 广州市天河区珠江西路 5 号国际金融中心 23 楼 | 13602455998 | 广东卓越润都创业投资合伙企业（有限合伙） | 2016/06/20 | 2011/11/16 |
| 33 | 广州海汇投资管理有限公司 | 广州科学城科学大道 191 号科学城商业广场 A1 栋 1002 室 | 32210188 | 广州海汇财富创业投资企业（有限合伙） | 2017/05/05 | 2010/12/06 |
| 34 | 广州海汇成长创业投资中心（有限合伙） | 广州科学城科学大道 191 号科学城商业广场 A1 栋 10 楼 1001 室 | 32210188 | 广州海汇成长创业投资中心（有限合伙） | 2017/05/08 | 2008/08/12 |
| 35 | 广州支点创业投资有限公司 | 广州市萝岗区科学城科林路 9 号 | 020-62879398 | 广州支点创业投资有限公司 | 2017/05/11 | 2011/07/13 |
| 36 | 广州廷博创业投资有限公司 | 广州科学城科丰路 31 号华南新材料创新园 G1 栋 1001 号 | 020-61993666 | 广州廷博创业投资有限公司 | 2017/05/18 | 2010/08/03 |
| 37 | 广州天使投资有限公司 | 广州市高新技术产业开发区科学城科学大道 241 号总部经济区 A4 栋第 13 层 | 13809879690 | 广州天使投资有限公司 | 2017/05/23 | 2014/02/13 |
| 38 | 广东中大科技创业投资管理有限公司 | 广州海珠区新港西路 135 号中大科技园 13A12 | 2084113537 | 广东中大一号投资有限合伙企业（有限合伙） | 2017/05/23 | 2010/08/26 |
| 39 | 广东中大科技创业投资管理有限公司 | 广州海珠区新港西路 135 号中大科技园 13A12 | 2084113537 | 广东中大科技创业投资管理有限公司 | 2017/05/23 | 2010/02/09 |
| 40 | 广华创业投资有限公司 | 广州市黄埔区开源大道 11 号 B10 栋 | 13500029295 | 广华创业投资有限公司 | 2017/05/24 | 2016/03/03 |
| 41 | 广州金发科技创业投资有限公司 | 广州市高新技术产业开发区科学城科丰路 33 号 A1 栋 101 房 | 66221800 | 广州金发科技创业投资有限公司 | 2017/05/24 | 2009/10/13 |
| 42 | 深圳市创新投资集团有限公司 | 深圳市福田区深南大道 4009 号投资大厦 11 层 B 区 | 0755-82912888 | 广州红土科信创业投资有限公司 | 2017/05/24 | 2011/07/06 |
| 43 | 广州市达安医疗健康产业创业投资基金（有限合伙） | 广州市高新技术产业开发区香山路 19 号 103 房 | 13826403216 | 广州市达安医疗健康产业创业投资基金（有限合伙） | 2017/05/24 | 2015/10/28 |
| 44 | 广州科技金融创新投资控股有限公司 | 广州市珠江西路 5 号广州国际金融中心 59 层 | 15802022420 | 广州科技金融创新投资控股有限公司 | 2017/05/24 | 1999/11/25 |
| 45 | 广州诚信创业投资有限公司 | 广州市科学城科丰路 31 号华南新；材料创新园 G1 栋 10 楼 | 13533389343 | 广州诚信创业投资有限公司 | 2017/05/24 | 2006/10/18 |

续表

| 序号 | 管理机构 | 通讯地址 | 联系电话 | 所管理创业投资企业 | 备案时间 | 设立时间 |
|---|---|---|---|---|---|---|
| 46 | 广州市达安基因科技有限公司 | 广州市萝岗区香山路 19 号 | 32290789-228 | 广州市达安基因科技有限公司 | 2017/05/24 | 2009/05/06 |
| 47 | 广州启诚创业投资管理有限公司 | 广州市番禺区洛浦街沙溪迎宾路 111 号 5 楼 | 15823880547 | 广东启程青年创业投资合伙企业（有限合伙） | 2017/05/25 | 2013/11/15 |
| 48 | 广州富鑫创业投资有限公司 | 广州科学城神舟路 885 号 A-502 | 13926073367 | 广州富鑫创业投资有限公司 | 2017/05/25 | 2007/01/17 |
| 49 | 广东粤科风险投资管理有限公司 | 广州市珠江西路 17 号广晟国际大厦 43 楼 | 020-87686355 | 广东粤科白云新材料创业投资有限公司 | 2017/05/31 | 2014/12/16 |
| 50 | 广州科技创业投资有限公司 | 广州市黄埔区科学城科学大道 241 号 A4 栋 14 层 1403 号 | 82515575 | 广州科技创业投资有限公司 | 2017/05/31 | 2002/04/16 |
| 51 | 广东中科招商创业投资管理有限责任公司 | 广东省 广州市 天河区珠江新城珠江西路 5 号广州国际金融中心西塔 21 层 | 15920357683 | 广东中科白云创业投资有限公司 | 2017/06/05 | 2009/08/18 |
| 52 | 广州越秀产业投资基金管理股份有限公司 | 广州天河珠江西路 5 号西塔 63 楼 | 18613199918 | 广州越秀生物产业创业投资基金合伙企业（有限合伙） | 2017/06/06 | 2014/04/24 |
| 53 | 广东富成创业投资有限公司 | 广州高新技术产业开发区科学城科汇发展中心 A-5 栋 301 房 02 单元 | 15815682248 | 广东富成创业投资有限公司 | 2017/06/09 | 2010/02/26 |
| 54 | 广州司浦林信息产业创业投资企业 | 广州市天河区黄埔大道西 100 号富力盈泰 B 座 13A04 | 13902262035 | 广州司浦林信息产业创业投资企业 | 2017/06/20 | 2012/07/25 |
| 55 | 深圳市滨基创业投资有限公司 | 深圳市福田区上步中路深勘大厦 11A | 83674939 | 深圳市滨基创业投资有限公司 | 2013/05/10 | 2011/03/16 |
| 56 | 深圳力合华清创业投资有限公司 | 深圳市南山区高新区南区深圳清华大学研究院大楼 C419 室 | 0755-26551458<br>13316882115 | 深圳力合华清创业投资有限公司 | 2013/05/30 | 2009/09/15 |
| 57 | 深圳市东方富海壹号创业投资企业（有限合伙） | 深圳市福田区天安数码城时代大厦主楼 2602-4 | 83476163 | 深圳市东方富海壹号创业投资企业（有限合伙） | 2013/05/31 | 2009/08/05 |
| 58 | 深圳长易资产管理有限公司 | 深圳市福田区卓越时代广场 3106B-3107 | 82775990 | 深圳长易资产管理有限公司 | 2013/10/08 | 2010/08/13 |

续表

| 序号 | 管理机构 | 通讯地址 | 联系电话 | 所管理创业投资企业 | 备案时间 | 设立时间 |
|---|---|---|---|---|---|---|
| 59 | 深圳市达晨财富创业投资企业（有限合伙） | 深圳特区报业大厦 2301 | 83515046 | 深圳市达晨财富创业投资企业（有限合伙） | 2014/05/20 | 2008/05/29 |
| 60 | 深圳市富海银涛投资管理合伙企业（有限合伙） | 深圳市福田区上梅林八号路鼎业大楼 0911 | 0755–82588181 | 深圳市富海银涛创业投资有限公司 | 2014/05/28 | 2007/10/12 |
| 61 | 基金自我管理 | 未知 | 未知 | 深圳中科汇富创业投资基金合伙企业（有限合伙） | 2014/05/29 | 2010/12/14 |
| 62 | 深圳市同创伟业创业投资有限公司 | 深圳市福田区益田路与福华三路交汇处深圳国际商会中心 2703A | 0755–82877047 | 深圳市同创伟业创业投资有限公司 | 2014/05/29 | 2000/06/26 |
| 63 | 深圳市东方富海创业投资企业（有限合伙） | 深圳市福田区深南西路天安数码时代大厦主楼 2602–2 | 83476163 | 深圳市东方富海创业投资企业（有限合伙） | 2014/06/20 | 2007/11/08 |
| 64 | 深圳市中科宏易创业投资有限公司 | 深圳市福田区深南西路侨福大厦 2707(仅限办公) | 82931460 | 深圳市中科宏易创业投资有限公司 | 2014/08/14 | 2007/03/20 |
| 65 | 深圳市卓越创业投资有限责任公司 | 深圳市福田区福华三路卓越世纪中心 1 号楼 1805 室 | 0755–82794061 | 深圳市卓越创业投资有限责任公司 | 2015/05/15 | 2011/03/16 |
| 66 | 深圳清源创业投资管理合伙企业（有限合伙） | 深圳市南山区科技园深圳清华大学研究院 A307 | 0755–26711778 | 深圳清源创业投资管理合伙企业（有限合伙） | 2015/05/25 | 2011/12/15 |
| 67 | 深圳市中金石创业投资有限公司 | 深圳市福田区新洲路东深圳国际商会大厦 1821A | 82876374 | 深圳市中金石创业投资有限公司 | 2015/05/26 | 2009/09/18 |
| 68 | 深圳市瑞合鑫业创业投资有限公司 | 深圳市福田区竹子林求是大厦西 2108 | 88316001 | 深圳市瑞合鑫业创业投资有限公司 | 2015/05/29 | 2007/07/10 |
| 69 | 深圳中科汇商创业投资有限公司 | 深圳市福田区深南大道 4009 号投资大厦 13 层 D2 区 | 82913284 | 深圳中科汇商创业投资有限公司 | 2015/06/04 | 2007/10/31 |
| 70 | 深圳市领航成长创业投资有限公司 | 深圳市福田区深南中路 1099 号平安银行大厦 20C | 13925019881 | 深圳市领航成长创业投资有限公司 | 2015/06/24 | 2011/01/30 |
| 71 | 深圳市鹏德创业投资有限公司 | 深圳市宝安区观澜街道上坑社区高新科技园宝德研发中心 4 楼 410 室 | 18503068945 | 深圳市鹏德创业投资有限公司 | 2015/09/11 | 2010/07/19 |

续表

| 序号 | 管理机构 | 通讯地址 | 联系电话 | 所管理创业投资企业 | 备案时间 | 设立时间 |
|---|---|---|---|---|---|---|
| 72 | 深圳市卓佳汇智创业投资有限公司 | 深圳市福田区深圳中心商务大厦 2209 室 | 82032663-8067 | 深圳市卓佳汇智创业投资有限公司 | 2016/04/14 | 2006/09/25 |
| 73 | 深圳市倚锋创业投资有限公司 | 深圳市福田区福中三路诺德金融中心主楼 10B 单元 | 75588302078 | 深圳市倚锋创业投资有限公司 | 2016/05/10 | 2007/08/22 |
| 74 | 基金自我管理 | 未知 | 未知 | 深圳硅谷天堂阳光创业投资有限公司 | 2016/05/17 | 2009/06/02 |
| 75 | 深圳新力世纪创业投资有限公司 | 深圳市福田区深南中路 2018 号兴华大厦东栋十层 1031 室 | 75582877810 | 深圳新力世纪创业投资有限公司 | 2016/07/25 | 2009/06/29 |
| 76 | 中科招商投资管理集团股份有限公司 | 深圳市福田中心区深南大道 4009 号投资大厦 13 层 D2-1 区 | 75582913284 | 中科招商投资管理集团股份有限公司 | 2016/07/25 | 2000/12/04 |
| 77 | 深圳市汇博成长创业投资有限公司 | 深圳市学府路与科园路交汇处软件产业基地 2 栋 C 座 15 楼 | 13267154376 | 深圳市汇博成长创业投资有限公司 | 2016/07/25 | 2012/06/26 |
| 78 | 力合科创集团有限公司 | 深圳市高新科技园北区清华信息港科研楼 1001 | 26711642 | 力合科创集团有限公司 | 2016/07/25 | 1999/08/31 |
| 79 | 深圳市远望谷创业投资有限公司 | 深圳市南山区高新技术产业园南区 T2-B | 0755-26711735 | 深圳市远望谷创业投资有限公司 | 2016/07/25 | 2008/05/09 |
| 80 | 深圳市创新投资集团有限公司 | 深圳市福田区深南大道 4009 号投资大厦 11 层 B 区 | 0755-82912888 | 深圳市创新投资集团有限公司 | 2016/07/25 | 1999/08/25 |
| 81 | 深圳清研创业投资有限公司 | 深圳市南山区科技园南区深圳清华研究院大楼 | 26551419 | 深圳清研创业投资有限公司 | 2016/07/25 | 2004/09/28 |
| 82 | 深圳市龙岗创新投资有限公司 | 深圳市笋岗东路 1002 号宝安广场 C 座 17 楼龙岗创投 | 13724319013 | 深圳市龙岗创新投资有限公司 | 2016/07/25 | 2008/06/12 |
| 83 | 深圳市深港产学研科技发展有限公司 | 深圳高新区南区深港产学研基地大楼 | 75533631902 | 深圳市深港产学研科技发展有限公司 | 2016/07/25 | 2001/04/06 |
| 84 | 深圳市融元创业投资有限责任公司 | 深圳市南山区海德三道天利中央商务广场 A 座 15 楼 | 86332999-825 | 深圳市融元创业投资有限责任公司 | 2016/07/25 | 2004/04/07 |
| 85 | 深圳力合新能源创业投资基金有限公司 | 深圳市南山区高新区南区深圳清华大学研究院大楼 B 区 305 室 | 0755 26551901 | 深圳力合新能源创业投资基金有限公司 | 2016/07/25 | 2012/03/05 |

续表

| 序号 | 管理机构 | 通讯地址 | 联系电话 | 所管理创业投资企业 | 备案时间 | 设立时间 |
|---|---|---|---|---|---|---|
| 86 | 国信弘盛创业投资有限公司 | 深圳市罗湖区红岭中路1010号国际信托大厦1608室 | 82775995 | 国信弘盛创业投资有限公司 | 2016/07/26 | 2008/08/08 |
| 87 | 深圳市大雄风创业投资有限公司 | 深圳市福田区皇岗路与深南中路交界东北田面城市大厦19F | 0755-33356948 | 深圳市大雄风创业投资有限公司 | 2016/07/27 | 2009/08/06 |
| 88 | 深圳市中科招商创业投资有限公司 | 深圳市福田区深南大道4009号投资大厦13层C1区 | 75582913284 | 深圳市中科招商创业投资有限公司 | 2016/07/28 | 2001/06/22 |
| 89 | 深圳市点石创业投资合伙企业（有限合伙） | 深圳市龙华新区清祥路1号宝能科技园9栋C座20楼K单元 | 0755-86627779 | 深圳市点石创业投资合伙企业（有限合伙） | 2016/07/28 | 2010/02/10 |
| 90 | 深圳市同威创业投资有限公司 | 深圳市南山区华侨城汉唐大厦1104室 | 0755-26935226 | 深圳市同威创业投资有限公司 | 2016/07/29 | 2008/03/02 |
| 91 | 深圳市创新资本投资有限公司 | 深圳市福田区深南大道4009号投资大厦11层C1区 | 82912727 | 深圳市创新资本投资有限公司 | 2016/08/01 | 2001/05/10 |
| 92 | 深圳市中科远东创业投资有限公司 | 深圳市福田区深南大道4009号投资大厦13楼C2-2 | 82913284 | 深圳市中科远东创业投资有限公司 | 2016/08/01 | 2005/01/18 |
| 93 | 深圳创富成长创业投资有限公司 | 深圳市松坪山新西路11号东座三楼 | 13612828889 | 深圳创富成长创业投资有限公司 | 2016/08/03 | 2009/05/22 |
| 94 | 深圳市量科创业投资有限公司 | 深圳市罗湖区中兴路外贸集团大厦2102室 | 13902471706 | 深圳市量科创业投资有限公司 | 2016/08/04 | 2000/12/25 |
| 95 | 深圳市创新投资集团有限公司 | 深圳市福田区深南大道4009号投资大厦11层B区 | 0755-82912888 | 深圳市福田创新资本创业投资有限公司 | 2016/08/08 | 2008/05/27 |
| 96 | 深圳市佳利泰创业投资有限公司 | 深圳市南山区蛇口沿山路以西、工业六路以北佳利泰大厦三楼D单元 | 25312076 | 深圳市佳利泰创业投资有限公司 | 2016/08/08 | 2009/07/20 |
| 97 | 深圳市华信创业投资有限公司 | 深圳市南山区南海大道山东大厦主楼0436 | 13537541033 | 深圳市华信创业投资有限公司 | 2016/08/11 | 2011/05/19 |
| 98 | 深圳市经典创业投资有限公司 | 深圳市福田区车公庙江西世纪豪庭32C | 82562269 | 深圳市经典创业投资有限公司 | 2016/08/19 | 2008/07/14 |
| 99 | 深圳国金凯撒创业投资企业（有限合伙） | 深圳市南山区华侨创意文化园北区A3栋东201 | 18682066689 | 深圳国金凯撒创业投资企业（有限合伙） | 2017/02/17 | 2014/04/26 |

续表

| 序号 | 管理机构 | 通讯地址 | 联系电话 | 所管理创业投资企业 | 备案时间 | 设立时间 |
|---|---|---|---|---|---|---|
| 100 | 深圳市远致创业投资有限公司 | 深圳市福田区深南大道 4009 号投资大厦 16 楼 1614 深圳市福田区深南大道 4009 号投资大厦深圳市福田区深南大道 4009 号投资大厦 16 楼 1614 | 0755-83883696 | 深圳市远致创业投资有限公司 | 2017/05/18 | 2015/06/12 |
| 101 | 鲁证创业投资有限公司 | 深圳市福田区中心区中心广场香港中旅大厦第八 01B.03 | 18664917607 | 鲁证创业投资有限公司 | 2017/05/26 | 2010/05/21 |
| 102 | 盈富泰克创业投资有限公司 | 深圳市福田区滨河路联合广场 B 座 1701 室 | 82966478 | 盈富泰克创业投资有限公司 | 2017/05/26 | 2000/04/20 |
| 103 | 深圳力合创赢股权投资基金合伙企业（有限合伙） | 深圳市南山区高新技术产业园南区深圳清华大学研究院 B307 | 26957229 | 深圳力合创赢股权投资基金合伙企业（有限合伙） | 2017/05/26 | 2011/02/23 |
| 104 | 深圳鹏德创业投资有限公司 | 深圳市南山区科技园高新南四道 W1-B 栋 4 楼 | 0755-26733797 | 深圳鹏德创业投资有限公司 | 2017/05/26 | 2010/07/19 |
| 105 | 深圳市贝石创业投资有限公司 | 深圳市福田区福华一路国际商会大厦 A1822 | 82876367 | 深圳市贝石创业投资有限公司 | 2017/05/26 | 2008/03/05 |
| 106 | 深圳市博叡创业投资有限公司 | 深圳市福田区车公庙天祥大厦 CD 座 2C2-3 | 0755-83669873 | 深圳市博叡创业投资有限公司 | 2017/05/26 | 2010/03/18 |
| 107 | 深圳市创东方投资有限公司 | 深圳市福田区竹子林求是大厦西座 29 楼 | 0755-83189608 | 深圳市创东方投资有限公司 | 2017/05/26 | 2007/08/21 |
| 108 | 深圳国成世纪创业投资有限公司 | 深圳市福田区福中三路 1006 号诺德金融中心 13E-1 | 83733767 | 深圳国成世纪创业投资有限公司 | 2017/05/26 | 2003/04/16 |
| 109 | 深圳市中洲创业投资有限公司 | 深圳市福田区福田街道金田路 3088 号中洲大厦 36 楼 | 0755-25941733 | 深圳市中洲创业投资有限公司 | 2017/05/26 | 2010/01/25 |
| 110 | 深圳市阳和生物医药产业投资有限公司 | 广州市天河区兴民路 222 号天盈广场 C1 栋 806 室 | 020-38617663 | 深圳市阳和生物医药产业投资有限公司 | 2017/05/26 | 2013/01/25 |
| 111 | 深圳市深港产学研创业投资有限公司 | 深圳市福田区深南大道 1006 号国际创新中心 C 座 16 层 | 0755-83290531 | 深圳市深港产学研创业投资有限公司 | 2017/05/26 | 1996/09/04 |
| 112 | 深圳市南山创业投资有限公司 | 深圳市南山区高新南一道 008 号创维大厦 A 座 17 楼 | 13682590959 | 深圳市南山创业投资有限公司 | 2017/05/26 | 2013/07/23 |

续表

| 序号 | 管理机构 | 通讯地址 | 联系电话 | 所管理创业投资企业 | 备案时间 | 设立时间 |
|---|---|---|---|---|---|---|
| 113 | 深圳市康沃资本创业投资有限公司 | 深圳市福田区中心区中心广场旁香港中旅大厦第19A3 | 0755-82912860-802 | 深圳市康沃资本创业投资有限公司 | 2017/05/26 | 2007/04/23 |
| 114 | 深圳市汉迪创业投资有限公司 | 深圳市南山区学府路与白石路交汇处芒果网大厦5楼A001 | 13922816181 | 深圳市汉迪创业投资有限公司 | 2017/05/26 | 2009/07/30 |
| 115 | 深圳市富坤创业投资集团有限公司 | 深圳市南山区白石路东8号蓝楹国际商务中心6-2 | 75588311638 | 深圳市富坤创业投资集团有限公司 | 2017/06/06 | 2008/04/11 |
| 116 | 深圳市德同富坤创业投资合伙企业（有限合伙） | 白石路东8号欢乐海岸蓝楹国际商务中心6楼6-3 | 0755-88311638(8062) | 深圳市德同富坤创业投资合伙企业（有限合伙） | 2017/06/06 | 2010/10/22 |
| 117 | 深圳市达晨财智创业投资管理有限公司 | 深圳市福田区深南大道特区报业大厦2303 | 83515108 | 深圳市达晨财智创业投资管理有限公司 | 2017/06/13 | 2008/12/15 |
| 118 | 深圳市招商局科技投资有限公司 | 深圳市南山区蛇口南海大道1077号北科创业大厦5楼 | 0755-26888619 | 深圳市招商局科技投资有限公司 | 2017/06/13 | 1995/12/20 |
| 119 | 深圳市达晨财智创业投资管理有限公司 | 深圳市福田区深南大道特区报业大厦2303 | 83515108 | 深圳市达晨创丰股权投资企业（有限合伙） | 2017/06/13 | 2013/03/20 |
| 120 | 深圳市达晨创业投资有限公司 | 深圳市福田区特区报业大厦东区23楼 | 83515108 | 深圳市达晨创业投资有限公司 | 2017/06/13 | 2000/04/19 |
| 121 | 深圳市智和资本创业投资有限公司 | 深圳市南山区海德三道天利中央广场C座2205室 | 0755-86595155 | 深圳市智和资本创业投资有限公司 | 2017/06/15 | 2010/05/14 |
| 122 | 深圳市天图创业投资有限公司 | 深圳市南山区侨香路智慧广场B栋24-2 | 0755-36909850 | 深圳市天图创业投资有限公司 | 2017/06/16 | 2002/04/11 |
| 123 | 深圳市天图创业投资有限公司 | 深圳市南山区侨香路智慧广场B栋24-2 | 0755-36909850 | 深圳市天图兴瑞创业投资有限公司 | 2017/06/16 | 2009/07/16 |
| 124 | 深圳市中科孵化创业投资有限公司 | 深圳市南山区粤海街道高新南一道中国科技开发院孵化大楼921室 | 0755-86671495 | 深圳市中科孵化创业投资有限公司 | 2017/06/20 | 2000/12/25 |
| 125 | 深圳市国成科技投资有限公司 | 深圳市福田区上梅林卓越城A1001 | 83515450 | 深圳市国成科技投资有限公司 | 2017/06/27 | 1997/09/08 |

续表

| 序号 | 管理机构 | 通讯地址 | 联系电话 | 所管理创业投资企业 | 备案时间 | 设立时间 |
|---|---|---|---|---|---|---|
| 126 | 深圳市高新投创业投资有限公司 | 深圳市福田区时代科技大厦2209房 | 82857716 | 深圳市高新投创业投资有限公司 | 2017/06/27 | 2010/06/29 |
| 127 | 深圳市海富通创业投资有限公司 | 深圳市南山区海天二路创业投资大厦25楼02-03室 | 0755-82931272 | 深圳市海富通创业投资有限公司 | 2017/06/30 | 2006/07/21 |
| 128 | 深圳市正轩投资有限公司 | 深圳市福田区益田路6001号太平金融大厦1305-2 | 18926401227 | 深圳市正轩投资有限公司 | 2017/06/30 | 2003/06/05 |
| 129 | 深圳市正轩创业投资有限公司 | 广东省深圳市福田区益田路6001号太平金融大厦1305 | 18926401227 | 深圳市正轩创业投资有限公司 | 2017/06/30 | 2004/10/21 |

## 附录 2.20　广西壮族自治区备案创业投资机构名录

| 序号 | 管理机构 | 通讯地址 | 联系电话 | 所管理创业投资企业 | 备案时间 | 设立时间 |
|---|---|---|---|---|---|---|
| 1 | 天津海达创业投资管理有限公司 | 天津经济技术开发区第四大街5号生物研发大厦A座6层 | 022-62002048 | 广西海东科技创业投资有限公司 | 2011/07/27 | 2010/04/14 |
| 2 | 柳州开元创业投资有限公司 | 柳州市高新一路15号信息产业园A栋5楼A5-26 | 15994359936 | 柳州开元创业投资有限公司 | 2013/06/06 | 2011/12/19 |
| 3 | 广西中小企业创业投资有限公司 | 广西南宁市金浦路22号名都苑1号商住楼12楼 | 0771-5732653 | 广西中小企业创业投资有限公司 | 2017/06/23 | 2009/08/12 |

## 附录 2.21 海南省备案创业投资机构名录

| 序号 | 管理机构 | 通讯地址 | 联系电话 | 所管理创业投资企业 | 备案时间 | 设立时间 |
|---|---|---|---|---|---|---|
| 1 | 海南油沈能源投资有限公司 | 洋浦开发区盐田路 8 号政务服务中心大楼东区 1-1-206 | 89866590596 | 海南油沈能源投资有限公司 | 2017/05/27 | 2011/05/10 |
| 2 | 基金自我管理 | 未知 | 未知 | 海南信息产业创业投资基金（有限合伙） | 2017/08/21 | 2011/11/21 |

## 附录 2.22 重庆市备案创业投资机构名录

| 序号 | 管理机构 | 通讯地址 | 联系电话 | 所管理创业投资企业 | 备案时间 | 设立时间 |
|---|---|---|---|---|---|---|
| 1 | 重庆星光投资有限公司 | 重庆市渝中区青年路 38 号国贸大厦 23F6-11 | 63106222 | 重庆星光投资有限公司 | 2014/05/29 | 2007/11/14 |
| 2 | 重庆华犇创业投资管理有限公司 | 重庆市江北区建新南路 1 号中信大厦 8-9-2 | 13657673800 | 重庆华犇电子信息创业投资中心（有限合伙） | 2014/06/03 | 2010/11/16 |
| 3 | 基金自我管理 | 未知 | 未知 | 重庆三屋领秀创业投资有限公司 | 2014/06/09 | 2011/11/22 |
| 4 | 重庆深渝创新投资管理有限公司 | 重庆市沙坪坝区西永大道 28-2 号 | 023-88609961 | 重庆西永创新投资有限公司 | 2017/05/25 | 2007/07/23 |
| 5 | 重庆富坤创业投资中心（有限合伙） | 重庆市北部新区星光大道 62 号（海王星科技大厦 C 区 2 楼 1-1 号） | 023-88280250 | 重庆富坤创业投资中心（有限合伙） | 2017/05/27 | 2009/09/22 |
| 6 | 重庆高新创业投资有限公司 | 重庆市渝北区星光大道 1 号星光大厦 B 座两江产业集团 | 2367323075 | 重庆高新创业投资有限公司 | 2017/05/31 | 2007/08/03 |
| 7 | 重庆高技术创业中心 | 重庆北部新区黄山大道中段杨柳路 2 号 | 67300612 | 重庆高技术创业中心 | 2017/06/08 | 2002/03/25 |
| 8 | 重庆德同投资管理有限公司 | 重庆市北部新区星光大道 62 号海王星科技大厦 C 重庆市北部新区星光大道 62 号海王星科技大厦 C 区 2 楼 | 13996011135 | 重庆德同创业投资中心（有限合伙） | 2017/06/13 | 2010/04/01 |
| 9 | 基金自我管理 | 未知 | 未知 | 重庆软银创业投资中心（有限合伙） | 2017/06/15 | 2008/11/26 |

续表

| 序号 | 管理机构 | 通讯地址 | 联系电话 | 所管理创业投资企业 | 备案时间 | 设立时间 |
|---|---|---|---|---|---|---|
| 10 | 重庆科技风险投资有限公司 | 重庆市渝北区新溉大道 2 号重庆科技大厦七楼 | 023−67516829 | 重庆科技风险投资有限公司 | 2017/08/10 | 1993/01/19 |
| 11 | 重庆科技风险投资有限公司 | 重庆市渝北区新溉大道 2 号重庆科技大厦七楼 | 023−67516829 | 重庆天使科技创业投资有限公司 | 2017/08/10 | 2010/01/25 |
| 12 | 重庆科兴乾建创业投资有限公司 | 重庆市渝北区新溉大道 2 号重庆科技大厦 7 楼 | 67516829 | 重庆科兴乾建创业投资有限公司 | 2017/09/11 | 2011/11/18 |
| 13 | 重庆高新创业投资有限公司 | 重庆市渝北区星光大道 1 号星光大厦 B 座两江产业集团 | 2367323075 | 重庆开创高新技术创业投资有限公司 | 2017/09/13 | 2005/03/25 |

## 附录 2.23　四川省备案创业投资机构名录

| 序号 | 管理机构 | 通讯地址 | 联系电话 | 所管理创业投资企业 | 备案时间 | 设立时间 |
|---|---|---|---|---|---|---|
| 1 | 内江弘信创业工场投资有限公司 | 内江市东兴区兴盛路玉都花园 B 区 11 栋 1 单元 510 号 | 13850083730 | 内江弘信创业工场投资有限公司 | 2013/06/14 | 2011/11/30 |
| 2 | 四川蜀祥创业投资有限公司 | 四川省成都市金牛区蜀跃路 9 号 | 028−87579735 | 四川蜀祥创业投资有限公司 | 2013/06/24 | 2009/04/03 |
| 3 | 四川鸿鑫创业投资有限公司 | 四川广汉经济开发区四川汉舟电气有限公司 | 13981093088 | 四川鸿鑫创业投资有限公司 | 2015/10/10 | 2008/04/02 |
| 4 | 绵阳久盛科技创业投资有限公司 | 绵阳市临园路西段 78 号 | 0816−2324231 | 绵阳久盛科技创业投资有限公司 | 2017/06/01 | 2004/03/05 |
| 5 | 攀枝花市金源创业投资有限公司 | 四川省攀枝花市东区机场路 93 号 | 0812−3373896 | 攀枝花市金源创业投资有限公司 | 2017/06/01 | 2008/08/15 |
| 6 | 广元市广发创业投资有限公司 | 四川省广元市利州区兴安路 147 号 | 0839−3289981 | 广元市广发创业投资有限公司 | 2017/06/06 | 2013/03/15 |
| 7 | 绵阳西南科技大学创业投资管理有限公司 | 四川省绵阳市涪城区青龙大道中段 59 号西南科技大学行政楼 7−21 | 13990103201 | 绵阳西南科技大学创业投资管理有限公司 | 2017/07/17 | 2008/01/23 |
| 8 | 成都泰豪晟大股权投资基金管理中心（有限合伙） | 成都市人民南路四段 45 号新希望大厦 1704 室 | 18980818608 | 成都泰豪银科创业投资中心（有限合伙） | 2014/06/06 | 2012/09/11 |

续表

| 序号 | 管理机构 | 通讯地址 | 联系电话 | 所管理创业投资企业 | 备案时间 | 设立时间 |
|---|---|---|---|---|---|---|
| 9 | 成都中铁海达股权投资基金管理有限公司 | 成都高新区天府大道北段 1480 号拉德芳斯西楼 3 层 311 号 | 18583737268 | 成都中铁高端交通装备产业创业投资合伙企业（有限合伙） | 2015/01/15 | 2014/06/06 |
| 10 | 成都光控西部创业投资有限公司 | 成都高新区天府大道北段 1480 号 13 栋 4 层 402 号 | (852)28601124 | 成都光控西部创业投资有限公司 | 2015/07/14 | 2012/10/30 |
| 11 | 成都绎达成长投资管理有限公司 | 成都市武侯区桐梓林 6 号中华园锦苑 | 028-86241018-605 | 成都国泰光华投资有限公司 | 2015/07/21 | 2010/08/16 |
| 12 | 成都创新投管理有限公司 | 成都市高新区天府大道北段 966 号 2 号楼 20222 | 85336920 | 成都红土银科创新投资有限公司 | 2015/07/24 | 2010/03/18 |
| 13 | 成都晟唐银科创业投资企业（有限合伙） | 成都市天府大道北段 966 号 2 号楼 401 室 | 028-85987150 | 成都晟唐银科创业投资企业（有限合伙） | 2016/06/08 | 2011/01/20 |
| 14 | 成都易高投资管理有限公司 | 成都市蜀金路 1 号金沙万瑞中心 B 座 1602 | 62050155 | 成都易高成长创业投资有限公司 | 2016/06/08 | 2010/09/19 |
| 15 | 东方弘泰资本投资（成都）有限公司 | 四川省成都市双流区协和街道剑南大道二段 2566 号 | 18519005806 | 东方弘泰资本投资（成都）有限公司 | 2016/06/14 | 2016/03/21 |
| 16 | 云卓资本投资（成都）有限公司 | 成都市双流区协和街道剑南大道二段 25665 号 | 18519005806 | 云卓资本投资（成都）有限公司 | 2016/06/14 | 2016/03/21 |
| 17 | 开铂（成都）创业投资管理有限公司 | 成都高新区天府大道北段 1480 号拉德方斯大厦西楼 305 室 | 028-65938828 | 开铂银科（成都）创业投资企业 | 2016/07/18 | 2010/12/06 |
| 18 | 成都天下惠创创业投资中心（有限合伙） | 成都市天府大道 1700 号环球中心 E5-1501 | 18380228307 | 成都天下惠创创业投资中心（有限合伙） | 2016/07/18 | 2014/07/22 |
| 19 | 成都成创引力投资管理企业（有限合伙） | 成都高新区锦城大道 539 号盈创动力大厦 B2 座 7 楼 | 028-85337114-833 | 成都成创汇智创业投资有限公司 | 2016/07/18 | 2009/12/16 |
| 20 | 成都创业加速器投资有限公司 | 成都市天府大道北段 1480 号拉德方斯西楼 308 | 021-62959001*228 | 成都创业加速器投资有限公司 | 2016/09/27 | 2010/08/17 |
| 21 | 四川中物创业投资有限公司 | 成都市高新区高新国际广场 D 座 808 号 | 028-85311608 | 四川中物创业投资有限公司 | 2016/09/27 | 2007/02/08 |
| 22 | 双流聚源创业投资有限公司 | 双流县东升街道白河路四段 169 号御苑风景 2 号 | 18982131110 | 双流聚源创业投资有限公司 | 2016/09/27 | 2009/10/28 |

续表

| 序号 | 管理机构 | 通讯地址 | 联系电话 | 所管理创业投资企业 | 备案时间 | 设立时间 |
|---|---|---|---|---|---|---|
| 23 | 维梧创业投资管理（成都）有限公司 | 成都高新区天府大道北段 1480 号拉德方斯西楼 405 室 | 18980629622 | 维梧（成都）生物技术创业投资有限公司 | 2016/09/27 | 2010/08/30 |
| 24 | 硅谷天堂资产管理集团股份有限公司 | 北京海淀区中关村南大街甲 12 号寰太大厦 17 层 | 13688373597 | 成都硅谷天堂通威银科创业投资有限公司 | 2016/09/27 | 2022/10/12 |
| 25 | 基金自我管理 | 未知 | 未知 | 成都招商局银科创业投资有限公司 | 2016/12/30 | 2010/12/31 |
| 26 | 成都盈创泰富股权投资基金管理有限公司 | 成都高新区天府大道北段 1480 号拉德方斯西楼 504 | 13518163537 | 成都盈创泰富创业投资合伙企业（有限合伙） | 2017/07/03 | 2015/07/15 |
| 27 | 成都盈创世纪股权投资基金管理有限公司 | 成都天府大道北段 1480 号拉德方斯西楼 503 号 | 028–65938909 | 成都盈创成长股权投资基金合伙企业（有限合伙） | 2017/07/03 | 2011/07/29 |
| 28 | 成都盈创动力投资管理有限公司 | 成都高新区天府大道北段 1480 号拉德方斯大厦西楼 504 | 028–65938907 | 成都盈创动力创业投资有限公司 | 2017/07/03 | 2010/03/18 |
| 29 | 成都银科创业投资有限公司 | 成都市高新区锦城大道 539 号盈创动力大厦 401 室 | 028–85336380 | 成都银科创业投资有限公司 | 2017/07/03 | 2009/03/18 |
| 30 | 成都亚商盈泰创业投资管理有限公司 | 成都市高新区神仙树南路 53 号（清华坊）9 号楼 | 85183430 | 成都亚商新兴创业投资有限公司 | 2017/07/03 | 2009/07/24 |
| 31 | 成都科创动力投资发展有限公司 | 成都市高新区创业路 16 号火炬大厦 B 座一楼 | 65575921 | 成都科创动力投资发展有限公司 | 2017/07/03 | 2001/06/15 |
| 32 | 成都锦秀德同投资管理合伙企业（有限合伙） | 成都高新区天府大道北段 1480 号 13 栋 1 单元 14 层 6 号 | （028）85231260 转 11 | 成都德同银科锦程创业投资合伙企业（有限合伙） | 2017/07/03 | 2013/11/29 |
| 33 | 成都技转投资有限公司 | 成都市交子大道 177 号中海国际 B 座 1101 号 | 028–62037510 | 成都技转投资有限公司 | 2017/07/03 | 2015/04/17 |
| 34 | 成都德同银科创业投资合伙企业（有限合伙） | 成都天府大道北段 1480 号拉德方斯大厦西楼 1406 号 | （028）85231260 转 11 | 成都德同银科创业投资合伙企业（有限合伙） | 2017/07/03 | 2010/03/03 |
| 35 | 成都亚商盈泰创业投资管理有限公司 | 成都市高新区神仙树南路 53 号（清华坊）9 号楼 | 85183430 | 成都亚商富易投资有限公司 | 2017/07/03 | 2010/09/01 |

续表

| 序号 | 管理机构 | 通讯地址 | 联系电话 | 所管理创业投资企业 | 备案时间 | 设立时间 |
|---|---|---|---|---|---|---|
| 36 | 基金自我管理 | 未知 | 未知 | 成都盈创德弘创业投资合伙企业（有限合伙） | 2017/07/03 | 2015/09/23 |
| 37 | 成都盈创兴科创业投资合伙企业（有限合伙） | 成都高新区锦城大道 539 号盈创动力大厦 A 座 5 楼 | 13881945152 | 成都盈创兴科创业投资合伙企业（有限合伙） | 2017/07/04 | 2014/09/26 |
| 38 | 成都高投创业投资有限公司 | 成都高新区锦城大道 539 号盈创动力大厦 A 座 5 | 85988449<br>85335111 | 成都高投创业投资有限公司 | 2017/07/04 | 2004/05/17 |
| 39 | 成都双流英飞尼迪创业投资管理有限公司 | 成都市双流区西航港街道长城路一段 2 号 | 028-67066688 | 双流英飞尼迪聚源创业投资中心（有限合伙） | 2017/07/04 | 2010/07/14 |
| 40 | 成都高特佳银科祥富投资管理有限公司 | 成都高新区天府大道北段 1480 号拉德方斯大厦大厦西楼四楼 406 | 18980790946 | 成都高特佳银科创业投资合伙企业（有限合伙） | 2017/07/05 | 2011/07/01 |
| 41 | 成都诚毅创业投资管理有限公司 | 成都市新都区静安路 469 号兴城大厦 10 楼 | 15882316534 | 成都市新申创业投资有限公司 | 2017/07/05 | 2011/08/29 |
| 42 | 成都博源海特投资管理合伙企业（有限合伙） | 成都高新区交子大道中海国际中心 E 座 | 18981908969 | 四川海特航空创业投资基金合伙企业（有限合伙） | 2017/07/10 | 2011/05/04 |
| 43 | 成都博源投资管理有限公司 | 成都高新区交子大道中海国际中心 E 座 | 2885311325 | 成都博源天鸿投资合伙企业（有限合伙） | 2017/07/10 | 2010/07/15 |
| 44 | 成都博源嘉鸿投资管理中心（有限合伙） | 成都高新区交子大道中海国际中心 E 座 | 2885311325 | 成都博源腾骧投资合伙企业（有限合伙） | 2017/07/10 | 2011/05/04 |
| 45 | 成都光控医疗健康创业投资管理有限公司 | 上海市浦东新区世纪大道 210 号二十一世纪大厦 25 楼 | 021-20890805 | 成都光控世纪医疗健康创业投资有限公司 | 2017/07/20 | 2012/10/17 |
| 46 | 成都创新风险投资有限公司 | 成都市高新区锦城大道 539 号盈创动力大厦 7 楼 | 028-85337114 | 成都创新风险投资有限公司 | 2017/07/20 | 2001/06/08 |
| 47 | 四川威比特投资有限公司 | 成都市锦江区华润路 158 号 6 幢 1503 室 | 028-86749176 | 四川威比特投资有限公司 | 2017/08/22 | 2008/03/05 |

## 附录 2.24　贵州省备案创业投资机构名录

| 序号 | 管理机构 | 通讯地址 | 联系电话 | 所管理创业投资企业 | 备案时间 | 设立时间 |
|---|---|---|---|---|---|---|
| 1 | 贵州金磐科技创业投资有限公司 | 贵州省遵义市汇川区大连路高新技术产业园区 | 0851-8696113 | 贵州金磐科技创业投资有限公司 | 2014/07/10 | 2007/12/17 |
| 2 | 贵州省科技风险投资有限公司 | 贵州省贵阳市南明区花果园大街贵阳国际中心 1 号楼 37 楼 | 0851-85806600 | 贵阳创新天使投资基金有限公司 | 2016/05/09 | 2014/03/01 |
| 3 | 佛山市顺德区合峰投资有限公司 | 贵州省凯里市经济开发区第一工业园区 | 18685587709 | 佛山市顺德区合峰投资有限公司 | 2016/05/23 | 2011/04/07 |
| 4 | 贵州中水建设管理股份有限公司 | 贵阳市宝山南路 27 号凯尼大厦 13 楼 | 0851-85584532 | 贵州中水建设管理股份有限公司 | 2016/05/23 | 2004/02/17 |
| 5 | 贵州红土创新资本管理有限公司 | 贵阳市观山湖区六盘水路启林创客小镇 B-3-3 | 13765121273 | 贵州红土创业投资有限公司 | 2017/04/19 | 2014/08/22 |
| 6 | 贵州双龙航空港创业投资有限公司 | 贵州省贵阳市南明区龙洞堡乡龙洞堡电子商务港 A 栋 2 单元 16 层 2 号 | 13765813910 | 贵州双龙航空港创业投资有限公司 | 2017/05/04 | 2015/10/13 |
| 7 | 基金自我管理 | 未知 | 未知 | 鼎信博成创业投资有限公司 | 2017/05/10 | 2010/08/26 |
| 8 | 基金自我管理 | 未知 | 未知 | 贵州鼎信卓越创业投资有限公司 | 2017/05/10 | 2013/12/06 |
| 9 | 贵阳市创业投资有限公司 | 贵阳市观山湖区金朱路 2 号中铝科技大厦 B 座 10 楼 | 0851-84757198 | 贵阳市引凤高技术产业创业投资基金有限公司 | 2017/05/15 | 2014/05/13 |
| 10 | 贵阳市创业投资有限公司 | 贵阳市观山湖区金朱路 2 号中铝科技大厦 B 座 10 楼 | 0851-84757198 | 贵阳市创业投资有限公司 | 2017/05/15 | 2010/12/28 |
| 11 | 贵阳成创合力创业投资管理企业 | 贵阳市观山湖区金朱路 2 号中铝科技大厦 B 座 8 楼 | 0851-84757198 | 贵阳甲秀创业投资中心（有限合伙） | 2017/05/15 | 2011/04/08 |
| 12 | 六盘水市科技创业投资有限公司 | 六盘水市红桥新区 | 18798483382 | 六盘水市科技创业投资有限公司 | 2017/05/16 | 2012/11/13 |
| 13 | 贵州省科技风险投资有限公司 | 贵州省贵阳市南明区花果园大街贵阳国际中心 1 号楼 37 楼 | 0851-85806600 | 贵州省科技风险投资有限公司 | 2017/05/17 | 1998/11/10 |
| 14 | 贵州德欣禾悦创业投资管理有限公司 | 贵阳市南明区瑞金南路箭道街 78 号经协大厦 18 楼 | 15885055092 | 毕节市科技创业投资有限公司 | 2017/05/22 | 2014/12/29 |
| 15 | 贵州省科技风险投资有限公司 | 贵州省贵阳市南明区花果园大街贵阳国际中心 1 号楼 37 楼 | 0851-85806600 | 贵阳市星火现代服务业创业投资有限公司 | 2017/05/25 | 2014/05/13 |

续表

| 序号 | 管理机构 | 通讯地址 | 联系电话 | 所管理创业投资企业 | 备案时间 | 设立时间 |
|---|---|---|---|---|---|---|
| 16 | 贵州筑银资本管理有限公司 | 贵阳市金阳新区金朱路2号中铝科技大厦B座10楼 | 0851–84757198 | 贵阳工投生物医药产业创业投资有限公司 | 2017/05/26 | 2013/02/19 |
| 17 | 贵阳花溪科技创业投资有限公司 | 贵阳市花溪区清溪路99号（原乡企局）三楼 | 15885065474 | 贵阳花溪科技创业投资有限公司 | 2017/05/31 | 2011/07/19 |
| 18 | 基金自我管理 | 未知 | 未知 | 贵阳高新技术创业投资有限公司 | 2017/05/31 | 2011/04/27 |
| 19 | 遵义科技创业投资有限公司 | 遵义市上海路凤凰花园4栋2楼 | 0851–28922337 | 遵义科技创业投资有限公司 | 2017/05/31 | 2010/11/05 |
| 20 | 基金自我管理 | 未知 | 未知 | 铜仁梵净山科技创业投资有限公司 | 2017/05/31 | 2013/04/11 |
| 21 | 贵州经开创业投资管理有限公司 | 贵州省贵阳市小河区锦江路口沐风园17栋2层 | 83890646转802 | 贵州经开创业投资有限公司 | 2017/06/01 | 2012/08/21 |
| 22 | 贵州贵安创业投资基金（有限合伙） | 贵州省贵阳市南明区花溪大道北段76号贵视大厦19层 | 18508515724 | 贵州贵安创业投资基金（有限合伙） | 2017/06/09 | 2014/12/15 |
| 23 | 贵州吉源云驾科技有限公司 | 贵州省贵阳市南明区小碧乡云盘村 | 13885063460 | 贵州吉源云驾科技有限公司 | 2017/06/12 | 2012/09/12 |

## 附录2.25 云南省备案创业投资机构名录

| 序号 | 管理机构 | 通讯地址 | 联系电话 | 所管理创业投资企业 | 备案时间 | 设立时间 |
|---|---|---|---|---|---|---|
| 1 | 云南科技创业投资有限公司 | 昆明市官渡区春城路219号东航投资大厦305 | 13708410952 | 云南科技创业投资有限公司 | 2014/06/12 | 2007/12/19 |
| 2 | 基金自我管理 | 未知 | 未知 | 云南越弘创业投资有限公司 | 2014/06/30 | 2011/05/26 |
| 3 | 红塔创新投资股份有限公司 | 昆明市五华区北门街俊园小区F幢二层 | 0871–65155869 | 红塔创新投资股份有限公司 | 2017/05/31 | 2000/06/15 |
| 4 | 昆明创业投资有限责任公司 | 昆明市青年路延长线448号华尔顿大厦5楼 | 0871—65387797 | 昆明创业投资有限责任公司 | 2017/06/07 | 2010/07/07 |
| 5 | 云南文产创业投资有限责任公司 | 昆明市东风西路顺城西塔604 | 8717269939 | 云南文产创业投资有限责任公司 | 2017/06/16 | 2011/12/21 |

## 附录 2.26　西藏自治区备案创业投资机构名录

| 序号 | 管理机构 | 通讯地址 | 联系电话 | 所管理创业投资企业 | 备案时间 | 设立时间 |
|---|---|---|---|---|---|---|
| 1 | 山南格立创业投资有限公司 | 深圳市福田区车公庙泰然劲松大厦 17A | 15813842561 | 山南格立创业投资有限公司 | 2014/04/02 | 1998/07/13 |
| 2 | 西藏源江创业投资合伙企业（有限合伙） | 拉萨市达孜县工业园区 | 13951751566 | 西藏源江创业投资合伙企业（有限合伙） | 2014/06/17 | 2014/01/02 |
| 3 | 西藏恩泽创业投资合伙企业（有限合伙） | 拉萨市达孜县工业园区 | 13951751566 | 西藏恩泽创业投资合伙企业（有限合伙） | 2014/06/17 | 2014/01/02 |
| 4 | 西藏汇享创业投资合伙企业（有限合伙） | 拉萨市达孜县工业园区 | 13951751566 | 西藏汇享创业投资合伙企业（有限合伙） | 2014/06/17 | 2014/01/02 |
| 5 | 曲水益和创业投资合伙企业（有限合伙） | 湖南省长沙高新技术产业开发区谷苑路 265 号 | 18673160386 | 曲水益和创业投资合伙企业（有限合伙） | 2014/07/15 | 2010/12/16 |
| 6 | 西藏山南盛华康源创业投资合伙企业（有限合伙） | 西藏自治区山南地区乃东县英雄路 13 号 | 13989988145 | 西藏山南盛华康源创业投资合伙企业（有限合伙） | 2014/07/17 | 2010/04/12 |
| 7 | 拉萨恒宁创业投资合伙企业（有限合伙） | 拉萨市金珠西路 158 号 11–7–03 | 18739797888 | 拉萨恒宁创业投资合伙企业（有限合伙） | 2014/07/18 | 2013/04/26 |
| 8 | 西藏劲邦劲达创业投资合伙企业（有限合伙） | 拉萨市金珠西路 158 号 21 幢三单元四楼二号 | 13818299127 | 西藏劲邦劲达创业投资合伙企业（有限合伙） | 2014/08/06 | 2013/06/25 |
| 9 | 西藏君丰医药产业创业投资中心（有限合伙） | 拉萨市北京中路 85 号自治区文联职工房 18 栋二单元 402 室 | 13510028977 | 西藏君丰医药产业创业投资中心（有限合伙） | 2015/06/17 | 2013/01/30 |
| 10 | 西藏嘉泽创业投资有限公司 | 拉萨经济技术开发区西藏金采科技股份有限公司综合楼 4091 号 | 13815994960 | 西藏嘉泽创业投资有限公司 | 2015/07/29 | 2012/12/20 |
| 11 | 西藏山南宏源创业投资合伙企业（有限合伙） | 山南宾馆 | 15959025700 | 西藏山南宏源创业投资合伙企业（有限合伙） | 2015/08/11 | 2006/08/28 |
| 12 | 清控创业投资有限公司 | 北京市海淀区清华科技园科技大厦 A 座 25 层 | 13911621506 | 清控创业投资有限公司 | 2015/08/11 | 2011/06/14 |
| 13 | 西藏珠峰创业投资有限公司 | 西藏拉萨市经济技术开发区阳光新城别墅区 A5 | 15108494067 | 西藏珠峰创业投资有限公司 | 2015/09/10 | 2012/07/03 |

续表

| 序号 | 管理机构 | 通讯地址 | 联系电话 | 所管理创业投资企业 | 备案时间 | 设立时间 |
|---|---|---|---|---|---|---|
| 14 | 西藏鑫信创业投资合伙企业（有限合伙） | 拉萨市金珠西路 158 号 | 13951751566 | 西藏鑫信创业投资合伙企业（有限合伙） | 2016/10/14 | 2013/12/25 |
| 15 | 西藏云端创业投资合伙企业（有限合伙） | 拉萨市金珠西路 158 号阳光新城 B 区 6 栋 2 单元 6-2 号 | 13951751566 | 西藏云端创业投资合伙企业（有限合伙） | 2016/10/14 | 2013/12/24 |
| 16 | 达孜新升创业投资合伙企业（有限合伙） | 达孜工业园区江苏拉萨展销中心 214 室 | 15918899556 | 达孜新升创业投资合伙企业（有限合伙） | 2017/06/01 | 2013/11/28 |
| 17 | 西藏山南熠明创业投资合伙企业（有限合伙） | 西藏自治区山南地区山南宾馆 | 13805780758 | 西藏山南熠明创业投资合伙企业（有限合伙） | 2017/06/01 | 2010/01/20 |

## 附录 2.27　陕西省备案创业投资机构名录

| 序号 | 管理机构 | 通讯地址 | 联系电话 | 所管理创业投资企业 | 备案时间 | 设立时间 |
|---|---|---|---|---|---|---|
| 1 | 陕西宏豪创业投资有限公司 | 西安市经济技术开发区凤城四路海荣豪佳花园 3 号楼 011101 号 | 17709150404 | 陕西宏豪创业投资有限公司 | 2016/06/03 | 2012/03/20 |
| 2 | 陕西银海创业投资有限公司 | 西安市高新区高新路西部国际广场 11701 室 | 15002970165 | 陕西银海创业投资有限公司 | 2016/06/28 | 2012/01/30 |
| 3 | 陕西金泰创业投资有限公司 | 西安市高新六路 52 号立人科技 B 座 5 层 | 88452621 | 陕西金泰创业投资有限公司 | 2017/05/22 | 2006/09/13 |
| 4 | 陕西富晨创业投资管理有限公司 | 西安市高新一路 2 号国家开发银行大厦 23F | 029-88377281 | 陕西富晨创业投资管理有限公司 | 2017/05/25 | 2006/02/27 |
| 5 | 陕西先锋投资有限公司 | 陕西省西安市高新技术产业开发区科技二路 68 号西安软件园 D 区 5 层 | 13991841318 | 陕西先锋投资有限公司 | 2017/05/25 | 1997/11/18 |
| 6 | 陕西航天红土创业投资有限公司 | 西安市航天基地航天中路 369 号 | 15091672510 | 陕西航天红土创业投资有限公司 | 2017/05/31 | 2010/06/10 |
| 7 | 陕西华晨金亿创业投资有限公司 | 西安市高新区莲湖科技园财富中心 21 层 2106 室 | 18691886925 | 陕西华晨金亿创业投资有限公司 | 2017/05/31 | 2012/09/12 |

续表

| 序号 | 管理机构 | 通讯地址 | 联系电话 | 所管理创业投资企业 | 备案时间 | 设立时间 |
|---|---|---|---|---|---|---|
| 8 | 陕西金河科技创业投资有限责任公司 | 陕西省西安市高新区锦业路1号绿地领海大厦A座1401 | 029-68255642 | 陕西金河科技创业投资有限责任公司 | 2017/06/02 | 2010/07/08 |
| 9 | 陕西钰沣隆创业投资有限公司 | 陕西省西安市雁塔区太白南路5号紫薇尚层西一楼二单元805 | 029-81887380 | 陕西钰沣隆创业投资有限公司 | 2015/05/27 | 2013/03/28 |
| 10 | 西安曲江文化产业风险投资有限公司 | 西安市雁塔南路政通大道2号曲江文化创意大厦10层 | 029-85427805 | 西安曲江文化产业风险投资有限公司 | 2017/05/25 | 2009/12/01 |
| 11 | 西安高创投资管理有限公司 | 西安市高新区锦业路1号都市之门B座704室 | 029-68596690 | 西安火炬创业投资有限公司 | 2017/05/27 | 2011/11/30 |
| 12 | 西安智信投资管理有限公司 | 西安市高新区锦业路1号都市之门B座7层10705室 | 029-68596690 | 西安晨阳创业投资有限公司 | 2017/05/27 | 2011/06/10 |
| 13 | 陕西远望达创业投资集团有限公司 | 陕西省西安市碑林区南二环100号1幢3单元31102室 | 15529477000 | 陕西远望达创业投资集团有限公司 | 2017/06/01 | 2012/02/21 |
| 14 | 西安经发创新投资有限公司 | 西安市未央路132号经发大厦27层 | 15091672510 | 西安经发创新投资有限公司 | 2017/06/01 | 2004/09/18 |
| 15 | 西安红土创新投资有限公司 | 西安市碑林区南二环西段27号西安旅游大厦7层 | 15091672510 | 西安红土创新投资有限公司 | 2017/06/02 | 2008/06/25 |
| 16 | 西安高新技术产业风险投资有限责任公司 | 西安高新区锦业路1号都市之门B座1804室 | 65690856-828 | 西安高新技术产业风险投资有限责任公司 | 2017/06/02 | 1999/02/01 |
| 17 | 西安航天基地创新投资有限公司 | 西安市航天基地航天中路518号寰宇大厦 | 029-85688713 | 西安航天基地创新投资有限公司 | 2017/06/06 | 2009/07/08 |
| 18 | 陕西省钰沣隆创业投资有限公司 | 西安市高新区太白南路紫薇尚层西一楼二单元805室 | 13992800378 | 陕西省钰沣隆创业投资有限公司 | 2017/06/12 | 2013/03/28 |

## 附录2.28 甘肃省备案创业投资机构名录

| 序号 | 管理机构 | 通讯地址 | 联系电话 | 所管理创业投资企业 | 备案时间 | 设立时间 |
|---|---|---|---|---|---|---|
| 1 | 甘肃国投基金管理有限公司 | 甘肃省兰州市城关区静宁路308号 | 4638944 | 甘肃生物产业创业投资基金有限公司 | 2017/05/22 | 2012/05/04 |
| 2 | 甘肃博信高新技术创业投资股份有限公司 | 兰州市城关区东岗东路1371号 | 0931-2117234<br>8673707 | 甘肃博信高新技术创业投资股份有限公司 | 2017/05/25 | 2010/05/14 |
| 3 | 甘肃兴隆景泰投资有限责任公司 | 兰州市城关区庆阳路195号 | 0931-4890588 | 甘肃生物医药产业创业投资基金有限公司 | 2017/05/26 | 2012/12/06 |
| 4 | 甘肃华龙金城投资管理有限公司 | 甘肃省兰州市城关区东岗西路638号财富中心21楼2103室 | 0931-4890527 | 甘肃现代农业产业创业投资基金有限公司 | 2017/05/26 | 2012/12/25 |
| 5 | 甘肃高新创业投资管理有限公司 | 兰州市城关区北滨河东路69号 | 18693289601 | 甘肃新材料产业创业投资基金有限公司 | 2017/05/31 | 2015/06/24 |
| 6 | 甘肃省盛华投资有限公司 | 兰州市城关区张苏滩579号 | 9318481455 | 甘肃省盛华投资有限公司 | 2017/06/09 | 2009/11/11 |

## 附录2.29 青海省备案创业投资机构名录

| 序号 | 管理机构 | 通讯地址 | 联系电话 | 所管理创业投资企业 | 备案时间 | 设立时间 |
|---|---|---|---|---|---|---|
| 1 | 乌鲁木齐海达阳明股权投资管理有限公司 | 天津经济技术开发区第一大街79号泰达MSD-C1-23层 | 022-59852166 | 青海宁达创业投资有限责任公司 | 2017/06/01 | 2010/08/04 |
| 2 | 青海国科创业投资基金（有限合伙） | 青海西宁市城西区胜利路21号蓝宝石写字楼1808 | 13997076576 | 青海国科创业投资基金（有限合伙） | 2017/06/06 | 2013/10/23 |

## 附录2.30 宁夏回族自治区备案创业投资机构名录

| 序号 | 管理机构 | 通讯地址 | 联系电话 | 所管理创业投资企业 | 备案时间 | 设立时间 |
|---|---|---|---|---|---|---|
| 1 | 基金自我管理 | 未知 | 未知 | 银川铸龙软银创业投资中心（有限合伙） | 2015/05/27 | 2010/08/03 |
| 2 | 基金自我管理 | 未知 | 未知 | 银川铸龙商络科技创业投资基金有限公司 | 2015/05/28 | 2012/03/16 |

## 附录 2.31　新疆维吾尔自治区备案创业投资机构名录

| 序号 | 管理机构 | 通讯地址 | 联系电话 | 所管理创业投资企业 | 备案时间 | 设立时间 |
|---|---|---|---|---|---|---|
| 1 | 苏州凯风正德投资管理有限公司 | 苏州工业园区凤里街 345 号沙湖创投中心 1 座 | 0512-66969517 | 霍尔果斯凯风进取创业投资有限公司 | 2016/08/31 | 2009/07/02 |
| 2 | 新疆昌源水务集团有限公司 | 新疆乌鲁木齐市沙依巴克区于田街 119 号新水大酒店 7 楼 B 区 | 0991-5833140 | 新疆昌源水务集团有限公司 | 2017/04/06 | 1999/02/12 |
| 3 | 霍尔果斯天马创业投资集团有限公司 | 新疆伊犁州霍尔果斯经济技术开发区兵团分区开元路 1 号创新创业园孵化楼 B-413-18 | 15968013641<br>0999-3177886 | 霍尔果斯天马创业投资集团有限公司 | 2017/05/09 | 1999/02/13 |
| 4 | 紫腾投资有限公司 | 乌鲁木齐市光路 59 号时代广场 A 座 8 楼 F | 15909002229 | 紫腾投资有限公司 | 2017/05/18 | 2014/10/10 |
| 5 | 新疆火炬创业投资有限公司 | 乌鲁木齐市高新街 217 号盈科广场 4 层商铺 4-1 | 0991-3678085<br>18999991509 | 新疆火炬创业投资有限公司 | 2017/05/18 | 2012/08/09 |
| 6 | 新疆国际实业股份有限公司 | 乌鲁木齐市北京南路 358 号大成国际 9 楼 | 0991-5584793 | 新疆国际实业股份有限公司 | 2017/05/19 | 1999/03/28 |
| 7 | 喀什众询创业投资有限公司 | 新疆喀什经济开发区深喀大道南侧远方财富中心 18 层 02—20 号 | 13166096188<br>18999083322 | 喀什众询创业投资有限公司 | 2017/05/19 | 2015/07/06 |
| 8 | 喀什新昆创业投资有限公司 | 喀什经济开发区深喀大道总部经济区 | 13888716789 | 喀什新昆创业投资有限公司 | 2017/05/19 | 2012/07/24 |
| 9 | 新疆中小企业创业投资股份有限公司 | 乌鲁木齐市河南东路 739 号 1 号楼 | 0991-4583310 | 新疆中小企业创业投资股份有限公司 | 2017/05/25 | 2010/01/26 |
| 10 | 新疆维吾尔自治区国有资产投资经营有限责任公司 | 乌鲁木齐市中山路 462 号广场联合大厦 A 座 14 楼 | 0991-2831446 | 新疆维吾尔自治区国有资产投资经营有限责任公司 | 2017/05/25 | 1998/04/23 |
| 11 | 喀什中汇联银创业投资有限公司 | 新疆喀什地区喀什经济开发区深喀大道总部经济区远方财富中心 18 层 04-01 号 | 13510856727 | 喀什中汇联银创业投资有限公司 | 2017/05/25 | 2015/09/08 |
| 12 | 霍尔果斯万鑫创业投资有限公司 | 新疆伊犁州霍尔果斯市中哈国际边境合作中心中方区域 H3 路以东，天盛国际中心 1A20 号房 | 025-83111583<br>13776654664 | 霍尔果斯万鑫创业投资有限公司 | 2017/05/25 | 2007/07/03 |

续表

| 序号 | 管理机构 | 通讯地址 | 联系电话 | 所管理创业投资企业 | 备案时间 | 设立时间 |
|---|---|---|---|---|---|---|
| 13 | 霍尔果斯市国信保泰创业投资有限公司 | 新疆伊犁州霍尔果斯市北京路以西、珠海路以南合作中心配套区查验业务楼 8 楼 8-10-48 | 13810655626 | 霍尔果斯市国信保泰创业投资有限公司 | 2017/05/25 | 2015/07/13 |
| 14 | 霍尔果斯瑞嘉创业投资有限公司 | 新疆伊犁州霍尔果斯口岸欧陆经典小区 8 号楼二单元 301 室 | 13381090718 | 霍尔果斯瑞嘉创业投资有限公司 | 2017/05/26 | 2015/07/23 |
| 15 | 霍尔果斯天信博峰创业投资有限公司 | 新疆伊犁州霍尔果斯口岸卡拉苏河欧陆经典小区 8 幢 8231 室 | 13366663639 | 霍尔果斯天信博峰创业投资有限公司 | 2017/05/26 | 2015/09/15 |
| 16 | 新疆新科源科技风险投资管理有限公司 | 新疆乌鲁木齐市科学南路 353 号 | 0991-3680756 | 新疆新科源科技风险投资管理有限公司 | 2017/05/26 | 2004/08/17 |
| 17 | 新疆网秦移动创业投资有限公司 | 新疆喀什地区喀什经济开发区深圳产业园西区深喀科技创新服务中心综合服务楼 202 室 | 1065522982 | 新疆网秦移动创业投资有限公司 | 2017/05/26 | 2016/01/28 |
| 18 | 新疆瑞枫创业投资有限公司 | 乌鲁木齐经济技术开发区 | 13609961781 | 新疆瑞枫创业投资有限公司 | 2017/05/26 | 2013/01/06 |
| 19 | 新疆融汇湘疆创业投资有限合伙企业 | 新疆乌市经济技术开发区上海路 13 号 3 楼 5 号 | 0991-6993761<br>13609996057 | 新疆融汇湘疆创业投资有限合伙企业 | 2017/05/26 | 2011/12/20 |
| 20 | 新疆凯迪创业投资有限责任公司 | 乌鲁木齐市天山区金银路 53 号金融大厦 | 18099205505 | 新疆凯迪创业投资有限责任公司 | 2017/05/26 | 2009/11/19 |
| 21 | 霍尔果斯华控创业投资有限公司 | 新疆伊犁州霍尔果斯市北京路以西、珠海路以南合作中心配套区查验业务楼 8-7-26 | 18601163867 | 霍尔果斯华控创业投资有限公司 | 2017/05/26 | 2015/08/25 |
| 22 | 霍尔果斯乐都创业投资有限公司 | 新疆伊犁州霍尔果斯口岸亚欧北路 1 号建设银行办公楼 102 室 | 13552738122 | 霍尔果斯乐都创业投资有限公司 | 2017/05/26 | 2007/05/10 |
| 23 | 新疆星辉创业投资有限公司 | 新疆伊犁州霍尔果斯口岸卡拉苏河欧陆经典小区新疆伊犁州霍尔果斯口岸卡拉苏河欧陆经典小区新疆伊犁州霍尔果斯口岸卡拉苏河欧陆经典小区新疆伊犁州霍尔果斯口岸卡拉苏河欧陆经典小区 8231 室 | 18602058819 | 新疆星辉创业投资有限公司 | 2017/05/26 | 2015/07/22 |

续表

| 序号 | 管理机构 | 通讯地址 | 联系电话 | 所管理创业投资企业 | 备案时间 | 设立时间 |
|---|---|---|---|---|---|---|
| 24 | 霍尔果斯瑞丰成长创业投资有限公司 | 北京市朝阳区北辰西路 8 号北辰世纪中心 A825 室 | 010-84378101-809 | 霍尔果斯瑞丰成长创业投资有限公司 | 2017/05/26 | 2009/07/08 |
| 25 | 霍尔果斯嘉泽创业投资有限公司 | 霍尔果斯口岸友谊西路 18 号中国银行办公楼 413 室 | 010-88854918 | 霍尔果斯嘉泽创业投资有限公司 | 2017/05/27 | 2012/11/28 |
| 26 | 霍尔果斯食乐淘创业投资有限公司 | 新疆伊犁州霍尔果斯口岸亚欧路 1 号建设银行三楼 314 室 | 010-59065557 | 霍尔果斯食乐淘创业投资有限公司 | 2017/05/31 | 2015/06/04 |
| 27 | 霍尔果斯市微创之星创业投资有限公司 | 新疆伊犁州霍尔果斯口岸亚欧路 1 号建设银行 3 楼 311 室 | 15801022711 | 霍尔果斯市微创之星创业投资有限公司 | 2017/05/31 | 2015/06/04 |
| 28 | 新疆新业盛融创业投资有限责任公司 | 乌鲁木齐市六道湾路 59 号灭火大厦 4 层 | 13319049880 | 新疆新业盛融创业投资有限责任公司 | 2017/05/31 | 2011/11/16 |
| 29 | 霍尔果斯微网通联创业投资有限公司 | 新疆伊犁州霍尔果斯口岸卡拉苏河欧陆经典小区 8 幢 8231 室 | 15801022711 | 霍尔果斯微网通联创业投资有限公司 | 2017/05/31 | 2015/06/10 |
| 30 | 霍尔果斯易简新媒体创业投资有限公司 | 新疆伊犁州霍尔果斯市北京路以西、珠海路以南合作中心配套区查验业务楼 8 楼 8-10-32 | 13928739190 | 霍尔果斯易简新媒体创业投资有限公司 | 2017/05/31 | 2015/09/06 |
| 31 | 霍尔果斯市燎原创业投资有限公司 | 新疆伊犁州霍尔果斯口岸亚欧路 1 号建设银行三楼 312 室 | 010-59065270 | 霍尔果斯市燎原创业投资有限公司 | 2017/05/31 | 2015/06/04 |
| 32 | 霍尔果斯市文曲星创业投资有限公司 | 新疆伊犁州霍尔果斯口岸亚欧路 1 号建设银行 3 楼 313 室 | 15801022711 | 霍尔果斯市文曲星创业投资有限公司 | 2017/05/31 | 2015/06/09 |
| 33 | 喀什星河互联创业投资有限公司 | 新疆喀什地区喀什经济开发区深喀大道总部经济区 | 15801022711 | 喀什星河互联创业投资有限公司 | 2017/05/31 | 2015/06/02 |
| 34 | 喀什星河创业投资有限公司 | 新疆喀什地区喀什经济开发区深喀大道总部经济区 | 010-59065270 | 喀什星河创业投资有限公司 | 2017/05/31 | 2015/06/02 |
| 35 | 霍尔果斯苍穹之下创业投资有限公司 | 新疆伊犁州霍尔果斯口岸亚欧路 1 号建设银行 3 楼 315 室 | 15801022711 | 霍尔果斯苍穹之下创业投资有限公司 | 2017/05/31 | 2015/06/04 |
| 36 | 喀什义众创业投资有限公司 | 新疆喀什地区喀什经济开发区深喀大道总部经济区 | 13910111323 | 喀什义众创业投资有限公司 | 2017/06/01 | 2015/10/22 |

续表

| 序号 | 管理机构 | 通讯地址 | 联系电话 | 所管理创业投资企业 | 备案时间 | 设立时间 |
|---|---|---|---|---|---|---|
| 37 | 霍尔果斯奇点创业投资有限公司 | 新疆伊犁州霍尔果斯口岸卡拉苏河欧陆经典小区8幢8231室 | 13910111323 | 霍尔果斯奇点创业投资有限公司 | 2017/06/01 | 2015/07/06 |
| 38 | 喀什艾格拉斯创业投资有限公司 | 新疆喀什地区喀什经济开发区深喀大道总部经济区 | 13910111323 | 喀什艾格拉斯创业投资有限公司 | 2017/06/06 | 2015/04/02 |
| 39 | 霍尔果斯华商通创业投资有限公司 | 新疆伊犁州霍尔果斯市北京路以西、珠海路以南合作中心配套查验业务楼8楼8-10-40号 | 010-82252819 | 霍尔果斯华商通创业投资有限公司 | 2017/07/18 | 2015/07/13 |

## 附录2.32　新疆生产建设兵团备案创业投资机构名录

| 序号 | 管理机构 | 通讯地址 | 联系电话 | 所管理创业投资企业 | 备案时间 | 设立时间 |
|---|---|---|---|---|---|---|
| 1 | 石河子市东阜城创业投资有限公司 | 新疆生产建设兵团农八师一四九团机关 | 13095097888 | 石河子市东阜城创业投资有限公司 | 2013/06/27 | 2009/07/15 |

注1：本名录按备案地分类，并按备案时间排序。
注2：若一家管理机构受托管理多家基金（即创业投资企业），为更好体现其受托管理关系，其所受托的多家基金放在一起按备案时间排序。
注3：若一家管理机构受托管理外地基金，考虑到《办法》对基金实行属地备案，对管理机构实行附带备案，故将基金放在基金所在地名录中。

# 附录3 创业投资企业备案管理部门名录

| 序号 | 备案管理部门 | 通讯地址 | 网 址 | 联系电话 |
|---|---|---|---|---|
| 1 | 北京市金融工作局 | 北京市西城区槐柏树街 2 号市府大楼 2 号楼 | www.bjjrj.gov.cn | 010-88011263 |
| 2 | 天津市发展改革委 | 天津市和平区大沽北路 157 号 | www.tjdpc.gov.cn | 022-23142109 |
| 3 | 河北省发展改革委 | 石家庄市自强东路 55 号 | www.hbdrc.gov.cn | 0311-88600519 |
| 4 | 山西省发展改革委 | 太原市东后小河 12 号 | www.sxdrc.gov.cn | 0351-3119212 |
| 5 | 内蒙古自治区发展改革委 | 呼和浩特市赛罕区敕勒川大街发展大厦 B 座 | www.nmgfgw.gov.cn | 0471-6659505 |
| 6 | 辽宁省发展改革委 | 沈阳市皇姑区北陵大街 45-9 号 | www.lndp.gov.cn | 024-86892981 |
| 7 | 吉林省发展改革委 | 长春市新发路 329 号 | www.jlsdrc.gov.cn | 0433-88906517 |
| 8 | 黑龙江省发展改革委 | 哈尔滨市南岗区中山路 202 号 | www.hljdpc.gov.cn | 0451-82628682 |
| 9 | 上海市发展改革委 | 上海人民大道 200 号 9 号楼 | www.shdrc.gov.cn | 021-23112816 |
| 10 | 江苏省发展改革委 | 南京市北京西路 70 号 | http://fzggw.jiangsu.gov.cn | 025-83391729 |
| 11 | 浙江省发展改革委 | 浙江市省政府 1 号楼 | www.zjdpc.gov.cn | 0571-87054726 |
| 12 | 安徽省发展改革委 | 合肥市中山路 1 号 | www.ahpc.gov.cn | 0551-62602774 |
| 13 | 福建省金融办 | 福州市华林路 76 号省政府大院 8 号楼 | http://jrb.fj.gov.cn | 0591-87832762 |
| 14 | 江西省发展改革委 | 南昌市北京西路 69 号 | www.jxdpc.gov.cn | 0719-6200694 |
| 15 | 山东省发展改革委 | 济南市省府前街 1 号 | www.sdfgw.gov.cn | 0531-86191753 |
| 16 | 河南省发展改革委 | 郑州市郑东新区正光路 11 号 | www.hndrc.gov.cn | 0371-69691531 |
| 17 | 湖北省发展改革委 | 武汉市武昌区水果湖东一路 17 号 | http://fgw.hubei.gov.cn | 027-87231933 |
| 18 | 湖南省发展改革委 | 长沙市天心区湘府西路 8 号省政府第 4 办公楼 | www.hnfgw.gov.cn | 0731-89990838 |
| 19 | 广东省发展改革委 | 广州市东风中路 305 号（省政府大院）5 号楼 | www.gddpc.gov.cn | 020-83133139 |
| 20 | 广西壮族自治区发展改革委 | 南宁市民族大道 111—1 号广西发展大厦东楼 | www.gxdrc.gov.cn | 0771-2328816 |
| 21 | 海南省发展改革委 | 海口市国兴大道 9 号 | plan.hainan.gov.cn | 0898-65342595 |
| 22 | 重庆市发展改革委 | 重庆市渝北区洪湖西路 16 号 | www.cqdpc.gov.cn | 023-67575722 |
| 23 | 四川省发展改革委 | 成都市锦江区滨江东路 156 号发展大厦 | www.scdrc.gov.cn | 028-86705813 |
| 24 | 贵州省发展改革委 | 贵阳市延安中路 110 号 | www.gzdpc.gov.cn | 0851-85280637 |
| 25 | 云南省发展改革委 | 昆明市盘龙区东风东路 84 号 | www.yndpc.yn.gov.cn | 0871-63113471 |

续表

| 序号 | 备案管理部门 | 通讯地址 | 网　址 | 联系电话 |
|---|---|---|---|---|
| 26 | 西藏自治区发展改革委 | 拉萨市北京中路 22 号 | www.xdrc.gov.cn | 0891-6327532 |
| 27 | 陕西省发展改革委 | 西安市新城大院 8 号楼 | www.sndrc.gov.cn | 029-87294704 |
| 28 | 甘肃省发展改革委 | 兰州市中央广场 1 号 | www.gsdrc.gov.cn | 0931-4609170 |
| 29 | 青海省发展改革委 | 西宁市城西区五四大街五四西路 4 号 | www.qhfgw.gov.cn | 0971-6305723 |
| 30 | 宁夏回族自治区发展改革委 | 银川市兴庆区解放西街 361 号 | www.nxdrc.gov.cn | 0951-5043224 |
| 31 | 新疆维吾尔自治区发展改革委 | 乌鲁木齐市明德路 16 号 | www.xjdrc.gov.cn | 0991-2824119 |
| 32 | 新疆生产建设兵团发展改革委 | 乌鲁木齐市天山区光明路 196 号 | btfgw.xjbt.gov.cn | 0991-2899048 |
| 33 | 哈尔滨市发展改革委 | 哈尔滨市松北区世纪大道 1 号 | fgw.harbin.gov.cn | 0451-84664670 |
| 34 | 长春市发展改革委 | 长春市人民大街 10111 号 | www.ccdrc.gov.cn | 0431-88777185 |
| 35 | 沈阳市发展改革委 | 沈阳市沈河区市府大路 260 号 | www.sydrc.gov.cn | 024-22741749 |
| 36 | 大连市发展改革委 | 大连市人民广场 1 号 | www.pc.dl.gov.cn | 0411-83635944 |
| 37 | 山东省济南市历下区龙鼎大道 1 号龙奥大厦 8 楼 D 区、E 区、G 区 | 济南市经二路 193 号 | www.jndpc.gov.cn | 0531-66607115 |
| 38 | 青岛市发展改革委 | 青岛市南区香港中路 11 号 | www.qddpc.gov.cn | 0532-85913638 |
| 39 | 南京市建邺区江东路 265 号新城大厦 18 楼 | 南京市北京东路 43-2 号 | www.njdpc.gov.cn | 025-68789642 |
| 40 | 杭州市江干区解放东路 18 号市民中心 B 座 17 楼 | 杭州环城北路 318 号 19 楼 | www.hzdpc.gov.cn | 0571-85251802 |
| 41 | 宁波市鄞州区和济街 118 号发展大厦 A 楼 | 宁波市解放北路 91 号（市政府北大院） | www.nbdpc.gov.cn | 0574-87183993 |
| 42 | 厦门市发展改革委 | 厦门市湖滨北路 61 号 | www.xmdpc.gov.cn | 0592-2896086 |
| 43 | 越秀区府前路 1 号 | 广州市连新路 45 号 1108 | www.gzplan.gov.cn | 020-83123760 |
| 44 | 深圳市金融办 | 深圳市福田区福中三路市民中心 C 区 4059-4063 | www.jr.sz.gov.cn | 0755-82107542 |
| 45 | 武汉市发展改革委 | 武汉市汉口沿江大道 188 号 | www.whdrc.gov.cn | 027-82796124 |
| 46 | 成都市发展改革委 | 成都市青羊区人民西路 2 号 | www.cddrc.gov.cn | 028-61881550 |
| 47 | 西安市发展改革委 | 凤城八路 108 号市政府 7 号楼 | www.xadrc.gov.cn | 029-86786324 |
| 48 | 厦门市金融办 | 思明区鹭江道 265 号交通大厦 19 楼 | www.xmjr.gov.cn/ | 0592-2660573 |

# 附录4　中国投资协会股权和创业投资专业委员会会员名录

## 附录 4.1　联席会长单位

IDG 资本投资顾问（北京）有限公司
红杉资本中国基金
深圳市创新投资集团有限公司
君联资本管理股份有限公司
中信资本控股有限公司
苏州元禾控股股份有限公司
建银国际（控股）有限公司
江苏高科技投资集团有限公司
北京联创永宣投资管理股份有限公司
中国国投高新产业投资公司
中科招商投资管理集团股份有限公司
浙商创投股份有限公司
广东省粤科金融集团有限公司
昆吾九鼎投资管理有限公司
鲁信创业投资集团股份有限公司
明石投资管理有限公司
盛世投资

## 附录 4.2　副会长单位

北极光创投
高能天汇创业投资有限公司
光大汇益伟业投资管理（北京）有限公司
德勤中国
金沙江创业投资
普华永道中天会计师事务所（特殊普通合伙）北京分所

安永华明会计师事务所（特殊普通合伙）
中国文化产业投资基金管理有限公司
中国农业产业发展基金有限公司
亿阳集团股份有限公司
国投通汇股权投资基金管理（北京）有限公司
北京银行
北京市京都律师事务所
北京朴雅同德投资管理有限公司
中国工商银行股份有限公司北京市分行
西藏联创永源股权投资有限公司
星河互联集团有限公司
交银国际（上海）股权投资管理有限公司
上海浦东发展银行股份有限公司
德丰杰龙脉(上海)股权投资管理有限公司
诺亚控股有限公司
纪源投资咨询（上海）有限公司
上海钜派投资集团有限公司
深圳市同创伟业创业投资有限公司
深圳市东方富海投资管理股份有限公司
深圳市创东方投资有限公司
深圳市达晨创业投资有限公司
深圳市天图投资管理股份有限公司
深圳前海壹资本有限公司
安徽徽商产业投资基金管理有限公司
哈尔滨创新投资有限公司
黑龙江辰能哈工大高科技风险投资有限公司
硅谷天堂资产管理集团股份有限公司
杭州立元创业投资股份有限公司
浙江如山汇金资本管理有限公司
浙江钱塘江金研资产管理有限公司
青岛市市级创业投资引导基金管理中心

## 附录 4.3　候补副会长

方源知本股权投资管理（上海）有限公司
喆颢资产管理（上海）有限公司
上海通江投资集团有限公司
中伯伦（北京）咨询有限公司

## 附录 4.4　常务理事单位

融信华创投资管理有限公司
中国银河投资管理有限公司
麦顿投资
信永中和会计师事务所
北京市中伦律师事务所
清控银杏创业投资管理（北京）有限公司
华软资本管理集团股份有限公司
中国民生银行
北京信中利投资股份有限公司
北京紫马投资基金管理有限公司
英飞尼迪集团
北京思致投资管理咨询有限公司
中菊资产管理有限公司
北京永惠投资基金管理有限公司
中微（北京）信用管理有限公司
北京丰润泰投资基金管理有限公司
北京博大环球创业投资有限公司
百耀投资基金管理（北京）有限公司
北京文资恒天文化产业投资管理有限公司
北京奇点领创股权投资管理有限公司
北京青云之志投资管理顾问有限公司
丝路华创投资管理（北京）有限公司
深圳市君丰创业投资基金管理有限公司

深圳市力合创业投资有限公司
深圳市招商局科技集团有限公司
深圳市巴奈特基金管理有限公司
深圳市前海百富源股权投资管理有限公司
深圳清源投资管理股份有限公司
上海双良股权投资有限公司
启明维创创业投资管理（上海）有限公司
美国普衡律师事务所上海代表处
江苏高达创业投资有限公司
苏州高新创业投资集团有限公司
南京市高新技术风险投资股份有限公司
浙江田丰创业投资管理有限公司
宁波市创业投资引导基金管理有限公司
浙江浙银绩优投资管理有限公司
杭州绩优投资管理有限公司
浙江金控投资管理有限公司
安徽省科技产业投资有限公司
安徽省高新创业投资有限责任公司
黄河三角洲产业投资基金
蓝色经济区产业投资基金
河北信息产业投资集团有限公司
河北融投创业投资有限公司
成都创新风险投资有限公司
成都银科创业投资有限公司
西安高新技术产业风险投资有限责任公司
西安曲江文化产业风险投资有限公司
神木县金融控股集团有限公司
华菱津杉（湖南）信息产业创业投资基金（有限合伙）
株洲南车时代高新投资担保有限责任公司
联合创业集团有限公司
哈尔滨创业投资集团有限公司

银河达华低碳产业（天津）基金管理有限公司
广州科技金融创新投资控股有限公司
武汉华工创业投资有限责任公司
福建华兴创业投资有限公司

## 附录 4.5 理事单位

北京浚源同盛资产管理中心(有限合伙)
展盈投资控股有限公司
北京新安财富资本投资有限公司
北京中海创业投资有限公司
北京市金诚同达律师事务所
北京东方汇融投资发展有限公司
和玉另类投资
北京市首善律师事务所
北京市汉坤律师事务所
北京朗玛峰创业投资管理有限公司
中金创新资本（CFII)
北京熙祥影视文化产业投资管理中心（有限合伙）
北京秋实融泰创业投资有限公司
中金华夏投资管理（北京）有限公司
新世界（中国）投资有限公司
北京市文化创意产业投资基金管理有限公司
北京全唐投资管理有限公司
北京兆云投资管理有限公司
北京华清坤德投资管理有限公司
北京市瑞华嘉诚国际投资管理有限公司
天鹰合赢（北京）投资管理有限公司
中企高达（北京）投资基金管理有限公司
北京紫荆华信投资管理中心（有限合伙）
北京星瀚传奇资本管理有限公司

银信天下资产管理（北京）有限公司
深圳市知本投资集团有限公司
深圳市孚威创业投资有限公司
深圳市富坤投资有限公司
深圳市卓佳汇智创业投资有限公司
深圳市兆富资本管理有限公司
上海科技投资股份有限公司
上海徐汇科技创业投资有限公司
上海浦东创业投资有限公司
上海国鸣投资管理有限公司
上海慧盛创业投资有限公司
海德邦和投资（上海）有限公司
上海通盛时富股权投资管理有限公司
上海复星高科技（集团）有限公司
上海鸿时投资管理有限公司
鼎准资产管理（上海）有限公司
上海昊古投资管理有限公司
上海睿亦股权投资基金管理合伙企业（有限合伙）
厦门海峡创业投资有限公司
福建红桥创业投资管理有限公司
厦门软件产业投资发展有限公司
厦门科技创业投资有限公司
厦门市创业投资有限公司
江苏九洲投资集团创业投资有限公司
江苏天氏创业投资有限公司
江苏省高科技产业投资有限公司
江苏达泰股权投资基金管理有限公司
新沂市金邦农村小额贷款有限公司
济南科技风险投资有限公司
山东华融创业投资股份有限公司
青岛安芙兰创业投资有限公司

青岛华通创业投资有限责任公司
青岛东方盛林汇银资产管理有限公司
浙江大学创业投资有限公司
浙江省科技风险投资有限公司
浙江银泰睿祺创业投资有限公司
浙江蓝源投资管理有限公司
河北科技投资集团有限公司
河北领航创业投资有限公司
石家庄科技创业投资有限公司
合肥市创新科技风险投资有限公司
安徽华文创业投资管理有限公司
天津海达创业投资管理有限公司
天津金诺律师事务所
山西省科技基金发展总公司
大连华世股权投资管理中心（有限合伙）
湖南赢联中小企业创业投资集团有限公司
广州凯得金融控股股份有限公司
绵阳久盛科技创业投资有限公司
成都高新创新投资有限公司
长春科技风险投资有限公司
黑龙江省科力高科技产业投资有限公司

## 附录 4.6　会员单位

中国风险投资有限公司
北京智诚创奇有限公司
唐创投资管理有限公司
北京华国之窗咨询有限公司
国浩律师（北京）事务所
北京华亚通投资管理有限公司
美国中经合集团北京代表处

北京国泰创业投资有限公司
国家品牌网编辑委员会
量宇私募股权投资基金
北京晨光宏盛中小企业创业投资有限公司
北京燕园动力资本管理有限公司
北京核心动力投资管理有限公司
海风联资本投资中心
广盛律师事务所
高伟绅律师事务所北京代表处
北京银河吉星创业投资有限责任公司
北京长远投资基金管理有限公司
柯杰律师事务所
燕园同德（北京）投资基金管理有限公司
北京燕园众筹网络技术有限公司
中成国恒融资租赁有限公司
华夏幸福资本管理有限公司
杭州云和泰丰投资管理合伙企业（有限合伙）
北京清控水木投资管理有限公司
深圳市中洲创业投资有限公司
深圳市大正元股权投资基金管理有限公司
深圳市泰明投资发展有限公司
新昌发展投资有限公司
深圳市浩卓创业投资企业
深圳厚德广生投资管理有限公司
深圳国宏兄弟企业管理合伙企业
深圳溢思得瑞投资管理有限公司
镇江市创业风险投资有限责任公司
太仓市科技创业投资有限公司
苏州亿文创新资本管理有限公司
南京海融投资管理中心
苏州清研资本管理企业（有限合伙）

江苏华控投资管理有限公司
盐城市创新创业投资有限公司
宁波博威投资有限公司
红榕创业投资股份有限公司
温州市中小企业融资担保有限公司
杭州典度投资管理有限公司
山东昌润创业投资有限公司
青岛市崂山区创业投资有限责任公司
山东利泰投资有限公司
泰豪（上海）股权投资管理有限公司
上海汉理前景股权投资合伙企业（有限合伙）
上海同华投资（集团）有限公司
海通吉禾股权投资基金管理有限公司
华夏润石（北京）股权投资基金管理有限公司
上海荣正投资咨询有限公司
易居资本
上海浦东新星纽士达创业投资有限公司
上海玖歌投资管理有限公司
东玖汇资产管理（上海）有限公司
上海浦东科技投资有限公司
上海建信股权投资管理有限公司
焦作通财创业投资有限责任公司
中原文产创业投资有限公司
河南盛金投资管理有限公司
河南创业投资股份有限公司
河南国新基金管理有限公司
四川省攀枝花市金源创业投资有限公司
广元市广发创业投资有限公司
宜宾三石兴业创业投资有限责任公司
沧州建投创业投资有限公司
沧州春天房地产开发有限公司

重庆科技创业风险投资引导基金有限公司
蚌埠中城创业投资有限公司
山西太钢创业投资有限公司
中国西部发展研究中心
西安瑞鹏创业投资管理有限合伙企业
沈阳恒信安泰股权投资基金管理有限公司
贵州鼎信博成投资管理有限公司
大庆市国金创业投资有限公司
哈尔滨阿里汇富创业投资管理有限公司

## 附录 4.7 个人会员

杨喜元 徐继凯 高静 郭庆